해명

불편한 진실

불편한 진실

해명

THE EXPLANATION

장재훈 지음

2023
개정판

여러 가지 인생의 근본적인 의문과
기독교에 대한 오해를 시원하게 설명한 변증서

좋은땅

저자는 모태 신앙으로 출생하여 초등학교 시절 애향단장을, 중학교 때는 반장을, 고등학교 때는 학도호국단 제8중대장을, 고졸 후 전주 진학독서실에서 자며 재수를 했습니다. 대학교(국립 한국체육대학교) 때는 2년 동안 기독학생회 총무를 맡았습니다. 비특기자(일반전형)로 대학교 입학은 거의 불가능했는데 하나님의 전적인 은혜로 입학(경기지도과, 교직)을 하여 4년 동안 학비와 기숙사와 식비 전액을 국비로 다녔습니다. 놀라운 하나님의 은혜입니다. 입학 이후 대학 생활이 너무 힘들어 재수할 때 하나님께 서원한 것을 잊고 살았습니다. '입학이 거의 불가능한 한국체육대학교에 입학을 시켜 주시면 하나님의 말씀대로 살겠노라'고 서원한 것을 잊은 채 교회도 가지 않고, 성경도 보지 않고, 기도도 하지 않고, 불평과 불만으로 살았습니다. 그러다 입학 후 3월 어느 날 새벽 3, 4시경에 꿈인지 환상인지 모르겠는데 책망을 받는 두렵고 놀라운 음성을 들었습니다. 용접기계에서 나오는 파란 불빛 같은 것이 나타나면서 다음과 같은 음성이 들렸습니다. **"왜 네 뜻대로 살려고 하느냐?"** 그와 동시에 재수할 때 전주 진학독서실에서 하나님께 서약한 것이 떠오르면서 두려움과 눈물로 회개하며 날을 맞이했습니다. 이런 신비한 체험을 한 이후 마음이 180도 바뀌어 만만치 않은 대학 생활이었지만 즐겁고 행복한 신앙생활과 대학교 생활을 보냈습니다. 하루하루가 너무 즐거웠습니다. 지금에 와서 그때를 회상해도 놀라울 뿐입니다.

4

대학교 3학년 때는 목회자로 소명을 받아 신학을 하기로 결심했고, 대학교 졸업 후 신병훈련소에 입소하여 소대 반장을 맡았고, 35사단(전주) 신병훈련소 소대(50명) 내무반 신병들 앞에서 복음송가 〈세상에서 방황할 때 나 주님을 몰랐네!〉를 1절에서 4절까지 불렀습니다. 군에서 통신병으로 잠시 있을 때 전봇대(9m) 꼭대기에 올랐다가 끈이 끊어져 거꾸로 떨어졌으나 어디 하나 상한 곳 없이 생존하는 기적을 경험했고, 예비군과 실미 조교로 근무하다 전역했습니다. 군 전역 후 신학교(합동신학교, 현 합동신학대학원대학교)에 입학했고, 신학교 관리실에서 지한주 장로님과 생활하며 강의실과 신학교 식당 알바를 하며 다녔습니다. 그리고 신학교 재학 중 예배실에서 결혼하여 네 명의 자녀(2男2女)를 두었으며, 서울의 샬롬교회, 남산교회, 한길교회, 부천의 중동교회에서 부교역자 생활을 하다가 1996년 7월 군산의 어느 시골에 있는 내홍교회에 담임으로 부임하였고, 동년 서울에서 목사 안수를 받은 이후 현재 교회에서만 26년째 사역하고 있습니다. 서울에 있을 때는 전철역 근처에서 열심히 노방전도를 하다가 경찰에 의해 파출소에 연행되기도 하였습니다. 매우 열심히 전도생활을 했습니다. 군산에 내려온 이후 아내가 '5차원교육 어린이집'(원장)을 운영했고, 저자는 군장대학교에서 사회복지를 공부한 후 20년 동안 '지역아동센터'(대표와 센터장)를 운영했습니다. 현재는 대표직만 유지하고 있습니다.

언젠가는 온 가족이 김제에 계시는 부모님을 뵈러 가다가 빙판길로 인하여 차가 전복되어 폐차시켰으나 하나님의 보호하심으로 태중의 막내까지 포함하여 가족 6명은 하나도 다치지 않는 놀라운 경험을 하였습니다. 또 어느 날 꿈을 꾸었는데 엄청난 서울 아파트 대단지 위에 있는 무수한 빨간 십자가들이 거의 다 쓰러지는 것을 보았습니다. 동시에 하늘에서 아주 큰 붉은 십자가가 오거리에 서 있는 내 앞으로 내려오다가 모양을 볼 수 없는 형상으로 변하면서 나에게 악수를 청하는 것으로 꿈에서 깼습니다. 그 이후 한국 교회를 위해서 기도하고 있습니다. 지금도 그 장면이 생생합니다. 참고로, 이런 이야기를 하면 오해하는 자들이 있을까 봐 노파심에서 말하는데 저자는 신비주의자나 체험주의자가 아닌 개혁교회 신앙고백과 교리와 신앙을 추구하는 자입니다. 군산에 내려와서 군산내흥초등학교 학교운영위원회 위원과 위원장을, 군산신역세권택지개발지구(32만 평) 주민대책추진위원회 위원과 위원장을 역임하며 공동시행업자인 군산시와 LH 전북지역본부와 지역주민들의 이익과 유익을 위해서 치열하게 협의했습니다.

저자는 지금까지 초지일관 진리와 정의와 공익 편에 서서 최선을 다해 살아왔고, 누구든지 성경 세계관에 반하는 주장과 고집을 부릴 때는 타협하지 않고 분리와 저항을 하며 살았습니다. 적당히 타협하지 않았습니다. 그 과정에서 일부 목사들과 사람들에게 오해와 미움과 협박과 공격과 고소들도 받았습니다. 앞으로도 개혁교회의 신앙고백에 맞게 살 것이며, 죽음과 불이익과 사람을 두려워하지 않고 오직 하나님만을 바라고 두려워하며 살 것입니다. 이렇게 출생부터 세세하게 나열한 이유는 지금까지 하나님께서 장재훈 목사를 어떻게 인도하셨고, 함께하셨고, 보호하셨고, 사용하셨는지를 자녀들 등에게 기록과 간증으로 남기어 신앙을 강화하는 차원에서입니다. 또한 독자들로 하여금 저자를 좀 더 이해하도록 하기 위해서입니다.

　저자는 지금까지 유명하거나 잘난 것은 없지만 나름 부르심과 은사(재능)와 사명과 맡은 일에 최선을 다해 진리와 정의 편에서 빛과 소금으로 살았고 충성하였습니다. 저자는 지금 소천을 받아도 감사할 뿐입니다. 자녀들도 하나님의 은혜와 돌보심으로 반듯하게 자라 주어서 감사합니다. 모든 삶이 하나님의 열심과 은혜였음을 고백하며 은혜언약이 아니었으면 결코 구원을 받을 수 없다는 것을 매일 절감하고 감사하며 살고 있습니다. 이제는 남은 생애 동안 믿음이 떨어지지 않고 신앙이 변질되지 않게 충성되게 살고, 끝까지 진리, 정의, 하나님의 편에 서서 사는 것이 과제라고 생각합니다. 다시 한번 연약하고 부족하고 무명한 자를 만세전에 택하시고 사명을 주시어 지금까지 인도하시고 사용하신 하나님을 찬양합니다. 현세만 있다고 굳게 믿고 살았던 저에게 이생뿐만 아니라 어디서 와서 왜 살며 장차 어디로 가는지에 대하여, 사후에 내세와 심판, 천국과 지옥이라는 영원히 죽지 않고 사는 영생과 영벌의 세계와 장소가 있음을 알게 하신 하나님께 감사를 드립니다. 하나님께 모든 영광을 돌립니다. 기타 핵심적인 진리 활동과 공익활동 내역은 다음과 같습니다.

前 이단사이비대책위원회(합신) 위원과 서기(2007~2013)
前 서울서부지방검찰청(고소당함, 진리활동, 무혐의)
前 서울서부지방검찰청(정보공개청구, 정보 확인)
前 전주지방검찰청군산지검(고소당함, 공익활동, 무혐의)
前 군산경찰서(고소당함, 공익활동, 무혐의)

前 감사원 공익감사청구(공익활동)

前 군산교육지원청(교장과 함께 조사받음, 공익활동, 무혐의)

前 국립농산물품질관리원(본원) 수사의뢰(공익활동, 불의 확인)

前 효력정지가처분신청(아동 친환경급식의 건, 2심 법원까지 법적 다툼)

〈저서〉

『가정 인성교육 이렇게 하라』, 『교회 인성교육 이렇게 하라』, 『이단 불건전 예방 교과서』, 『불편한 의문』, 『성경적 가정 세계관 교과서』, 『인성 교과서』, 『별세 장례 핸드북』, 『공수래공수거 나그네들에게』, 『가정과 성 세계관』, 『이슬람과 기독교 세계관』, 『천주교와 개신교 세계관』, 『불교와 기독교 세계관』, 『기독교 경제 세계관』, 『해명』, 『달콤한 유혹에 저항하라』, 『기독교 성공과 실패 세계관』, 『데이트와 결혼, 이렇게만 하면』, 『기독교 원칙 세계관 ①』, 『이단 자유주의 혼합주의 세계관』

〈출간 예정 저서〉

『기독교 원칙 세계관 ②③④⑤⑥』, 『세상·지구·인간 종말론 세계관』, 『교회 직분자 선출 기준과 검증 세계관』, 『기독교 이적과 표적 세계관』, 『이스라엘 왕들 신앙 세계관』, 『성경의 예언과 성취 세계관』, 『기독교 재난과 전염병 세계관』 등등

E-mail : jangjh3458@hanmail.net

장재훈 목사 : 010-6767-3458

교회 : 063-442-3458

모든 사람들은 빈부귀천(貧富貴賤), 지위고하(地位高下), 스펙과 외모와 조건과 외국인과 내국인을 떠나서 엄청난 황금과 돈보다 더 소중한 자들입니다. 이 책은 천하보다 소중한 사람들이 현세에서 헛된 인생, 실패한 인생을 살지 않고, 현세와 내세에서 영원히 행복하고, 영생하기를 간절하게 바라는 자들에게 반드시 필요한 책입니다. 이 책은 인생을 살아가면서 풀리지 않는 각종 의문에 대한 해답을 제공합니다. 이에 기쁜 마음으로 이 소중한 책을 선물로 드리니 끝까지 정독해 주시길 바랍니다. 어떤 사람에게는 하찮은 책이 될 수 있지만, 어떤 사람에게는 새로운 희망의 빛과 인생역전의 터닝 포인트가 될 것입니다. 왜냐하면 우리가 잘 모르거나, 오해하거나, 착각하거나, 망각하거나, 무시하거나, 가볍게 생각하거나, 부인하고 사는 것들이 있는데 이런 것들이 제대로 해명되고 각성되어 인생역전과 반전이 발생할 수 있기 때문입니다. 무엇이든지 진짜, 참을 만나면 반전이 발생합니다.

일반적으로 인간 스스로는 학벌이 아무리 뛰어나다고 하더라도 인간사에서 발생하는 온갖 일들과 그 이상의 것들에 대하여 정확히 알지 못하고 삽니다. 왜냐하면 사람들은 눈에 보이는 것들과 자기가 경험하는 것들조차 다 알지 못할 뿐만 아니라 눈에 보이지 않는 것들과 아직 경험해 보지 못한 세계나 내세에 대한 것들은 더욱더 모르거나 오해하거나 구부러지게 알고 있기 때문입니다. 더욱이 보이는 것과 보이지 않는 세계에 대하여 일부 안다고 치더라도 정확하게 알고 사는 사람들은 별로 없습니다. 참과 거짓을 거꾸로 알고 주장하거나 그릇된 길로 갑니다. 사람들은 정확한 지식과 진리를 알지 못하면 각자 나름대로 깨닫고, 배우고, 익힌 지식과 신념대로만 주장하고 삽니다. 다시 말하면 확증편향(確證偏向)에 따라 살아갑니다. 그런 것들 중에는 사실이 아닌 것들이 반드시 있습니다. 사람은 누구나 완전하지 않기 때문에 누구에게나 정확하지 않은 정보와 지식과 신념들이 조금씩은 숨어 있습니다. 나름 확신하고 살았지만 나중에 알고 보니 오판이었다면 아주 심각한 결과를 초래합니다. 인생은 다시 처음으로 돌아가서 살 수 없고 연습이 없기 때문입니다. 그런 차원에서 이 책은 현세와 내세에 대하여 여러 가지를 바로 알고 싶은 사람들에게 비교적 정확하고 필요한 인생 안내서와 생명 안내서가 될 것입니다.

내흥교회는 개혁교리와 전통적인 신앙고백을 추구하는 건전하고 건강한 교회로 1987년 1월 15일에 김영옥 전도사님에 의해서 군산시 내흥동에 설립된 교회입니다. 내흥교회는 2023년 현재 군산시 구암동 세풍아파트 정문 상가 2층에 있습니다. 내흥교회와 멀지 않은 곳에 사는 자들 중에 교회에 한 번 나가고 싶거나, 바른 신앙생활과 인생을 살고 싶거나, 목사와 신앙과 인생 상담을 하기를 원하시는 분들은 언제든지 본 교회로 오시거나 전화를 주시면 후회하지 않을 것입니다. 혹 교회에 나가고 싶지만 먼 곳에 사시는 분들은 가까운 건전한 교회로, 바른 신앙고백을 추구하는 교회로 출석하기 바랍니다. 우리 주변에는 건전한 교회들도 많지만 이단과 불건전한 교회들도 있기에 교회 선택은 신중하게 해야 합니다. 겉으로 볼 때는 멀쩡해 보이는데 그 속은 그렇지 않은 교회들이 있습니다. 건전한 교회에 다니는 분들은 등록 교회에 잘 출석하기 바랍니다. 대충 다니거나 어떤 목사나 개인이 만든 이상한 프로그램을 따르지 마시고, 성경과 성경을 근거로 역사적으로 종교회의에서 가장 잘 정리되고 검증된 정통 신앙고백인 보편 신조(사도신경, 니케아 신조, 아타나시우스 신조)와 세 가지 일치 신앙고백서(벨직 신앙고백서, 하이델베르크 신앙고백서, 돌트 신경)와 웨스트민스터 신앙고백과 대요리문답과 소요리문답만을 가르치고, 설교하고, 배우고, 믿고, 순종하기 바랍니다.

그리하면 세월이 흐르고 세대가 교체되어도 일관성 있는 견고한 신앙, 바른 신앙을 유지하고, 계승시킬 수 있을 것입니다. 이단, 자유주의, 혼합주의(세속주의) 신앙 등에 미혹되지 않을 것입니다. 담임목사가 교체되어도 일관된 신앙고백을 유지할 수 있습니다. 개인이나 일부 목사나 사람들이 고안해 낸 그럴듯한 전도 프로그램, 치유 프로그램, 신앙 교육 프로그램, 교회 성장과 부흥 프로그램 등은 신뢰할 수 없습니다. 이런 것들은 시간이 지나면 소모품처럼 부패하고 사라져 버립니다. 그러면 어떤 교회와 목사들은 해마다 혹은 몇 년 주기로 다시 새로운 프로그램을 찾아 나섭니다. 여기저기 그럴듯한 세미나를 찾아가서 듣고 이것이다 싶으면 도입하여 사용하는 일을 반복합니다. 하지만 이런 프로그램은 그것을 추구한 목사가 떠나면 중단되거나 흐지부지됩니다. 그런즉 역사적으로 검증되어 확실하고 객관적인 정통 신앙고백서를 추종하기 바랍니다. 내홍교회는 역사적으로 검증된 15~16세기 신앙고백서만을 믿고 추종하고 가르칩니다. 교회는 크거나 교인 수가 많다고, 작거나 교인 수가 적다고 좋거나 나쁘지 않습니다. 목사의 스펙이 좋다고 유능하거나 바르고 그렇지 않다고 무능한 목사가 아닙니다. 참 교회와 참 목사는 반드시 규모, 교회의 역사, 외모, 조건, 학력, 유명, 스펙에 있지 않습니다. 부모를 연상하면 이해하기 쉬울 것입니다. 부모들이 스펙이 좋다고 좋은 부모가 아니듯이 교회와 목사도 그렇습니다. 이런 외적 조건에 속지 말아야 합니다.

  내홍교회는 이단, 불건전, 신비주의, 자유주의, 사이비, 인본주의, 혼합주의(세속주의) 신앙과 사상을 거부하고 배격하는 교회입니다. 목사 개인의 신앙과 신념과 주관과 사상을 따라서 설교, 교육, 목회를 하지 않습니다. 성경과 사도들의 신앙고백과 15~16세기 종교회의에서 역사적이고 객관적으로 검증이 끝난 개혁교회 신앙고백서들을 믿고, 가르치고, 추구하는 교회입니다. 내홍교회에 오시면 이런 개혁교회 신앙고백서들을 반복해서 가르침을 받게 될 것입니다. 이단이나 자유주의나 혼합주의나 사이비나 불건전한 자들도 하나같이 성경을 가지고 각각 다른 이해나 해석에 따른 주장을 하기에 끝이 없고 논쟁만 할 뿐입니다. 그러나 역사적으로 많은 시간과 많은 신학자들과 목사들로 구성된 종교회의에서 성경에 가장 근접한 상태로 정리된 보편적인 신앙고백서와 일치 신앙고백서들을 통해서 배우면 같은 무리 안에서는 분열과 논쟁이 사라집니다. 동일한 신앙고백을 하게 되어 이단이 침투하지 못하고 자녀들과 후세대에게 일관된 신앙이 전수되고 계승됩니다.

이런 역사적인 신앙고백서들로 무장하면 어떤 목사가 설교나 교육을 하든, 누가 접근해서 어떤 신앙을 말하든지 잘 분별하고 저항할 수 있습니다. 속거나 현혹되지 않습니다. 현재 한국 교회는 교파를 초월해서 교회마다 그렇게 하지 못하고 있습니다. 목사의 개인 능력에 따라 좌우되고 있습니다. 같은 교단 안에서도 목사들의 설교와 신학과 신앙과 가르침이 제각각입니다. 그 결과 건전하지 않은 각종 프로그램을 행합니다. 한 교회 안에서도 목회자들의 신앙고백이 다르고, 성도들도 다릅니다. 부부들도 다르고, 자녀들도 다릅니다. 부모와 자식이 다릅니다. 신앙생활을 오래 한 자들은 알 것입니다. 담임목사가 여러 번 바뀌고, 성도들은 여러 교회를 옮기면서 다양한 신학과 신앙과 설교와 가르침과 이상한 프로그램을 접합니다. 그 결과 비슷한 것 같은데 모두가 신앙고백이 다릅니다. 일치된 신앙고백서로 배우지 못한 결과입니다. 현재 한국 교회는 아주 심각한 상태입니다.

내홍교회는 바른 성경 해석에 기반을 둔 역사적인 신앙고백서들이 성경공부와 설교 교재로 잘 준비되어 있습니다. 이에 이 신앙고백서만 잘 듣고 배우고 실천하면 아무리 세월이 흐르고 목사가 바뀌어도 신앙고백이 변질되거나 훼손되지 않습니다. 이런 신앙고백으로 무장하면 어느 목사의 설교를 듣고, 어느 교회에 다니고, 어느 성도와 교제를 하더라도 쉽게 참과 거짓을 분별할 수 있습니다. 이런 일치된 신앙고백서를 누구나 한 권씩 다 드립니다. 이것을 가지고 함께 공부하고 교제를 나눕니다. 어떤 개인이 고안해 낸 프로그램, 많은 시간과 신학자들을 통해서 정리되지 않은 프로그램, 역사적인 검증이 되지 않은 프로그램을 시행하거나 불완전한 목사의 리더십으로 교회를 이끌어가는 것이 한국 교회의 현실입니다. 그러나 내흥교회는 역사적인 신앙고백과 개혁교리로 이끌어 갑니다. 장재훈 목사는 개혁주의 교리와 신앙고백과 신앙을 믿고 추구하는 자로, 수원에 있는 '합동신학대학원대학교'(구, 합동신학교)를 졸업했습니다. 내흥교회는 진리를 간절히 찾는 자, 후회 없는 인생을 살고자 하는 자, 바른 신앙생활을 하고자 하는 자, 잘못된 신앙과 교리와 확신을 교정받고자 하는 자, 인생의 바른 해답을 알고자 하는 자, 이단교회나 이단단체나 기관에 속아 생활하다가 탈출한 자들도 환영합니다.

언제든지 어떤 내용이든 전화상담과 직접상담이 가능합니다. 용기를 내어 전화를 주시거나 찾아오시기 바랍니다. 인생은 믿든 믿지 않든지 현세로만 끝나지 않고 내세(사후세계, 저승)가 반드시 있기 때문에 깊은 고민을 하며 살아야 합니다. 기독교(천주교+개신교)만 내세를 주장하는 것이 아니라 힌두교와 불교와 이슬람교도 사후세계(저승)를 주장합니다. 세계 종교인 수는 4대(기독교+이슬람교+힌두교+불교) 종교가 다수입니다. 한국선교연구원(KRIM)에 의한 2021년 세계 선교 통계에 따르면, 세계 인구는 78억 7,546만 5천 명이고, 세계 종교 인구는 69억 9,615만 명인데, 기독교인은 25억 4,557만 9천 명, 이슬람교인은 19억 2,611만 5천 명, 힌두교인은 10억 7,361만 9천 명, 불교인은 5억 5,049만 명, 유대인은 1,483만 8천 명이라고 하였습니다. 세계 기독교 인구 비율은 32.3%입니다. 기독교(천국+지옥), 이슬람교(천국+지옥), 힌두교(윤회사상-현세와 내세), 불교(윤회사상-현세와 내세)는 내세를 믿고 가르칩니다. 물론 기독교(개신교)에서 말하는 내세와는 전혀 다릅니다.

현존하는 세계 다수 종교가 현세만 있는 것이 아니라 사후에 반드시 저승, 내세, 사후세계가 있다고 믿습니다. 소위 망자에 대하여 명복(冥福)을 비는 자들도 막연하게나마 잠재의식 속에서 저승이 있음을 내비칩니다. 그래서 종교인이든 아니든 장례식장에 가서 유가족들에게 '고인의 명복을 빈다'라고 하는 것입니다. 그렇다면 지구상에 존재하는 3분의 2 정도의 종교인들이 내세(저승)를 믿는다는 것이니 귀하도 마음을 열고 한번 깊게 고민해 보시기 바랍니다. 사실인 것이 부인한다고 없어지는 것이 아닙니다. 바라기는 이 책을 접하는 모든 사람들이 자신이 어디서 와서, 왜 살며, 왜 각종 질병에 시달리는지, 왜 사랑하는 부부, 부모, 자녀, 가족, 친지, 지인과 마음이 찢어지는 사별과 이별의 아픔을 겪어야 하는지, 사람이 사망하여 화장이나 매장을 한 이후 사후에는 영혼과 몸이 어디로 가는지, 어떻게 되는지에 대한 정확한 인생의 해답을 얻어 헛되지 않은 인생과 수고를 하며 살기 바랍니다. 진리를 알거나 만나게 되면 전혀 새로운 인생이 펼쳐집니다. 왜 살아야 하는지, 왜 반듯하게 살아가야 하는지, 무엇을 위해서 살아야 하는지를 알게 됩니다. 인생에 반전이 일어나 죽을 맛이 아닌 사는 맛이 생기게 됩니다. 하루하루가 행복하게 됩니다. 이에 감히 추천하는 바입니다.

2023년
개혁교회 신앙고백서대로 살고자 애쓰고,
헛된 인생과 수고를 하지 않기를 바라는 자들에게
장재훈 목사가

이 책은 기독교(천주교+개신교), 특히 개신교(교회) 교리에 대하여 오해하고 있는 사람들에게 성경에 대한 기본적이고 일반적인 변증서이자 해명서입니다. 동시에 인생을 살면서 누구나 갖는 각종 의문에 대하여 성경에 근거해서 명쾌하게 설명해 주는 책입니다. 그리하여 인생의 답답한 의문을 시원하게 뚫어 줄 뿐만 아니라 현세와 내세에서의 행복한 길, 실패하지 않는 길, 항상 범사에 감사하고 기뻐하며 사는 길, 구원의 길, 영생의 길로 인도하는 안내서입니다. 후회하지 않는 인생, 헛되지 않은 인생으로 인도합니다. 여러 가지를 깊게 생각하게 만드는 책입니다. 누구나 자기가 알고 있는 것이나 눈에 보이는 것이 전부이거나 모두 정답이 아니기에 겸손히 상식적이고 거룩한 고민과 의문을 갖고 살아가야 합니다.

사람은 누구나 부족하고, 불완전하고, 연약하고, 일부만 알고 살기에 항상 마음의 문을 열어 놓고 겸손히 살아야 합니다. 그러면 배울 점이 많고 이런저런 것이 잘 보일 것입니다. 자신이 발전하고, 안전하고, 시원하게 될 것입니다. 자신이나 누구나 사람은 완전하지 않습니다. 해명(解明)이란 '까닭이나 내용 따위를 풀어서 밝힘'을 뜻합니다. 기독교인을 비롯해서 타 종교인과 일반 사람들은 기독교와 인생에 대한 다양한 의문들을 가지고 있고, 오해와 착각으로 그릇된 믿음과 확신을 가지고 사는 부분 또한 많습니다. 그 결과 기독교를 신랄하게 비난하거나 욕합니다. 자신도 그릇된 인생을 살게 됩니다. 이런 현상을 반영하듯 기독교를 개독교 (犬)라고 칭하며 조롱합니다. '왜 기독교에만 구원이 있다고 하느냐'고 불만을 토로합니다. 또한 기독교에서 말하는 사후세계(내세)를 부인(否認)하고 현세만 바라보고 먹고 마시고 즐기며 삽니다. 이 세상이 전부이고 다른 세계는 없다고 말합니다.

사람은 자기 자신에 대해서도 정확히 모르고 오해하는 경우가 있습니다. 타인에 대해서도 정확히 아는 것보다 모르는 것이 더 많거나 오해하는 것이 많습니다. 가족들이나 친구들도 서로에 대해서 의외로 잘 모릅니다. 부부라 할지라도 잘 모릅니다. 사람은 겉모습만 보고 판단하기 때문입니다. 사람은 생각보다 아주 복잡합니다. 특히 심해와 같은 마음 깊숙한 곳은 아무도 모릅니다. 사람과 피조세계는 눈에 보이는 것이 전부가 아닙니다. 눈에 보이지 않고 자신이 알지 못하는 세계가 더 많습니다. 그럼에도 불구하고 가족들, 부부들, 친구들은 서로와 세상을 잘 안다고 말합니다. 이는 큰 착각이자 오판입니다. 교만입니다.

가장 대표적인 사례가 결혼과 이혼입니다. 상대방을 어느 정도 알고 검증이 끝났다고 생각하고 확신이 들어서 결혼했는데 막상 살아 보니 배우자에 대하여 모르는 것과 낯선 것이 많아 갈등하다가 이혼합니다. 후회합니다. 그리고 사기 당하고 배신당하는 것이 그것입니다. 상대방을 너무 모르고 아는 체했다가, 믿었다가 당하는 일들이 비일비재합니다.

상당수 사람들은 눈에 보이는 상대방과 세상에 대해서 일부분밖에 모르고 삽니다. 설사 알고 있는 것이라 할지라도 잘못 알고 있거나 오해하는 부분들이 적지 않습니다. 그 결과 헛된 길로 가거나 그릇된 주장을 하기도 합니다. 이용당하고, 사기당하고, 배신당합니다. 사람들이 서로 속고 속이는 것은 서로를 잘 모르기 때문입니다. 이러한 상태는 세대를 초월하여 세상 종말 때까지, 죽을 때까지 반복되고 지속됩니다. 그것이 부패하고 악한 사람입니다.

기독교와 기독교인에 대한 것도 마찬가지입니다. 눈에 보이지 않는 신(God)의 존재에 대해서도 마찬가지입니다. 눈에 보이는 것도 다 알지 못하고 이해하지 못하는데 눈에 보이지 않는 영(靈)이신 하나님을 스스로 안다는 것은 불가능합니다. 모든 종교에는 각기 신봉하는 사상, 교리, 가르침이 있습니다. 모든 종교인은 자기가 신봉하는 종교의 교리와 사상에 기초하여 말하고 행동합니다. 그것은 지극히 당연한 모습입니다. 이러한 것을 모든 종교인들과 사람들은 서로 인정하고 존중해 주어야 합니다. 그런데 실제는 그렇지 않습니다. 모든 판단 기준을 자기 기준, 자기 수준, 자기 생각, 자기 마음, 상대성 등에 맞추어 옳다, 그르다고 말합니다. 아니면 자꾸 모든 종교와 신앙을 획일화시키려고 합니다. 모든 종교는 꽃과 나무와 자동차 등처럼 다양하고 다릅니다. 그런데 상대방 종교의 교리를 존중하지 않고 다른 종교의 주장과 맞추려고 합니다. 서로가 다른 부분에 대하여 이해를 못합니다. 서로 달라서는 안 된다고 주장합니다. 이는 엄청난 억지입니다. 이에 판단 기준과 접근 자체가 잘못 되었기 때문에 잘못도 없이 오해와 매도를 당합니다.

이와 같이 기독교를 비난하고 욕하는 자들 중 일부는 타당한 비판도 있지만 상당수는 기독교 교리나 신앙고백서에 대한 오해, 오심, 오진, 착각과 그릇된 확신이나 신념, 부정적인 선입관 등에서 비롯된 것입니다. 물론 반듯하지 못한 기독교인은 책망을 받아 마땅합니다. 종교 자체에 대해서나 기독교에 대한 교리를 정확히 모르거나 이해하지 못하면 기독교에 대하여 일방적으로 공격하고 비난하게 됩니다. '뭐 저런 것들이 다 있어!'라고 흥분합니다. 물론 같은 기독교인이 보기에도 기독교인답지 못한 자들이 종종 있습니다. 지탄을 받아도 유구무언일 수밖에 없는 자들과 일들이 존재합니다. 주로 이단이나 사이비들입니다. 연약하고 미숙한 기독교인들입니다. 자칭 기독교인으로 사칭하고 사는 신자들이나 목사들이나 교회들입니다.

이는 기독교뿐만 아니라 다른 종교나 다른 일이나 사람에 대해서도 마찬가지입니다. 모든 영역과 분야에 이런 현상을 다 있습니다. 상품들도 가짜와 불량품이 반드시 있습니다. 어느 직장이나 조직 안에도 전체를 욕보이는 불량한 자들은 상항 있습니다. 사실입니다. 이런 경우 전체를 매도하지 말고 선별적으로 탓해야 합니다. 이런 사실을 잘 모르고 이해가 되지 않으면 자기 수준에서 전체를 매도하고, 판단하고, 욕하고, 비난하고, 공격해 버립니다. 그러면 자신도 손해를 입고 피해자가 됩니다. 이에 필자는 《해명》(불편한 진실)이라는 책을 통해서 이러한 본질적이고 핵심적인 부분을 바로 이해시키고 오해하고 있는 것은 해명해 드리고자 핵심적인 논란 부분에 대하여 성경과 상식에 근거해서 기술하였습니다. 이 해명은 필자의 주관이 아니라 기독교 진리 책이자 하나님의 음성이고, 말씀인 성경의 직접적인 언급과 포괄적인 사상에 근거합니다. 개혁교리 신앙고백서에 근거한 것입니다. 그러기에 아직 예수님을 믿지 않고 성경사상을 잘 모르는 사람들은 불편할 수 있습니다. 일반적인 사상과는 다른 주장을 하기 때문입니다. 이는 당연한 것입니다. 무엇이든지 처음 듣고 접할 때, 처음으로 행동할 때, 이해가 잘 안 가고 납득이 잘 안될 때는 '에게, 뭐야!' 하면서 불편한 것입니다. 나중에는 다 이해가 됩니다. 불편하지 않게 됩니다. 우리가 세상을 살아가면서 알게 모르게 이런 경험들을 하며 삽니다.

성경은 스스로 살아 계신 하나님이자 이 우주 만물을 전능하신 능력으로 창조하신 여호와 하나님의 말씀입니다. 완전한 말씀입니다. 진리입니다. 그래서 오류가 없습니다. 때가 되면 반드시 기록된 대로, 예언한 대로 성취되는 말씀입니다. 인간이 스스로 수행을 통해서 깨우친 말씀이 아닙니다. 피조물이 작성한 책이 아닙니다. 초월적인 하나님께서 작성하신 계시의 책입니다. 그래서 진리(참)라고 합니다. 믿을 만합니다. 목숨을 걸고 순종할 만합니다. 이 성경은 사람들의 각종 의문에 대하여 명확하게 설명합니다. 성경을 읽으면 과거와 현재와 미래의 세계가 보입니다. 사람들이 왜 악한 짓들을 하며 사는지, 왜 각종 질병과 전염병에 걸리고 해마다 온갖 재난재해가 발생하고, 남녀노소가 수시로 순서 없이 죽는지 잘 설명합니다. 사람들과 세상이 돌아가는 면면에 대해서 어느 정도 파악이 됩니다.

지구촌에서 발생하는 온갖 행불행과 생사고락과 생로병사와 현세와 내세에 대한 세계와 해답을 알 수 있습니다. 각종 재난과 재해와 재앙과 전염병과 지진 등에 대하여 그 근본 원인(뿌리)을 알게 됩니다. 과학과 철학과 이성과 일반지식과 인문학이 풀지 못하는 부분이 다 풀어집니다. 아무쪼록 기독교와 기독교인의 행동과 인생에 대한 다양한 의문과 오해가 이 책을 통해서 해소되고 이해되기를 바랍니다. 아울러 기독교에 대한 적극적인 관심을 통해서 헛되지 않은 삶과 인생역전을 바랍니다. 인생이 실패하지 않고 사후에 가슴을 치고 후회하지 않는 인생이 되기를 바랍니다. 물론 자기 마음대로 믿어지는 것은 아닙니다. 이 책의 내용들이, 성경이 이해되지 않고 믿어지지 않으면 안타깝지만 어쩔 수 없습니다. 그대로 살다가 죽은 이후 내세(저승)에 가서 자기 눈으로 직접 확인하는 수밖에 없습니다. 불(火)이 뜨겁고 무서운지를 모르는 사람은 불속에 손을 넣어야만 깨닫게 됩니다. 하지만 지혜로운 사람은 불을 보지 않고, 불속에 들어가지 않고, 불을 보지 않아도 불은 뜨겁고 무섭다는 것을 압니다. 진리와 내세와 심판이 그렇습니다. 이 책이 모든 독자들에게 영원히 잊을 수 없는 최고의 선물과 인생의 내비게이션이 되기를 간절히 기원합니다. 여러분 모두에게 하나님과 이 책의 내용이 믿어지는 은혜가 임하길 바랍니다.

2023년
세상의 모든 의문에 대하여
성경으로 시원하게 해명이 되기를 바라는
장재훈 목사가

차례

저자 소개   4

셀프 추천사   9

들어가는 말   16

제1장   사람은 왜 죽습니까?   26

제2장   사람들은 왜 질병에 걸립니까?   33

제3장   나는 누구입니까?   47

제4장   왜 동성애와 양성애를 반대합니까?   62

제5장   왜 이혼을 금하고 반대합니까?   73

제6장   왜 서로 좋아하고 합의하에 한 섹스까지 간음이라고 합니까?   82

제7장   영혼은 왜 영원히 사라지지 않는다고 합니까?   87

제8장   왜 결혼을 하라고 합니까?   92

제9장   왜 자녀를 출산하라고 합니까?   99

제10장   왜 재혼을 자기 마음대로 하면 안 된다고 합니까?   105

제11장   왜 낙태를 하지 말라고 합니까?   110

제12장   악인들은 왜 잘 먹고 잘삽니까?   117

제13장   왜 혼전 순결과 혼후 순결을 지키라고 합니까?   123

제14장   사람은 왜 공수래공수거 인생이라고 합니까?   131

제15장   먹고 마시고 즐기고 쾌락만 하며 사는 것이 왜 헛된 것입니까?   137

제16장 누가 인생의 성공과 실패자입니까?   145

제17장 왜 기독교(개신교)에만 구원이 있다고 합니까?   151

제18장 왜 사후세계, 즉 천국과 지옥이 있다고 합니까?   158

제19장 기독교인은 왜 창조론만 주장합니까?   165

제20장 왜 하나님만 존재한다고 합니까?   171

제21장 왜 모든 사람이 죄인이라고 합니까?   181

제22장 왜 인류 최후의 심판이 있다고 합니까?   191

제23장 왜 사후에 부활이 있다고 합니까?   196

제24장 사람들은 왜 종교를 찾습니까?   203

제25장 왜 아무 교회나 가지 말라고 합니까?   210

제26장 왜 목사와 신자들을 무조건 믿지 말라고 합니까?   217

제27장 기독교는 왜 배타적입니까?   223

제28장 사람이 연약해서 하나님을 찾고 믿는 것입니까?   229

제29장 사람이 죽으면 왜 천국 아니면 지옥에만 들어간다고 합니까?   233

제30장 교회는 착한 사람들만 가는 곳입니까?   238

제31장 예수님을 믿지 않는 인생은 왜 실패한 인생이라고 합니까?   243

제32장 신앙생활을 하는데도 왜 하나님이 믿어지지 않습니까?   249

제33장 왜 예수님을 믿으라고 합니까?   254

제34장 선행하고 착하게 사는데 왜 천국에 가지 못한다고 합니까?   261

제35장 왜 종교행위를 강요합니까?   267

제36장 참 신자와 거짓 신자의 구분은 무엇으로 합니까?   271

제37장 성탄절은 구제의 날입니까? 구원의 날입니까?   278

제38장 모든 종교는 같습니까? 다릅니까?   294

제39장 왜 망자에 대한 기도, 제사, 굿, 절 등을 금합니까?   307

제40장 왜 명복(冥福)을 빕니까?   316

제41장 왜 살고 싶지 않고, 죽고 싶습니까? 322

제42장 재난들과 전염병들은 왜 발생합니까? 328

제43장 이단·사이비 단체와 기관은 참 교회입니까? 334

제44장 왜 돈을 사랑하지 말라고 합니까? 345

제45장 당신도 속아 살고 있습니까? 352

제46장 만남과 이별, 사후 천상재회와 영원한 이별 370

제47장 출산 전후 일과 자녀 양육, 무엇이 우선입니까? 378

제48장 부부는 누구를 중심으로 살아가야 합니까? 385

제49장 당신 부부는 섹스를 하십니까? 395

제50장 왜 술을 마시지 말라고 합니까? 408

제1장

사람은 왜 죽습니까?

사람이 시도 때도 없이 반드시 죽는 근본적이고 직접적인 원인은 원죄에 따른 하나님의 저주와 형벌 때문입니다. 이런 내용과 사실은 기독교 외에는 어느 종교나 어느 곳과 사람들도 가르쳐 주지 않습니다. 전혀 모르기 때문입니다. 이런 사실을 알면 죽음에 대하여 답답하지 않고 이해가 될 뿐만 아니라, 죽음에 대한 바른 시각이 열리고 언제 어디서나 죽음을 준비하며 살게 됩니다. 죽음이 끝이 아니라는 것을 알게 됩니다. 죽음 이후에 대하여 관심을 갖게 됩니다. 사별과 이별에 따른 극심한 아픔, 슬픔, 외로움, 그리움 등도 형벌의 영향과 연장 차원에서 주어진 것입니다. 이에 모든 사람들은 죄에 따른 형벌인 죽음, 사별의 아픔과 슬픔과 외로움과 그리움 등을 담담하게 받아들여야 합니다. 제 아버지와 어머니도 82세와 93세에 사망하셨고, 제 아내도 63세에 죽었습니다. 필자도 언젠가는 죽을 것입니다. 제 자녀들과 손자들도 죽을 것입니다. 이 책을 읽는 독자들도 언젠가는 반드시 죽을 것입니다. 누구나 정녕 사별(死別)합니다.

지구상에 출생한 사람은 한 사람도 예외 없이 모두 죽게 될 것입니다. 그래서 모든 사람은 죽음을 대비하고 살아야 하며 시한부(時限附, 한계) 인생이라고 하는 것입니다. 그럼에도 불구하고 대부분의 사람들은 자기는 죽지 않을 것처럼 살아갑니다. 우리나라 평균수명은 남자는 81.64세, 여자는 87.74세이고, 남녀의 개인적인 평균수명은 남자는 85세, 여자는 90세라고 합니다. 사람은 한번 태어나면 남녀노소, 빈부격차, 종교유무, 선한 사람이나 악한 사람, 인종과 국가, 비교적 선한 사람이나 악한 사람이나, 지위고하를 막론하고 누구나 다 죽습니다. 태어난 순서나 예고 없이 반드시 죽습니다. 다양한 모양과 이유로 죽습니다. 어디에서든지 죽습니다. 어떤 사람은 갑자기 죽고, 어떤 사람은 오랜 투병생활을 하다가 죽습니다. 장소도 육지와 바다와 공중, 집, 병원, 직장, 산, 운전 중 등을 가리지 않고 죽습니다. 이런 다양한 형태로 죽는 것에 대하여 부인하는 사람은 세상에 아무도 없을 것입니다. 사람은 누구나 죽음을 향하여 살아가고 있습니다. 죽음은 출생하자마자 정해졌습니다.

그런데 사람들은 자신이 왜 죽는지, 왜 죽어야 하는지를 정확히 모르고 살다가 죽습니다. 사망에 대한 근본적인 원인을 모르고 죽습니다. 다른 사람들이 다 죽으니 자신도 죽는다고 생각합니다. 죽음의 근본적인 원인에 대해서 깊게 생각지 않거나 잘 모릅니다. 누가, 어느 곳에서나 가르쳐 주지 않기 때문입니다. 누구나 죽음에 대한 공포와 두려움이 있습니다. 이에 고작 대비한다는 것이 생명보험입니다. 이는 임시 땜질일 뿐입니다. 무엇이든지 발생의 원인이 있듯이 죽음도 반드시 원인이 있습니다. 기독교 진리인 성경은 죽음에 대하여 분명하게 말합니다. 오직 성경에서만 분명하고 구체적으로 말합니다. 다시 한번 논리적으로 살펴보겠습니다. 사람이 왜 죽습니까? 질병 때문에 죽습니까? 그렇다면 질병에 걸리지 않는 사람은 죽지 않아야 합니다. 그런데 질병에 걸리지 않고 건강하게 산 사람들도 다 죽습니다. 나이를 먹어 늙어서 죽습니까? 그렇다면 어린 아이나 젊은이들은 죽지 않아야 합니다. 그런데 아이들이나 젊은 사람들도 다 죽습니다.

각종 사고 때문에 죽습니까? 그렇다면 사고를 당하지 않은 사람은 죽지 않아야 합니다. 그런데 사고를 당하지 않았는데도 죽는 자들이 많습니다. 굶주려서 죽습니까? 그렇다면 굶주리지 않은 사람은 죽지 않아야 합니다. 그런데 잘 먹고 잘사는 사람들도 다 죽습니다. 전쟁 때문에 죽습니까? 그렇다면 전쟁을 겪지 않은 사람은 죽지 않아야 합니다. 그런데 전쟁을 겪지 않았는데도 죽는 자들이 많습니다. 사람들은 죽음의 원인을 정확하게 모르니 이렇게 저렇게 말합니다. 통일된 죽음관이 없습니다. 본래 인간은 하나님에 의해 육체적으로나 영적으로 죽지 않고 영생하도록 흙으로 창조되었습니다. 그런데 언제부터인가 운동을 해도 죽고 건강을 유지해도 죽습니다. 병들어도 죽고 병이 없어도 죽습니다. 착한 일을 해도 죽고, 나쁜 일을 해도 죽습니다. 유아들도 죽고 청년들도 죽고 노년들도 죽습니다. 자기관리를 잘해도 죽고 잘 못해도 죽습니다. 보약을 먹어도 죽고 안 먹어도 죽습니다. 아무리 많은 기도와 종교행위를 해도 죽습니다. 진시황제도 죽고 의사들도 죽습니다. 하나님을 믿는 사람들도 죽고 믿지 않는 사람들도 죽습니다. 그렇다면 사람으로 태어나서 누구나 반드시 죽는 근본적인 원인이 무엇이라고 생각하십니까? 이에 대하여 어느 종교나 책이나 어떤 사람도 명쾌하게 말하지 못합니다. 그 이유는 죽음의 원인에 대하여 모르기 때문입니다. 하지만 지구촌에서 유일하게 하나님의 말씀인 성경, 기독교 진리인 성경은 죽음에 대하여 정확하고 분명하게 말합니다. 사람은 누구나 한번 태어나면 반드시 죽는데 그 근본적인 원인이 죄(罪, 원죄) 때문이라고 말합니다.

창세기 2장 17절

"선악(善惡)을 알게 하는 실과는 먹지 말라 네가 먹는 날에는 정녕 죽으리라 하시니라"

로마서 6장 23절

"죄의 삯은 사망이라…"

로마서 5장 12절

"이러므로 한 사람(아담=최초의 사람, 인류의 대표)으로 말미암아 죄가 세상에 들어오고 죄로 말미암아 사망이 왔나니 이와 같이 모든 사람이 죄를 지었으므로 사망이 모든 사람에게 이르렀느니라"(죄의 전가)

성경의 창세기는 이 땅(earth)에 죄가 왜, 언제, 어떻게 들어왔고, 그 결과 사람과 이 세상(지구, 땅)이 어떻게 변하고 망가졌는지를 잘 설명해 줍니다. 성경에서 말하는 죄의 정의는 하나님의 말씀을 마음과 생각과 행동으로 불순종, 거역한 행위를 말합니다. 하나님께서 흙으로 창조하신 최초의 인간이며 인류의 대표자인 아담과 하와가 에덴동산에서 하나님의 말씀에 불순종함으로, 불법을 행하므로 모든 사람은 죄인이 되었습니다. 죄의 형벌은 죽음입니다. 아담과 하와가 저지른 죄가 모든 인류에게 전가(轉嫁, 넘겨씌움)되어 그의 후손인 모든 인류는 대표자 원리에 따라 태중(胎中)에서부터 죄인으로 잉태됩니다. 이 죄 때문에 사람은 누구나 한번 수정되고 태어나면 태중 안팎에서 반드시 육체적인 죽음을 경험하게 됩니다. 죽음은 창조주 하나님의 말씀에 불순종한 대가로써 하나님께서 내리신 저주이자 형벌입니다. 그래서 모든 인간은 무슨 노력을 다해도 임신되는 순간부터 시한부(時限附) 인생을 살게 되고 나이, 질병 여부, 사고 여부, 출생 순서 등에 상관없이 다양한 모습으로 죽음을 맞이합니다. 사별하게 됩니다. 모든 사람이 죄인이므로 누구든지 예외 없이 언젠가는 반드시 죽습니다. 죽음은 누구도 피하지 못합니다. 물론 죽음은 다양한 모습(질병/사고/전쟁/싸움/기타)으로 나타나는데 이것을 간접적인 죽음의 원인이라고 합니다. 다시 강조컨대 죽음의 직접적인 원인, 근본적인 원인은 인간의 죄 때문입니다. 이것이 기독교 진리인 성경에서 말하는 사람의 죽음관입니다.

하지만 첫 번째 죽음인 육체적 죽음이 전부나 끝은 아닙니다. 육체와 영혼의 영원한 죽음인 지옥에서 영벌(永罰)의 삶이 기다리고 있습니다. 이것을 둘째 죽음이라고 말합니다. 사후(내세, 저승)에 지옥에서의 영원한 고통의 삶을 말합니다. 이 영벌의 지옥 삶은 인류의 유일한 구원자이신 예수님을 믿지 않고 살다가 죽은 사람들이 당하는 형벌입니다. 그래서 두 번째 죽음이라고 하는데 이곳을 가리켜서 지옥(地獄) 혹은 불못(용광로)이라고 합니다. 하지만 인류의 유일한 구원자이신 예수님을 진실로 믿는 자는 누구든지 영벌의 장소인 지옥에 들어가지 않습니다. 영벌의 심판을 받지 않습니다. 오직 희락과 화평과 행복만이 영속되는 나라 천국(天國)에 들어가서 영원히 살게 됩니다. 이 땅에서도 평안을 누리며 삽니다. 예수님을 믿어 죄 용서함을 받았기 때문입니다. 세상에서는 이것을 '특별사면'이라고 합니다. 그러면 감옥에서 나옵니다. 자유인 신분이 됩니다. 이것이 죽음 이후에 펼쳐지는 저승인 내세입니다. 이것을 영생(永生)이라고 합니다. 사람은 한번 태어나면 영혼과 육체가 잠시잠깐 분리되어 육체적인 죽음을 경험하지만, 예수님의 공중 재림 시(세상 종말 때)에 죽은 자들이 영혼과 변화된 육체가 다시 재결합된 몸으로 부활하여 공중으로 들림을 받아 심판을 받고 누구는 천국으로, 누구는 지옥으로 들어가서 영원히 죽지 않고 살게 됩니다. 죽음은 영원한 이별이 아닙니다. 어떤 사람에게는 영원한 이별이 될 수 있지만, 어떤 사람에게는 잠시 동안만의 이별이자 영원한 동거가 됩니다. 부활 후 천상에서 다시 재회(再會)하게 됩니다.

그런즉 육체적인 죽음 이후에 사랑하는 배우자, 부모, 가족, 친인척, 친구들, 이웃들과 다시 만나 천국에서 영원히 함께 행복하게 살고 싶은 사람들은 죄인들의 유일한 구원자이신 예수님을 진실로 믿어야 합니다. 한 번도 보지 못했고 만나지 못했던 예수님이 믿어져야 합니다. 그리하면 영원한 이산가족, 영원한 사별이 되지 않습니다. 잠시만 이별했다가 사후에 천국에서 다시 만나 영원히 행복하게 함께 살게 됩니다. 물론 자기 마음대로 믿어지는 것도 아니고 강제로 믿게 할 수도 없습니다. 강제한다고 믿어지는 것도 아닙니다. 자유의지로 믿을 수 없습니다. 교회에 다니거나 성경을 읽는다고, 성경을 필사한다고, 물세례를 받았다고, 주기도문이나 사도신경을 외운다고 믿어지거나 구원을 받는 것은 아닙니다. 착한 일을 많이 하고 착하게 살았다고 천국에 들어가는 것이 아닙니다. 천국은 선행이나 행위로나 수행으로 들어가는 곳이 아니라 예수님을 믿음으로 들어가는 곳이기 때문입니다. 예수님은 자기 마음대로, 자기 의지대로, 자기결정권대로 믿어지는 것이 아니라 하나님께서 은혜로 믿음을 주셔야만 믿어집니다. 하나님으로부터 믿음을 선물로 받은 자들은 예수님을 믿어 사후에 천국인 하나님의 나라에서 영원히 살게 됩니다. 이것은 값없이 주시는 하나님의 은혜입니다. 이것이 기독교 진리인 성경에서 말하고 있는 죽음의 직접적이고 근본적인 원인입니다.

제2장

사람들은 왜 질병에 걸립니까?

사람들이 각종 질병에 걸리는 직접적이고 근본적인 이유는 인류의 대표자이자 최초의 사람 아담의 원죄가 모든 후손에게 전가된 이유이자, 이에 따른 하나님의 저주와 형벌이 그 모든 후손(인류)에게 영향을 미친 결과 때문입니다. 이러한 내용은 오직 기독교에서만 가르쳐 주는 진실입니다. 의과대학 교수들도 모르고, 병원의 의사나 간호사들도 모릅니다. 약국의 약사들도 모릅니다. 오직 성경에서만 말합니다. 다른 종교에서는 가르쳐 주지 않습니다. 질병의 근본적인 원인을 모르기 때문입니다. 이런 사실을 바로 알고 살면 질병에 걸리면 답답하지 않고 투병에 큰 이해와 도움이 됩니다. 그런즉 어떤 질병이든지 불평과 원망을 하지 말고 이런 사실을 생각하며 묵묵히 수용하면서 치료에 최선을 다해야 합니다.

각종 질병은 누구만 당하는 것이 아닙니다. 어떤 사람의 죄가 더 많아서 당하는 것도 아닙니다. 착하게 살면 질병이 생기지 않는 것도 아닙니다. 자기관리 실패나 식습관 등은 간접적인 원인입니다. 제 아내도 63세에 위암 3기 판정을 받고 투병하다가 5개월 만에 세상을 떠났습니다. 제 부모님도 이런저런 병과 싸우시다가 사망하셨습니다. 필자도 지금까지 살면서 다양한 병에 시달리곤 했습니다. 누구나 그렇게 각종 질병에 걸려 약국과 병원을 출입하며 삽니다. 다양한 약들을 복용합니다. 이 모든 것이 원죄에 따른 형벌의 영향과 연장입니다. 누구만 약을 먹고 질병에 걸리는 것이 아닙니다. 질병에서 자유로운 자는 하나도 없습니다. 그 이유는 전 인류에게 적용되는 원죄에 따른 형벌이기 때문입니다. 그래서 각 사람이 일생을 살면서 당하는 질병들은 단순한 것이 아닙니다. 이에 대부분의 사람들은 안전과 만약을 대비하여 건강검진을 받고 각종 보험에 가입합니다.

타인의 도움 없이 사는 수명인 '건강수명'은 남자가 72.68세, 여자는 75.38세라고 합니다. 80세 정도가 되면 네 개의 벽이 있다고 합니다. 그것은 병원의 벽, 노화의 벽, 치매의 벽, 인지장애의 벽이라고 합니다. 각종 장애로 독립적 생활이 불가능한 평균적 기간은 남자가 9년, 여자가 12년이라고 합니다. 80세 이상이 되면 누구나 암이 있다고 합니다. 일본의 어느 노인전문병원에서 85세 이상 유해를 부검한 결과 거의 모든 사람에게서 암이 발견되었다고 합니다. 인지장애 현상은 60대는 1~2%, 70대는 3~4%, 70대 후반은 10%, 80대 전반은 20%, 80대 후반은 40%, 90대는 60%, 95세 이상은 80%라고 합니다. 85세 이상은 고령자 상당수는 알츠하이머형 뇌변형이 있다고 합니다. 누구에게나 질병이 그냥 발생하는 것이 아닙니다. 원죄에 따른 형벌의 영향으로 다양한 질병이 인간들에게 발생합니다.

　병원 의사들도 질병의 근본적인 원인을 모르고 단지 외적으로 진단하고 치료만 할 뿐입니다. 부분적으로만 치료해 줍니다. 그 이상은 못 합니다. 그래서 아무리 좋은 병원, 좋은 의사를 만나더라도 완전 치료는 없습니다. 누구도 이 질병들로부터 자유하지 못합니다. 일생을 살면서 남녀노소 모두가 이 질병의 형벌을 다소간에 받습니다. 사람이라면 일생 동안 무병으로 사는 자는 거의 없습니다. 남녀노소를 불문하고 대부분 질병에 시달립니다. 질병과 관련하여 우리가 잘 아는 사실이 하나 있습니다. 그것은 모든 사람들은 누구나 일생을 살면서 크고 작은 다양한 질병에 걸려 고통을 당하고, 병원이나 약국을 출입하고, 치료하고, 수술받고 살다가 사망한다는 것입니다. 사람이라면 일생을 살면서 어떤 질병이라도 걸리지 않고 살다가 죽은 자가 하나도 없습니다. 개인별 정도의 차이만 있을 뿐 누구나 크고 작은 질병과 경증과 중증 질병을 앓고 삽니다. 2014년 7월 한국보건사회연구원의 발표에 의하면 한국인은 평생 10년을 질병을 앓고 산다고 합니다. 각종 질병으로부터 자유로운 사람은 하나도 없습니다. 물론 정도의 차이는 있지만 누구만 당하는 질병이 아닙니다.

　그럼에도 불구하고 자신이나, 사랑하는 가족이나, 지인 중에서 치명적인 질병에 걸리면 쉽게 납득하지 못합니다. 받아들이지 못하고 당황합니다. 우울하고 혼란스럽습니다. 고통스러워하면서 각종 의문과 원망이 듭니다. 정신적으로 물질적으로 몹시 힘들게 합니다. 질병 문제 역시 죽음의 문제 못지않게 많은 사람들에게 의문을 줍니다. 거의 모든 사람들은 왜 질병이 발생하는지 정확히 모릅니다. 의사들과 간호사들과 전문가들도 모릅니다. 전문가들이나 일반인들이 아는 것은 외적이고, 간접적이고, 상식적이고, 부분적인 수준에 불과합니다. 엑스레이나 MRI나 모발검사나 혈액검사나 소변 검사 등으로만 이상 여부를 발견하고 판단합니다. 그 이상은 모릅니다. 병원 원장이나 약사들이나 의사들이나 간호사들도 병에 걸리는데 자기 병을 치료하지 못하고 죽습니다. 죽음이 남녀노소, 빈부귀천, 종교 유무, 직종, 지위고하, 국적과 학벌, 착한 사람이나 악한 사람 등을 초월하여 찾아오듯이 질병도 그렇게 찾아옵니다. 이때 다른 사람들에 비해 비교적 심한 질병에 걸리면 심각한 의문과 원망을 갖게 됩니다. '하필이면 왜 내 딸과 아들이지?', '왜 내 남편과 아내지?', '왜 나한테 이런 몹쓸 병이…', '왜 내 아버지와 어머니지?'라고 의문을 갖습니다. 그러면서 보통 어떤 신이나 세상에 대한 욕과 원망을 하고 누구 탓을 합니다.

일부 기독교인들은 하나님에 대해 원망과 불신을 갖습니다. '난 잘못한 것도 없으며 착하게 살았을 뿐인데'라고 하면서 하나님께 섭섭함을 토로합니다. 낙심하고, 절망하고, 우울증에 빠집니다. 마음의 문을 닫아 버립니다. 성경도 읽지 않고, 예배도 드리기 싫어하고, 기도도 하지 않습니다. 교회에도 나가지 않습니다. 이런 모습은 질병 발생의 근본 원인을 정확하게 모르는 인간의 안타까운 모습이자 당연한 태도입니다. 자연스러운 현상이고 과정입니다. 이것은 마치 부모가 어린 자녀에게 엄하게 대하고, 고생을 시키고, 회초리를 대면 자식의 입장에서 볼 때 납득이 가지 않고 부모를 미워하고, 원망하고, 섭섭해하고, 이해하지 못하는 것과 같습니다. 이때 어린 자녀들은 이렇게 생각합니다. '저분이 내 부모님이 맞을까?', '진정 내 부모라면 나에게 어찌 이렇게 대할까?'라는 의문을 갖게 됩니다. 어린 자녀의 수준에서는 당연히 품을 수 있는 의문과 오해와 섭섭함입니다. 그러나 세월이 흘러 결혼을 하여 자식을 낳아 키우다 보면 부모를 이해하게 되고 그 의문이 풀어집니다. 누구나 특별한 인생은 없습니다. 해 아래의 대부분의 삶은 시대와 대상과 상황만 바뀔 뿐 반복됩니다. 비슷비슷하고 대동소이합니다. 그래서 부모들이 속을 썩이는 자식들을 향해서 하는 말이 있습니다. '너도 자식을 낳아 키워 봐라. 그때 내 마음을 알 것이다'라고 합니다. 자신은 그렇지 않을 것이라고 굳게 다짐하지만 그렇지 않습니다. 해 아래 특별하게 사는 인간은 거의 없습니다. 사람들은 어렸을 때와 장성할 때의 삶이 앞서간 자들의 삶과 비슷하게 행하며 삽니다.

결혼해서 자녀들을 키우다 보면 옛날 자신이 어렸을 때가 회상됩니다. 그러면서 자기 부모님 생각을 합니다. 그때는 그렇게 이해가 안 돼 불만이 많았었는데 자식들을 키우다 보니 부모님이 이해가 되면서 미워했던 마음이 얼음 녹듯이 녹고 미안하고 부끄러워서 몰래 웁니다. 이러한 현상들이 누구에게만 일어나는 것이 아니라 모든 사람들에게 해당됩니다. 단지 각자 감추고 살 뿐입니다. 아무리 감추고 침묵하고 살아도 사람의 삶이란 대동소이합니다. 그것이 사람이고 사람 사는 세상입니다. 그런즉 각종 생로병사를 겪으면서 도저히 납득과 이해가 되지 않아 의문과 원망과 불평과 불신앙에 빠질 때 기다려 줘야 합니다. 불에 달군 쇠가 식기 위해서는 시간이 필요하듯이 어떤 사건과 사고에 대해 의문과 원망과 불평과 충격과 불신앙에 대한 불이 붙은 사람에게도 시간이 필요하기 때문입니다. 그 대표적인 예로 너무나도 사랑하는 사람이 교통사고나 갑자기 죽거나 질병에 걸리면 심한 충격을 받습니다. 하지만 사건과 사고 당시에는 살고 싶지 않고 죽을 것 같았지만 시간이 흐르면 흐를수록 나아집니다. 시간이 흐르면 다 회복이 됩니다. 세월이 약이 됩니다. 시간은 그런 차원에서 필요하고 해결사이기도 합니다. 인간의 회복력과 복원력은 대단합니다. 하나님께서 인간과 바다에 이런 회복력과 복원력을 주시지 않았다면 기름 바다도, 산불로 민둥산이 된 산도 회생 불가이고 인간도 회복된 삶은 없을 것입니다.

그러면 질병 발생에 대한 일반적인 원인과 성경의 주장에 대해서 살펴보겠습니다. 먼저 병에 대한 정의를 살펴보고 가겠습니다. 병(病)이란 '생물체 심신의 전체 또는 일부가 일과적 또는 계속적으로 장애를 일으켜 정상적인 기능을 영위할 수 없는 현상'을 말합니다. 질병 또는 질환이라고도 합니다. 질병(疾病)이란 '몸의 온갖 병'을 뜻합니다. 이제 사람들이 각종 병, 질병에 걸려 고통당하는 몇 가지 간접적인 이유를 먼저 살펴본 후 질병의 직접적인 원인을 알아보겠습니다. 질병의 직접적이고 근본적인 원인에 대해서도 기독교의 성경만이 근본 원인을 명확하게 말합니다. 거듭 말하지만 다른 종교들은 침묵하는데 정확히 모르기 때문입니다. 기독교만이 천지 창조와 지구상에서 발생하는 과거와 현재와 미래의 모든 일들과 세상 종말을 정확히 말합니다.

첫째, 자기관리능력 부실 때문입니다

이는 질병에 대한 간접적이고 표면적인 원인입니다. 병은 과식, 과로,

과음, 흡연, 스트레스, 불규칙한 수면, 과속 등 무질서한 식습관과 생활습관 때문입니다. 이로 인해 약국과 병원을 출입하는 자들이 많습니다. 오랫동안 병으로 고생하시는 분들도 많습니다. 대한민국 직장인 3명 중 1명꼴로 과로사 위험에 노출되고 있는 것으로 조사됐습니다. 대한만성피로학회가 2016년 직장인 1235명(남성 790명·여성 445명)을 대상으로 '만성 피로도'를 조사한 결과 위험선(46점 이상)을 넘은 응답자가 300명(24.3%)이었고 평균치는 36.84점이었습니다. 과로사는 주로 교대 근무자, 야근이 많은 노동자, 육체노동을 주로 하는 직업군, 업무상 긴장도가 높은 직업군 등에서 많이 생깁니다. 조선일보 2018년도 기사에 의하면 우리나라 30세 이상 성인 남성 사망자 셋 중 하나는 담배 영향을 받아 숨진다는 분석이 나왔습니다. 술에 따른 사망도 전체 성인 남성 사망자 11명 중 1명꼴입니다. 목회자들도 부실한 육체를 가진 자들이 매우 많습니다. 무리하게 목회를 하기 때문입니다. 그렇게 하는 것이 충성이라고 오해한 결과입니다.

두 번째, 잘못된 진단과 치료와 약화사고 때문입니다

이는 질병에 대한 간접원인과 표면적인 원인입니다. 병원은 질병을 치료하는 곳입니다. 하지만 반드시 그렇지만은 않습니다. 약국과 약도 마찬가지입니다. 잘못된 진단과 처방과 제조에 따른 결과 도리어 병을 유발시키고 질병이 깊어지고 다른 병이 생기는 경우가 있습니다. 오진과 약화사고가 적지 않습니다. 약사공론 2018년 기사인 일본 후생노동성에 따르면 전문의약품의 잘못된 사용으로 인해 2001년 한 해 동안 1239명이 사망한 것으로 나타났습니다. 미국의 경우에도 매년 15만 명이 의약품 사용 오류로 인한 상해를 입는 것으로 집계됐습니다. 미국의학연구원 보고서에 따르면 투약오류로 사망하는 사람은 7000명에 달합니다. 우리나라도 2016년 7월 제정된 환자 안전법 시행 이후 1년 7개월간('16.7~'18.2) 환자안전사고 보고건수는 5562건이며, 이 중 약물오류가 1565건(28.1%)으로 낙상 다음으로 많이 보고됐습니다. KBS 2015년 보도에 의하면, 의사들이 오진을 가장 많이 하는 병은 '암'인 것으로 나타났습니다. 그중에서도 사망률 1위인 '폐암'의 오진이 가장 많았습니다. 인간의 불완전성에서 나오는 오심, 오진, 오판, 잘못된 수술, 오해 등은 사람들을 더욱 불행하게 만듭니다.

세 번째, 하나님께서 영광을 받으시기 위해서입니다

대표적인 사람이 구약성경 욥기에 나오는 〈욥〉입니다. 욥기 1장을 보면 욥은 당대에 순전(순수함)하고 정직하고 하나님을 잘 경외하고 악에서 떠난 자라고 기록하고 있습니다. 또한 엄청난 부자였습니다. 부자이면서도 신앙생활을 잘했던 사람이었습니다. 하나님께서도 인정하셨습니다. 어느 날 사단(마귀)이 하나님 앞에 나타나자 하나님께서 욥의 인성과 신앙을 자랑하셨습니다. 그러자 사단이 욥이 까닭 없이 그렇게 하겠느냐고, 욥이 부자이고 건강하니까 그렇게 사는 것이라고 문제 제기를 했습니다. 그러면서 욥을 시험해 보겠다고 제안했습니다. 이에 하나님께서는 욥의 목숨만은 건들지 말고 마음대로 시험해 보라고 허락하셨습니다. 그러자 사단이 욥에게 무자비한 테러를 감행했습니다. 먼저 10명의 자식들을 죽였습니다. 욥이 소유하고 있던 엄청난 가축들을 죽게 하거나 모조리 빼앗기게 했습니다. 참으로 엄청난 재앙과 슬픔과 아픔이 아닐 수 없습니다.

이게 전부가 아니었습니다. 욥의 발바닥에서부터 머리까지 악창(심한 피부병)이라는 질병을 발생시켰습니다. 욥은 누구보다도 당황스럽고 혼란스러웠을 것입니다. 욥이 얼마나 고통스러웠던지 집을 지을 때 지붕으로 사용하는 기왓장으로 몸을 긁었습니다. 한번 상상해 보기 바랍니다. 얼마나 고통스러웠겠습니까? 어지간한 그리스도인들 같았으면 곧바로 시험과 낙심과 원망과 불신앙에 빠졌을 것입니다. 하나님을 욕하고 교회를 떠났을 것입니다. 욥은 당시 도덕적으로나 신앙적으로 흠이 없는 사람이었습니다. 자신이 그런 비참한 일을 당한 것에 대해 이해가 가지 않았을 것입니다. 욥은 영문도 모르고 일방적으로 당하고 있는 것입니다. 얼마나 억울했겠습니까? 자신이 당하는 고통과 시련을 이해했겠습니까? 그러나 욥은 비참하고 이해할 수 없는 최악의 상황과 처지에서도 하나님에 대한 원망과 불평과 불신앙에 빠지지 않았습니다. 이 같은 욥의 모습을 본 아내가 폭발했습니다. 자기 남편 욥에게 하나님을 욕하고 죽으라고 악담을 하였습니다.

욥기 2장 9절

"그 아내가 그에게(욥) 이르되 당신이 그래도 자기의 순전(순수함)을 굳게 지키느뇨 하나님을 욕하고 죽으라"

그럼에도 불구하고 욥은 하나님의 깊으신 뜻과 주권을 인정하고 마음으로 원망과 불신앙의 죄를 짓지 않았습니다. 결국 사단의 시험은 실패로 돌아가고 욥의 사건을 통해서 하나님께서 영광을 받으셨습니다. 하나님께서는 욥을 다시 두 배로 강복해 주셨습니다. 욥이 잃었던 자식들과 재산을 모두 회복시켜 주셨습니다. 그리고 하나님이시자 인류의 유일한 구세주인 예수님은 나사로가 병들었다는 소식을 들으신 후 이런 말씀을 하셨습니다.

요한복음 11장 4절
"예수께서 들으시고 가라사대 이 병은 죽을 병이 아니라 하나님의 영광을 위함이요 하나님의 아들로 이를 인하여 영광을 얻게 하려 함이라 하시더라"

결국 나사로는 병으로 인하여 죽었지만 전능하신 하나님이신 예수님께서 죽은 나사로를 살리신 후 이전에 말씀하신 대로 영광을 받으셨습니다.

네 번째, 원죄(原罪) 때문입니다

원죄는 각종 질병의 근본적이고 직접적인 원인입니다. 이 원죄는 현재 각종 질병에 걸린 사람들이 범한 죄가 아닙니다. 저와 여러분이 범한 죄가 아닙니다. 인류의 대표자이자 머리인 아담이 지은 죄입니다. 그럼에도 불구하고 그 원죄의 영향 아래 살고 있습니다. 그것은 원죄를 범한 자의 죄가 대표자 원리에 따라 우리에게 전가(轉嫁, 넘겨씌움)되었기 때문입니다. 왜 모든 사람들에게 죄가 전가됩니까? 그것은 다음과 같은 이유 때문입니다. 성경에 의하면 인류 최초의 사람은 아담과 하와입니다. 이들은 인류의 시조이자 대표자들입니다. 하나님께서는 이들과 언약, 계약을 맺으셨습니다. 그것이 무엇입니까? 지금의 중동 지역 어느 곳에 있었던 에덴동산에 있는 각종 과실은 마음대로 따 먹어도 되지만 그 중앙에 있는 선악과는 따 먹지 말라고 금하셨습니다. 만일 선악과를 따 먹는 날에는 반드시 죽을 것이라고 경고하셨습니다. 그런데 아담과 하와가 인류의 대표자로 그러겠노라고 약속(언약)을 하고는 어느 날 사단의 유혹을 받고 마음이 흔들려 하나님의 명령을 어기고 선악과를 따 먹고 말았습니다. 하나님과 맺은 언약을 파기했습니다. 자유의지를 잘못 사용한 것입니다. 하나님을 향하여 불법, 반칙을 한 것입니다. 임금의 명령인 어명(御命)을 어긴 것입니다. 그 결과 하나님의 말씀대로 언약의 실제 대표 당사자인 아담과 하와를 비롯해서 그의 모든 후손들인 전 인류가 사망 선고를 받은 것입니다. 인류의 대표자인 아담과 하와의 원죄가 모든 후손들에게 전가된 결과입니다. 그래서 모든 사람이 죄인이 되어 원죄의 형벌로 반드시 죽는 것입니다. 나이가 들거나 병에 걸려 죽는 것이 아니라 원죄 때문에 죽습니다.

창세기 2장 16~17절

"여호와 하나님이 그 사람에게 명하여 가라사대 동산 각종 나무의 실과는 네가 임의로 먹되 선악을 알게 하는 나무의 실과는 먹지 말라 네가 먹는 날에는 정녕 죽으리라 하시니라"

이런 경고를 무시하고 선악과를 따 먹은 불순종한 행위를 '원죄'라고 합니다. 이에 하나님께서는 인류와 피조세계(일반 사람들은 자연이라고 함)에 저주를 선언하셨습니다. 이는 죄에 대한 형벌입니다. 그 내용이 창세기 3장 16절 이하에 잘 기술되어 있습니다. 인류의 조상이자 머리와 대표자인 아담과 하와가 하나님께 원죄를 범한 결과 모든 인류에게 질병보다 더 끔찍하고 절망적인 죽음이 임하게 되었습니다. 너무나도 아름답고 질서정연했던 산천초목이 망가지고, 인류와 동물들과 생물들은 자기들끼리 약육강식으로 변해 버렸습니다. 사람과 사람, 사람과 동물들 간의 화평이 깨졌습니다. 서로 죽이고 물어뜯는 적대적인 관계가 되어 버렸습니다. 원죄로 인한 저주로 이 땅에 헤아릴 수 없는 질병들이 사람과 짐승들과 생물과 나무와 식물들에게 나타나기 시작했습니다. 아담과 하와가 원죄를 짓기 전에는 이 세상은 질병이나 죽음이 없었고 모든 것이 완벽했습니다. 평화로웠습니다. 죽음도 없었고 고통도 없었습니다. 각종 재난과 전염병도 없었습니다. 모든 불행이 원죄에 따른 하나님의 저주의 결과로 나타났습니다. 사람이 자초한 결과입니다. 하나님을 원망할 수 없습니다. 그래서 세상이 각종 질병으로 시름하고 거의 모든 사람들이 일생을 살면서 크고 작은 각종 질병을 앓고 고생하다가 죽는 것입니다. 죽음과 질병은 인간 스스로 창조주 하나님, 만물의 주인이신 하나님의 말씀을 불순종한 결과로 주어진 저주이자 형벌입니다. 그에 따른 영향과 결과들입니다. 그것이 원죄로 인간이 자초한 것입니다. 원죄에 따른 질병은 모든 사람이 동일하지 않고 다양하고 천차만별입니다. 이 또한 만물의 주인이신 하나님의 주권입니다.

어떤 사람은 큰 병을, 어떤 사람은 작은 병에 걸리도록 허락 하십니다.

그렇다고 하나님이 틀렸다거나 불공정하다고 할 수 없습니다. 혹 하나님을 원망하는 자가 있다면 큰 오해와 착각입니다. 주인의 주권에 대한 도전입니다. 하나님이 질병의 원인을 제공한 자가 아니라 인간이 스스로 자초한 것이기 때문입니다. 사실 범죄자인 죄인들은 무슨 벌을 받아도 할 말이 없습니다. 잘못에 대한 다양한 형벌을 주시는 분은 하나님이십니다. 받는 자들이 차별한다고 불평할 수 없습니다. 그런즉 모든 그리스도인들과 사람들은 묵묵히 자기에게 주어진 어떤 질병이든지 기꺼이 받아들이고 감당해야 합니다. 질병의 원인에 대해서 바로 알고 살면 모르고 살 때보다 덜 무섭습니다. 답답하지 않습니다. 무엇이든지 원인을 알고 당하면 대응하기가 수월해 집니다. 편안합니다. '이런 나쁜 병을 왜 나만 당해야 해?'라고 원망과 불평을 하지 않습니다. 질병의 종류만 다양할 뿐 모든 사람이 당하는 것입니다. 이러한 자초지종을 바로 알고 받아들이면 어떤 질병에 걸린다고 하더라도 당황하거나 답답해하지 않고 자연스럽게 대응하고 받아들이게 됩니다. 그러나 성경사상에 근거한 질병 발생을 받아들이지 않거나 모르면 평생 동안 의문과 원망과 불평과 공포와 우울함으로 살다가 죽을 것입니다. 이러한 사실을 잘 아는 그리스도인들은 그 어떤 질병이 생겨도 묵묵히 받아들입니다. 질병 치유와 고통을 잘 극복하고 감당하게 해 달라고 하나님께 기도합니다. 최선을 다해서 치료를 하되 원망하지 않고 묵묵히 받아들입니다. 낙심하지 않습니다. 질병 치유에 최선을 다하되 전 인생을 걸지 않습니다. 고약한 질병으로 끝나지 않고 지나가는 것이며 내세의 반전이 있기 때문입니다. 그래서 그리스도인들은 어떤 질병 앞에서도 낙심하지 않고 감사하고 찬양합니다. 질병과 사망 이후의 사후세계를 바라보며 소망 가운데 삽니다.

다시 강조컨대 질병은 죽음처럼 피할 수 없는 저주와 형벌입니다. 우리가 질병을 원치 않는다고 질병이 찾아오지 않는 것이 아닙니다. 몸을 잘 관리하고 약을 먹고 운동을 한다고 병에서 자유롭지 못합니다. 단지 좀 더 건강하게는 살겠지만 그래도 병에 걸려 삽니다. 각자의 선택 사항도 아닙니다. 언젠가 도적같이 찾아옵니다. 그런즉 일생을 살면서 단단히 각오하고 살아야 합니다. 해마다 새로운 질병과 전염병이 생길 것입니다. 코로나19처럼 전 세계를 휩쓸기도 합니다. 이 땅에서는 다양한 질병이 존재하고 발생하지만 내세인 천국에는 그 어떤 질병도 없습니다. 고통도 없습니다. 죽음도 없습니다. 수고와 눈물도 없습니다. 이 땅에서 질병 중에도 감사하며 살고 질병이 없는 천국에서 영원히 살기 위해서는 인류의 유일한 구원자이신 예수님을 잘 믿어야 합니다. 아니 예수님이 믿어져야 합니다. 예수님을 믿는다고 질병에서 자유하는 것은 아니지만 질병보다 더 무서운 영원한 죽음을 피하기 위해서는 예수님을 만나야 합니다. 질병으로 인한 죽음 이후에 내세가 기다리고 있습니다. 그래서 남은 생을 질병하고만 싸우다 끝낼 수 없습니다. 질병으로 잠깐 고통당하는 것보다 더 무서운 고통을 당할 수 있는 내세를 대비해야 합니다. 향후 우리에게 어떤 질병이 찾아올지 모릅니다. 누구도 그 어떤 장담도 하지 못합니다. 자기관리를 잘한다고 질병이 찾아오지 않는 것이 아닙니다. 가능하면 소소한 병 외에는 없기를 바라지만 그 어떤 병이라도 담담하게 받아들여야 합니다. 그러면서 죄의 대가가 얼마나 큰지를 깊이 생각해야 합니다. 지구촌에 거하는 모든 사람들은 저주로 주어진 질병을 친구삼아 살아가야 합니다. 다만 덜 고통을 당하며 살기를 희망할 뿐입니다. 이것이 질병에 대한 성경의 직접적인 원인입니다.

제3장

나는 누구입니까?

나는(사람은) 하나님에 의해 흙(dust)으로 창조함을 받은 자로, 인류의 대표자(아담)의 죄(원죄)가 전가되어 죄인으로 잉태되고 출생하였으며, 임신 직후 원죄에 따른 형벌과 저주로 사형선고를 받아 언젠가는 반드시 죽을 수밖에 없는 자입니다. 100세 이전에 반드시 사망하는 자입니다. 또한 일생을 살면서 온갖 수고와 질병과 눈물과 갈등과 고통을 겪고 살다가 언젠가는 반드시 죽어 빈손으로 세상을 떠나야 하는 자입니다. 겉으로 볼 때 강하고 완전한 것 같지만 매우 연약하고 불완전한 자입니다. 또한 부패한 속성 때문에 악한 생각과 언행을 하며 사는 자입니다. 이것이 믿든지 아니 믿든지 나, 인간의 핵심이자 본질과 실상입니다. 사람은 기본적으로 자신이 누구에게서 태어났고, 자기 부모가 누구이며, 자기 성과 이름을 알고, 자기 나이를 알고, 자기 집을 압니다. 이것이 기본적인 사람들의 정체성입니다. 이것을 정확히 모르면 보통 일이 아닙니다. 사람들에게 바보라고 놀림을 당할 것입니다.

세계의 모든 나라 사람들은 자기가 어느 나라 사람인지, 자기가 남자인지 여자인지 바른 정체성을 가지고 삽니다. 그래야 비교적 혼란스럽지 않고 정확한 삶을 살아갈 수 있습니다. 사람들 중에는 자기 자신의 정체성(Identity)에 대해서 정확히 모르고 사는 자들이 많습니다. 자기 자신이 누구인지 모르고 삽니다. 그냥 눈만 뜨면 열심히 삽니다. 생물학전 외적인 것만 알고 삽니다. 자신이 어떻게 존재하게 되었고, 왜 살며, 무엇을 위해 살다가, 장차 어디로 가는지 정확히 모르고 사는 자들이 대부분입니다. 어떤 사람들은 그런 고민 자체를 하지 않고 그냥 열심히 삽니다. 살아 있으니 죽는 날까지 그저 산다고 말합니다. 보통 자기 부모님, 자기 이름과 나이와 출생지만 알고 삽니다. 요즈음은 과일이든, 가축이든, 식재료든 생산자와 생산지 등이 자세히 기록되어 있습니다. 누가, 언제, 어디서, 어떻게, 왜 만들었는지에 대한 제품마다 설명서가 있고 사용설명서가 있습니다.

건축물이나 사람도 만든 자가 있고, 왜 만들었으며, 어떻게 살아야 하며, 인생을 다 산 이후 결국 어떻게 되는지, 사후에는 어찌 되는지 성경에 인간의 존재설명서와 사용설명서와 내세설명서가 자세히 나와 있습니다. 이런 인간에 대한 자세한 내막은 오직 기독교 진리 책인 성경에만 설명하고 있습니다. 왜 성경만 설명하고 있습니까? 하나님께서 천지를 창조하신 이후 인간과 지구의 과거와 현재와 미래의 대한 필요한 것을 성경에만 기록해 놓으셨기 때문입니다. 그래서 성경만이 우주와 인간의 어떠함과 시종과 사후를 잘 압니다. 그 외 다른 종교와 책에는 인간과 지구에 대한 자세한 설명서가 없습니다. 기독교 외에는 인간의 시종(始終)에 대해서 모릅니다. 다른 종교와 일반 사람들은 인간을 창조하신 자가 아니기 때문에 사람이 어디서 와서 왜 살며 각종 생로병사(生老病死)를 겪고 살다가 장차 어디로 가는지 도무지 모릅니다. 인간의 근원에 대해서 잘 모르니 사람에 대해서 철학적이고, 사변적인 이상한 주장만 합니다. 인문학에서도 인간에 대해서 정답을 제시하지 못합니다. 자기들도 이해하지 못하는 이상한 주장들을 합니다. 근거도 제시하지 못합니다.

컴퓨터를 비롯해서 모든 기계, 농산물, 제품은 개발하고 생산한 자가 가장 잘 압니다. 설계도나 사용설명서가 없거나 제3자는 잘 모릅니다. 인간도 인간을 설계하고 창조하신 하나님이 가장 잘 알고 설명해 줍니다. 하나님의 말씀인 성경만이 인간에 대한 자세한 사용설명서입니다. 기독교인이 아닌 사람들은 성경을 통해서 과거와 현세와 사후세계에 대한 인간 설명서를 보고 놀랄 것입니다. 믿는 자들도 있고 소설 같은 이야기로 치부하는 자들도 있습니다. 기독교인이라 할지라도 성경에 대해서 무지한 신자, 성경을 믿지 않는 신자, 성경 해석과 이해가 부족한 자들은 인간의 시종에 대하여 잘 모릅니다. 설명도 잘하지 못합니다. 그냥 교회에 다니는 자들도 있습니다. 이제 순서대로 우리 자신이, 인간이 누구인지 성경을 근거로 간략하게 핵심만 살펴보겠습니다. 인간의 과거, 현재 미래에 대하여 순서대로 나열하겠습니다.

첫째, 나는 하나님에 의해 흙으로 창조되었습니다 (인간의 근원과 출발)

창세기 2장 7절

"여호와 하나님이 흙(dust)으로 사람을 지으시고 생기(生氣, 영혼)를 그 코에 불어넣으시니 사람이 생령(生靈, 살아 있는 생명체)이 된지라"

창세기 1장 27절

"하나님이 자기 형상(모양이 아닌 일반성품) 곧 하나님의 형상대로 사람을 창조하시되 남자와 여자를 창조하시고"

창세기 2장 18절

"여호와 하나님이 가라사대 사람의 독처(홀로거함)하는 것이 좋지 못하니 내가 그를(아담) 위하여 돕는 배필(하와)을 지으리라 하시니라"

하나님께서는 흙으로 남자(아담)를 먼저 창조하시고 그다음으로 남자의 갈빗대를 가지고 여자(하와)를 창조하셨습니다. 그래서 인간은 흙으로 창조되었기 때문에 죽으면 썩어 흙으로 돌아갑니다. 동물들도 흙으로 창조되었습니다. 여자는 남자를 돕는 배필로 창조하셨습니다. 이는 결혼한 부부 사이의 남녀의 질서와 역할을 말한 것이지 남존여비나 우열을 말하는 차별이 아닙니다. 성경은 남녀 모두를 동등하게 존중합니다. 사람은 진화된 것이 아니라 하나님에 의해 진화가 필요 없도록 완전하게 창조되었습니다. 그래서 기독교는 창조론을 주장합니다.

둘째, 나는 생육하고 번성하도록, 하나님을 위해서 살도록 창조되었습니다 (인간을 창조하신 목적, 인간의 존재 이유)

창세기 1장 28절

"하나님이 그들에게(아담과 하와) 복을 주시며 그들에게 이르시되 생육(生育)하고 번성하여 땅에 충만하라…"

골로새서 1장 16절

"만물이 그(하나님)에게 창조되되…그를(하나님) 위하여 창조되었고"

고린도전서 10장 31절

"그런즉 너희가 먹든지 마시든지 무엇을 하든지 다 하나님의 영광을 위하여 하라"

어디에서 사람과 천지만물이 하나님에 의해서 창조되었다고 합니까? 성경뿐입니다. 하나님께서 성경을 기록하심으로 인간들로 하여금 하나님의 살아 계심과 만물의 시종을 알도록 하였습니다. 지구상에 존재하는 그 어떤 책에서도 천지만물의 존재에 대해서 말하는 책이 없습니다. 성경은 만물의 주인이신 하나님을 위하여 인간과 만물이 창조되었다고 말합니다. 그러니까 보통 사람들이 말하는 자연(自然), 진화란 말은 틀린 것입니다. 피조물이라고 말해야 정확합니다. 만물의 주인이신 하나님께서는 인간을 위하여 사람을 창조한 것이 아니라 하나님을 위하여 인간을 창조하셨습니다. 이것이 인간이 무엇을 하든지 하나님을 위하여 살아야 하고 존재하는 목적입니다. 이는 토기장이가 자신을 위하여 토기를 만드는 것과 같고, 사람이 가축과 식재료와 각종 생활도구를 구매하는 것이 사람과 주인을 위한 것과 같고, 집을 건축하거나 살 때 주인을 위한 것과 같습니다. 사람이 도구들과 가축들과 반려동물들을 위해서 존재하는 것이 아닙니다. 사람이 아닌 도구들과 동물들은 사람을 위하여 만들어지고 존재합니다. 이는 상식적인 논리입니다. 이처럼 인간은 자신의 행복과 비전과 성공과 출세를 위하여 존재하는 것이 아니라 하나님을 위하여 존재합니다.

셋째, 나는 하나님께 범죄한 죄인입니다 (인간의 실상, 자화상)

창세기 3장 6절
"여자(하와)가 그 나무(선악과)를 본즉 먹음직도 하고 보암직도 하고 지혜롭게 할 만큼 탐스럽기도 한 나무인지라 여자가 그 실과를 따 먹고 자기와 함께한 남편(아담)에게도 주매 그도 먹은지라"

로마서 3장 23절
"모든 사람이 죄를 범하였으매 하나님의 영광에 이르지 못하더니"

로마서 3장 10절
"기록한바 의인은 없나니 하나도 없으며…"

하나님에 의해 흙으로 창조된 인간은 하나님 말씀대로 살다가 어느 시점에서 돌변하여 불순종을 하고 말았습니다. 하나님께 불법, 죄를 범했습니다. 최초의 사람이자 인간의 대표자인 아담과 하와는 에덴동산(지구로 중동의 어느 지역)에서 하나님께서 금하신 선악과를 따 먹었습니다. 주인의 말을 어긴 것입니다. 하나님과 맺은 행위언약을 파기한 것입니다. 이는 하나님께 죄를 범한 것이며 이 죄로 인하여 모든 인간은 하나님으로부터 저주를 받아 반드시 사망하는 형벌을 받고 온갖 다양한 고통과 불행이 시작됩니다. 그 결과 인류의 대표자 원리에 따라 아담의 모든 후손인 인류는 아담의 죄가 전가되어 죄인이 되었습니다. 하나님과의 관계가 단절되었습니다. 죽음에 이르게 되었습니다. 의로운 인간이 하나도 없게 되었습니다. 불행하게 사는 존재가 되었습니다. 이것을 원죄라고 말합니다. 그래서 남녀노소를 막론하고 모든 사람이 죄인이라고 말하는 것입니다. 이는 대표자의 원리에 따른 죄의 전가 때문에 온 인류가 죄인이 된 것입니다.

넷째, 나는 하나님께 범죄한 결과로 반드시 죽게 되었습니다 (인간의 필연적 사망)

창세기 2장 17절
"선악을 알게 하는 나무의 실과를 먹지 말라 네가(아담) 먹는 날에는 정녕 죽으리라 하시니라"(만왕의 왕이신 하나님의 어명을 어기면 사형선고 받는다 경고)

로마서 6장 23절
"죄의 삯은 사망이요…"

사람은 누구든지 한번 태어난 사람은 최초의 인간 아담의 죄가 전가되어 죄의 저주(형벌)로 반드시 육체적으로 죽습니다. 왜냐하면 하나님은 죄를 싫어하시고 공의의 속성 때문에 죄에 대한 책임을 반드시 물으시기 때문입니다. 사람이 죽는 근본적이고 직접적인 이유가 바로 최초의 인간이자 인류의 대표자인 아담과 하와가 하나님이 금하신 선악과를 따 먹는 불순종(불법)의 죄를 범했기 때문입니다. 질병과 교통사고와 자연사 등으로 죽는 것은 간접적인 이유입니다. 그러나 육체적 죽음으로 끝나지 않습니다. 사후에 부활과 심판과 영원한 내세가 기다립니다. 아무튼 남녀노소가 시도 때도 없이 무시로 죽은 근본적인 이유는 바로 죄 때문입니다. 사람들이 보통 말하는 암에 걸려 죽었다, 교통사고로 죽었다, 병으로 죽었다, 나이가 많아 죽었다, 폭행을 당해 죽었다, 심장마비로 죽었다, 음주운전에 따른 사고로 죽었다, 전쟁에서 총에 맞아 죽었다고 하는 것은 죽음의 간접적인 이유입니다.

다섯째, 나는 육체적 죽음이 끝이 아니라 세상 종말에 반드시 부활합니다 (인간의 죽음 이후)

고린도전서 15장 51~52절
"보라 내가(사도 바울) 너희에게(고린도교회) 비밀을 말하노니 우리가 다 잠잘(죽어 있는 상태) 것이 아니요 마지막 나팔(예수님이 공중으로 재림하실 때 천사들 나팔 소리)에 순식간에 홀연히 다 변화하리니 나팔 소리가 나매 죽은 자들이 썩지 아니할 것으로 다시 살고(부활) 우리도 변화하리라"

고린도전서 15장 13~14절

"만일 죽은 자의 부활(復活, 다시 살아남)이 없으면 그리스도(예수님) 도 다시 살지 못하셨으리라 그리스도께서 만일 다시 살지 못하셨으면 우 리의(그리스도인들) 전파하는 것도 헛것이요 또 너희 믿음도 헛것이며"

성경은 죽은 자를 가리켜서 '잠잔다'라고 표현하는데 이는 향후 다시 사 는 부활을 염두에 둔 표현입니다. 세상 종말, 즉 인류 최후의 심판을 위하 여 예수님께서 천사들과 함께 공중으로 재림해 오실 때 과거에 죽은 자 들과 당시 산 자들이 육체를 떠난 영혼과 과거에 썩어 없어진 육체가 하 나님의 초자연적인 권능으로 변화된 상태로 다시 재결합하여 살아나서 공중으로 들림을 받아 공중에서 전 인류의 재판장이신 예수님 앞에 서서 완벽하고 공정한 심판을 받게 됩니다. 세상 종말 당시 살아 있는 자들도 변화된 육체와 영혼이 재결합하여 공중으로 들림을 받습니다. 아마 수백 억 명 전후가 예수님 앞에 서게 될 것입니다. 인류의 유일한 재판장이신 예수님으로부터 완벽한 심판을 받기 위해서 불신자들도 부활합니다. 예 수님을 믿은 사람들은 심판을 받기 위해서 부활을 하는 것이 아니라 상 급과 영생을 얻기 위하여 부활합니다. 이는 신비이자 하나님의 초자연적 인 능력으로 이루어지는 현상입니다.

물론 어떤 사람들은 쉽게 믿어지지 않을 것입니다. 소설이라고 할 것 입니다. 이성적이고 논리적으로는 결코 믿을 수 없는 불가능한 이야기이 고 일이기 때문입니다. 이 모든 일들은 전지전능하신 하나님께서 초자연 적으로 행하시기 때문에 아무런 문제가 없습니다. 가능합니다. 인간 스스로는 하늘을 날 수 없지만 비행기를 이용하면 하늘을 날 수 있는 것처럼, 죽은 자의 부활과 기존 육체와 썩은 육체의 변화와 영혼과의 재결합, 하늘로의 들림 등은 무능한 인간의 능력으로는 절대로 불가능하지만 전능하신 하나님은 무엇이든지 가능합니다. 그런즉 인간적인 계산과 논리와 접근과 시각에 따른 주장과 오해로는 이해할 수 없습니다. 인간은 불가능해도 하나님은 다 가능합니다. 모든 인간(망자+산자)은 세상 종말에 다 새롭게 변화하여 부활합니다.

여섯째, 나는 부활하여 하나님의 최후심판을 받습니다 (사후에 인간의 심판)

전도서 12장 14절
"하나님은 모든 행위와 모든 은밀한 일을 선악간에 심판하시리라"

히브리서 9장 27절
"한 번 죽은 것은 사람에게 정하신 것이요 그 후에는 심판이 있으리니"

고린도후서 5장 10절
"이는 우리가 다 반드시 그리스도의 심판대 앞에 드러나 각각 선악간에 그 몸으로 행한 것을 따라 받으려 함이라"

과거 수백, 수천 년 전에 죽었던 비기독교인은 세상 종말에 다시 부활하고 공중으로 들림을 받아 인류의 재판장이신 예수님에게 최후의 심판,

완전한 심판을 받습니다. 불신자들은 요람(어머니 배 속)에서 무덤(죽음)까지의 전 삶의 외적·내적 행위와 생각에 대하여 완벽한 심판을 받게 됩니다. 윤리적, 도덕적, 신앙적인 모든 부분에 대하여 철저한 심판을 받게 됩니다. 이 세상에서는 온갖 나쁜 짓을 하고도 권력과 힘과 돈과 인맥과 전관예우와 거짓말과 권모술수 등을 동원하여 용케도 벌을 받지 않은 자들이 많을 것입니다. 그러나 인류의 마지막 심판은 어느 누구도 빠져 나가거나 피하지 못하고 전혀 억울할 것이 없는 100% 완벽한 심판과 처벌을 받게 될 것입니다. 그런즉 이 세상에 살 동안 악을 행하고도 당당하고 자유롭게 산 자들은 각오해야 할 것입니다. 사람들이 운영하는 법원에서는 이런저런 꼼수로 피했지만 하나님은 피하지 못합니다. 각자가 뿌린 대로 반드시 거두게 될 것입니다. 사후에 반드시 무서운 심판이 가다리고 있습니다. 그래서 세상은 억울한 것 같지만 공평합니다.

일곱째, 나는 최후의 심판이 끝나면 천국 아니면 지옥으로 들어가 영원히 살게 됩니다 (심판 이후 인간의 영원한 삶)

마태복음 25장 46절

"저희(악한 자들과 불신자들)는 영벌(지옥 불)에, 의인들(참 기독교인들)은 영생(천국)에 들어가리라 하시니라"

고린도후서 5장 1절

"만일 땅에 있는 우리의 장막 집(사람의 육체)이 무너지면(죽으면) 하나님께서 지으신 집 곧 손으로 지은 것이 아니요 하늘에 있는 영원한 집

(천국, 본향)이 우리에게 있는 줄 아나니"

　모든 사람에 대한 완벽한 심판이 끝나면 각자 사후세계인 천국과 지옥 두 곳 중 한 곳으로 보내져서 영원히 살게 됩니다. 부활한 인간은 지옥이든 천국에서 영원히 살게 됩니다. 더 이상 죽음은 없습니다. 결혼도 없습니다. 영원히 행복한 삶, 영원한 고통의 삶만 있을 뿐입니다. 인류의 유일한 구세주인 예수님을 믿지 않은 자들은 상대적 선행을 떠나서 모두 악한 죄인입니다. 이 땅에 사는 날 동안 착하게 살았어도 죄인입니다. 모든 사람은 태생(임신)부터 아담의 죄가 전가되어 죄인으로 태어나기 때문입니다. 이 죄를 사함 받지 못하고 죽으면 죄가 그대로 있어 천국에 들어가지 못합니다. 죄 사함은 오직 살아 있을 때 예수님을 진실로 믿어야 됩니다. 아무리 착한 행동, 착한 인생을 산 자라도 구원을 받지 못합니다. 죄인과 착함은 별개입니다. 착하게 산다고 근본적인 죄가 사함 받는 것은 아닙니다.

　착함이라는 것은 인간의 기준과 잣대에 불과합니다. 인류 최후의 심판은 하나님의 잣대로 행합니다. 하나님의 심판의 기준과 잣대는 성경입니다. 진실로 회개하지 않은 자들과 예수님을 믿지 않은 자들은 심판을 받고 지옥(地獄, 장소적인 고통의 장소)으로 보냄을 받아 그곳에서 영원히 고통 가운데 살게 됩니다. 이 세상의 감옥과는 비교 자체가 되지 않습니다. 천국(天國, 장소적인 행복의 장소)은 누구든지 하나님께서 은혜로 주신 믿음으로 구세주인 예수님을 진실로 믿고 모든 죄를 용서함 받은 자가 들어갑니다. 그리하여 천국에서 영원토록 하나님을 경배하며 아무런 고통, 눈물, 질병, 죽음, 수고 등이 없이 행복하게 살게 됩니다. 이 세상에서도 간접적인 경험 장소가 있습니다. 집과 교도소입니다. 현세에 집과 교도소가 있듯이 내세에 천국과 지옥은 반드시 있습니다. 부인하고 불신하는 것과 존재하는 것은 별개입니다.

이것이 인간의 과거와 현재와 미래의 모습입니다. 사후세계의 모습입니다. 이를 믿는 자들도 있고 믿지 않는 자들도 있을 것입니다. 결국 자기가 결정하는 것이지만 자기 마음과 의지대로 되는 것은 아닙니다. 하나님의 주권대로 됩니다. 자신이 하나님을 불신한다고 하여 하나님의 존재하는 사실과 앞으로 진행될 일들이 없는 것은 아닙니다. 마치 시각장애인이 태양과 달이 보이지 않으니 태양과 달이 없다고 한다고 본래 존재하는 태양과 달이 없는 것이 아닌 것과 같습니다. 성경은 진리입니다. 참이라는 말입니다. 참은 때가 되면 반드시 그대로 이루어집니다. 단지 시간이 걸릴 뿐입니다. 그래서 신뢰할 만합니다. 불신하는 자들에게는 그에 따른 무서운 대가가 따르게 될 것입니다. 그때는 늦습니다. 그런즉 살아 있을 때 깊은 고민이 있어야 합니다. 복음과 전도에 귀를 기울여야 합니다. 하나님을 찾아야 합니다. 낮과 밤이 있고, 전반전과 후반전이 있고, 자기 집과 감옥이 있는 것처럼 현세와 내세, 천국과 지옥은 장소적으로 반드시 있습니다.

그래서 현세만 생각하고 열심히 살 것이 아니라 내세를 심각하게 고민하고 노력해야 하는 것입니다. 어찌 보면 현세보다 내세가 더 중요합니다. 왜냐하면 현세는 길어 봤자 100년이고 내세의 삶은 영원하기 때문입니다. 어리석은 자들은 이러한 구체적인 진술과 설명에도 무시할 것이고, 지혜로운 자들은 적극적인 생각과 행동과 고민과 결단을 할 것입니다. 그것은 농부가 최선을 다해서 농사를 짓듯, 죽을 때까지 최선을 다해서 하나님을 찾고, 건전한 교회에 나가서 설교를 듣고, 성경을 읽는 노력을 해야 합니다. 그렇게 하면 믿어지는 자가 있고 그래도 믿어지지 않는 자가 있을 것입니다. 그 이유는 믿음과 구원은 하나님의 선물이자 은혜로 주어지기 때문입니다. 그 근본적인 선택권이 인간에게, 각자에게 있지 않고 전적인 하나님의 주권에 있습니다. 사람의 능력 밖입니다. 그 이유는 하나님은 토기장이로 만세 전에 이중적인 선택, 즉 영생을 받을 자와 유기될 자들이 결정되었기 때문입니다. 단지 사람은 누가 구원 받을 자이고 누가 버림을 받을 자인지 모르기 때문에 각자 최선을 다해서 진리를 찾는 노력을 해야 합니다.

그런데 자유주의와 인본주의와 혼합주의와 미신 사상과 신학과 신앙을 소유한 자들은 예수님을 믿고 안 믿고는, 구원을 받고 안 받고는 인간의 자유의지나 취사선택에 달려 있다고 착각하거나 오해합니다. 각자의 자기결정권에 달려 있다고 말합니다. 인간의 착함이나 선행이나 수행에 달려 있다고 말합니다. 전혀 그렇지 않습니다. 이는 사실이 아닌 것에 속고 사는 것입니다. 자유롭게 주장하고 생각하는 것은 좋습니다. 그것은 어디까지나 인간의 생각과 주장입니다. 이런 자들은 출생과 사망을 통해서 인간의 선택권이 누구에게 있는지를 바로 알아야 합니다. 식물들과 동물들, 생활 도구들, 토기들은 아무런 선택권이 없고 주인인 토기장이가 선택(구원)과 유기(버림)를 한다는 것을 알아야 합니다. 하나님과 사람의 관계, 구원의 문제, 믿음의 문제도 그 주권이 사람의 자유의지에 있지 않고 하나님에게 있습니다.

이런 것을 성경에 근거하여 정확히 모르는 자들은 인간의 생사나 구원 여부가 인간의 자유의지와 선행과 인간의 노력 여하에 따라 좌우된다고 주장합니다. 큰 착각이자 오해입니다. 만물은 주(하나님)에게서 나오고, 주로 말미암고, 주에게로 돌아갑니다. 만물이 사람에게서 나오고, 사람으로 말미암고, 사람에게 돌아가는 일은 전혀 없습니다. 그런 식으로 사람에 의해 만물이 좌우된다면 질병도, 죽음도, 고통도 사람이 선택해야 정상입니다. 그러나 인간은 이런 것조차 어찌하지 못합니다. 우리 모두는 인간의 한계를 잘 알아야 합니다. 무엇이든지 정확히 알지 못하면 이상한 주장을 하게 됩니다. 근거도 없는 궤변을 늘어놓습니다. 모든 행위와 신앙의 판단 기준은 오직 성경입니다. 하나님께서 모든 인생의 현제와 미래를 좌우하십니다. 천지만물과 인간과 모든 피조물은 하나님께서 만드셨고, 하나님께서 주인이시기 때문입니다. 인간은 주인의 뜻에 모든 운명이 좌우되는 토기(그릇)에 불과합니다. 인간은 그런 존재입니다. 인간은 이런 자기의 정체성을 바로 알고 살아야 실패하지 않는 인생, 영생의 삶을 살 수 있습니다. 그렇지 않으면 큰일 납니다. 영원히 비참한 인생, 영원히 실패한 인생으로 마무리가 됩니다.

제4장

왜 동성애와 양성애를 반대합니까?

    동성애와 양성애를 반대하는 이유는 하나님께서 세우신 성교와 결합의 바른 질서와 법에 반하기 때문입니다. 성경은 오직 이성애만 지지합니다. 동성애와 양성애 등은 선천적이지 않고 부패하고 타락한 짓입니다. 타 종교인과 무교종자들 중에는 기독교(개신교)의 동성애와 양성애 반대에 대하여 불편한 분들이 있을 수 있습니다. 이해를 하지 못합니다. 동성애(同性愛)의 사전적 의미는 '동성 간의 사랑 또는 동성에 대한 사랑'을 의미합니다. 남성끼리, 여성끼리 사랑하고, 섹스하고, 결혼합니다. 양성애(兩性愛)의 사전적 의미는 '남녀 양성에 대하여 성적인 관심과 매력을 느끼는 일'을 의미합니다. 양성애자들은 이성도 사랑하고 동성도 사랑합니다. 이성과도 섹스하고 동성과도 섹스합니다. 이러한 섹스행위는 짐승들도 하지 않는 음란하고 패역한 짓입니다. 성경을 떠나 일반 상식과 규범과 질서에도 맞지 않습니다. 매우 비정상적인 해괴한 짓입니다. 그래서 기독교는 동성애와 양성애를 변태행위와 성을 왜곡하는 역겨운 행위로 간주하여 반대합니다.

　이런 짐승 이하의 짓을 하면서 자기결정권이니, 기본 권리이니, 자유이니 하는 말에 대하여 수용하지 않습니다. 이는 극단적인 무질서 행위로 주장 자체가 틀렸기 때문입니다. 아마 독자들 중 상당수도 그럴 것입니다. 막상 자기 딸과 아들이 동성애와 양성애를 한다면 쉽게 찬성하지 못할 것입니다. 아들이 다른 남자를 데려와서 결혼을 하겠다고 하거나 딸이 다른 여자를 데리고 와서 결혼하겠다고 한다면 절대 반대하며 졸도할 것입니다. 아마 대부분의 부모들은 반대할 것입니다. 말도 되지 않는다고 펄쩍 뛸 것입니다. 자기 자녀들은 안 되고 다른 자들은 해도 된다는 자세는 정직한 자세가 아닙니다. 부당한 것은 누구에게나 일관되게 주장하고 유지하는 것이 정직한 자세입니다. 동성애와 양성애자들은 상대가 누구든지 자유롭게 섹스를 하는 것은 '성적자기결정권'이라고 주장합니다. 개인의 기본 권리라고 말합니다. 누구도 간섭할 것이 아니라고 말합니다. 부모든 국가든 개의치 말라고 합니다. 그런 주장은 자기 혼자 살 때 해야 합니다. 이는 마치 다른 사람들과 더불어 살면서 무엇이든지 자기 마음대로 하겠으니 상관하지도 말고 간섭하지도 말라고 주장하는 것과 다르지 않습니다. 이런 주장이 문제가 되지 않는 경우는 혼자 살 때입니다.

　많은 사람들이 어우러져서 사는 우리 사회는 모두의 안녕과 평화, 생존과 질서를 위해서 반드시 지켜야 하는 기본 윤리와 규범과 도덕과 법과 질서가 있습니다. 이는 상식입니다. 그래야 모두가 안전하고 평화롭게 공존이 가능하고 사회가 정상적으로 돌아갑니다. 이러한 기본적인 것을 무시하고 자기 마음대로 자유롭게 살겠다는 것은 '자유'가 아니라 '방종'과 '무질서'와 '궤변'입니다. 극단적인 이기주의입니다. 어느 직장, 어느 사회, 어느 나라나 기본적으로 지켜야 하는 규범과 질서가 있는 법입니다. 그래야 공동체가 바로 서고 안전하게 돌아갑니다. 모두가 행복합니다. 섹스도 마찬가지입니다. '성적자기결정권'은 기본 윤리와 규범과 법 테두리 안에서 주장해야만 타당합니다. 그렇지 않으면 방종과 무질서와 궤변과 변태에 해당합니다. 만약 '성적자기결정권'을 허용한다면 우리 사회는 무법천지, 무질서, 난장판, 성문란 사회, 정글이 되어 모두가 피해자가 되고 평안하지 못할 것입니다. 더러운 사회가 될 것입니다. 어느 남녀도 안전하지 못할 것입니다. 자기가 곧 법이고 자기 마음대로 하고 싶은 대상과 언제 어디서나 자유롭게 섹스를 하기 때문입니다. 이것을 속된 말로 '개판'이라고 합니다. 만일 시합 중 선수들에게 경기 규칙을 무시하는 '자기결정권'을 준다면 막장경기가 될 것입니다. 상상만 해도 끔찍합니다. 운동경기가 아니라 패싸움이나 난장판이나 전쟁이 될 것입니다. 선수들 대부분이 뼈가 부러지거나 죽을 것입니다. 자동차를 운전하는 것도 마찬가지입니다.

그래서 객관적인 사회 통념과 기준과 규범을 벗어난 '성적자기결정권'을 주장하는 것은 종교와 신앙을 떠나 옳지 않을 뿐만 아니라 지지하지 못하는 것입니다. 상식에 반하는 짓은 자기 자식도 반대하고 남의 자식도 반대해야 하는 것이 정상입니다. 그리고 동성애자를 가리켜서 '성소수자'라고 하는데 이는 합당한 용어도 아니고 틀린 말입니다. 성소수자라는 말은 동성애자라는 말보다 더 동정심을 유발하고 좋은 이미지를 느끼게 합니다. 부정적인 이미지를 주는 동성애자를 아름답게 포장한 위장 용어에 불과합니다. 이는 마치 제2차 세계 대전 때 일본 군인들의 성욕을 해소하기 위하여 강제로 동원한 여자들에 대하여 소위 '위안부'라고 부르는 것과 다르지 않습니다. 이는 가해자들이 미화해서 부르는 위선적인 용어입니다. 이미 캐나다 총리도 지적한 바 있지만 '위안부'가 아니라 '성노리개'라고 불러야 정확합니다.

이 용어가 말하고 듣기에 거북스럽고 불편하더라도 그렇게 불러야 가해자들이 불편해하고 일본 정부의 강압적 성폭행의 잔악함이 적나라하게 드러납니다. 그런데 바보같이 피해자들과 피해국가가 스스로 '위안부'라고 주장하는 황당한 일이 벌어지고 있습니다. '위안부'라고 하면 어감이 얼마나 부드러운지 모릅니다. 도리어 정확한 사실을 모르는 어떤 사람들에게는 좋은 용어로 들립니다. 살인자들에게 살인자라고, 성폭력자에게 성폭력자라고 불러야 정상인 것처럼, 동성애자들에게도 동성애자들이라고 불러야 정상입니다. 그런즉 '성소수자'라는 말은 사용하지 말고 '동성애자'라고 정확히 불러야 합니다. 그리하여 저들의 정체성을 확연히 드러내고 부끄럽게 느끼게 해야 합니다. 이런 말이나 용어를 들으면 동성애를 하는 자기들도 불편할 것입니다. 그래서 말과 용어는 중요합니다. '어'가 다르고 '아'가 다르기 때문입니다. 기독교가 동성애와 양성애에 대하여 반대하는 성경의 근거는 다음과 같습니다.

창세기 2장 24절
"이러므로 남자가 부모를 떠나 그 아내와 연합하여 둘이 한 몸을 이룰

찌로다"

데살로니가전서 4장 3~5절

"하나님의 뜻은 이것이니 너희의 거룩함이라 곧 음란을 버리고 각각 거룩함과 존귀함으로 자기의 아내 취할 줄을 알고 하나님을 모르는 이방인과 같이 색욕을 좇지 말고"

이 말씀은 장성한 남녀가 부모를 떠나 결혼하여 독립적인 가정을 이루라는 말씀입니다. 음란과 색욕을 금하라는 하나님의 명령입니다. 결혼과 섹스 대상을 명확하게 남녀로 규정하고 배우자로 한정하고 있습니다. 성경이 절대적으로 정한 섹스와 결혼의 대상은 남자와 여자뿐입니다. 그것도 오직 결혼한 배우자뿐입니다. 미혼인 경우에는 어떤 이유를 불문하고 섹스는 간음이고 간통입니다. 불법입니다. 동성애자와 양성애자들은 만물의 주인이신 하나님께서 남녀 창조와 결혼제도를 만드신 이유를 정확히 모릅니다. 그 결과 결혼과 섹스의 본질을 훼손하고 왜곡합니다. 자기들만 좋으면 무엇이든지 마음대로 해도 된다고 생각하며 삽니다. 일부 기독교인들 중에도 결혼, 출산에 대하여 오해하는 자들이 있습니다. 자기들 편의대로 생각하고 행동합니다. 성경에 대하여 무지한 자들입니다. 하나님께 불순종하는 자들입니다. 결혼제도와 섹스가 그냥 생긴 것으로 생각합니다. 남녀로 맺어지는 결혼제도와 부부간 섹스는 하나님이 만드시고 허락하셨습니다. 출산과 하나님의 뜻 실현을 위해서입니다. 생육하고 번성하여 세상 종말까지 지구촌에 퍼져 하나님을 영화롭게 하기 위함입니다. 그래서 여자에게 임신을 하게 하셨고, 자녀를 출산하게 하셨고,

갓난아이의 밥으로 여자의 가슴에 유방(乳房)을 주시어 모유를 먹이도록 하셨습니다.

이런 사실을 모르고 몸매를 가꾸거나 누군가에게 잘 보이기 위해서 유방 확대수술을 하는 일부 여자들도 있고, 몸매 유지를 위해서 모유 수유를 거부하는 황당한 여자들도 있습니다. 이는 마치 자전거를 사 주었더니 자전거를 타지 않고 마네킹처럼 전시하거나 들고 다니는 사람과 비슷합니다. 코미디 같은 일입니다. 유방은 갓난아이에게 생명의 밥입니다. 여자의 몸매를 드러내고 자랑하기 위하여 주신 것이 아닙니다. 결혼과 섹스를 만드신 창조주의 본래 의도와 목적을 모르니 자기들 마음대로 생각하고 악용하는 것이 동성애와 양성애입니다. 성적 탐욕에만 몰두합니다. 남자끼리, 여자끼리는 임신이 되지 않습니다. 짐승들도 마찬가지입니다. 섹스는 성적 쾌락만을 위해서 주신 것이 아닙니다. 섹스는 임신과 출산과 번성이 우선입니다. 무엇이든지 무지하면 용감한 법입니다. 이런 내용을 기독교 외에는 가르쳐 주지 않으니 잘 모릅니다. 모르니까 어긋난 행동과 주장을 하면서도 부끄러움을 모릅니다. 억지를 부립니다. 학생들이 시험을 볼 때 오답인데도 오답인지를 모르기 때문에 당당하게 틀린 답을 쓰는 것과 같습니다. 오답이라고 확신하는 수험생은 오답을 쓰지 않습니다. 오늘날 우리 사회는 정치인을 비롯해서 막가파들이 많습니다. 정확히 모르면 묻고 바르게 살려고 애써야 하는데 용감합니다. 막말, 막 생각, 막 행동, 막 주장, 막 섹스, 막 결혼, 막 이혼, 막 재혼, 막 생활 등입니다. 올바른 질서에 따라 제대로 알고, 행동하고, 주장해야 합니다. 또 동성애 관련 구약 성경 말씀입니다.

레위기 20장 13절

"누구든지 여인과 교합하듯 남자와 교합하면 둘 다 가증한(역겨운) 일을 행함인즉 반드시 죽일찌니 그 피가 자기에게로 돌아가리라"

이 말씀은 하나님만을 섬기고 하나님의 통치를 받는 신정국가(神政國家)인 이스라엘 백성들에게 주신 무서운 형벌의 율법입니다. 여성 동성애자들(레즈비언)과 남성 동성애자들(게이)을 지적한 말씀입니다. 수천년 전인 구약시대에도 동성애가 있었던 것으로 보입니다. 만약 이스라엘 백성 중에 동성애를 하는 자가 발각되면 죽였습니다. 물론 오늘날에는 신정국가가 아니기에 죽이면 안 됩니다. 다른 방식으로 처벌합니다. 이처럼 성경은 동성애를 허용하지 않습니다. 동성애는 하나님께서 몹시 미워하시는 것입니다. 또 동성애를 금하는 말씀입니다.

로마서 1장 26~27절

"이를 인하여 하나님께서 저희를 부끄러운 욕심에 내어 버려두셨으니 곧 저희 여인들도 순리대로 쓸 것을 바꾸어 역리로 쓰며(레즈비언, 동성섹스) 이와 같이 남자들도 순리대로 여인 쓰기를 버리고 서로 향하여 음욕이 불일듯하매 남자가 남자로 더불어 부끄러운 일을 행하여(게이, 동성섹스) 저희의 그릇됨에 상당한 보응을 그 자신에게 받았느니라"

신·구약 성경은 모두 동성끼리의 섹스행위를 그릇된 행위, 미워하는 행위, 부끄러운 욕심, 역겨운 행위로 규정하고 있습니다. 동성섹스, 양성섹스는 정상적인 섹스가 아니라 비정상적인 변태섹스입니다. 짐승들도 하지 않는 짐승 이하의 더러운 섹스입니다. 기본 상식과 정서와 규범과 질서에 반하는 음란한 짓에 불과합니다. 동성애로 구성된 가정은 정상적인 가족 형태가 아닙니다. 비정상적인 가정입니다. 그래서 기독교 진리 책인 성경이 동성애와 양성애를 금하고 죄로 규정하기 때문에 기독교인들이 반대하는 것입니다. 한 가지 오해가 없어야 할 것은 기독교가 동성애, 양성애를 반대하는 것이지 그런 행위를 하는 사람을 미워하는 것은 아닙니다. 기독교는 죄악 된 행위, 성경사상에 반하는 모든 음란한 행위를 미워하고 반대하는 것뿐입니다. 사람 자체를 미워하는 것이 아닙니다. 혹 기독교인 중에도 동성애자들이 있습니다. 그들의 말을 들어보면 '하나님을 믿고 사랑한다'고 말합니다. '교회에 가서 예배를 드리고 싶다'고 합니다. 그렇다면 성경이 금하는 동성애를 즉시 버려야 합니다. 하나님이 금하시는 죄악 된 동성애를 하면서 하나님을 사랑하느니, 믿는다느니, 예배를 드린다느니 하는 말은 모순이자 궤변입니다. 말장난에 불과합니다. 이런 자들은 기독교인이 아닙니다. 이는 마치 배우자를 폭행하면서 사랑한다고 말하는 것과 같습니다. 하나님을 사랑하는 표는 주관적인 입술의 고백이나 마음이 아니라 하나님의 계명들을 지키는 것입니다.

요한일서 5장 3절
"하나님을 사랑하는 것은 이것이니 우리가 그의 계명들을 지키는 것이라 그의 계명들은 무거운 것이 아니로다"

일부 기독교인들이 오해하고 착각하는 것이 있는데 바로 이것입니다. 하나님의 계명을 고의로 지키지 않거나 외면하면서 하나님을 사랑한다고 말하는 것입니다. 이는 하나님 사랑에 대한 자기 기준과 자기 확신이지 성경의 기준과 성경이 지지하는 확신이 아닙니다. 진정한 고백이 아닙니다. 무지에서 나온 궤변입니다. 사랑이 무엇인지조차 모르는 주장입니다. 이는 마치 축구 선수가 자기는 축구를 사랑한다고 하면서 시합에서 축구 규칙대로 행하지 않고 자기 마음대로 경기를 하는 것과 같습니다. 그런 선수는 축구 선수가 아닙니다. 또 배우자에게 폭언과 폭력을 행사하고 다른 이성과 불륜을 맺고 살면서 아내나 남편을 사랑한다고 하는 배우자가 있습니다. 이는 궤변이자 역겨운 말입니다. 사랑은 말로 하는 것이 아닙니다. 정당한 행위로 보여 주는 것입니다. 진실로 하나님을 사랑한다면 하나님께서 가증하게 여기시는 동성애와 양성애를 당장 금하고 하나님께 예배를 드려야 합니다. 기독교인이라고 하면서, 하나님을 사랑한다고 하면서 성경의 계명대로 살지 않는 변태에 속하는 동성애와 양성애를 고집하는 사람이 있다면 그는 사이비 기독교인입니다. 형식적인 기독교인입니다. 양의 탈을 쓴 늑대 신자일 뿐입니다. 진실한 기독교인이 되고 싶고, 진실로 하나님을 사랑하고, 교회에 가서 하나님을 예배하고 싶다면 하나님과 성경이 금하는 동성애와 양성애 행위를 당장 버려야 합니다. 이것이 정상이고 바른 신자의 자세입니다. 그 외에는 다 거짓말이고 속임수입니다.

그리고 동성애자와 양성애자인 남성에게 널리 퍼져 있는 것이 있습니다. 그것은 애널섹스(anal sex, 항문성교)입니다. 과거에는 상상도 할 수 없었던 섹스입니다. 이런 섹스는 야동(포르노)에서 퍼뜨린 것입니다. 항문성교란 '발기한 남성 성기를 항문인 직장(直腸, 곧은창자)으로 삽입하는 것'을 말합니다. 항문섹스는 남성이 남성 항문에, 남성이 여성 항문에 남성 성기를 삽입하는 것으로 성기의 오용과 남용이자 변태입니다. 남성 성기의 사용은 오직 두 가지로 소변과 정상적인 부부(이성부부)간의 섹스뿐입니다. 남녀 항문은 오직 배변하는 기능뿐입니다. 성적 쾌락을 위해 섹스 통로로 사용할 수 있는 것이 아닙니다. 남성 성기는 법적인 부부 사이에서 오직 여자 성기에만 삽입해야 합니다. 그 외 다른 용도로 사용하는 것은 변태이자 악한 행위입니다. 성적 탐욕일 뿐입니다. 반드시 심각한 부작용이 발생합니다. 정상적인 부부들은 절대로 행하지 말아야 합니다.

약물 오용과 남용처럼 항문섹스는 섹스 오용과 남용으로 금해야 합니다. 동성 간이나 부부가 아닌 자와의 구강섹스도 변태와 음행으로 반대합니다. 이상한 곳에서 돈을 주고 다른 사람과 키스를 하거나 성기를 애무하게 하는 것도 음행에 해당합니다. 남자가 남자 성기를, 여자가 여자 성기를 애무하는 것은 악한 변태입니다. 동성 간의 모든 애무행위도 변태로 금지합니다. 이런 이유들로 기독교(개신교)는 동성애와 양성애를 반대하는 것입니다. 애무나 구강섹스는 오직 이성부부 안에서만 가능합니다. 독자들은 가족 중에 동성애와 양성애를 하겠다고 주장하면 환영하겠습니까? 한번 냉정하게 생각해 보시기 바랍니다. 이성과 양심이 없는 짐승들도 동성애와 양성애는 하지 않습니다. 짐승들도 하지 않는 동성애와 양성애를 선악을 분별할 줄 아는 사람이 해서야 되겠습니까? 이는 매우 부끄러운 짓입니다. 인간 이하의 짓입니다. 자유도 아니고 기본 권리도 아닙니다. 막장 인간입니다. 자유와 성적자기결정권과 권리를 오해하거나 착각하지 말아야 합니다. 오용하거나 남용하지 말아야 합니다. 동성애가 선천적이라는 말도 궤변에 지나지 않습니다. 하지만 현재와 미래의 세상과 상당수 사람들은 현재보다 더욱 부패하여 해괴한 섹스, 불륜, 동성애를 하며 살 것입니다. 이제 사람들의 마음과 이성은 마치 고삐 풀린 망아지나 브레이크가 고장 나거나 없는 자동차처럼 달려가고 있습니다. 그래서 큰일입니다.

제5장

왜 이혼을 금하고 반대합니까?

이혼은 본래 부부로 짝을 지어 주신 하나님의 뜻이 아니고, 정당하지 않은 이혼들이 많기 때문에 이혼을 반대합니다. 오늘날 자유로운 이혼 (離婚)은 하나의 대세가 되었습니다. 너무나도 쉽게 너도 나도 이혼하고 있습니다. 이혼변호사가 특수를 누리고 있습니다. 과거에 비해 엄청난 변화입니다. 그러나 기독교인들은 기본적으로 모든 이혼을 반대합니다. 왜냐하면 기독교 진리 책인 성경이 본래 이혼을 금하기 때문입니다. 일반적으로 이혼을 하는 자들은 나름대로 사정과 그럴만한 충분한 이유가 있을 것입니다. 이혼을 하려는 자들의 형편과 처지를 모르는 바가 아닙니다. 한마디로 도저히 함께 살 수 없을 지경까지 갔기 때문에 이혼을 결심했을 것입니다. 하지만 세상에 쉬운 일은 없습니다.

단적인 예로 직장생활에서 어려움이 없는 사람은 없습니다. 힘들고, 자존심이 상하고, 무시와 멸시를 당하고, 매일 고통스럽지만 참고 또 참고 직장에 다닙니다. 그렇게 참는 이유는 그래야 생존할 수 있고, 사랑하는 가족들을 지킬 수 있고, 하늘 아래 어느 직장도 쉬운 곳이 없기 때문입니다. 만일 부부가 어려운 일로 이혼하는 것처럼 직장 생활이 어렵다고 그만둔다면 대부분의 직장인들은 이직을 할 것입니다. 결혼도 마찬가지입니다. 결코 쉽지 않은 것이 결혼생활입니다. 부부 서로가 너무나도 환상적으로 잘 맞아서 사는 부부들은 극소수일 것입니다. 대부분은 서로 불편하고 힘든 부분이 있어도 참고 삽니다. 부부는 전혀 다른 출생과 성장과 수준과 성격과 가정환경에서 자란 자들이 만나 사는데 자기 마음에 쏙 맞는 배우자는 세상에 아무도 없습니다. 서로 다르고 갈등이 있어야 정상입니다.

바다는 항상 출렁입니다. 잔잔한 바다는 매우 드뭅니다. 그럼에도 불구하고 배는 바다로 나가고 변화무쌍한 바다물결을 헤치며 항해를 합니다. 바다가 힘들고 어려워서 바다에 나가지 못하겠다고 하는 사람은 어부가 되지 못합니다. 무시로 변화무쌍하고 출렁이는 바다와 같은 것이 결혼생활입니다. 적응하거나 인내하지 못하면 직장생활도, 항해도, 사회생활도, 결혼생활도 오래 가지 못합니다. 부부들이 가볍게 때론 심각하게 싸우고 충돌하지만 시간이 지나면 언제 그랬느냐는 듯 바다처럼 잠잠해지고 폭풍은 지나갑니다. 이런 것이 바다의 모습이고 결혼생활입니다. 바다가 늘 잔잔하지 않는 것처럼, 결혼생활도 늘 좋은 때만 있는 것이 아닙니다. 그것이 인생이고, 결혼생활이고, 항해입니다. 결혼과 항해는 이런 삶의 반복입니다. 항상 잔잔한 호수처럼 평안함만 있는 것이 아닙니다. 결혼과 항해를 잔잔한 호수에서 배를 젓는 것으로만 생각하고 항해를 하거나 결혼한 사람들은 갑자기 폭풍이 불어 바다물결이 심하게 치고 거친 갈등이 발생하면 당황하고 힘들어합니다. 어찌할 줄을 모릅니다. 살려 달라고 아우성을 칩니다. 항해와 결혼을 후회합니다. 가장 쉬운 방법을 찾습니다. 그것이 이혼입니다.

이혼이 무엇인지, 이혼 이후의 삶이 어떠한 것인지, 이혼 이후의 후폭풍이 어떤 것인지를 바로 알면 쉽게 이혼하지 못합니다. 미래와 삶을 멀리 보지 못하고 인내하지 못하니 가장 쉬운 길인 이혼으로 갑니다. 부부 갈등이 발생했을 때 갈등을 잘 참고 사력을 다하여 극복해야 하는데 현실은 그렇지 않습니다. 쉽게 이혼을 생각하고 이혼해 버립니다. 그래서 과거에 비해 이혼율이 대폭 상승한 것입니다. 작금의 세태 반영과 영향이기도 합니다. 과거에는 힘들어도 참고 살았는데 지금은 참지 않습니다. 참는 것은 바보라고 치부해 버립니다. 인내를 하찮게 여깁니다. 이런 현상은 이혼뿐만 아니라 직장 이직도 그렇습니다. 과거에 비해 이직률이 너무 높습니다. 상하좌우 인간관계나 업무가 힘들면 쉽게 직장을 그만두거나 옮겨 버립니다. 힘들면 참지 못하는 시대, 고통스러우면 일단 그만두고 보는 세상이 되었습니다. 그래서 갈등을 인내하지 못하는 부분도 이혼으로 가는 한축을 차지합니다. 이에 대한 성경의 말씀은 다음과 같습니다.

마태복음 19장 6절
"이러한즉 이제 둘이 아니요 한 몸이니 그러므로 하나님이 짝지어주신 것을 사람이 나누지 못할찌니라 하시니"

결혼은 분명 남·여 둘인데 하나라고 합니다. 이것이 결혼의 신비입니다. 분명 둘인데 결국 하나로 삽니다. 부부는 둘이지만 한 몸입니다. 결혼은 자유연애로 만나거나 중매로 만나거나 사람이 짝지어 준 것이 아니라 인간을 흙으로 창조하신 하나님의 인도와 섭리로 짝이 된 것입니다. 결혼제도는 사람이 만든 것이 아니라 천지를 창조하신 하나님께서 만드셨습니다. 또한 사람이 이혼하지 못한다고 합니다. 하나님이 갈라지게 할 때까지, 사별하기까지 부부가 여타 이유로 갈라서지 못한다고 합니다. 하나님이 갈라지게 하는 경우는 부부 중 하나가 사망하는 경우입니다. 따라서 부부는 한번 결혼하면 검은 머리가 파뿌리처럼 하얗게 될 때까지 좋으나 싫으나, 달거나 쓰거나, 즐겁거나 고통스럽거나 죽음이 갈라놓을 때까지 함께 사는 것입니다. 그것이 결혼생활, 부부생활입니다. 부부의 책임입니다. 그것이 진정한 사랑입니다. 부부는 항상 좋아서 사는 것이 아닙니다. 사랑은 '자기의 유익을 구하지 않는 것'이고 '오래 참는 것'입니다. 진정한 사랑은 조건적이지 않고 무조건적이고 희생적입니다. 이혼하는 부부는 이런 사랑을 모르거나 거부합니다. 무조건적인 사랑이나 희생 자체를 싫어합니다. '왜 바보처럼 그렇게 참고 살아야 해!'라고 하면서 감정적인 사랑, 조건적인 사랑, 환상적인 사랑, 달콤한 사랑, 이기적인 사랑을 사랑이라고 착각하고 오해하여 결혼하니 이혼하는 것입니다. 만남과 결혼도 쉽게 하고 이혼도 쉽게 합니다. 배우자가 속상하게 하고, 실망스럽게 하고, 나쁜 짓을 하면 못 견디는 것입니다. 배우자의 허물을 명분삼아 이혼을 시도합니다. 성경은 본래 이혼을 허락하지 않지만 명확하게 명시적으로 허락하는 경우가 있습니다. 그것은 배우자가 불륜(간음과 간통)을 저질러서 용서가 되지 않을 때입니다.

마태복음 19장 8~9절

"예수께서 가라사대 모세가 너희 마음의 완악함을 인하여 아내 내어 버림을 허락하였거니와 본래는 그렇지 아니하니라 내가 너희에게 말하노니 누구든지 음행(간음, 간통, 불륜)한 연고 외에 아내를 내어 버리고 다른 데 장가드는 자는 간음함이니라"

배우자가 다른 이성과 간음 혹은 간통을 했을 때 이혼을 허락합니다. 배우자가 불륜을 저질렀을 때라도 참 기독교인들은 용서하고 함께 사는 것이 본래 하나님 뜻입니다. 이렇게 해도 억울하지 않고 합당한 것은 우리가 이보다 더 악하고 무거운 죄를 지어 사형선고를 받고 영원한 고통의 장소인 지옥 불에 들어갈 처지에서 하나님으로부터 특별사면, 죄 용서함을 받아 구원을 받았기 때문입니다. 죄인인 우리를 향하신 하나님의 용서하심과 오래 참으심은 배우자의 그 어떠한 허물과도 비교 자체가 되지 않습니다. 모든 사람이 그렇습니다. 우리는 간음 못지않게 사형선고를 받은 악한 사형수들이었습니다. 그런 자들이 죄 용서함을 받았습니다. 우리 자신이 이런 엄청난 죄 용서함을 받았는데 배우자의 폭력과 불륜, 못된 어떤 짓을 용서하지 못한다는 것은 배은망덕입니다. 교만이자 하나님의 은혜를 모르는 자입니다. 자신이 특별사면을 받은 것이 너무 감사한 자들은 배우자의 그 어떤 허물과 악행도 무조건적인 사랑으로 다 용서해 주고 삽니다. 그리스도인은 자기 혼자 깨끗하고 잘났다고 생각지 않아야 합니다. 또 다른 이혼 금지 말씀입니다.

고린도전서 7장 10~11절

"혼인한 자들에게 내가 명하노니(명하는 자는 내가 아니요 주시라) 여자는 남편에게서 갈리지 말고(만일 갈릴찌라도 그냥 지내든지 다시 그 남편과 화합하든지 하라) 남편도 아내를 버리지 말라"

말라기 2장 16절

"이스라엘의 하나님 여호와가 이르노니 나는 이혼하는 것과 학대로 옷을 가리우는 자를 미워하노라 만군의 여호와의 말이니라 그러므로 너희 심령을 삼가 지켜 궤사(詭詐, 거짓으로 남을 속임)를 행치 말찌니라"

성경은 곳곳에서 이혼을 금하고 있습니다. 하나님은 이혼을 미워하신다고 합니다. 이혼하는 것은 간사스러운 거짓, 즉 궤사(詭詐)를 행하는 것이라고 혹평합니다. 하나님께서 이혼을 왜 이렇게 금하시고 미워하시고 혹평하시는 줄 아십니까? 이혼은 창조질서와 하나님의 구속사를 훼손하고 방해하는 악행이기 때문입니다. 가장 중요하고 우리 사회의 기초가 되는 가정을 무너뜨리고 훼손하는 것이기 때문입니다. 남녀를 창조하신 목적은 결혼을 통해서 다산(多産)하여 지구촌 곳곳에 퍼져 살면서 하나님의 뜻을 실현하기 위함입니다. 그러기 위해서는 결혼과 출산은 필수입니다. 건전한 가정, 온전한 가정은 필수입니다. 마치 국물을 담기 위해서는 국그릇이 필요하고 국그릇이 온전해야 하는 것과 같습니다. 국그릇이 깨지거나 금이 가면 국물을 담을 수 없고 국물이 샙니다. 제대로 식사를 할 수 없습니다. 가정이 건강해야 하나님의 뜻이 강물처럼 흐르고 이루어지게 됩니다. 이혼은 이런 가정을 망가뜨리고 훼방하는 행위입니다.

또한 성경은 형제가 죄를 범하면 하루에도 일흔 번씩 일곱 번이라도 용서해 주라고 하였습니다. 이를 숫자로 표기하면 하루에 490번 용서해 주라는 말씀입니다. 한마디로 무한히 용서하고 살라는 말씀입니다.

마태복음 18장 21~22절

"그때에 베드로가 나아와 가로되 주여 형제가 내게 죄를 범하면 몇 번이나 용서하여 주리이까 일곱 번까지 하오리까 예수께서 가라사대 네게 이르노니 일곱 번뿐 아니라 일흔 번씩 일곱 번이라도 할찌니라"

만일 하나님께서 우리의 허물과 죄를 무한히 용서해 주시지 않는다면 지구상에 존재할 사람은 아무도 없을 것입니다. 그 정도로 모든 사람들은 너도 나도 눈만 뜨면 크고 작은 악을 행합니다. 누구만 나쁜 짓을 하고 사는 것이 아닙니다. 모든 인간은 겉으로만 깨끗하고 착해 보이지 그 내면과 행동은 악하고 허물투성이입니다. 그래서 서로 무한히 용서하고 살아야 합니다. 서로 불쌍히 여겨야 합니다. 그런데 배우자의 허물에 대하여 '절대로 용서 못 해!'라고 하면서 이혼하는 사람이 있다면 그는 진실로 하나님의 무조건적인 용서와 사랑과 은혜 받음을 알지 못하는 자입니다. 자기의 죄와 허물에 대해서는 너그러운 자입니다. 기독교인들은 배우자가 그 어떤 죄를 지었더라도 인정하고 용서를 구하면 용서하고 살아야 합니다. 진실로 하나님을 사랑한다면 하나님의 계명을 따라 살아야 합니다. 모든 인간은 먹든지 마시든지 무엇을 하든지 다 하나님의 영광을 위해서 사는 자이기 때문입니다. 자기 기준대로, 자기 기분대로, 자기감정대로, 자기 의지대로 사는 자가 아닙니다. 하나님의 기준대로 사는 자입니다. 세상을, 신앙생활을 자기 기준에 따라 사는 자는 참 그리스도인이 아닙니다. 하나님께서 정하신 기준에 따라 사는 자가 참 기독교인입니다. 기독교인이라면 쓰든 달든, 이익이 되든지 손해가 되든지 하나님의 기준에 따라 살아야 합니다. 또 다른 이혼 허락 기준입니다.

고린도전서 7장 15절

"혹 믿지 아니하는 자가 갈리거든 갈리게 하라 형제나 자매나 이런 일에 구속 받을 것이 없느니라 그러나 하나님은 화평 중에서 너희를 부르셨느니라"

기독교인은 기독교인끼리, 불자는 불자들끼리, 이슬람교인은 이슬람교인들끼리, 불신자는 불신자들끼리 결혼하는 것이 가장 안전합니다. 그래야 미래의 결과를 떠나서 부부가, 가정이 평안하고 갈등이 대폭 감소합니다. 종교와 신앙이 일치하지 않으면 부부의 갈등과 고통은 이루 말할 수 없습니다. 위험한 부부가 됩니다. 결혼한 이후 중간에 예수님을 믿게 되었는데 예수님을 믿지 않는 배우자가 신앙 문제로 이혼을 강력하게 원하면 허락하라고 합니다. 이는 불신 배우자가 고의로 신자 배우자를 유기(버림)하는 것입니다. 그러나 그렇다고 쉽게 이혼하지 말라고 합니다. 기독교인이 먼저 이혼을 요구하는 일은 허락지 않는 말씀이기도 합니다. 이렇듯 성경이 이혼에 대하여 기본적으로 금하기 때문에 바른 성경사상에 젖어 있는 기독교인들은 이런저런 합리적이고 타당한 이혼 사유가 있어도 반대하는 것입니다. 배우자의 이런저런 고통을 몰라서가 아닙니다. 침묵하고 살아서 그렇지 속상함 없이, 고통 없이, 눈물 없이 사는 부부는 별로 없습니다. 기독교인들은 피조물의 형편과 처지와 고통과 뜻보다 창조주 하나님의 뜻과 계명이 먼저입니다. 자기의 아픔과 고통이 진리를 무시하지 못합니다. 나의 어려운 사정과 생각보다 항상 진리가 우선입니다. 하나님 주권적인 삶이 우선입니다. 피조물의 주인은 하나님 이고 피조물은 주인이신 하나님의 말씀을 우선적으로 따라야 하기 때문 입니다. 인본주의와 자유주의 사상과 신앙에 젖어 사는 사람은 이해하기 어려울 것입니다. 이것이 창조주와 피조물, 기독교인과 불신자들과의 차 이입니다. 주인과 종의 관계입니다. 모든 피조물은 창조주를 위해서 존 재합니다. 그래서 하나님의 계명에 따라 부당한 이혼을 반대합니다.

제6장

왜 서로 좋아하고 합의하에 한 섹스까지
간음이라고 합니까?

성경은 합법적으로 결혼한 부부 외의 이성이나 동성과의 섹스는 모두 간음, 불륜, 음행, 간통으로 간주하기 때문입니다. 좋아하고 사랑하는 것과 섹스는 별개입니다. 사람이 불법과 범죄를 저지른 이후 유죄와 무죄를 누가 결정합니까? 각 사람이 결정하는 것이 아니라 법원이 결정합니다. 미혼과 기혼인 남녀가 다른 이성이나 동성과 서로 좋아하고 사랑하고 합의해서 섹스를 하면 간음 혹은 간통이라고 합니다. 누가 그리 판단합니까? 법원과 성경, 천지와 인간을 창조하신 하나님이, 만물의 주인이자 재판장이신 하나님이 그리 판단합니다. 섹스 당사자들이 판단하는 것이 아닙니다. 합법인 섹스가 아니라는 법과 성경의 규정 때문입니다. 오늘날 섹스는 과거에 비해 자유로운 시대가 되었습니다. 너무 쉽게 섹스를 합니다. 당연하게 생각합니다. 미혼자들도 섹스가 일상이 되었습니다. 결혼 전까지 섹스 경험이 없으면 못난이 취급을 합니다. 인기 없는 자라고 합니다. 기혼자들 중 일부 사람들도 배우자 외의 다른 이성과의 섹스도 자연스럽게 하고 있습니다. 세상 법에서는 13세 이하와 성관계를 가지면 이유를 불문하고 성범죄로 처벌합니다. 형법 제297조에 따라 무기징역 또는 10년 이상의 징역에 처합니다.

그러나 13세 이상이나 미성년(만 19세 미만) 이상과 합의하에 성관계를 가지면 처벌을 받지 않습니다. 또 간통죄가 폐지되어 기혼자가 다른 이성과 합의하에 성교를 해도 형사 처벌을 받지 않습니다. 그러나 성경은 13세 전후든, 이성끼리든, 기혼자들끼리든, 돈을 주고 성매매를 하든, 합의를 했든지, 합의를 하지 않았든지 성교를 하면 다 간음, 간통, 성범죄, 음행으로 간주하여 반드시 벌을 받게 합니다. 세상 법에서는 허용하는 부분도 있지만 하나님의 나라 법인 성경은 더욱 엄격합니다. 그래서 기독교인들은 법적으로 부부가 된 배우자와의 성교 외에 행하는 결혼 전후의 모든 성교는 다 간음(姦淫), 간통으로 간주하고 심판을 선언합니다. 반드시 벌을 받습니다. 음행과 성범죄로 규정합니다. 이처럼 하나님의 법과 기준, 세상법과 기준은 큰 차이가 있습니다. 기독교인들은 세상 법도 존중하지만 하나님의 법을 더 우선시합니다. 신앙과 행위의 모든 판단 기준이 성경입니다.

타 종교인들과 무종교자들은 이런 사실과 내용을 모르니 기독교인들이 주장하는 성교, 간음, 간통 지적에 대하여 불편하고 오해가 있는 것입니다. 이해를 못 합니다. 여기에 상당수 사람들이 은밀하게 이미 간음과 간통을 하고 살기에 양심이 찔리니 불편한 것입니다. 통계에 따르면 상당수 미혼자나 기혼자들이 정당하지 않은 섹스를 하고 삽니다. 일생 동안 순결을 지키고 사는 사람은 별로 없다는 통계도 있습니다. 이는 전 세계적인 현상입니다. 그러기에 기독교인들이 이런 주장을 하니 마음이 불편하고 찔리기도 하면서 불만을 가지는 것입니다. 어느 조직이나 세상엔 기본 질서와 규범이 있습니다. 그런데 섹스와 관련하여 우리 사회는 언제부터인가 무질서 그 자체가 되었습니다. 마치 이성이 없는 짐승들처럼 마음이 가는 대로, 감정이 요동치는 대로, 마음의 욕구대로, 마음이 끌리는 대로 자연스럽게 섹스를 하고 있습니다. 좋아하고 사랑하면 당당하게 섹스를 합니다. 부끄러움과 죄의식이 없습니다. 그 정도로 마음이 굳어져 버렸습니다.

결혼 전후로 순결과 반칙을 우습게 여깁니다. 상당수 사람들이 그리 사니 부끄러움도 없습니다. 성적으로 얼마나 문란한지 모릅니다. 초등생들도 섹스를 합니다. 중·고등학교로 올라가면 더하고, 대학생과 청년이 되면 상당수가 섹스를 합니다. 배우자가 있는 기혼자들도 다른 이성과 자연스럽게 섹스를 합니다. 순결한 처녀와 총각이 희귀한 시대입니다. 순결 이야기를 하면 별종이나 천연기념물이라고 놀림과 난타를 당하는 시대입니다. 그 정도로 사람들의 성 관념이 심각하고 자유로운 상태입니다. 성으로 타락한 도시인 폼페이나 소돔과 고모라처럼 되어 가고 있습니다. 친족에 의한 근친상간도 많습니다. 세상이 기가 막히게 돌아가고 있습니다. 이에 대한 성경의 근거와 기독교 사상은 다음과 같습니다. 성경은 간음하지 말라고 합니다. 간음과 간통을 하면 무서운 심판을 받는다고 경고합니다.

출애굽기 20장 14절

"간음(姦淫)하지 말찌니라"

요한계시록 21장 8절

"그러나 두려워하는 자들과 믿지 아니하는 자들과 흉악한 자들과 살인자들과 행음자들(온갖 음란한 자들)과 술객들과 우상숭배자들과 모든 거짓말하는 자들은 불과 유황으로 타는 못(지옥)에 참예하리니 이것이 둘째 사망(지옥에서의 삶)이라"

성경은 간음과 간통, 동성애 등 온갖 음행, 행음을 금합니다. 좋아서 하든, 사랑해서 하든, 서로 합의하에 하든, 돈을 주고받고 하는 성매매든, 정부에서 합법적으로 허락해 준 매춘이든 불의한 섹스와 간음으로 간주하여 심판을 천명합니다. 그것도 끝까지 회개하지 않고 간음과 간통을 행하면 지옥 불에 던져진다고 말합니다. 불의한 간음은 바른 성교의 질서를 파괴하고, 한 사람의 인생을 망치고, 가정을 파괴합니다. 우리 사회를 무질서하게 만들어 버립니다. 섹스는 오직 합법적인 부부 사이에서만 나눌 수 있습니다. 그것이 성경이 유일하게 허용하는 섹스입니다. 일반적으로 사람들은 이성이 없는 짐승처럼 그때그때 성적 욕구와 욕망, 끌리는 감정과 본능에 따라 언제든지 누구와도 자유롭게 섹스를 합니다. 그러나 하나님과 성경은 무질서한 섹스를 절대로 금합니다.

그래서 참 기독교인들은 부부 외에는 섹스를 하지 않습니다. 결혼 전·후로 순결을 지킵니다. 기독교인임에도 정의롭지 못한 섹스를 하는 사람이 있습니다. 이는 선수로 말하면 반칙을 하는 자입니다. 그에 대한 대가는 반드시 받습니다. 미혼자 중에 성적 욕망이 강렬하여 참을 수 없다면 속히 결혼해야 합니다. 아니면 자위행위로 성욕을 발산해야 합니다. 그 외에 해결할 수 있는 다른 방법과 해답은 없습니다. 성매매를 통해서 성욕을 채우는 자들도 간음하는 자입니다. 장애인에 대한 섹스 서비스도 간음입니다. 동성애나 양성애는 말할 것도 없습니다. 자기 배우자가 아닌 자와 유사성행위(타위+구강섹스+항문섹스)도 모두 간음이자 음란한 죄악입니다. 하나님 말씀인 성경에 의하면 오늘날 미혼 남녀가 동거를 하면서 섹스를 하고, 청소년을 비롯해서 청장년들이 피임을 하면서 섹스를 하는 것은 모두 간음이자 간통입니다. 문란하고 무질서한 음란한 악행입니다. 이런 행위에 대하여 세상 사람들은 아무런 문제가 되지 않는다고 합니다. 하지만 성경은 반드시 심판과 형벌의 대상에 해당하는 죄악이라고 말합니다. 섹스에 있어서 하나님께서 정하신 기준과 세상의 법과 일반 사람들이 정한 기준은 전혀 다릅니다. 이런 이유로 기독교인들은 무질서한 섹스를 반대하는 것입니다.

제7장

영혼은 왜 영원히 사라지지 않는다고 합니까?

눈에 보이지 않는 영혼은 영원히 썩지도, 불에 타지도, 죽지도 않는 비물질이기 때문입니다. 보통 넋, 혼이라고도 합니다만 정확한 용어는 영혼입니다. 영혼은 사망 즉시 신자나 불신자를 막론하고 곧바로 낙원 아니면 음부로 들어갑니다. 지천에 떠돌아다니거나 알 수 없는 어디론가 스스로 사라지는 것이 아닙니다. 이 세상에 존재하는 것들 중에는 사라지는 것도 있고 사라지지 않는 것들도 많습니다. 사라져 없어지는 것들은 썩어지는 것과 불에 타 버리는 것들입니다. 세월이 지나면 산화되어 없어져 버리는 물질들입니다. 예를 들면 풀, 나무, 쇠, 뼈, 살 등은 눈에 보이는 물질들입니다. 하지만 바람, 공기, 영혼 등 눈에 보이지 않는 것과 물질이 아닌 것은 썩지도, 타지도, 죽지도, 사라지지 않습니다. 그 이유는 물질이 아니기 때문입니다. 가장 대표적인 것이 영혼(靈魂)입니다. 그래서 사람의 영혼은 사나 죽으나 영원히 죽지도, 타지도, 사라지지도 않습니다. 영혼은 스스로 생긴 것이 아니라 하나님이 창조하신 비가시적인 물질입니다. 사람은 영혼이 육체 가운데 있느냐 혹은 육체를 떠났느냐에 따라서 산 자 혹은 죽은 자가 됩니다. 육체 속에 영혼이 그대로 머물러 있으면 산 사람이고, 영혼이 육체에서 떠나 버리면 죽은 사람, 곧 시체가 됩니다. 영원히 썩지 않고, 불에 타지도 않고, 죽지도 않고, 사라지지도 않는 영혼이란 무엇입니까? 영혼이란 육체 안에도 거하지만 육체를 떠나서도 존재하며, 인간 활동의 근원으로 생각되는 정신적 실체입니다. 보통 '넋'이라고도 하며 영어로는 소울(soul)이라고 합니다. 성경은 영혼이라고 말합니다. 십자가에 달리신 예수님께서도 인성 부분에서 영혼이 육체에서 떠나시자 곧바로 죽으셨습니다.

마태복음 27장 50절
"예수께서 다시 크게 소리지르시고 영혼이 떠나시다"

야고보서 2장 26절
"영혼 없는 몸이 죽은 것 같이…"

죽음, 사망이란 영혼이 육체(몸)로부터 떠나는 것, 분리되는 것, 나가는 것을 말합니다. 영혼은 스스로 떠나가는 것이 아닙니다. 하나님의 부르심에 따른 떠남입니다. 그래서 기독교에서는 단순히 자동사로 '사망했다'고 하지 않고 타동사로 '소천을 받았다'라고 말합니다. 하나님께서 때가 되면 영혼을 주시기도 하시고 거두시기도 하십니다. 인간의 생사는 하나님의 주권에 달려 있습니다. 하나님이 사람과 만물의 주인이시기 때문입니다. 모든 처분은 주인이 하는 것입니다. 사람은 각자가 주인이 아닙니다. 사람은 스스로 죽은 것이 아닙니다. 영혼은 남녀노소를 불문하고 하나님께서 부르시면 육체에서 나와 중간상태인 낙원 아니면 음부로 들어 갑니다. 영혼이 떠나면 그 시점부터 몸이 차가워지면서 부패하기 시작합니다. 자녀들이 부모를 통해서 출생하지만 육체와 영혼과 출생과 사망 등은 부모가 아닌 하나님이 결정하십니다. 그래서 죽고 사는 생사문제는 인간의 손에 달려 있지 않고 하나님의 손에 달려 있다고 하는 것입니다. 사람은 육체를 죽일 수 있지만 영혼은 죽이지 못합니다. 육체와 영혼 모두를 죽일 수 있는 유일하신 분은 하나님뿐입니다.

욥기 27장 8절
"사곡(불경건)한 자가 이익을 얻었으나 하나님이 그 영혼을 취하실 때에는 무슨 소망이 있으랴"

마태복음 10장 28절
"몸은 죽여도 영혼은 능히 죽이지 못하는 자들을 두려워하지 말고 오직 몸과 영혼을 능히 지옥에 멸하시는 자(하나님)를 두려워하라"

누가복음 23장 46절
"예수께서 큰소리로 불러 가라사대 아버지여(성부 하나님) 내 영혼을 아버지 손에 부탁하나이다 하고 이 말씀을 하신 후 운명하시다"

창세기 2장 7절
"여호와 하나님이 흙으로 사람을 지으시고 생기(生氣, 영혼)를 그 코에

불어넣으시니 사람이 생령(生靈, 생명체)이 된지라"

사람은 육체(뼈+살)로만 되어 있지 않습니다. 육체와 눈에 보이지 않는 영혼으로 구성되어 있습니다. 하나님께서 육체를 흙으로 창조하신 것처럼 영혼도 창조하셨습니다. 영혼은 스스로 생기거나 사람이 발생시킨 것이 아니라 하나님이 수여하십니다. 정자와 난자가 수정되는 어느 시점에 하나님께서 생명을 주시는 신비한 방식으로 수여하신다고 할 수 있습니다. 왜냐하면 정자와 난자가 독립적으로 존재할 때는 사람이 아니지만 수정되는 순간 사람이고, 산 사람이란 영혼과 육체의 결합이어야 하기 때문입니다. 영혼은 오직 하나님께서만 좌지우지하십니다. 마치 토기장이가 토기들을 좌지우지하는 것처럼 말입니다. 이것을 하나님의 절대주권이라고 말합니다. 영혼은 물질이 아니기에 눈에 보이지 않습니다. 한번 태어난 영혼은 영원히 사라지지 않고 사후에도 영원히 천국 아니면 지옥에서 살게 됩니다. 이 또한 신비입니다. 세상에 존재하는 것들이 논리적으로 다 설명이 되지 않는 것처럼 영혼의 문제도 논리적으로 설명이 되지 않습니다. 그래도 존재합니다.

육체로부터 영혼이 떠나면 사람은 죽게 됩니다. 시체가 됩니다. 이것이 성경이 말하는 영혼에 대한 진리입니다. 이런 사실을 기독교인이 아닌 자들은 전혀 모릅니다. 모르고 살거나 엉뚱한 주장을 합니다. 성경을 통하지 않고서는 어느 곳, 어떤 책에서도 영혼의 근원과 그 이후의 모든 것을 말하지 않고 가르치지 않기 때문입니다. 설사 기독교인이라 할지라도 진리를 제대로 배우지 못한 신자는 잘 모르거나 정확히 모릅니다. 사람에게만 있는 영혼은 영원히 사라지지 않고 사후에라도 낙원이나 천국 혹은 음부나 지옥에서 영원히 삽니다. 이것이 영혼의 신비이자 비밀입니다. 무엇이든지 모르거나 안 믿어진다고 하여 없는 것이 아닙니다. 자기가 이해되고 믿어지는 것만 세상과 우주에 존재하는 것이 아닙니다. 이는 상식입니다. 자기 판단의 기준 여부에 사실관계를 맞추는 것은 큰 착각이자 오해입니다. 세상은 자기를 중심으로 돌아가거나 존재하지 않습니다. 자기가 알거나, 이해하거나, 믿을 수 있는 것만 존재하는 것이 아닙니다. 자기가 납득하지 못하고 믿지 못하는 것들도 무수히 많습니다. 그런즉 믿어지는 것이나, 믿어지지 않는 것이나, 이해가 되는 것이나, 이해가 되지 않는 것일지라도 겸허히 마음을 열고 들을 준비와 인정하는 자세를 취해야 합니다. 본인이 이해가 안 된다고, 자신이 안 믿어진다고 부정하지는 말아야 합니다. 지구상에 존재하는 각 사람은 누구든지 이 우주만물에 대하여 정확히 모르고 살다가 사망하게 됩니다. 부분적으로만 알고 살다가 죽습니다. 그것이 인간의 한계와 실력과 실상입니다. 그래서 누구든지 겸손해야 합니다.

제8장

왜 결혼을 하라고 합니까?

세상 종말 때까지 생육하고 번성해야 사망자와 출생자 비율이 맞아 이 지구가 온전히 돌아갈 수 있기 때문입니다. 또한 그래야 세상을 창조하신 하나님의 뜻이 이루어지기 때문입니다. 왜 자동차를 만들었습니까? 길로 굴러다니라고 만든 것입니다. 누구를 위해서 굴러다니게 만들었습니까? 사람의 유익과 필요를 위해서입니다. 남녀가 결혼을 해서 사랑을 나누어야 임신과 출산이 이루어집니다. 하나님께서 지구를 창조하시고, 남녀를 흙으로 창조하시고, 결혼제도를 만드신 것은 생육하고 번성하여 지구촌에 두루 퍼져 살면서 하나님께 영광을 돌리게 하기 위하여 결혼제도를 만드신 것입니다. 부부와 사람을 위하여 결혼제도를 만드신 것이 아니라 하나님의 창조의 뜻을 실현하기 위함입니다. 이것이 피조물인 사람과 부부의 본래 존재 목적입니다. 그래서 결혼이 가능한 사람은 모두 결혼해야 합니다. 그것이 창조자 하나님의 뜻입니다. 마치 군 입대가 가능한 사람들은 다 군대에 가야 하는 것과 같은 의무입니다. 그러나 지금은 해가 거듭될수록 결혼을 기피하는 자들이 더욱 많아지고 있습니다. 창조된 인간은 본래 하나님의 뜻보다 자기 뜻대로 살려는 본성이 있습니다. 2018년 통계청의 보고에 의하면 결혼(結婚)을 해야 한다고 생각하는 국민은 48%뿐이었습니다. 10대에서는 28.4%에 불과했습니다. 2019년 7월 1일 통계청이 발표한 '2019 통계로 보는 여성의 삶'에서 결혼을 하겠다는 여성의 비율은 43.5%로 나타났습니다. 남성은 52.8%였습니다.

가장 큰 이유가 취업과 주택 소유와 자녀 교육비입니다. 결혼을 하고 싶어도 취직이 되지 않고, 취직이 되었어도 신혼집을 살 여유가 없고, 결혼하여 자녀를 낳아도 사교육비가 많이 들어가기 때문에 결혼을 기피한다고 하였습니다. 그 외에도 결혼과 가정과 자녀와 인생에 대한 가치관의 변화와 이기적인 인생관과 부적절한 부모의 악영향 때문이라고 생각합니다. 더 근본적인 이유는 하나님의 말씀에 대한 불순종입니다. 하나님 중심적이 삶이 아닌 인간중심적인 삶을 추구하기 때문입니다. 젊은이들이 결혼을 기피하는 이유에는 나름 일리가 있습니다. 이런저런 이유를 떠나서 성경은 미혼 남녀들에게 결혼하라고 합니다. 이에 대한 직접적인 이유는 하나님의 창조 명령이기 때문입니다. 그렇다면 불신자들은 몰라도 하나님을 믿는 기독교인들은 특별한 사람이나 경우를 제외하고 일반적으로 결혼을 해야 합니다. 그것이 기본 신앙이고 하나님을 사랑하는 것입니다. 이는 마치 병역의무와 같습니다. 자기가 원하든 원치 않든 국가가 명령하면 따라야 합니다.

창세기 1장 28절

"하나님이 그들에게(아담과 하와) 복을 주시며 그들에게 이르시되 생육하고 번성하여 땅에 충만하라…"

창세기 2장 18절

"여호와 하나님이 가라사대 사람의 독처(獨處)하는 것이 좋지 못하니 내가 그를(아담) 위하여 돕는 배필(helper)을 지으리라 하시니라"

창세기 2장 24절

"이러므로 남자가 부모를 떠나 그 아내(여자)와 연합(united)하여 둘이 한 몸을 이룰찌로다"

성경은 말하기를, 우주만물은 스스로 탄생하거나 진화된 것이 아니라 스스로 자존하신 전지전능하신 여호와 하나님께서 창조하셨다고 합니다. 이것을 하나님에 의한 완전한 '창조론'이라고 합니다. 짐승들과 사람도 하나님께서 흙으로 창조하셨습니다. 이 말이 의미하는 바는 우주와 인간의 주인은 하나님이시라는 말입니다. 기독교 외에 어느 종교나 어느 책에서도 자신이 천지만물과 사람을 창조했으며, 만물의 주인이라고 말하지 못합니다. 오직 성경만 하나님께서 그리하셨다고 명백하게 말합니다. 하나님이 그렇게 하셨고, 성경은 진리이기 때문입니다. 모든 피조물들은 하나님께 종속된 자들입니다. 따라서 모든 피조물들은 일생 동안, 살아 있는 한 이유를 불문하고 주인이신 하나님의 명령에 순종해야 합니다.

그렇지 않으면 어명을 거역하는 반역이 되고, 불행하게 되고, 심판을 받아 멸망합니다. 창조와 존재와 부르심에 어긋납니다. 이는 마치 가축과 동물들이 주인의 말을 듣지 않으면 매를 맞거나, 팔리거나, 처분당하거나, 죽임을 당하는 것과 같습니다. 사람이 가축시장이나 마트 등에서 구입하는 모든 것은 구매하는 사람을 위하여 존재하는 것입니다. 이런 역할과 기능을 하지 못하는 동물, 자동차, 각종 도구들은 버림을 받게 됩니다. 창조자와 피조물, 주인과 종, 주인과 물건 등의 주종관계가 그런 것입니다. 이것이 피조물들의 한계와 현주소입니다. 인간이 시장에서나 마트에서 사온 모든 것, 집에서 만든 모든 것은 다 주인을 위해서 존재합니다. 주인이 시키는 대로 해야 합니다. 주인을 기쁘게 해야 합니다. 그것이 피조물들, 물건들과 가축들과 동물들 등의 존재 이유와 기본자세입니다.

사람이나 주인이 가축이나 동물들을 위해서 존재하는 것이 아니라 가축과 동물들이 사람을 위해서 존재합니다. 그래서 가축과 동물들은 이유를 불문하고 자기 주인에게 복종하고 충성합니다. 주인이 시키는 대로만 합니다. 그렇지 않으면 버림과 고통과 위기와 죽음뿐입니다. 피조물인 사람도 하나님과의 관계에서 마찬가지입니다. 사람을 창조하신 분이 하나님이시고 하나님은 인간의 주인이십니다. 하나님이 사람을 위하여 존재하는 것이 아니라, 사람이 하나님을 위해서 존재합니다. 인간은 하나님의 필요에 의해 창조되었습니다. 그런즉 언제 어디서나 항상 하나님의 명령에 순종하고 충성해야 합니다. 그것이 주인이신 하나님께 대하여 인간이 마땅히 취해야 할 자세입니다. 인간은 주인이신 하나님을 위하여 창조되었고 존재하는 자이며, 그러기에 먹든지 마시든지 무엇을 하든지 다 하나님의 영광을 위해서 살아야 합니다. 그것이 인간의 바른 인생과 본분입니다. 그런데 인간들이 교만하고 이기적으로 돌변하여 자기를 위하여 삽니다. 자기를 위해서 사는 인생은 버스를 잘못 타고 잘못된 목적지로 가는 사람과 같습니다.

골로새서 1장 16절

"만물(우주)이 그에게(하나님) 창조되되 하늘과 땅에서 보이는 것들과 보이지 않는 것들과 혹은 보좌들(권세들)이나 주관들(지위들)이나 정사들(주권들)이나 권세들(능력들)이나 만물이 다 그로(하나님) 말미암고 그를(하나님) 위하여 창조되었고"

고린도전서 10장 31절

"그런즉 너희가 먹든지 마시든지 무엇을 하든지 다 하나님의 영광을 위하여 하라"

기독교에서 결혼과 결혼제도는 하나님에 의해 만들어졌고, 하나님의 기준과 명령에 따라 행하는 것이고, 하나님을 위한 것이고, 하나님의 영광을 위한 것입니다. 결혼은 단순히 남녀가 만나서 자기들의 행복을 위해서 사는 정도가 아니라, 하나님의 창조계획을 실현하는 출발이자 시작일 뿐입니다. 하나님의 필요에 의해 행하는 것입니다. 부부의 행복과 쾌락은 그다음입니다. 이에 하나님께서는 특별한 사람을 제외하고 기본적으로 모두 결혼하라고 하십니다. 결혼을 해야 생육하고 번성하여 이 지구촌에 퍼지고 충만할 수 있기 때문입니다. 결혼을 하지 않으면 이런 하나님의 창조계획에서 벗어난 것입니다. 만물의 주인이신 하나님께 항명하는 것입니다. 이는 매우 위험천만한 행동입니다. 자기가 주인이 되어 자기를 위하여 살고 자기 영광과 꿈을 이루기 위해서 사는 자들은 주인의 뜻과 다르게 사는 자들입니다. 그런 자들은 불행할 수밖에 없고 마지막이 비참하게 됩니다. 군대에서 상관의 명령을 거역하면 어찌 되는지 우리는 잘 압니다. 과거 왕조시대에 임금의 어명을 어기면 죽음이었습니다. 회사에서나 가게에서나 주인의 지시와 명령을 거부하면 각오해야 합니다.

그런즉 신체적, 정신적, 경제적, 특별한 사명으로 결혼할 수 없는 자 외에는 모두 결혼해야 합니다. 특히 미혼 기독교인들은 자기 기준이 아닌 성경 기준에 따라 결혼해야 합니다. 하나님을 믿더라도 같은 신앙고백을 하는 자들끼리 해야 합니다. 기독교인이라도 신앙 색깔이 다양하여 갈등이 불가피합니다. 이기적인 생각과 세상 풍조에 따라 결혼을 기피하거나 비혼주의자로 사는 것은 성경적이지 않습니다. 독신주의는 위험한 생각입니다. 참된 기독교인이라고 부르기에 매우 부족합니다. 인간의 존재 이유를 망각한 것입니다. 인간은 주인의 뜻을 따라야 합니다. 그래야 행복하고, 살아가는 즐거움이 있고, 존재의 이유와 가치를 알게 됩니다. 나중에 후회하지 않습니다. 참 신자는 아주 예외적인 경우를 제외하고 결혼합니다. 인간은 자신들의 정체성(Identity)을 바로 알아야 합니다. 존재 이유에 대하여 주제파악을 잘하고 살아야 합니다.

사람은 누구나 하나님에 의해, 하나님의 필요에 의해 흙으로 창조함을 받은 피조물인 것을 명심하고 살아야 합니다. 인생의 주인과 주인공은 누구든지 자기가 아닙니다. 사람이 아닙니다. 오직 사람을 창조하신 하나님이십니다. 주인의 뜻대로 사는 가축과 사람만이 행복하고 안전합니다. 가축이나 자동차들이 주인의 뜻과 무관하게 자기중심적으로 살아간다면 말이 되지 않습니다. 행복하거나 안전하지 못할 것입니다. 어느 주인이든지 이내 곧 처분할 것입니다. 그런즉 사람이나, 가축이나, 자동차나, 가전제품이나, 자기 신분과 정체성과 위치를 잘 알고 살아가야 합니다. 자기 분수와 주제를 모르고 살면 불행하게 됩니다.

제9장

왜 자녀를 출산하라고 합니까?

하나님께서 자녀를 출산(出産)하라고 명령하신 이유는 생육하고 번성하여 하나님께서 창조하신 지구촌에 충만하게 살면서 하나님의 뜻 실현과 영광을 위한 것이었습니다. 이러한 것은 사람뿐만 아니라 모든 동물과 식물과 과실수와 생물에도 동일하게 적용되는 원리입니다. 이런 모습은 세상 종말 때까지 지속되고 반복될 것입니다. 하나님께서 창조 시에 그렇게 되도록 하셨기 때문입니다. 그런데 유독 사람만이 불순종합니다. 출산을 거부합니다. 일반은총의 시각으로 보면 국가를 위한 것이고 각 사람을 위한 것이기도 합니다. 세상 종말까지는 세상이 정상적으로 운행되어야 합니다. 밤과 낮, 봄, 여름, 가을, 겨울, 출산과 사망이 반복되어야 합니다. 이러한 계절 사슬, 출산과 사망 사슬이 균형 있게 반복적으로 이어져야 이 세상이 비교적 정상적이고 안정되게 돌아갑니다. 마치 강물이 반복해서 줄기차게 흘러야 강이 사는 것과 같습니다. 그렇지 않으면 정상적인 출산 사슬이 단절되어 심각한 문제들이 발생합니다. 현재 우리나라의 합계 출산율은 0.98명 이하입니다.

OECD(경제개발협력기구) 국가에서도 꼴찌입니다. 그만큼 가임 여성들이 출산을 기피하고 있습니다. 물론 여러 가지 그럴만한 이유가 있습니다. 하지만 이대로 가면 우리나라는 국가적으로나, 경제적으로나, 개인과 가정적으로 심각한 위기에 봉착하게 됩니다. 출산 문제는 단순히 어느 한 개인의 권리와 사정 문제가 아닙니다. 사회와 국가와 가정의 존립문제이고, 세상 종말까지의 하나님 뜻 실현에 대한 저항이기도 합니다. 인류를 향한 구속의 역사를 이루는 문제이기도 합니다. 그러므로 특별한 경우나 사정에 처한 자를 제외하고 모든 자들은 결혼해서 아이를 낳아야 합니다. 특히 기독교인들은 이기심과 세상 경향과 유행과 문화에 따라 살지 말고 어떤 경우와 형편에도 오직 하나님의 말씀에 따라 살아가야 합니다.

창세기 1장 28절
"하나님이 그들에게(아담과 하와) 복을 주시며 그들에게 이르시되 생육(生育)하고 번성하여 땅에 충분하라…"

디모데전서 5장 14절
"그러므로 젊은이는 시집가서 아이를 낳고 집을 다스리고 대적에게 훼방할 기회를 조금도 주지 말기를 원하노라"

때가 되면 농부가 논과 밭에 파종을 하듯이 결혼의 적령기에 이른 정상적인 사람은 누구나 결혼하여 출산을 해야 합니다. 만일 농부들이 파종할 시기가 되었는데도 이런저런 이유를 말하면서 파종을 하지 않는다면 당장은 큰 문제가 없겠지만 향후 개인적으로나 국가적으로 심각한 식량문제와 생존문제에 봉착하게 됩니다. 많은 사람들이 고통을 받고 굶어 죽게 될 것입니다. 그래서 모든 농부들은 해마다 파종 시기가 되면 힘들어도 농사를 짓습니다. 자신과 자기 가족과 국가를 위한 것입니다. 이렇듯 자녀를 출산하는 문제도 비슷합니다. 여러 가지 이유로 출산을 기피하고 중단해 버리면 신앙적인 측면을 떠나서 가정과 가족의 맥이 끊어지고, 노부부를 경제적으로나 정서적으로 부양할 자녀들이 없어 노년에 부부들은 외롭고 쓸쓸하게 지내다가 죽어야 합니다.

또한 사회적으로는 각종 일자리와 소득이 대폭 감소하여 수많은 사람들의 생존이 위태롭게 됩니다. 자녀를 출산하지 않으면 수많은 유치원, 어린이집, 초등학교, 지역아동센터, 중·고등학교, 대학교가 문을 닫아야 합니다. 이런 기관에 종사하던 수만은 사람들과 교사들이 직장을 잃게 됩니다. 그러면 생계 위협에 빠지게 됩니다. 그뿐만이 아닙니다. 산업인력이 대폭 감소하거나 사라져 국력은 쇠퇴하는 정도가 아니라 무너집니다. 국가방위도 위기에 처합니다. 군대에 갈 젊은이들이 없기 때문입니다. 국가연금도 고갈 납니다. 연금을 받을 사람은 많은데 산업인력은 적어 연금이 고갈됩니다. 사회의 모든 분야에 치명적인 먹구름이 낍니다. 개인과 가정과 사회와 국가가 매우 심각한 위기상황에 처하게 됩니다. 개인과 국가 존립에 심각한 영향을 미칩니다. 교회들도 텅텅 비게 될 것입니다. 상상만 해도 끔찍합니다. 너도나도 합리적인 이유로 자녀를 출산하지 않으면 머지않아 우린 공멸합니다.

그래서 출산 기피, 출산 감소, 출산 절벽은 우리 각 사람의 위기이자 국가 위기입니다. IMF 때와는 비교가 되지 않는 재앙입니다. 무엇이든지 기본만 지키면 큰 문제가 없듯이 가임 여성들이 1명 이상만 출산해도 이런 위기는 벗어날 수 있습니다. 우리 각 사람도 부모가 낳지 않았으면 이 세상에 존재하지 못했을 것입니다. 그런 것도 생각해야 합니다. 그런즉 출산에 대하여 이기적으로 생각지 말아야 합니다. '나 하나쯤이야!'라는 안일한 생각은 접어야 합니다. 출산을 기피하는 사람들의 말을 들어보면 나름 일리가 있습니다. 하지만 여러 이유들이 반드시 타당한 것만은 아닙니다. 가장 큰 문제가 돈입니다. 취업입니다. 사교육비 문제입니다. 주택입니다. 이러한 부분은 각자 하기 나름입니다. 솔직히 말하면 과거에 비하면 지금이 훨씬 잘삽니다. 그런데도 죽겠다고 난리입니다. 이유는 과소비, 과잉지출을 하고 좋은 곳에서만 살아야 한다는 생각이 있기 때문입니다. 반드시 절대적인 것이 아닌데도 과하게 지출을 합니다. 하고 싶은 대로 다 하면서 돈이 없어 힘들다고 말합니다. 대표적인 것이 사교육비 지출입니다. 사교육비를 과하게 지출하지 않고도 얼마든지 교육이 가능합니다. 다양한 보완 루트가 있습니다. 그럼에도 불구하고 자기 자녀에 대한 지나친 기대와 상대적 경쟁 우위와 미래의 기득권 유지 차원에서 무리하게 사교육에 투자합니다. 모든 것을 돈으로만 해결하려고 하니 늘 부족한 것입니다. 사실 그렇게 사교육비를 지출하지 않아도 큰 문제가 없습니다. 결혼과 자녀 출산이 겁나는 것입니다. 그러니 아무리 벌어도 부족한 것입니다. 맞벌이를 해야 합니다.

지금은 너무 개인주의, 경쟁주의, 이기주의, 만족을 모르는 인생으로 가다 보니 이렇게 된 것입니다. 깊이 들여다보면 반드시 경제의 문제가 아닙니다. 이에 대한 근거가 조사를 통해서 통계로 나왔습니다. 20대 청년들을 조사하니 결혼하겠다는 비율이 28% 정도밖에 되지 않습니다. 앞으로 10명 중에 2~3명만 결혼을 하겠다고 합니다. 왜 결혼을 해야 하느냐고 반문합니다. 결혼을 하게 되면 이것저것에 얽매여 자기 인생을 살지 못하는데 왜 결혼을 해야 하느냐고 묻습니다. 과거에는 상상도 할 수 없었던 주장입니다. 취직 전후, 결혼 전임에도 이런 생각들을 갖고 있습니다. 개인 행복주의, 개인 편리주의가 팽배합니다.

그러므로 기독교인들만이라도 하나님의 창조명령에 따라 순종하되 적령기에 결혼하여 자녀를 복수 이상으로 출산해야 합니다. 그렇게 하면 힘든 부분도 있지만 그에 못지않게 큰 유익도 있습니다. 기독교인 청년들과 기혼자들은 이런저런 이유와 핑계를 뛰어넘어 자신과 이웃과 사회와 국가와 하나님의 영광을 위해서 적어도 2명 이상은 출산해야 합니다. 하나님의 말씀대로 순종하면 결과가 좋게 나타납니다. 그러나 사람의 생각대로 하면 처음엔 좋을지 모르지만 나중에 반드시 후회합니다. 진실로 하나님을 사랑하지 않으면 하나님의 계명대로 순종하지 않아 결혼도 출산도 기피합니다. 기독교인들에게는 현실의 문제가 아니라 신앙의 문제입니다. 하나님 말씀대로 순종하면 기막히게 살아가고 해결됩니다. 하나님께서 약속을 하셨기에 하나님께서 알게 모르게 도우십니다.

믿음의 사람들은 그런 경험을 수도 없이 체험합니다. 자녀를 낳고 키우면 고생만 하는 것이 아닙니다. 덤으로 행복하고 기쁨을 맛봅니다. 사람이 성숙해집니다. 어른스러워집니다. 자녀를 낳아 키워 본 사람들은 다 알 것입니다. 자녀로 인한 현재와 미래의 기쁨, 행복, 유익한 것이 한 둘이 아닙니다. 인생을 따양한 각도에서 멀리 보아야 합니다. 이것이 기독교인의 마땅한 자세이자 하나님의 명령에 대한 순종과 사랑과 신앙입니다. 하나님을 진실로 사랑하지 않는 자들은 결혼을 할 수 있음에도 기피하고, 출산을 할 수 있음에도 금합니다. 하나님의 계획이나 기준이 아닌 자기 계획과 기준대로 살아갑니다. 세상을 하나님 중심이 아닌 자기 중심으로 살아갑니다. 하나님께서는 하나님의 깊으신 뜻 실현과 우리들의 행복과 생존을 위해서 자녀를 출산하라고 하는 것입니다. 외로움과 노후를 대비해서도 자녀들은 복수 이상으로 절실합니다. 아직 세상을 짧게 살고 있는 젊은이들은 지금 당장만 생각하기에 결혼과 출산을 기피합니다. 나이가 들면 생각이 달라집니다.

인생은 편리함이나 쾌락이나 나 홀로 사는 것으로는 만족과 행복이 다가오지 않습니다. 사람이란 가족과 가정이 있어야 안정되고, 행복하고, 외롭지 않습니다. 아무리 돈이 많고 좋은 집에서 살고 자기가 하고 싶은 것을 자유롭게 마음껏 누리고 살아도 혼자 살면 언젠가는 쓸쓸하게 병들고 죽게 될 것입니다. 유럽과 선진국에서 고독사가 많음도 깊이 생각해야 합니다. 각종 질병이나 애경사를 겪으면서 가족, 자녀가 없음에 후회합니다. 외롭고 자녀들과 가족이 그리울 때와 필요할 때가 반드시 찾아옵니다. 인생은 돈과 쾌락과 엔조이와 편리함이 전부가 아닙니다. 축구선수가 전반전만 바라보고 경기를 한다면 반드시 후회합니다. 인생은 멀리 바라보아야 합니다.

제10장

왜 재혼을 자기 마음대로 하면
안 된다고 합니까?

재혼이 허용되는 경우와 재혼이 허용되지 않는 경우에 대한 성경의 기준과 원칙이 있기 때문입니다. 이는 모든 영역과 부문에서의 기본 상식입니다. 단적인 예로, 자동차 도로에서 자동차가 가야 할 때가 있고 정지해야 할 때가 있습니다. 운전자가 자기 마음대로 운전하지 못합니다. 그것이 모두를 위한 법과 질서입니다. 성경은 자기 마음대로 재혼(再婚)을 하지 못하게 합니다. 재혼을 할 수 있는 자와 재혼을 할 수 없는 자가 명확히 있다고 말합니다. 성경은 배우자가 사망한 경우(사별), 배우자가 간음행위로 이혼한 경우(불륜에 따른 이혼), 비기독교인(불신자) 배우자가 신앙포기 강요로 갈라선 경우를 제외하고 재혼하는 것을 금합니다. 물론 세상 법에는 이혼에 대한 기준은 있지만 재혼에 대한 기준은 없습니다. 그러다 보니 재혼이 무질서한 상태입니다. 자기들 마음대로 합니다. 성경에서만 결혼, 이혼, 재혼에 대한 분명한 기준을 제시합니다. 성경은 무조건 재혼을 금하는 것이 아니라 재혼의 원칙과 기준에 따라서 재혼의

105

가부를 정합니다. 이것이 성경의 재혼 원칙과 기준과 질서입니다. 그 외에는 모두 반칙이고 무질서입니다. 각 사람이 재혼 여부를 결정하는 것이 아닙니다. 적어도 기독교인들에 대한 재혼 여부는 성경이 결정합니다. 이러한 원리와 원칙과 기준은 상식입니다. 무엇이든지 자기 마음대로 할 수 있는 것이 있고, 자기 마음대로 할 수 없는 것이 있습니다.

예를 들어 비행기는 모든 사람이 이용할 수 있지만 아무나 탑승하지 못합니다. 여권과 돈만 있으면 자기 마음대로 탑승할 수 있는 것이 아닙니다. 테러범들이나, 흉기를 소지한 사람이나, 해외 출국이 금지된 사람이나, 여러 가지 부적절한 일로 공항에서 블랙리스트에 오른 사람 등은 여권과 돈이 있고 자유의지가 있어도 비행기를 탑승하지 못합니다. 또 국·내외를 막론하고 프로축구장은 모든 사람들은 입장권만 있으면 누구나 입장할 수 있습니다. 그러나 아무나 입장하지 못합니다. 축구장에서 난동을 부린 사람, 테러범, 인종차별을 응원한 사람 등은 블랙리스트에 올라 입장을 불허합니다. 어느 곳이나 나름 허용과 불허에 대한 기준이 있습니다. 이런 것에 대하여 무시하는 자는 대화 자체가 불가능한 자입니다. 상식이 통하지 않는 사람입니다. 이런 사람은 사회생활이 불가능합니다. 이처럼 재혼도 가능한 경우와 불가능한 경우가 있습니다. 자기 마음대로 할 수는 있지만 그렇게 하지 못하는 것이 재혼입니다. 그러나 기독교인이 아닌 사람들은 이러한 기준이나 원칙과 상관없이 자기들 하고 싶은 대로 이혼도 하고 재혼도 마음대로 합니다. 성경은 하나님이 정하신 재혼질서와 기준을 어기고 재혼하는 누구든지 간음으로 간주합니다. 합당한 기준과 원칙을 무시하고 재혼을 하는 자들은 신자나 불신자를 막론하고 반드시 후유증과 부작용으로 불행하게 됩니다. 그것이 반칙에 대한 형벌입니다.

마태복음 19장 9절
"내가 너희에게 말하노니 누구든지 음행(간음, 간통, 불륜)한 연고 외에 아내를 내어 버리고 다른 데 장가드는 자는 간음함이니라"(남녀 모두 동일함)

고린도전서 7장 39절
"아내가 그 남편이 살 동안에 매여 있다가 남편이 죽으면 자유하여 자기 뜻대로 시집갈 것이나 주 안에서만 할 것이니라"(같은 신앙고백을 하는 자들끼리 재혼)

이 성경 말씀이 재혼에 대한 기준입니다. 오늘날 재혼은 무질서 그 자체입니다. 혼자된 자들, 이혼한 자들은 상대가 어떤 자이든지 불문하고 좋아하고, 외롭고, 필요하고, 사랑하면 재혼해 버립니다. 그러나 성경은 무질서를 금합니다. 진리 안에서 재혼해야 합니다. 내 기준이나 세상의 기준이 아닌 하나님이 원하시는 방식과 기준대로 해야 합니다. 배우자와 사별한 자, 불신자 남편이나 아내가 하나님을 신앙하는 것으로 이혼당한 자(고의적으로 유기한 당한 자), 배우자가 불륜으로 인하여 이혼한 자를 제외하고는 재혼 대상이 아니라고 말합니다. 그러니까 성격 차이로 이혼한 자, 폭력 때문에 이혼한 자, 경제적인 문제로 이혼한 자, 양가 부모님 때문에 이혼한 자, 기타 등으로 이혼한 자들은 안타깝고 이해는 하지만 사실상 재혼 대상이 아닙니다. 그냥 평생 혼자 살아야 간음이 아닙니다. 여기에 걸리는 자들이 비일비재할 것입니다. 성경은 이런 자들과 재혼을 금합니다. 거듭 말하지만 기독교인으로서 재혼을 할 수 있는 대상은 미혼자, 배우자와 사별한 자, 배우자가 불륜으로 이혼한 자, 기독교 신앙 추종 문제로 이혼을 당한 자뿐입니다. 혹 자신이 이 네 가지 이유에 해당하지 않는 기독교인은 평생 혼자 살거나 전 배우자와 다시 재결합해야 합니다. 그러니 이혼하지 말아야 합니다. 결혼과 이혼을 아주 많이 생각하고 신중하게 해야 합니다. 젊다고, 마음이 설렌다고, 외롭다고, 혼자 살기 힘들다고, 경제적으로 어렵다고, 사랑한다고 인간적으로나 현실적인 이유나 감정을 들어 재혼할 수 없습니다. 그것은 주관적인 이유이지 객관적인 이유가 되지 못합니다.

재혼은 자기감정과 형편과 처지대로 하는 것이 아닙니다. 재혼을 합리화할 수 없습니다. 이것이 재혼에 대한 성경의 질서이자 규칙이자 기준입니다. 이를 무시하고도 재혼할 수 있지만 그러면 불행하게 됩니다. 불법과 반칙, 무질서한 삶은 언젠가는 반드시 그 대가를 치르게 됩니다. 무엇이든지 정도와 기준에서 벗어나면 반드시 부작용과 후유증이 따릅니다. 반칙에 대한 끔찍하고 고통스러운 형벌은 여러 모양으로 반드시 받게 됩니다. 마치 하나님이 금하신 선악과(善惡果)를 인간이 따 먹은 이후에 나타난 불행한 결과와 영향력처럼 말입니다. 인간이 반드시 죽게 되고, 온갖 재난을 당하고, 다양한 전염병에 시달리고, 다 헤아릴 수 없는 사람들의 불행들, 온갖 질병 등에 걸려 병마와 싸우다 죽는 이유는 하나님의 말씀에 불순종한 결과로, 자기 마음대로 행동한 결과로 주어진 저주와 형벌 때문입니다.

　이러한 원리는 지금도 유효합니다. 모든 영역에 적용됩니다. 운전자들은 교통법규를 무시하고 자기 마음과 기분대로 마음껏 운전할 수 있습니다. 얼마든지 반칙할 수 있습니다. 하지만 자동차가 과속하고 교통법규를 어기면 언젠가는 불행한 사고를 당합니다. 반드시 그 대가를 치르는 날을 만나게 될 것입니다. 참 그리스도인은 자기 뜻과 기준과 욕심에 따라 살지 않고 성경사상을 따릅니다. 자기 마음대로, 세상 경향대로 살지 않습니다. 자기 마음대로 사는 기독교인이 있다면 그 사람은 참 기독교인이 아닙니다. 자기 자신을 신(神)으로 믿고 사는 자일 뿐입니다. 모든 운동경기에 질서가 있듯이 재혼도 질서가 있습니다. 불신자들도 하나님을 믿지 않더라도 성경 말씀대로 지키고 살면 사는 날 동안은 안전합니다. 그래서 재혼도 자기 마음대로 하면 안 된다고 하는 것입니다. 이렇게 말하면 '그런 게 어디 있어!'라고 하는 자도 있을 것입니다. '자기가 하고 싶은 대로 하면 되지!'라고 주장하는 자들은 진정한 기독교인이 아닙니다. 기본 상식과 의식이 없는 자입니다. 기독교인이란 자기 마음대로 사는 자가 아니라 그리스도의 계명들대로 사는 자란 뜻입니다. 혹 자기 마음대로 사는 기독교인이 있다면 기독교인이 무슨 뜻인지도 모르고 사는 자입니다. 바른 의식과 신앙과 상식이 부족한 자입니다. 사회의 기본 질서와 기준과 상식을 무시하고 사는 자는 반드시 그 대가를 받습니다. 언젠가는 반드시 대가를 치르게 될 것입니다. 아무 때나 자유나 만용을 부리지 말아야 합니다.

제11장

왜 낙태를 하지 말라고 합니까?

낙태는 잔인무도한 친자태아살인이고 태아나 자식이나 타인은 자기 소유물이 아니기 때문입니다. 각자 형편과 처지와 불리한 상황과 마음에 따라 좌지우지하지 못합니다. 생사여탈권은 오직 사람을 창조하시고 만물의 주인이신 하나님의 절대 주권입니다. 사람의 영역이나 주권이 아닙니다. 무엇이든지 최종결정권은 주인이 가집니다. 예나 지금이나 낙태는 전 세계적인 현상으로 엄청나게 합니다. 기독교(천주교+개신교)는 낙태(落胎, 인위적으로 태아를 모체로부터 죽여서 떼어냄)를 금합니다. 기독교 진리 책인 성경이 낙태는 친자태아살인(親子胎兒殺人)이라고 하기 때문입니다. 헌법재판소가 2019년 4월 11일 형법상 낙태죄 조항에 대해 헌법불합치 결정을 내렸습니다. 낙태죄(落胎罪)를 규정한 이후 66년 만에 낙태죄에 대해 사망 선고를 한 것입니다. 2021년 1월 1일부터는 낙태를 해도 법적 처벌을 받지 않게 됩니다. 헌재의 결정에 따라 국회는 2020년 12월 31일까지 법을 개정해야 합니다. 헌재는 임신 22주까지 낙태 허용 기준까지 예시했습니다. 헌재의 이러한 결정에 대해 일부 여성들은 환영했지만 종교계에서는 유감을 표명했습니다. 낙태를 환영하는 여성들은 낙태에 대해서 정확히 알지 못하기 때문인 것으로 판단됩니다.

무엇이든지 바로 알면 쉽게 지지하지 못합니다. 정확히 모르기 때문에 지지하고 좋아하고 편을 드는 것입니다. 헌재의 이러한 결정에 부응하듯 정의당은 낙태죄 폐지법 개정안을 발의했습니다. 개정안의 핵심 골자는 여성과 의료진에 대한 처벌 형법 조항을 삭제했고, 임신 14~22주엔 낙태 허용 사유에 대해 확대했습니다. 참으로 살인적인 발의안입니다. 아마 여러 개정안이 발의될 것으로 예상합니다. 기독교 입장에서 보면 헌재의 낙태죄 헌법불합치 결정은 매우 안타깝고 큰 염려가 되지 않을 수 없습니다. 왜냐하면 낙태죄 처벌 조항이 살아 있을 때도 암암리에 많은 낙태를 자행하였는데, 이젠 대놓고 낙태를 할 수 있게 되어 수많은 생명들이 죽임을 당할 수 있기 때문입니다. 이는 마치 간통죄가 폐지되자 기혼자들이 누구의 눈치도 보지 않고 당당하게 간통하는 것과 같습니다. 마음과 눈으로 눈치를 보지 않습니다.

성경에 따르면 신체적으로 완성된 생명만 인간이 아니라 정자와 난자가 수정되어 자궁에 착상되는 순간부터 사람(생명, 인간)입니다. 난자와 정자는 각각 사람 혹은 생명이 아닌 생명체이지만 이 둘이 결합되는 순간 사람입니다. 그래서 '임신이 몇 주까지'나 혹은 '22주 이전까지는 사람이 아니니 낙태를 해도 좋다'는 헌법재판소나, 정치인이나, 일부 의사들이나, 일부 학부모들이나, 일부 여성들의 논리와 주장은 상식과 성경사상에 반하는 잘못된 것입니다. 이런 차원에서 임신이 어떻게 되었든지 낙태는 '친자태아살인'이라고 합니다. 우리가 잘 아는 것처럼 생명은 거래 수단도, 교환 수단도, 사람이 필요와 불필요에 따라 이기적으로 선택하는 수단도, 여성의 자기결정권수단이나, 인권수단도 아닙니다. 자기 형편과 처지에 따라 마음대로 할 수 있는 것이 아닙니다. 생명, 인간, 사람이기 때문입니다. 임신이 어떻게 되었느냐에 따라서, 원하는 임신 여부에 따라서 이렇게 저렇게 할 수 없습니다.

어떤 식으로 임신이 되었어도 생명은 생명이고 사람은 사람입니다. 사람은 어떤 상황과 조건 여부에 따라 죽이기도 하고 살리기도 할 수 있는 과실수 열매나 물건이 아닙니다. 쉽게 휴지통에 버려지는 쓰레기가 아닙니다. 생명, 사람, 인간은 형편과 처지에 따라, 조건에 따라 마음대로 죽일 수 있는 대상이 아닙니다. 한 생명이 천하보다 귀하고 생명보다 우선하는 그 어떤 권리나 인권이나 명분이나 상태 등은 세상에 없습니다. 기본적으로 생명에 대해 생사여탈권의 권세를 가지신 분은 만물의 주인이자 오직 흙으로 사람을 창조하신 하나님뿐입니다. 생명은 어떤 과정과 방법에 따라 임신이 되었든지 세상 법과 임신모와 관계자들의 마음과 필요에 따라 마음대로 낙태하는 것은 성경이 금한 살인죄입니다. 성경은 기본적으로 낙태는 '친자태아살인'이기에 낙태를 금합니다. 살인자는 누구든지 반드시 그 대가를 받게 됩니다.

출애굽기 20장 13절
"살인(殺人)하지 말찌니라"

로마서 13장 9절

"간음하지 말라, 살인하지 말라, 도적질하지 말라, 탐내지 말라 한 것과 그 외에 다른 계명이 있을찌라도 네 이웃을 네 자신과 같이 사랑하라 하신 그 말씀 가운데 다 들었느니라"

요한계시록 21장 8절

"그러나 두려워하는 자들과 믿지 아니하는 자들과 흉악한 자들과 살인자들과 행음자들과 술객들과 우상숭배자들과 모든 거짓말하는 자들은 불과 유황으로 타는 못(지옥)에 참예하리니 이것이 둘째 사망(지옥에서의 영원한 삶)이라"

따라서 성경에 비추어 보면 헌재의 결정은 성경에 반하는 잘못된 '살인면허'를 허용하는 '국가살인결정'이라고 할 수 있습니다. 헌재의 낙태지지 결정에 참여한 자들도 향후 하나님의 심판을 피하지 못할 것입니다. 그런즉 기독교인들은 헌재의 결정을 따라서는 안 됩니다. 적극적으로 저항해야 합니다. 기독교인들의 모든 판단과 행위의 최종 권위와 근거와 기준은 헌재나 대법원이 아니라 오직 성경입니다. 성경에 반하지 않을 때만 헌재와 대법원 판결을 존중해야 합니다. 기독교인들은 원하는 임신이든 원치 않은 임신이든지 조건을 따지지 말고 출산해야 합니다. 그리고 불행한 임신이 되지 않도록 사전에 몸가짐을 잘해야 합니다. 알 사람들은 다 아는 사실이지만 현재 상당수 사람들은 자유롭게 성교를 행하고 삽니다. 프리섹스 시대가 되었습니다. 통계에 따르면 일부 그리스도인들도 예외는 아닙니다.

이로 인한 원치 않은 임신으로 낙태 살인이 자행되고 있습니다. 그 수가 해마다 수십만 명 이상입니다. 전 세계적으로는 5천만 명 이상이라고 합니다. 인간이 얼마나 잔인무도한지 모릅니다. 지구상에서 가장 위험하고 잔인한 자들은 부패하고 타락한 사람들입니다. 사자나 호랑이가 아닙니다. 기독교인들과 교회들은 이러한 현실과 실제상황을 바로 직시하고 자녀들과 성도들에게 피임과 바른 성교와 낙태에 대해서 잘 가르쳐야 더 큰 불행을 예방할 수 있습니다. 이젠 쉬쉬할 때는 지났습니다. 너무나 무질서하고 반칙이 난무한 시대가 되어 버렸기 때문입니다. 이젠 누구도 통제 불능인 시대입니다. 순결을 주장하면 조롱과 무시를 당하는 시대입니다. 교회와 가정에서 적극적으로 더 큰 불행을 막기 위해서 순결과 피임과 성교에 대한 예방 교육, 설교, 지도가 절실한 때입니다. 그렇지 않으면 계속해서 불행한 사태가 일어날 것입니다. 성경은 사람이 무엇으로 심든지 뿌린 대로 거둔다고 합니다. 낙태를 한 자들은 용서는 받을 수 있지만 하나님의 심판과 형벌은 피하지 못할 것입니다. 일생 동안 다양한 벌과 고통이 임하게 될 것입니다.

낙태한 자들은 진실로 회개하고 다시는 낙태하지 말아야 합니다. 어떤 식으로 임신이 되었든지 낙태하지 말아야 합니다. 어떤 동기로든지 임신이 되는 순간 사람은 누구든지 선택의 여지가 없습니다. 오직 출산뿐입니다. 사람의 생명보다 더 우선하는 것과 논리와 명분과 사정은 세상에 아무것도 없고 생사를 좌지우지하시는 분은 산모나 의사가 아니라 오직 하나님뿐입니다. 무슨 일이 있어도 살인인 낙태는 하지 말아야 합니다. 그런즉 부부 안에서만 성교를 해야 합니다. 좋아한다고, 사랑한다고, 성인이라고, 성적자기결정권이 있다고, 결혼할 상대라고, 마음이 끌린다고, 배우자가 아닌 이성이나 동성과 섹스하면 간음이자 불행한 임신이 됩니다. 부부와 부모들도 순결을 지켜야 하지만 자녀들에게도 순결한 삶, 바른 섹스를 잘 가르쳐야 합니다. 일생 동안 자기 몸가짐을 잘해야 합니다. 특히 미혼자들은 결혼 전까지 자기관리를 잘해야 합니다. 미혼모들이 많은데 이는 자기관리 실패입니다. 억울한 자들도 있겠지만 피차 책임에서 벗어날 수 없습니다. 오직 합법적으로 결혼한 배우자하고만 섹스를 해야 합니다. 그 외에는 어떤 경우든지 목숨을 걸고 순결을 지켜야 합니다. 좋아하는 이성과 섹스하고 싶거든, 참을 수 없거든 속히 결혼해야 합니다.

결혼하지 않았다면 아무리 성적 충동이 강렬해도, 이성 친구가 아무리 섹스를 원해도, 아무리 강력한 유혹이 있더라도 참고 저항해야 합니다. 법적으로 부부가 아니고 간음이기 때문입니다. 그러니 자신의 성적 욕구와 배우자 될 자의 섹스 요청을 이겨 내야 합니다. 참아서 될 상황이 아니면 속히 자리를 피해야 합니다. 아니면 자위행위(수음행위, 마스터베이션)를 통해서 성적 욕구를 해소해야 합니다. 위법한 섹스는 간음이자 불행의 씨앗이 됩니다. 생각지 못했던 여러 불행한 일이 발생합니다. 낙태는 임신모와 태아 둘 모두가 죽음의 위기에 처하여 둘 중 하나만을 선택해야 할 극히 예외적인 입장에서만 종합적으로 고민하고 판단해서 결정하는 것 외에는 하지 말아야 합니다. 그리고 혹 독자들 중에 낙태를 한 자가 있다면 즉시 생명의 주인이신 하나님께 회개하고 죄책에서 자유하기 바랍니다. 진심으로 하나님께 회개를 하면 낙태죄에 대하여 용서함은 받지만 그에 따른 형벌(고통)은 피하지 못합니다. 하나님께 회개하지 않으면 평생 자유하지 못하고 죄책 가운데 자학하며 살게 됩니다. 영원한 고통의 장소인 지옥 불에 던져지게 될 것입니다.

그래서 죄는 어떤 것이든지 무서운 것입니다. 반드시 고통이 따릅니다. 그런즉 모든 죄는 멀리해야 합니다. 마음과 감정이 끌리는 대로, 자기 성질대로 함부로 살아서는 안 됩니다. 특히 낙태는 친자태아살인 행위이기에 더욱 금해야 합니다. 자기 자식을 죽인 자, 남의 자식을 죽이는 데 조력한 병원이나 의사들도 동일한 살인범입니다. 공범입니다. 회개하고 용서함은 받되 죄에 대한 벌은 달게 받아야 합니다. 용서를 받는다고 하여 그에 따른 책임까지 면제되는 것은 아닙니다. 아마 낙태를 한 자들, 회개한 자들일지라도 괴로울 것입니다. 행복하지 못할 것입니다. 평생 동안 잊지 못할 것입니다. 상당수가 우울할 것입니다. 남몰래 울고 살 것입니다. 태아에게 평생 미안함으로 살 것입니다. 아마 평생 동안 순전한 행복은 누리지 못할 수도 있습니다. 그것이 낙태죄에 대한 무서운 형벌이자 죄책입니다. 사람은 무엇이든지 현재나 미래나 뿌린 대로 거두고 삽니다. 그래서 함부로 죄악을 범하지 말아야 합니다. 모든 행위의 결과를 생각하며 두렵고 반듯하게 살아야 하는 것입니다.

제12장

악인들은 왜 잘 먹고 잘삽니까?

법이 제대로 작동하지 못하거나 하나님께서 세상 종말 때까지 오래 참으시고 회개할 기회와 형벌의 때를 기다리시기 때문입니다. 우리 사회나 주변에는 실제로 악한 짓을 하여 많은 돈을 벌고 권세를 잡은 자들이 잘 먹고 잘사는 경우가 허다합니다. 이런 모습에 정의로운 사람들은 피가 거꾸로 솟습니다. 빌어먹을 세상이라고 개탄합니다. 자신만 준법을 하며 사는 것에 대하여 회의감이 듭니다. 이러한 생각은 상당수 사람들이 갖고 있는 의문입니다. 저도 한때 이런 의문과 불만을 가졌습니다. 그러나 이제는 성경을 통해서 그 의문이 모두 풀렸습니다. 그래서 과거처럼 그렇게 분노하지 않습니다. 세상은 어느 정부가 들어서도 종말 때까지 불공정할 것이고 사후에 공의로운 심판이 있다는 것을 바로 알았기 때문입니다. 어느 권력자나 어느 정부에게 기대를 하며 사는 것은 희망 고문일 뿐입니다. 근본적으로 달라지지 않습니다. 이는 독자들이 더 잘 압니다. 이 세상은 불로소득과 투기와 권모술수와 온갖 부정과 불법과 갑질과 후

려치기와 거짓과 속임수와 나쁜 짓을 해서 돈을 벌어도 떵떵 거리며 사는 자들이 많은 것이 사실입니다. 단적인 예로 우리나라 재벌들과 회장들과 사장들과 이사들 등은 부자들입니다. 그러나 이들이 정직하게 사업을 해서 부자가 되었다고 생각하는 국민들은 별로 없을 것입니다. 정경유착이나 불법이나 부동산 투기나 노동착취를 통해서 부를 축적한 자들일 것입니다.

과거나 현재나 매일같이 쏟아지는 기사를 보면 재벌들과 부자들의 부도덕성과 반칙 등은 재론할 여지가 없을 정도로 차고 넘칩니다. 의식이 있는 성인들은 잘 압니다. 혹 재벌, 부자는 아니더라도 온갖 악한 짓을 통해서 돈을 벌고 잘 먹고 잘사는 자들이 주변에 많습니다. 이에 정직하게 준법하며 사는 자들은 속상하기도 하고 억울하기도 합니다. 불공정한 세상이라고 탄식합니다. 준법하고 착하게 살아서는 부자가 될 수 없고 성공할 수 없기 때문입니다. 요령껏 다양한 반칙을 해야만 돈을 벌고, 취직이 되고, 인간관계를 맺을 수 있고, 승진이 되고, 합격을 하고, 거래를 하고, 사업을 할 수 있는 것이 현재의 부조리한 사회구조입니다. 이러한 흐름은 세상 종말 때까지 지속될 것입니다. 하나님을 믿지 않는 불신자들과 아직 믿음이 연약한 기독교인들은 말합니다. '하나님이 살아 계신다면 이런 자들을 왜 심판하지 않지?', '이러한 사실을 전지전능하신 하나님이 다 아신다면 악한 자들을 왜 내버려 두는지 모르겠다'고 의문과 불만을 표합니다. 충분히 그런 의문과 불만을 가질 수 있습니다.

여기서 한 가지 하나님의 깊으신 뜻을 파악하지 못한 면이 있어 납득하지 못하고 의문을 품는 것입니다. 하나님은 전지전능하시기 때문에 지구 상에서 벌어지고 있는 매우 은밀한 일까지 다 알고 계십니다. 누가 언제 어디서 무슨 짓을 하며 사는지 다 아십니다. 수많은 나쁜 자들이 반인륜 적인 악행을 자행하고, 온갖 불법과 반칙을 해서 돈을 벌고, 사회적 약자 들에게 온갖 갑질을 하고, 힘없는 자들을 착취하고, 부정한 거래와 방법 을 통해서 부를 축적하여 잘 먹고 잘사는 것을 잘 아십니다. 그럼에도 불 구하고 즉시 심판하시지 않습니다. 왜 그렇습니까? 쉽게 말하자면 마치 운동경기에서 시합 종료 때까지, 농부가 추수 때까지 참고 기다리는 방 식과 같은 것입니다. 세상 종말 때까지 오래 참으시는 것뿐입니다. 우리 사회의 모든 회사, 기관과 각 분야에서는 해마다 연말에 평가, 결산을 합 니다. 잘한 것과 잘못한 것, 잘한 사람과 잘못한 사람들에 대하여 평가를 통해 이익과 불이익을 줍니다.

하나님께서도 과거와 현재와 미래의 모든 인간들에 대하여 결산, 추수, 평가하는 결산의 때가 반드시 있습니다. 그때 모든 사람은 가장 은밀한 일까지 선·악 간에 완전한 심판, 평가를 받습니다. 그때가 인류를 추수 할 때, 결산할 때라고 합니다. 세상적으로 말하면 연말정산의 때입니다. 그때가 언제입니까? 세상 종말(끝날) 때입니다. 예수님께서 천사들과 함 께 공중으로 재림해 오실 때입니다. 매사에 시작이 있으면 끝이 있는 것 처럼 창조가 있으면 끝인 심판이 있습니다. 복음이 모든 민족에게 전파 되면 인류의 재판장이신 예수님께서 천사들과 함께 공중으로 재림해 오 실 것입니다. 그때가 지구 종말입니다. 세상 끝날입니다. 인류 최후의 심 판 때입니다. 이때 남녀노소, 빈부귀천, 악한 자와 선한 자, 지위고하, 신자와 불신자를 막론하고 철저하고 완벽한 심판을 받습니다. 누구도 억울할 것이 하나도 없도록 출생부터 사망 때까지 자기가 뿌린 대로 완벽하고 공정한 심판을 받습니다. 영화나 드라마를 보듯이 각 사람은 출생 때부터 죽을 때까지의 자기 일생의 세세한 부분까지 다 보게 되고 이에 대한 심판을 받게 될 것입니다. 아마 유구무언일 것입니다.

전도서 12장 14절
"하나님은 모든 행위와 모든 은밀한 일을 선악간에 심판하시리라"

히브리서 9장 27절
"한 번 죽는 것(육체적 죽음)은 사람에게 정하신 것이요 그 후에(사후에)는 심판(인류 최후의 심판)이 있으리니"

만일 공평무사한 평가, 결산, 심판이 없다면 회사에서 죽도록 일한 사람, 정직하게 일한 사람, 하나님의 말씀대로 살려고 애쓴 사람, 정직하게 살려고 몸부림친 사람, 준법한 사람 등이 가장 억울할 것입니다. 마치 회사에서 임금을 주지 않는다면 한 달 동안 죽도록 일한 사람들이 가장 억울한 것처럼 말입니다. 하지만 하나님은 사람과 같지 않고 이 세상 사법부와 같지 않아 각 사람에 대한 완전하고 공정한 평가와 심판을 하십니다. 누구도 억울하지 않게 심판하십니다. 인생 내내 주 안의 삶에서 억울한 일을 당했거나 억울하게 산 사람들은 세상 종말에 다 보상을 받을 것입니다. 세상에 살 동안 돈 있고, 권력이 있고, 백이 센 사람들은 나쁜 짓을 하고도 다 빠져나갔지만 하나님의 심판 때에는 완전범죄나, 완전 거짓말이나, 완전한 속임수가 통하지 않아 100% 공정한 평가, 심판을 받게 됩니다. 과거와 현재의 수백억 명 이상의 사람들이 자기가 뿌린 대로 공정한 심판을 받게 됩니다. 이런 심판이 없다면 참 기독교인들과 정직하게 산 자들이 가장 불쌍하고 억울할 것입니다.

하지만 인류 최후의 심판과 공정한 심판은 반드시 있기에 불만과 억울함과 불평을 할 것이 전혀 없습니다. 답답하고 속상하지만 그때를 기다리고 살면 됩니다. 시간이 좀 걸릴 뿐입니다. 나쁜 짓을 한 자들, 다른 사람의 눈에서 피눈물을 흘리게 한 사람들, 온갖 불법과 부정과 반칙을 통해서 많은 돈을 벌고 잘 먹고 잘산 사람들, 구세주인 예수님을 거부한 사람들 등은 선악 간에 심판을 받고 지옥으로 던져져서 영원히 고통을 겪으며 살게 될 것입니다. 농부가 추수 때까지 알곡이 다칠까 봐 온갖 잡풀을 내버려 두는 것처럼, 하나님께서도 인류의 추수 때까지, 종말 때까지 악인들에 대하여 오래 참으시는 것뿐입니다. 인류의 심판자인 하나님이 무능하거나 없어서가 아닙니다. 이런 것을 오해하지 말아야 합니다. 심판 때까지는 누구에게나 반성과 회개의 시간입니다. 그런즉 오해하지 말고 오래 참으면 확인하는 날이 반드시 올 것입니다. 악인들은 각성하는 시간으로 삼아야 합니다. 육신적으로 죽어 버리면 그만이라고요? 아닙니다. 세상 종말 때에 죽은 사람들이나 산 사람들이나 다른 모습으로 육체가 변화하여 다시 살아나서 심판을 받습니다.

기독교에서는 죽은 자나 산 자가 새롭게 다시 살아나는 것을 부활(復活)이라고 합니다. 사람은 죽음으로 끝나지 않고 반드시 다시 부활합니다. 인생은 내세, 사후세계가 반드시 있습니다. 악인들, 예수님을 믿지 않은 사람들은 반드시 뼈와 살이 떨리는 심판, 벌을 받을 것입니다. 그런즉 심판의 날을 생각하며 길이 참고 살기 바랍니다. 억울해하지 말기 바랍니다. 반듯하게 살기 바랍니다. 모든 과거, 현재, 미래의 모든 사람들은 자기가 행한 대로 공정하게 재판을 받을 날이 반드시 옵니다. 그러므로 온갖 불법과 악행을 저지르고 희희낙락하며 한때 잘 먹고 잘살았던 자들은 단단히 각오를 해야 할 것입니다. 자기 눈에서 피눈물을 흘리는 날이 도래할 것이기 때문입니다. 모든 사람은 일생 동안 알게 모르게 뿌린 대로 거두게 될 것입니다. 그래서 세상의 마지막 날에는 공평합니다. 당장은 불공정한 세상이라고 할지 몰라도 멀리 보고 불평과 원망을 하지 말아야 합니다. 악인에 대한 추수 때, 심판 때는 반드시 옵니다. 단지 시간이 지연될 뿐입니다. 그러니 인생을 두렵고 떨림으로 살아야 합니다. 심판이 있다는 것을 기억하고 진리 안에서 살아가야 합니다.

제13장

왜 혼전 순결과 혼후 순결을 지키라고 합니까?

혼전 섹스와 혼후 부부가 아닌 다른 이성과의 섹스는 모두 간음이고 간통의 죄악이고, 죄악은 반드시 형벌, 심판을 받기 때문입니다. 어떤 미혼자나 기혼자는 섹스를 편의점에서 물건을 사서 먹듯이 자연스럽고 편리하게 합니다. 당당하게 합니다. 양심의 가책도 느끼지 않습니다. 당연시합니다. 부당한 섹스를 대담하게 즐깁니다. 어떤 기독교인은 신자라고 하면서도 결혼 전이라도 얼마든지 섹스를 할 수 있다고 말합니다. 서로 좋아하고 사랑하고 합의만 하면, 결혼하기로 한 대상이라면 얼마든지 섹스를 할 수 있다고 말합니다. 섹스와 순결을 가볍게 여깁니다. 기독교 진리 책인 성경은 좋아하든, 사랑하든, 합의하든지, 결혼할 대상이든 이유를 불문하고 결혼 전의 섹스는 금합니다. 간음과 간통이라고 합니다. 배우자 외에 다른 이성이나 동성과 섹스는 다 부정한 간음과 간통으로 규정합니다.

그 이유는 간음과 간통은 성적자기결정권이 아니라 천지만물과 사람을 창조하신 하나님께서 세우신 섹스(성교)의 질서와 법과 기준을 어기는 반칙이자 불법이기 때문입니다. 모든 사람들은 모든 일에 있어서 자유의지, 자기결정권이 있습니다. 하지만 자유의지와 자기결정권이 주어졌다고 해서 자기 마음대로 무질서하게 하다간 불행과 고통을 당하게 됩니다. 자유의지를 남용하고 오용하면 불법이 되어 심판을 받게 됩니다. 자유의지나 자기결정권은 무엇이든지 자기 마음대로 해도 된다는 뜻이나 개념이 아닙니다. 이것을 오해하거나 착각하지 말아야 합니다. 세상에 그런 법은 없습니다. 다 제약과 한계가 있습니다. 무한 자유가 아닙니다. 자유와 자기결정권은 항상 법과 질서 테두리 안에서 행하여야 존중받고 아름답습니다. 보호를 받습니다. 범죄가 아닙니다. 그 외에는 다 불법이고 반칙입니다.

그래서 어느 나라 어느 사회나 안녕과 평화와 질서를 위해서 모두에게 유익한 법을 세웁니다. 법 테두리 안에서만 자유롭게 살라고 말합니다. 그것이 헌법과 법률과 조례와 규칙입니다. 이런 법과 기준이 없으면 우리 사회는 무법천지, 무질서, 약육강식, 정글사회 그 자체가 됩니다. 가정과 직장과 사회와 국가 존립이 불가능합니다. 이성과 양심이 없는 동물의 세계, 정글이 되고 맙니다. 그러면 모두가 평화롭게 살아갈 수 없게 됩니다. 강자들만 생존하게 될 것입니다. 그래서 운동경기를 비롯해서 각 분야 마다 법, 규칙, 기준 등이 있는 것입니다. 모든 것을 자기결정권에 맡기지 않습니다. 상당 부문은 법으로 제한합니다. 남녀 간의 섹스도 마찬가지입니다. 섹스에 대한 대상과 범위와 기준이 없으면 무질서로 난장판이 될 것입니다.

성경에 나오는 소돔과 고모라 도시처럼 음란 도시, 막장 도시가 될 것입니다. 부부와 가정의 평화와 안전, 유지와 생존이 불가능하게 될 것입니다. 사람은 이성이 없는 짐승이 아닙니다. 자기가 원하는 대로 이 사람 저 사람과 무질서하게 섹스를 하는 동네 견이 아닙니다. 옳고 그름을 판단할 수 있고 절제할 수 있는 능력이 있습니다. 사람은 브레이크가 있는 자동차와 같습니다. 이성이 없는 짐승일지라도 어떤 짐승은 하나의 대상과만 질서 있게 교미합니다. 그런데 이성과 양심이 굳어 버리면 짐승보다 못한 짓을 하며 삽니다. 겉모습은 사람인데 하는 짓은 짐승입니다. 사람이 짐승보다 못해서야 되겠습니까? 그래서 하나님께서는 섹스의 질서를 세우셨습니다. 결혼 전까지는 누구와도 섹스 금지와 결혼 후에는 배우자 외에는 섹스를 금하는 혼전(결혼 전) 순결과 혼후(결혼 후) 순결입니다. 향후 지구촌은 소돔과 고모라, 폼페이처럼 음란의 사회가 될 것입니다. 이미 그렇게 되어 가고 있습니다.

창세기 2장 24절

"이러므로 남자가 부모를 떠나 그 아내와 연합하여 둘이 한 몸을 이룰 찌로다"

출애굽기 20장 14절

"간음하지 말찌니라"

만물의 창조자이자 주인이신 하나님께서는 인간을 흙으로 창조하신 후 생육하고 번성하게 하기 위해서 결혼제도를 만드시고 남녀를 부부로 묶으셨습니다. 부부 안에서만 섹스를 하도록 허용하셨습니다. 섹스의 쾌락에 빠져 살게 하기 위해서 남녀에게 성기를 주신 것이 아닙니다. 이성끼리든 동성끼리든 섹스를 남용하고 오용하라고 하지 않으셨습니다. 하나님께서 만드신 부부질서는 일부일처이며, 오직 부부끼리만 한 몸, 즉 결혼한 부부끼리만 섹스를 하도록 허용하셨습니다. 그 외에는 간음, 음행, 반칙, 불법, 부정한 행위로 간주하십니다. 그래서 부부끼리는 서로 벌거벗고 있어도, 섹스를 해도 부끄럽지 않고 죄책감을 느끼지 않습니다. 부부끼리는 섹스를 해도 편안하고 기쁘고 행복합니다. 그러나 부부가 아닌 자와 섹스를 하면 마음이 편치 않습니다. 양심의 가책을 느끼기도 합니다. 어딘가 모르게 불편합니다. 부끄럽습니다. 하나님의 뜻이 아니고 불법이기 때문입니다.

이는 마치 사람들이 일반적인 불법을 하면 마음이 편치 않고 두렵고 불안한 것과 같습니다. 하나님께서 주신 양심이 간접적인 심판을 하기 때문입니다. 이성끼리 서로 좋아하고, 사랑하고, 합의하고, 성인이고, 화대를 지급했다고 섹스를 해도 되는 것이 아닙니다. 하나님께서 세우신 섹스의 창조질서는 오직 결혼한 부부에게만 허용되는 것입니다. 그런데 한 배우자로 만족하지 못하는 부부들이나 결혼 전까지 성욕을 참지 못하는 미혼자들이 자유의지, 자기결정권을 오용하고 남용하여 간음과 간통을 하는 반칙을 저지릅니다. 이는 무질서 그 자체입니다. 방종입니다. 성적 탐욕입니다. 성적인 도적질입니다. 자기 소유가 아닌 이웃의 성을 탈취한 것입니다.

　공동체의 질서, 사회의 질서, 성교의 질서를 무시하고 훼손하면 여러 문제와 갈등과 고통과 부작용을 발생시킵니다. 이로 인하여 각종 성병이 발생하고, 미혼모가 발생하고, 낙태(친자태아살인)가 발생하고, 큰 상처를 받고, 가정이 해체되고, 이산가족이 발생하고, 소송을 하고, 부부 갈등이 발생하고, 평생 죄책에 시달리고, 우울증에 빠지고, 이성에 대한 불신이 생기고, 사회적 비용이 엄청나게 발생합니다. 그럼에도 불구하고 세상 법은 이런저런 이유를 만들어서 어느 정도 선에서는 간음과 간통을 용인합니다. 합의하면 불법이 안 되고, 성인이면 괜찮다고 합니다. 어떤 나라들은 성매매를 법적으로 보장합니다. 성적자기결정권을 주장하며 자유롭게 간음과 간통을 하게 내버려 달라고 외칩니다. 동성애자들이 외치는 것처럼 말입니다. 그 결과 간통죄도 폐지되었습니다. 이제 기혼자들도 누구의 눈치를 보지 않고 다른 이성과 마음대로 섹스를 하게 되었습니다. 간통을 해도 법적 책임을 지지 않습니다.

　이는 마치 운전자들이 신호등을 불편하게 생각하여 없애 달라고 하는 것과 같습니다. 운전자들이 자기결정권에 따라 마음대로 운전하고 달릴 수 있도록 방해하지 말라는 것과 같습니다. 운전자들의 자기결정권만 보장해 주고 신호등이 없으면 어찌되겠습니까? 상상만 해도 끔찍합니다. 매순간 엄청난 사상자들이 발생할 것입니다. 자동차도로는 생지옥이 될 것입니다. 모두가 안전하지 못하게 될 것입니다. 자기결정권을 오해하면 안 됩니다. 자기결정권이라고 해도 일정한 질서를 지키도록 제약을 받아야 서로가 평화롭고 안전하게 살아갈 수 있습니다. 자기결정권만 주장하면 방종과 무질서가 되어 공동체 사회는 무너집니다. 모두가 비참하게 될 것입니다. 그래서 법이 있고 규제를 하는 것입니다. 법과 규제가 나쁜 것이 아닙니다. 도리어 우리를 보호하는 울타리와 같은 기능을 합니다. 섹스도 마찬가지입니다. 한번 생각해 보기 바랍니다. 결혼 전이나 결혼 이후 누구하고든지 마음대로 시도 때도 없이 섹스를 해도 된다면 부부, 가정, 자녀, 사회가 어찌되겠습니까? 여성들과 어린아이들은 어찌되겠습니까? 안전한 곳, 안전한 거리, 안전한 밤과 낮은 없을 것입니다. 온갖 성병과 문란한 섹스의 후유증으로 많은 사람들이 비참해질 것입니다. 가정과 부부는 산산조각이 날 것입니다. 그래서 기독교 진리인 성경은 이러한 무질서를 용납하지 않습니다. 섹스는 오직 결혼한 부부끼리만 하라고 합니다. 결혼 전에 섹스를 하면 간음, 불법, 성범죄로 간주합니다. 결혼한 이후 다른 이성과 섹스를 해도 불법으로 간주합니다. 하나님의 심판을 받습니다.

히브리서 13장 4절
"모든 사람은 혼인을 귀히 여기고 침소(침실)를 더럽히지 않게 하라 음행하는 자들과 간음하는 자들을 하나님이 심판하시리라"

그래서 기독교에서는 혼전 순결과 혼후 순결을 주장하는 것입니다. 섹스 자체를 부정하거나 못 하게 하는 것이 아닙니다. 섹스 자체는 부끄러운 것이나 악한 것이 아니라 아름다운 것입니다. 섹스는 하나님께서 허용하신 것입니다. 섹스는 진리 안에서, 부부 안에서, 질서 안에서 하라고 합니다. 그래야 아름다운 것이 됩니다. 후유증이 없습니다. 부부가 아닌 자와의 섹스는 모두 추하고 악한 것입니다. 모든 사람은 자기 몸을 소중하게 생각해야 합니다. 속된 말로 견(犬)도 아닌데 이 사람과 저 사람과 무질서하게 섹스를 하는 것은 자기 몸을 천시하는 것입니다. 자기 몸을 쓰레기 취급을 하는 것입니다. 자기 인격과 몸을 짐승의 수준으로 만드는 것입니다. 좋아하고 사랑한다고 해도 마찬가지입니다. 좋아하고 사랑하는 것과 법과 질서는 다른 것입니다. 우리고 먹고 싶다고 배가 고프다고 아무 가게에 들어가서 마음대로 집어서 먹습니까? 그것이 자기결정권이고 자유입니까?

그렇게 하면 절도입니다. 도적질입니다. 정당하게 돈을 주고 사서 먹어야 합법입니다. 합법적으로 과일과 음식을 사서 먹어야 뒤탈이 없습니다. 섹스도 아무리 하고 싶어도 결혼 할 때까지는 참아야 합니다. 합법적인 부부가 될 때까지 순결을 지켜야 합니다. 순결을 지키고 사는 자들이 자기 몸을 사랑하고 이웃을 사랑하는 자들입니다. 순결은 못나고 무능한 것이 아니라 최고의 자기사랑입니다. 모든 것은 때가 있고 대상이 있는 법입니다. 곡식과 과일들도 무르익었을 때에 수확합니다. 아무 때나 수확하지 않습니다. 아무 때나 과일과 식물을 취하는 자들은 멧돼지나 들짐승들뿐입니다. 급하다고 아무 때나 먹고 마시고 수확하게 되면 몸도 망가지고 농사는 망치게 됩니다. 그것도 자기 농작물에서만 수확해야 합니다. 섹스도 때가 있습니다. 결혼했을 때가 섹스할 때입니다. 그리고 자기 농장도 아닌데 다른 집 농장에 들어가서 농작물을 훔치는 것은 불법입니다. 도적질입니다. 무슨 말입니까? 자기 배우자도 아닌데 다른 이성과 섹스하는 것은 마치 다른 농장에 들어가서 농작물을 몰래 훔치는 것과 같은 것입니다. 불법이자 반칙입니다. 절도와 탐심입니다.

모든 사람은 서로의 안전과 행복을 위해서 어떤 법과 규칙과 질서라도 준수해야 합니다. 서로 존중해 주어야 합니다. 그래야 모두가 안녕하고, 보호받고, 행복하게 살 수 있습니다. 지금은 모든 영역에서 무질서의 시대입니다. 혼돈의 시대입니다. 자유를 남용하고 오용하는 시대에 살고 있습니다. 이기적이고 탐욕의 시대입니다. 무엇이든지 자기들 하고 싶은 대로 합니다. 자기감정과 마음이 끌리는 대로 하는 시대입니다. 자기가 곧 진리이고 법이라고 생각하고 행동합니다. 편리한 삶을 방해하는 것들은 모조리 싫어합니다. 자기 마음에 들지 않으면 옳은 주장도 싫다고 합니다. 자기 마음에 들지 않으면 참지 못하고 아무나 폭행하고 칼로 찌르고 죽입니다. 성적 욕망이 일어나면 아무 이성이나 붙잡고 성폭행합니다. 이는 자유가 아니라 방종입니다. 만행입니다. 테러입니다. 오늘날 섹스가 이런 지경에 이르렀습니다. 자기의 욕구와 욕망을 채우기 위해서 자기 마음대로 간음, 간통을 합니다. 차 안에서, 모텔에서, 호텔에서, 산에서, 화장실에서, 사무실에서, 집 등 장소를 가리지 않고 섹스를 합니다. 남녀노소, 기혼미혼 대상도 가리지 않습니다. 음란의 상징적인 도시였던 소돔과 고모라처럼 되어 가고 있습니다. 죄의 삯은 사망입니다. 심판입니다. 정당한 섹스, 합법적인 섹스를 하며 살아야 합니다. 일생 동안 혼전 순결과 혼후 순결을 지켜야 합니다. 그런 사람이 자기와 이웃을 진정으로 사랑하는 반듯한 사람입니다.

제14장

사람은 왜 공수래공수거 인생이라고 합니까?

누구나 빈손으로 태어났다가 빈손으로 사망하기 때문입니다. 이는 누구도 부정하지 못합니다. 출생할 때 돈을 가지고 출생하거나 죽을 때 돈을 가지고 사망하는 자는 절대로 없습니다. 이는 진리입니다. 그래서 생존에 필요 이상으로 물질과 돈에 욕심, 탐심으로 사는 자는 어리석은 것입니다. 어느 정도 의식이 있고 사리분별이 가능한 사람은 다 아는 사실이 있습니다. 그 어떤 사람이든지 태어날 때와 죽을 때 빈손이라는 사실입니다. 그 자체로도 많은 교훈을 줍니다. 사람은 누구든지 빈손으로 태어나 90~100년 정도 살다가 어느 날 갑자기 죽어 빈손으로 세상을 떠납니다. 사람은 누구든지 신분과 민족과 남녀노소와 피부색과 빈부귀천과 지위고하를 막론하고 빈손으로 태어납니다. 이것을 '**공수래**'라고 합니다. 공수래(空手來)란 '빈손으로 왔다'는 뜻입니다. 또한 누구나 죽을 때 집, 주식, 건물, 자동차, 돈 등 아무것도 가지고 가지 못합니다. 이것을 '**공수거**'라고 합니다. 공수거(空手去)란 '빈손으로 세상을 떠난다'는 뜻입니다.

이것이 누구에게나 차별 없이 공평하게 적용되는 '공수래공수거(空手來空手去)' 인생입니다.

이는 실제 상황이고, 상식이고, 성경사상입니다. 모두에게 해당하는 것이자 누구도 부인하지 못하고 피하지 못하는 사실이고 현실입니다. 성경처럼 인생에 대해서 정확하게 말하는 종교는 없습니다. 그 이유는 만물의 주인이신 하나님께서 인간을 흙으로 창조하셨고 인간의 시종(始終)을 좌지우지하시기 때문입니다. 무엇이든지 제조자, 건축자, 설계사, 창조자, 주인이 가장 잘 아는 법입니다. 그 외에는 아무도 모릅니다. 그래서 기독교 외에 지구상에 존재하는 수많은 종교들이 천지 창조와 사람의 현재와 미래에 대해서 정확하게 말하지 못하는 것입니다. 모든 사람의 주인은 하나님이십니다. 그래서 하나님의 말씀인 성경이 인간의 기원과 탄생과 여정과 죽음과 그 이후 사후세계에 대해서 구체적이고 정확하게 말하는 것입니다.

디모데전서 6장 7절
"우리가 세상에 아무것도 가지고 온 것이 없으매 또한 아무것도 가지고 가지 못하리니"

모든 사람들은 어느 나라, 어느 지역에서 빈손으로 태어났든지 어느 정도 살다가 다시 빈손으로 이 세상을 떠납니다. 이 세상, 이 지구, 현재 자기가 살고 있는 지역이나 도시나 마을이 자기가 영원히 살 본향, 즉 자기집이 아니기 때문입니다. 이 세상에 더 살고 싶어도 마음대로 되지 않습니다. 때가 되면 다 본향인 저승, 내세로 가야 합니다. 본향(本鄕)이란 대한민국 어느 지역이 아닌 사후에 들어가서 영원히 살 곳을 말합니다. 내세의 어떤 장소(나라)입니다. 사람의 영혼은 사망 즉시 물질이 아니므로 영원히 죽지도 타지도 않을 뿐만 아니라 사후에 곧바로 본향인 천국(낙원) 아니면 지옥(음부)에 들어가서 영원히 삽니다.

이 또한 믿든지 아니 믿든지 부인할 수 없는 진리입니다. 그래서 이 세상에서만 잘살아서는 안 됩니다. 이 세상이 전부라고 믿고 살아서도 안 됩니다. 내세를 대비하고 살아야 합니다. 사람은 육체적으로 죽은 이후에 다시 부활하여 저승이자 본향인 천국에서도 영원히 행복하게 살아야 합니다. 누구든지 저승인 지옥에 가서는 안 됩니다. 지옥은 영원토록 고통만 당하며 사는 곳이기 때문입니다. 언젠가 급성 심근경색으로 자택에서 쓰러진 한 대기업의 회장이 병원과 집에서 치료 중에 있다가 세상을 떠났습니다. 그는 우리나라에서 최고의 부자로 살아왔습니다. 일반 서민들이 상상할 수 없는 엄청난 돈을 소유하고 있는 부자였습니다(생전에 주식 가치로 20조 원 이상). 하지만 그는 생존했을 때 자기의 많은 돈을 다 쓰지도 못했을 뿐만 아니라, 죽을 때 한 푼도 가지고 가지 못하고 빈손으로 세상을 떠났습니다. 그렇게 좋은 자동차와 좋은 집을 가지고 가지 못하고 빈손으로 세상을 떠났습니다.

그 많은 돈, 명예, 권세, 집, 명예, 자동차, 영광도 죽음과 함께 다 이 땅에 남겨놓고 떠났습니다. 이것이 모두의 인생입니다. 참으로 헛되고 헛된 것이 돈과 권세와 명예와 쾌락을 누리고 부자 되기에 일생을 바친 인생입니다. 죽으면 빈손으로 세상을 떠나가기 때문입니다. 그래서 이 세상의 삶과 인생을 **나그네** 혹은 **'여행자'**라고 부릅니다. 나그네란 '집을 떠나 여행 중에 있거나 객지에 머무르고 있는 사람'을 뜻합니다. 잠시 어느 곳에 머물다가 떠나는 자들이 나그네입니다. 성경은 지구촌에 살고 있는 모든 사람들을 나그네(여행자)라고 말합니다. 이 지구촌 어느 나라 어느 지역에서 100세 정도 머물다가 본향(낙원이나 천국, 음부나 지옥)으로 떠납니다. 이 말은 이 세상이 영원히 살 본향이 아니라는 말입니다. 그래서 여행자들은 간단하게 먹고 자고 누울 것만 챙겨서 여행을 떠납니다. 누구나 한번 태어나면 육체적으로 반드시 죽은 이후에 이 지구를 떠나 싫든 좋든 저승(내세)인 천국이나 낙원 아니면 불타는 지옥이나 음부로 들어가게 됩니다. 이것은 부인할 수 없는 사실입니다. 부인해도 소용없습니다. 부인하는 자들도 내세에 대하여 자기 눈으로 직접 보게 될 날이 올 것입니다. 그런즉 내세에 대하여 대비하고 살아야 합니다. 이 세상이 전부가 아니고 반드시 사후세계가 있으며, 언젠가는 반드시 죽어야 하는 시한부 인생이기 때문입니다. 특히 임시 처소(지구)와 본향(내세, 천국, 지옥)이 장소적으로 따로 있음을 알아야 합니다. 막연한 장소가 아닙니다. 실제 하는 장소입니다.

현재 우리가 살고 있는 이 세상은 본향이 아니라 100여년 후에는 반드시 떠나야 할 임시 텐트(임시 집)입니다. 그래서 사후에 들어가서 영원히 살 본향인 저승(천국 혹은 지옥)에 대해서 깊은 관심을 가져야 합니다. 자신이 부인한다고 내세가 없거나 없어지는 것이 아닙니다. 내세와 공수래공수거도 누가 시인을 하든지 부인을 하든지 그대로 이루어집니다. 또한 인생은 사후에 빈손으로 가기에 필요 이상으로 탐욕을 부리지 말고, 범사에 감사하고, 주어진 형편과 처지에 지족하며 살아야 합니다. 죽으면 돈, 명예, 권력, 학벌 등 하나도 가지고 가지 못하는 공수래공수거 인생이기 때문입니다. 돈, 재물은 사는 날 동안만 의식주를 해결해 주는 소모품일 뿐입니다. 이에 과욕과 탐심을 부리며 사는 것은 어리석고 헛된 짓입니다. 그런즉 가장 중요한 것은 내세인 좋은 본향에 들어가기 위한 대비와 해법을 찾는 것이 가장 지혜롭고 현명한 것입니다. 그렇지 못한 사람은 아무리 좋은 학벌, 많은 재물을 가졌고, 사회적 명성이 있고, 우승과 금메달과 인기와 명성과 성공과 출세를 했다고 하더라도 인생의 실패자입니다. 불행한 자입니다. 현세에서만 떵떵거리고 살 뿐입니다. 현세의 인생은 짧습니다. 길어야 100년입니다. 잠깐 있다가 사라지는 안개와 같습니다. 화살처럼 금방 지나갑니다. 그러나 사후세계의 삶은 영원합니다. 기독교인이나 불신자들이나 한번 태어난 사람은 영원히 삽니다. 천국에서나 지옥에서나 영원히 삽니다. 그것이 한번 태어난 사람들의 피할 수 없는 영원한 인생입니다.

돈과 인기가 많다고, 사회적으로 명성이 있다고 죽음을 연장할 수도 없고 부자라고 해서 죽음을 피할 수도 없습니다. 아무리 좋은 보약을 먹고, 운동을 하고, 자기관리를 철저하게 해도 반드시 죽습니다. 중국의 진시황제처럼 노력해도 반드시 죽습니다. 아무리 수단과 방법을 다 동원해도 반드시 죽게 되어 있고, 죽을 때 천 원짜리 한 장 사후세계로 가져가지 못합니다. 그러므로 모든 사람들은 공수래공수거 인생임을 날마다 되새기며 진지하게 고민하며 살아야 합니다. 탐심으로 살 것이 아니라 진리를 찾아야 합니다. 신앙과 내세를 무조건 거부하고 부인하며 사는 것이 잘난 것이 아닙니다. 동시에 사후세계가 장소적으로 있으며, 그 사후세계는 오직 두 곳뿐인데 천국(낙원) 아니면 지옥(음부)이라는 곳만 있음을 알아야 합니다.

참고로 지옥은 이 세상의 감옥과는 비교 자체를 할 수 없는 영원한 고통의 장소입니다. 이러한 사후세계는 부인한다고, 불신한다고 없어지는 것이 아닙니다. 누가 뭐라고 해도 존재합니다. 사후에 반드시 들어가게 될 것입니다. 사후에 반드시 알게 될 것입니다. 깜짝 놀라게 될 것입니다. 그런즉 공부, 일, 쾌락, 돈, 출세도 중요하지만 공수래공수거 인생이라는 것과 이 땅이 본향이 아닌 임시 거처요 사후에 본향이 따로 있어 두 곳 중 하나의 장소로 들어가서 영원히 산다는 것을 잊지 말아야 합니다. 이런 것을 무시하지 않고 대비하고 사는 자가 겸손하고 지혜로운 사람입니다. 현명한 자이자 복 있는 사람입니다. 각종 보험을 생각하면 이해하기 쉬울 것입니다. 아직 경험하지 못했고 보지 못한 미래 사고를 대비해서 보험을 듭니다. 신앙과 내세에 대한 대비도 그런 마음과 자세로 준비해야 합니다. 출생 때와 죽을 때가 어떠한지를 깊이 생각하고 살아야 합니다. 사람은 누구든지 빈손으로 왔다가 빈손으로 갑니다. 지혜로운 자는 장례식장과 타인의 사망과 장지와 추모공원과 추모식 등을 통해서 공수거 인생임을, 욕심을 부리고 사는 것이 얼마나 어리석고 헛된 것임을 알고 욕심과 탐심을 부리지 않고 삽니다.

제15장

먹고 마시고 즐기고 쾌락만 하며 사는 것이 왜 헛된 것입니까?

먹고 마시고 즐기고 쾌락하는 삶으로 인생이 끝나지 않고, 사후에 반드시 부활과 심판과 내세의 삶이 기다리고 있기 때문입니다. 다르게 비유하자면, 수업이 1교시로 끝나지 않고 2교시가 기다리고 있다는 말입니다. 성경의 입장에서 지구촌에 살고 있는 사람들은 크게 두 부류로 나눌 수 있습니다. 하나님을 믿지 않고 사는 자들과 하나님을 믿고 사는 자들입니다. 바른 신앙이 있는 사람들과 그렇지 못한 신앙이나 무신앙으로 사는 사람들입니다. 하나님 없이 사는 사람들은 이 세상이 전부로 알고 삽니다. 이생, 현세가 전부라고 생각합니다. 그다음 인생, 세상은 없다고 생각합니다. 근거가 없는 확신입니다. 이런 자들은 대부분이 죄를 범하든 준법을 하든 먹고 마시고 즐기고 쾌락하며 마음껏 사는 것을 인생에서 최고의 즐거움과 행복한 인생이라고 생각합니다. 그래서 돈과 시간과 여유만 주어지면 짧은 인생을 마음껏 누리며 살아야 한다고 생각합니다. 이에 시간만 나면 국내외로 여행을 떠나고, 이런저런 레저를 즐기며 삽니다. 한편으로는 틀리지 않은 주장입니다. 왜냐하면 이 땅에서 그리 사는 것도 짧지만 나름 재미가 있기 때문입니다. 그래서 하나님 없이 사는 자들 중에는 부모로부터 많은 재산을 물려받았든 자기가 열심히 노력해서 많은 돈을 벌었든 어느 정도 돈이 축적되고 시간이 나면 국내외를 막론하고 먹고 마시고 놀며 인생을 즐기는 데 투자합니다.

한 번 사는 인생, 한 번으로 끝나는 인생 신나게 놀아 보고, 먹어 보고, 즐겨 보고, 살아 보자고 말합니다. 아내와 자녀들을 데리고 좋다는 곳, 아름다운 곳, 맛이 있다는 곳, 즐겁다는 곳, 유명하다는 곳은 국내외를 막론하고 다 찾아다닙니다. 고급 술집과 클럽은 기본입니다. 결혼을 했든 아니했든지 다양한 이성을 만나 은밀하게 성적 유희를 즐기며 삽니다. 술 마시는 재미, 노는 재미, 노래하는 재미, 춤추는 재미, 여행 다니는 재미, 맛있는 것을 먹는 재미, 다양한 여가활동을 하는 재미, 각종 동호회를 만들어 놀러 다니는 재미, 골프를 치는 재미, 프리섹스 재미, 술 마시는 재미, 각종 오락을 즐기는 재미, 친구들을 만나는 재미 등에 푹 빠져 삽니다. 시간만 나면 자신의 쾌락을 향유하기 위해서 매진합니다. 주말과 휴일과 휴가만을 기다리며 삽니다. 좋은 집을 사서 살고, 좋은 차를 굴리고 삽니다. 동창들과 사람들을 만나도 목에 힘을 주고 삽니다. 지역사회에서 각종 장을 맡아 삽니다. 하루가 부족할 정도로 바쁘고 신나게 살아갑니다. 할 짓과 못 할 짓을 다 하고 삽니다.

문제는 그다음입니다. 다르게 비유하자면 학교엔 다양한 부류의 학생이 다닙니다. 학생 부류도 크게 두 부류로 나누겠습니다. 열심히 공부하기 위해서 학교를 다니는 학생들과 공부에는 무관심하고 학생으로 어쩔 수 없이 학교에 다니는 학생입니다. 학교에 왜 다니는지 모르겠다면서 '공부가 인생의 전부가 아니다'라고 하며 설렁설렁 학교를 놀러 다니는 학생들이 있습니다. 이에 반해 나름 미래에 대한 꿈과 비전이 있어 장래를 대비하며 학교에 가서 열심히 공부하는 학생이 있습니다. 그렇게 초등학교 6년, 중학교 3년, 고등학교 3년을 아주 재미있고 신나게 놀면서 다녔습니다. 공부를 하든지 하지 않든지 다 좋습니다. 문제는 그다음입니다. 그냥 학교를 졸업하는 것으로 끝나 버리면 더 없이 좋은데 새로운 세계가 기다립니다. 그것은 진학과 진로와 취업에 대한 시험입니다. 이때가 되면 설렁설렁 학교에 다닌 자들은 막막합니다. 초중고 12년 동안 신나게 놀면서 학교에 다닌 것까지는 좋았는데 시험이 기다리고 있는 것입니다. 학교 성적과 이력서가 문제가 됩니다. 이때부터 골치가 아파집니다. 잠이 오지 않습니다. 염려와 걱정이 쓰나미처럼 몰려옵니다. 후회가 됩니다. 그제야 정신이 바짝 듭니다. 자신의 생각이 짧았다고 생각합니다. 인생을 너무 쉽고 가볍게 생각했다고 깨닫습니다.

그 이후 펼쳐지는 이야기는 독자들의 상상에 맡기겠습니다. 죽어라 공부하며 미래를 대비하는 자들이 바보가 아닙니다. 다 이유가 있는 것입니다. 다시 본주제로 돌아가서 인생을 80~100년 동안 후회 없을 정도로 신나게 먹고 마시고 쾌락하며 마음껏 살았습니다. 그다음은 어찌합니까? 왜 이런 고민을 해야 합니까? 죽음으로 끝나지 않고 내세가 기다리고 있기 때문입니다. 첫째 문제와 고민은 사망 시에 자신이 그렇게 피땀 흘려 벌어 놓은 모든 재산을 하나도 가지고 가지 못한다는 허무함이 있습니다. 자식에게 물려주면 된다고 하지만 너무 허무합니다. 아쉽고 안타깝습니다. 이는 공수거(空手去)로 부정할 수 없는 현실입니다. 사람은 죽을 때 누구나 빈손으로 갑니다. 그래도 이 정도 문제는 어려운 문제가 아닙니다. 자식에게 물려주고 가면 되기 때문입니다. 그리 억울하지 않습니다. 두 번째 문제는 아주 절망적입니다. 현세만 있는 줄 알고 80~100년 동안 내세에 대한 준비 없이 신나게 먹고 마시고 즐기며 살면 끝인 줄 알았는데 다른 세계가 기다리고 있는 것입니다.

마치 '공부가 인생의 전부가 아니다'라고 무시하고 허세를 부리며 공부와 담을 쌓고 초중고 12년 동안 신나게 놀고 즐기기만 하며 편하게 학교만 왔다 갔다 한 학생의 고민과 비슷합니다. 생각지도 않은, 고민하지도 않은 시험이 기다리고 있습니다. 생각지도 않은 내세와 심판이 기다리고 있습니다. 그렇게 부정했던 부활과 심판과 천국과 지옥이 있습니다. 이를 믿는 사람도 있고 믿지 않는 사람도 있겠지만 사실입니다. 실제로 존재하는 것이 부인한다고 없는 것이 되지 않습니다. 하나님도 없고 사후 세계도 없다고 확신하며 이 세상에 사는 날 동안만 후회 없이 신나게 먹고 마시고 즐기고 살면 되는 줄 알았는데 큰일이 생긴 것입니다. 독일의 철학자 프리드리히 니체처럼 신은 죽었다고 하거나, 영국의 물리학자 스티븐 윌리엄 호킹(Stephen William Hawking, 1942~2018) 박사처럼 신은 없다고 확신하고 살았습니다. 그런 사람의 인생은 절망적일 것입니다. 하나님 없이 산 사람들이 죽은 이후에 가장 당황하고 놀라고 절망을 느낄 순간은 죽음 이후의 세계를 본 순간일 것입니다. '어라! 진짜 있네! 사실이었네!'라고 나중에서야 시인하게 될 것입니다. 그때는 이미 늦습니다. 죽음 이후에 사후세계가 있을 것이라고는 꿈에도 생각지 못했고, 살아 있을 때 기독교인들이 그리 말했지만 다 무시하고 부인하고 살았는데 사실인 것을 자기 눈으로 확인합니다.

그런 사람들은 사후에 피를 토하며 통곡할 것입니다. 헛된 인생을 살았다고 가슴을 치고 울부짖을 것입니다. 죽음 다음이라 다시 선택의 기회도 없습니다. 그때는 패자부활도 없습니다. 뉴턴도 없습니다. 그 상황을 한번 상상해 보기 바랍니다. 끔찍할 것입니다. 외통수에 빠져 버린 자들의 인생은 헛된 것입니다. 100년 동안 신나게 놀고, 먹고, 마시고, 골프 치고, 섹스하고, 즐기고 살면 무슨 소용이 있습니까? 즐겁게 놀았다고 하더라도 지나고 나면 공허하고 갈증이 또 밀려오는데 그것으로 그치지 않고, 그다음은 100년과 비교조차 할 수 없는 영원한 내세의 삶, 영원한 고통의 삶, 지옥의 나라인 저승이 기다리고 있는데 말입니다. 영원한 사후세계에 비하면 100여 년의 지구촌 인생은 아주 짧은 순간에 지나지 않습니다. 하나의 점에 불과합니다. 어느 정도 나이를 먹은 사람들은 다 공감할 것입니다. 60년, 70년을 뒤돌아보니 순간이었다고 합니다. 사후에 들어가는 지옥은 공상소설이 아닙니다. 이 세상에 감옥이 있다는 말이 농담입니까? 감옥이나 지옥이 있다는 말은 농담이 아닙니다. 성경은 진리 책입니다. 그대로 이루어지는 책이라는 말입니다.

요한계시록 20장 10절

"또 저희를 미혹하는 마귀(사단)가 불과 유황 못(지옥)에 던지우니 거기는 그 짐승(마귀 추종 지상 권세자들)과 거짓 선지자(거짓 목사들, 가

짜 종교지도자들)도 있어 세세토록(영원토록) 밤낮 괴로움을 당하리라"

요한계시록 20장 15절

"누구든지 생명책(천국에 들어갈 자를 기록한 책)에 기록되지 못한 자는 불못(지옥)에 던지우더라"

이 땅에서 80~100년 사는 것은 영원한 삶에 비추어 볼 때 아주 짧은 인생입니다. 화살처럼 훅 지나갑니다. 그것이 인생의 전부라고 알고 살았으니 절망적이고 피를 토할 수밖에 없습니다. 사망하여 사후세계를 보았을 때 얼마나 통곡하고 공포 그 자체이겠습니까? 세상에서 하나님을 거부하고 먹고 마시고 쾌락하며 신나게 산 것이 무슨 의미가 있겠습니까? 지난 후에 생각해 보면 헛되고 헛된 것임을 깨닫게 됩니다. 지옥이라는 용광로 불꽃 속에서 죽지도 타지도 않는 삶을 영원히 살아가야 하기에 이 땅의 80~100년 인생을 돌아보면 아무리 즐겁게 살았다고 하더라도 실패한 인생, 헛된 인생, 불쌍한 인생을 살았다고 인정하지 않을 수 없게 될 것입니다. 축구에서 전반전에 3대0으로 이기고 있다고 좋아했어도 후반전에 다섯 골을 먹고 패하면 전반전에 넣은 세 골은 아무런 소용이 없습니다.

이는 마치 무기징역을 선고받고 감옥에 가서 비참한 생활을 하면서 늦게야 자기 행위가 잘못되었고, 헛된 인생을 살았다고, 깨닫고, 후회하는 사람과 비슷합니다. 깨달음은 감옥 밖에 있을 때, 생전에, 지옥이라는 감옥에 가기 전에 해야 하는 것입니다. 그래야 반전과 패자부활의 기회가 주어지고 헛되지 않습니다. 단언컨대 인류의 유일한 구세주인 예수님을 믿든 믿지 않든지 기독교 진리 책인 성경에 비추어 볼 때 예수님을 믿지 않고 이 땅에서 먹고 마시고 즐기고 쾌락하며 사는 자들은 머지않아 헛되고 헛된 인생, 실패한 인생이었음을 스스로 목도하게 될 것입니다. 허세를 부리고 교만과 자신감을 가지고 주장할 날도 그리 길지 않습니다. 반드시 후회하고 절망할 것입니다. 낮과 밤이 있고, 땅과 하늘이 있고, 이 땅에서도 집과 감옥이 있는 것처럼 현세와 사후세계가 있고, 천국과 지옥이 있습니다.

그러므로 인생에 대해서 깊게 고민하고 상고하며 살아야 합니다. 진리를 찾기에 열심을 내야 합니다. 예수님에 대하여, 교회에 대하여 무시하지 말아야 합니다. 헛된 인생, 후회하지 않는 인생, 피를 토하는 인생, 실패한 인생이 되지 않으려면 죽기 전에 내세에 대한 대비와 선택을 잘해야 합니다. 제한되고 짧은 지식으로 보이지 않는 내세를 단정하지 말아야 합니다. 기독교 진리인 성경을 읽고 들어야 합니다. 구세주인 예수님과의 만남을 시도해야 합니다. 하나님 만나기를 선수들이 운동을 하듯이 노력해야 합니다. 끊임없이 인생과 사후세계에 대한 질문과 의문을 가져야 하나님 만남의 기회가 주어질 수 있습니다. 누구든지 죽을 때까지 노력해 봐야 합니다. 그렇게 노력했는데도 죽을 때까지 하나님이 안 믿어지면 어쩔 수 없습니다. 그대로 살다가 사후에 심판을 받고 지옥에 가는 수밖에 없습니다.

믿음과 구원은 하나님이 은혜로 주어지는 것이기 때문입니다. 인류의 유일한 구세주인 예수님은 자기 노력과 자기 의지와 선행으로 믿어지는 것이 아닙니다. 사후세계는 분명히 있습니다. 이를 부정하거나 무시하면 큰일 납니다. 이는 엄포가 아닙니다. 겁주는 것이 아닙니다. 이 말은 이 세상에 자기 집이 있고 감옥이 있다고 말하는 것과 같습니다. 이를 부인하는 사람은 없을 것입니다. 구원을 받지 못하면 모든 것이 실패요 헛됩니다. 그래서 이 세상에서 아무리 마음껏 누리고, 사람들에게 존경과 칭찬을 받고, 인기를 누리고, 업적을 쌓고, 즐겼어도 헛되고 헛된 인생이라고 하는 것입니다. 인생을 겸손하고 신중하고 살되 내세를 대비하면서 사는 것은 엄청난 지혜입니다. 독자 모두가 헛되지 않은 인생이 되기를 바랍니다.

제16장

누가 인생의 성공과 실패자입니까?

인류의 유일한 구원자인 예수님을 믿는 자가 성공자이고, 믿지 않는 자가 실패자입니다. 왜 예수님을 믿고 안 믿고 여부에 따라 인생의 성공자와 실패자가 됩니까? 예수님을 믿거나 안 믿고 살다가 죽는 것에 따라 현세뿐만 아니라 사후세계인 천국과 지옥행이 결정되기 때문입니다. 인생의 성공과 실패는 사람들의 생각과 달리 물질적이거나 외적인 조건으로 결정되지 않고 신앙과 그 말씀의 순종 여부로 결정됩니다. 일반적으로 많은 사람들은 성공을 위해서 온갖 수고를 다하고 매진합니다. 세상에서는 외적으로 성공한 자들만 인정을 받고 목에 힘을 주고 삽니다. 사회적으로 성공하지 못하면 인생의 실패자라고 여기는 분위기입니다. 우리 사회는 진정한 성공과 실패에 대한 개념과 기준과 평가가 매우 왜곡되어 있습니다. 건물주, 부자, 유명인, 일류 대학교 졸업, 일류 회사 취직, 많은 인기 누림, 큰 교회 목회, 좋은 아파트 소유, 많은 연봉, 좋은 차, 잘생기고 아름다운 미모를 소유, 높은 지위와 권세를 얻은 사람을 성공한 인생이라고 말합니다.

그 반대로 사는 사람은 실패한 사람이라고 말합니다. 무시를 당하며 삽니다. 이것이 사회적 시각과 편견입니다. 이에 사람들은 실패하지 않고 성공하기 위해서 온갖 노력을 다합니다. 성공하는 것이 인생의 전부로 생각합니다. 이에 출혈 경쟁에 뛰어듭니다. 온갖 권모술수를 다 동원하여 성공하려고 합니다. 왜 그렇습니까? 세상에서는 성공한 자들만이 인정과 대접을 받고, 장밋빛 인생이 펼쳐지고, 인간관계와 세상살이가 편리해지기 때문입니다. 이에 실패한 인생을 살고 싶은 사람은 하나도 없습니다. 모두가 성공한 삶을 살기 위해서 몸부림칩니다. 물론 성공이란 기준과 개념도 모호합니다. 그럼에도 불구하고 인간 사회에서는 사람들이 성공과 실패의 나름대로의 가이드라인을 그려 놓고 서로 '성공한 자' 혹은 '실패한 자'라고 규정합니다.

성공(成功)에 대한 사전적 의미는 '일을 이룸, 부나 사회적 지위를 얻음'을 뜻합니다. 이에 반해 실패(失敗)의 사전적 의미는 '일을 그르쳐서 뜻대로 되지 못함'을 뜻합니다. 성공과 실패의 사전적 개념은 지극히 외적이고 결과적이고 물질적입니다. 상대적입니다. 경쟁 우위입니다. 성과 중심입니다. 소유 여부 등으로 규정합니다. 어떤 사람들은 이런 세상의 기준에 따라 스스로 실패한 자, 성공한 자라고 자평합니다. 사람들이 생각하는 실패와 성공에 대한 기준도 대부분 외적 조건들입니다. 물질적이고 성과 중심입니다. 부자가 되었거나, 좋은 집에서 살거나, 좋은 직장에 다니거나, 좋은 차를 소유했거나, 부동산을 많이 소유했거나, 건물주가 되었거나, 많은 연봉을 받거나, 올림픽이나 국제 대회에서 입상했거나, 높은 지위에 올랐거나, 교인 수가 많은 교회를 목회하거나, 대단한 권세를 얻었거나, 일류 대학에 입학했거나, 경기에서 승리했거나, 좋은 직장에 취직하면 성공한 자라고 말합니다.

그러나 돈도 별로 없고, 집도 변변치 못하고, 직장과 직업도 그저 그렇고, 학벌도 별로고, 지위도 낮고, 작은 교회를 목회하고, 경기에 출전하여 승리하지 못하고, 그저 그렇게 사는 자들은 자타가 실패한 인생이라고 말합니다. 무슨 일을 해도 결과, 성과가 좋지 못한 자들은 모두 실패자라고 말합니다. 이러한 기준과 조건은 지극히 세상과 인간들과 세속적인 기준에 불과합니다. 이런 기준은 아무리 성실하고 정직하게 살아도 누군가는 반드시 실패자가 될 수밖에 없습니다. 비교평가와 상대평가이기 때문입니다. 성경에서 말하는 성공과 실패에 대한 기준은 사람들과 세상이 말하는 기준과 전혀 다릅니다. 한 사람 한 사람 개인 역량에 따른 절대평가방식입니다. 절대로 경쟁평가나 상대평가나 성과 위주의 평가가 아닙니다. 어떤 사람에 대하여 세상에서는 성공한 자라고 하지만 하나님은 실패한 자라고 할 수 있습니다. 세상에서는 실패한 자라고 하지만 하나님께서는 성공한 자라고 할 수 있습니다. 그러니 누구나 쉽게 성공한 자라고 하거나 실패한 자라고 단정하지 말아야 합니다. 하나님은 물질의 많고 적음, 외모나 조건의 좋고 나쁨, 스펙의 어떠함, 결과와 성과 중심, 학벌 등이 아닌 중심(마음)과 믿음과 최선, 충성과 성실과 정직, 하나님의 계명 준수의 기준으로 성공과 실패를 판단하시고 규정하십니다. 이 기준은 빈부(貧富) 모두에게 적용됩니다. 진정한 성공과 실패에 대하여 판단하시는 분은 사람이나 세상이 아니라 만물의 주인이신 하나님이 하십니다.

사무엘상 16장 7절
"…사람은 외모를 보거니와 나 여호와는 중심(마음)을 보느니라"

마태복음 7장 23절
"…불법을 행하는 자들아 내게서(하나님) 떠나가라 하리라"

창세기 2장 17절
"선악을 알게 하는 나무의 실과는 먹지 말라 내가(인류의 대표자 아담) 먹는 날에는 정녕 죽으리라 하시니라"

사도행전 16장 31절
"가로되 주 예수를 믿으라 그리하면 너와 네 집이 구원을 얻으리라 하고"
(구원 받음, 천국 입성은 개인의 착함과 행위가 아닌 믿음이다)

세상에서는 온갖 권모술수와 부정과 불법과 반칙을 다 동원하여 돈을 벌고 권세를 잡고, 외적으로 성장하고 화려하면 성공했다고 하지만, 성경은 실패했다고 말합니다. 성경은 모든 과정과 절차에 있어서 정직하지 않게 행하였거나, 하나님의 계명대로 하지 않았거나, 외식으로 행하고 중심으로 행하지 않았다면 실패라고 말합니다. 성경은 하나님 말씀에 반하고 불순종하는 그 어떤 행위, 업적도 다 실패라고 말합니다. 대표적인 자가 선악과를 따 먹은 아담과 하와입니다. 들에서 동생을 몰래 돌로 쳐

죽인 가인을 실패자라고 합니다. 거짓말을 자연스럽게 행하는 자들도 실패자라고 합니다. 온갖 불법과 부정과 비리로 부자가 된 자도 실패자라고 합니다.

　가장 치명적인 실패자는 인류의 유일한 구원자이신 예수 그리스도를 믿지 않는 자들입니다. 구세주 예수님을 거부하고 외면하는 자입니다. 왜 치명적인 실패라고 합니까? 사후에 천국에 들어가지 못하고 영원한 고통의 장소인 지옥 불에 들어가 세세토록 고통 가운데 살기 때문입니다. 이보다 더 치명적인 실패자는 세상에 없습니다. 이 세상에서 아무리 부자로 살고, 높은 지위로 살고, 인기와 명성을 누리고 살더라도 죽어서 천국에 들어가지 못하고 지옥에 들어가면 인생 실패자라고 합니다. 세상에서 가장 불쌍한 사람입니다. 성경은 빈부(貧富)나 지위고하(地位高下) 등 외모의 비교나 다소(多少)로 불쌍한 사람과 행복한 사람, 성공과 실패한 사람으로 규정하지 않습니다.

　진리 안에서 아무리 가난하게 살아도 정직하고 근면성실하게 산 사람은 성공한 자라고 말합니다. 이에 반해 아무리 부자라고 해도 거짓되고 불성실하게 산 사람은 실패한 자라고 말합니다. 비겁하고 정당하지 않게 그 무엇을 이루고 얻은 자들도 실패했다고 합니다. 사회적 약자들에게 갑질을 하고 학대를 하여 지위와 돈을 취한 사람들도 실패자라고 합니다. 온갖 투기(불로소득)로 돈을 번 사람은 실패자라고 합니다. 정당하게 소득을 취하므로 가난하게 사는 자를 성공한 인생이라고 합니다. 진실한 믿음의 사람은 성공했다고 합니다. 목숨을 다해 하나님과 자신과 이웃을 희생적으로 사랑한 자들은 성공했다고 합니다. 하나님의 계명을 지키려고 최선을 다한 자들을 성공했다고 합니다. 살인자, 간음과 간통자, 도적질자, 탐심자, 부모를 공경하지 않는 자, 우상을 숭배하는 자, 거짓 증거자, 주일성수를 하지 않는 자, 이웃을 괴롭히고 피해를 주는 자 등은 모두 실패자, 실패한 인생이라고 합니다.

　성공과 실패에 대한 사람들과 세상의 기준, 하나님과 성경의 기준은 전혀 다릅니다. 현세와 내세에 있어서 하나님의 평가도 전혀 다릅니다. 결국 사람에 대한 최후 심판과 평가는 사람이 하지 않고 만물의 주인이자 사람을 흙으로 창조하신 하나님께서 행하십니다. 평가방식도 상대평가가 아닌 절대평가방식입니다. 따라서 사람들의 평가와 이 세상의 성공과 실패 기준은 헛된 것입니다. 의미와 가치가 없습니다. 법적 효력이 없습니다. 그런즉 외적이고 조건적으로 열악하게 살아도 실패한 인생이라고 생각지 말아야 합니다. 반대로 아무리 세상에서 떵떵거리고 살아도 성공한 자라고 생각지 말아야 합니다. 이 세상과 사람들로부터 성공했다는 말을 듣고, 인정을 받고, 상을 받았어도 하나님의 기준에 미치지 못하면 실패자입니다. 소용이 없습니다. 헛된 것입니다. 하나님의 기준에 비추어 볼 때 세상에서 성공했다고 하는 자들과 자칭 성공했다고 자부하는 자들 중에는 상당수가 실패한 자들이 있을 것입니다. 자기 기준과 신념에 따라 성패를 판단하는 것도 옳지 않습니다. 그런즉 하나님의 계명과 기준에 맞게 살아가야 실패하지 않고 성공적인 인생을 살 수 있습니다. 빈부 여부와 지위고하는 성공과 실패의 기준이 아닙니다. 진정한 성공과 실패의 기준과 열쇠는 성경과 하나님의 기준에 달려 있습니다.

제17장

왜 기독교(개신교)에만 구원이 있다고 합니까?

하나님의 말씀인 성경이 기독교에만 구원이 있다고 하기 때문입니다. 왜 물속에서만 물고기들이 살 수 있다고 합니까? 그것이 상식이고 참이고 진리이기 때문입니다. 다른 의견을 가진 상대방들을 배려하고 존중해서 산속이나 나무 위에서도 물고기들이 살 수 있다고 말해야 합니까? 진리, 참은 언제나 하나입니다. 참 구원론도 하나일 수밖에 없습니다. 참과 진리는 타협의 여지나 자기와 생각이 다른 자들을 배려할 여지가 없습니다. 그냥 배타적으로 주장할 수밖에 없습니다. 이에 기독교(개신교)인들은 참 교회에만, 예수 그리스도 안에서만 구원이 있다고 말합니다. 비기독교인들(무종교자+타 종교자+미신자+천주교)은 이러한 기독교인들의 배타적 구원론에 대하여 불편해합니다. 이해를 하지 못합니다. 배타성 자체에 대하여 정확히 알지 못하고, 바르게 이해를 하지 못하기 때문입니다.

이에 일부 기독교 청년들도 불만을 갖습니다. 왜냐하면 기독교에만 구원이 있다고 말하고 배타적이라는 말에 대해 부정적이거나 개념을 오해하고 있기 때문입니다. 참고로 배타적이란 '다른 사람이나 다른 생각 따위를 배척(반대하여 물리침)하는 경향이 있는 것'을 뜻합니다. 이는 진리에 반할 때만 배타적입니다. 기독교에 대하여 타 종교와 무종교인들이 충분히 불만과 쓴소리를 할 만합니다. 그럼에도 불구하고 '기독교에만 구원이 있다'고 말할 수밖에 없습니다. 그 이유는 기독교 진리인 성경이 그렇게 말하기 때문입니다. 성경은 하나님의 말씀입니다. 하나님의 음성입니다. 하나님의 말씀이라는 것은 유일무이(唯一無二)한 진리, 참이라는 뜻입니다. 그래서 하나님을 믿고 추종하는 자들은 타 종교인과 무종교인들이 배타적인 자들이라고 비난을 해도 양보하지 못합니다. '당신들 종교에도 구원이 있다'고 말하지 못합니다. 그렇게 말하는 순간 자기 교리도 부정하고 상대방을 속이는 것이 됩니다.

다시 말하지만 기독교의 구원론은 교회에만 구원이 있다는 배타적 구원론입니다. 오직 예수 그리스도를 믿어야만 구원이 있다는 말입니다. 개신교의 구원론은 다른 곳이나 종교에도 구원이 있다는 상대적 구원론이나 종교다원주의 구원론을 배척합니다. 행위와 선행 구원론을 인정하지 않습니다. 인간의 자유의지에 따라 마음대로 취사선택할 수 있는 구원론도 배척합니다. 오직 하나님이 은혜로 주신 믿음으로만 구원자인 예수님을 믿어 얻는 구원론만을 주장하고 지지합니다. 왜냐하면 창조와 보호와 구원이 시종일관 전적인 하나님의 은혜로 주어지기 때문입니다. 이런 차원에서 같은 기독교지만 천주교(로마가톨릭교회)와 전혀 다릅니다. 천주교는 인간의 자유의지나 선행에 따른 행위구원론을 주장합니다. 그것이 연옥설입니다.

성경의 구원론은 예수님만 믿어야 구원을 받는다는 말입니다. 이는 마치 자기 아버지는 한 분이고 어머니도 오직 한 분이라고 배타적으로, 절대적으로 주장하는 자녀들과 같습니다. 여러 가지를 말하면 더욱 좋은 것이 아닙니다. 이는 매우 합당한 주장입니다. 이를 배타적인 자녀들이라고 탓하지 않습니다. 지구촌에는 아버지들이 수도 없이 많지만 자기 아버지는 오직 한 분뿐입니다. 그것을 말하는데 배타적이라고 하면서 나쁘다고 탓하는 것은 오해이자 잘못된 주장입니다. 각자가 유일한 자기 아버지를 절대적으로 주장하고 소개하는 것이 지탄받을 일이 아닙니다. 지극히 정상이고 상식입니다. 하나님의 말씀인 성경은 오직 기독교에만 구원이 있다고 말합니다. 그래서 기독교(개신교)에만 구원이 있다고 말하는 것입니다.

사도행전 16장 31절
"가로되 주 예수를 믿으라 그리하면 너와 네 집(가족)이 구원을 얻으리라 하고"

인류의 유일한 구세주인 예수님을 믿음으로만 구원, 영생, 낙원, 천국에 들어갈 수 있다는 말입니다. 그래서 기독교인들은 많은 사람들을 천국으로 인도하기 위해서 복음을 전하고 전도를 하는 것입니다. 예수님을 믿자고, 믿으라고 하는 것입니다. 이것이 천국 열쇠입니다. 예수님을 믿지 않고 살다가 사망하게 되면 아무리 착하게 살고, 존경을 받고, 다른 종교를 신봉하고, 인류에 기여하고, 성인(聖人)이고, 세계적인 인물이고, 선행을 만이 하고 살았어도 사후에 고통의 장소인 지옥에 들어가 영원히 불행하게 삽니다. 이는 공갈과 협박이 아닙니다. 성경에 근거한 사실을 그대로 말하는 것뿐입니다. 이런 진리를 잘 알지 못하거나 믿어지지 않는 사람들은 기독교인들의 이런 말들이 납득이 되지 않고 마치 미친 사람들로, 정신 이상자나 광신자들로 보일 것입니다. 상대적으로 말해야 좋아합니다.

사도행전 4장 12절
"다른 이로서는 구원을 얻을 수 없나니 천하 인간에 구원을 얻을만한 다른 이름을 우리에게 주신 일이 없음이니라 하였더라"

성경은 다른 구원의 길은 없다고 확실하게 못을 박습니다. 예수님 외에는 다른 구원자가 없다는 말입니다. 세상에는 예수님을 믿지 않아도 다른 구원의 길, 다른 구원의 방법이 있다고 말하는 자들이 있습니다. 그것이 '종교다원주의', '상대주의 구원론', '범신론', '자유주의와 인본주의와 혼합주의 구원론', '선행과 행위구원론'입니다. 기독교와 교회 밖에도 구원이 있다는 이론입니다. 물론 다양한 종교인들과 무신론자들이 각기 자기가 확신하는 구원의 길이 있다고 할 수 있습니다. 그러나 상식적으로 접근해도 진짜, 정답은 항상 하나뿐입니다. 가는 길, 확신하는 길은 사람마다 다 다르지만 정답과 결과는 하나밖에 없습니다. 진짜 아버지도 한 분이고 진짜 어머니도 한 분뿐입니다. 대한민국도 하나뿐이고 미국도 하

나뿐입니다. 구원자도 하나뿐인데 성경은 그분이 바로 구세주인 예수님
이라고 분명하게 말합니다.

마태복음 1장 21절

"아들을 낳으리니 이름을 예수라 하라 이는 그가 자기 백성을 저희 죄
에서 구원할 자이심이라 하니라"

이 말씀은 성탄(聖誕), 즉 크리스마스(X-mas, 예수님의 날)를 말하는
데 성탄의 주인공이신 예수님께서 이 땅에 성탄하신 목적이 '자기 백성을
저희 죄에서 구원하기 위함'이라고 합니다. 만세 전에 영(靈스)이시자 스
스로 계셨던 성자(예수님) 하나님께서 택한 자기 백성들을 저희 죄(원죄)
에서 구원하기 위하여 사람의 모양으로 이 땅에 태어나신 날이 성탄절입
니다. 이것이 성탄의 시작이자 끝입니다. 예수님께서 이 땅에 성탄하신
것은 불우이웃을 돕기 위해서가 아닙니다. 낮고 가난하고 천한 자들을
돕기 위해서도 아닙니다. 세계 평화를 위해서도 아닙니다. 겸손을 보이
기 위함도 아닙니다. 만세 전에 하나님의 자녀로 선택한 일부 사람들을
저희 죄에서 구원하기 위함입니다. 인간 스스로는 저희 죄 문제를 해결
할 수 없기에 인간을 대신하여 인간의 죄 숙제를 해결하려고 예수님께서
인간의 몸으로 이 땅에 성탄하신 것입니다. 이것을 초림, 성탄이라고 합
니다. 아주 신비하고 초월적인 사건입니다. 이성적으로나 논리적으로나,
과학적으로 이해가 불가합니다.

그래서 예수님을 구세주, 메시야, 구원자라고 하는 것입니다. 그런데

성탄을 오해하는 자들이 너무 많습니다. 성탄절이 아주 많이 오염되었고 변질되었습니다. 성탄절 메시지나 미사를 보면 천주교(로마가톨릭교회)와 일부 개신교인들은 예수님의 성탄을 겸손이나, 평화나, 전쟁종식이나, 구제나, 불우이웃돕기로 변질시키고 훼손해 버렸습니다. 이는 성경과 하나님의 구원사역을 왜곡, 폄훼하는 무서운 죄입니다. 사단(마귀)이 바라는 바입니다. 예수님께서 이 땅에 사람의 몸으로 성탄하신 목적은 '만세 전에 하나님의 택한 백성들을 저희 죄에서 구원하기 위함'입니다. 이것이 성탄절의 본질과 핵심입니다. 만인 구원이 아니라 일부 사람들만 구원하는 제한 구원입니다. 예수님이 이 땅에 성탄(初臨)하신 이유와 목적은 단 한 가지뿐으로 택함을 받은 죄인들을 구원하시기 위함입니다. 성탄은 그 이상도 그 이하도 아닙니다.

따라서 기독교인들은 성경의 이런 말씀에 근거하여 구원의 절대성, 구원의 유일성, 구원의 배타성을 주장하는 것입니다. 성경에 있어서 교회밖의 구원의 다른 길과 상대성은 없습니다. 기독교인들이 교만하거나 폐쇄적이거나 배타적이거나 잘나서가 아니라 하나님께서 그리 말씀하시니 그대로 믿고 추종하고 말하는 것입니다. 기독교인들이 이런 주장을 할 때 조심해야 하는 것은 타 종교와 무종교자들을 비난, 공격, 무시하는 말은 하지 않는 것입니다. 다른 모든 종교를 존중해 주는 것입니다. 상대방을 존중해 주면서 개신교의 배타적인 구원론을 말하면 됩니다. 성경의 구원사상에 대해서만 설명해 주면 됩니다. 기독교의 구원론을 전하면서도 모든 자들의 확신과 주장을 존중해 주고 비난하거나 강요하지 말아야 합니다. 자신이 믿고 확신하는 것들만 품위 있고 예의 바르게 전해야 합니다. 믿고 안 믿거나 다른 종교를 추종하는 것은 각자가 결단하는 것입니다. 자기 마음대로 되는 것은 아니지만 각자 판단을 존중해 주어야 합니다. 믿음과 구원은 자기 의지로 결정하는 것이 아닌 하나님께서 하시는 것인데 은혜로 믿음을 주셔야 믿어집니다.

그 외에는 어떤 말을 해도 믿어지지 않고 믿지 않습니다. 예수님을 믿고 안 믿고는 자기 노력, 자기 지식, 자기 열심, 자기 의지, 자기 행위, 자기 똑똑함 등으로 되는 것이 결코 아닙니다. 이런 점을 기독교인과 타 종교인과 무종교인들은 오해하지 말아야 합니다. 이것이 기독교 중 개신교의 구원론 사상입니다. 참고로 천주교(로마가톨릭교회)의 구원론은 믿음+선행(1+1 구원론)입니다. 행위구원 사상입니다. 그것이 연옥사상입니다. 자유의지 구원사상입니다. 천주교의 구원사상은 개신교와 다를 뿐만 아니라 절대로 성경사상이 아닙니다. 그래서 천주교 구원론은 성경사상이 아니기에 배타적으로 대하는 것입니다. 성경사상이 아닌데도 수용하고 인정하면 아량이 넓은 그리스도인이 아니라 혼합주의, 자유주의, 종교다원주의 기독교인이 됩니다. 사이비 기독교인이 됩니다. 진리에 반하는 것을 지지하고 옹호하는 죄가 됩니다. 이는 또 다른 배교(背敎)로 참 그리스도인이 아닙니다. 상대방을 존중하면서도 아닌 것은 아니라고 분명하게 말해야 합니다. 그런 기독교인이 참 기독교인입니다. 다른 종교인들도 자기들의 교리에 근거해서 그리 주장하면 됩니다. 서로 싸우고 비난할 것이 전혀 아닙니다. 이에 각자 믿어지는 대로 살면 됩니다.

제18장

왜 사후세계, 즉 천국과 지옥이 있다고 합니까?

하나님과 성경이 천국과 지옥이 있다고 주장하기 때문입니다. 현재 우리가 눈으로 보고 있는 땅과 하늘과 바다와 산들과 국가들이 있는 것처럼 죽지 않고 영원히 사는 새 하늘과 새 땅인 천국과 영벌의 장소인 지옥이 반드시 있습니다. 세계에서 첫 번째로 추종하는 자들이 많은 기독교(천주교+개신교)는 한국, 미국처럼 장소적인 나라인 사후세계(내세/저승)가 반드시 있다고 말합니다. 세계 3대 종교 중의 하나인 불교와 이슬람교도 사후세계가 있다고 가르칩니다. 물론 불교와 이슬람교에서 말하는 저승은 기독교에서 말하는 사후세계와는 전혀 다릅니다. 그런데 사후세계를 인정하지 않는 자들은 기독교인들의 이런 주장에 대하여 불편해하고 불만이 있습니다. 왜냐하면 장례식장에서 유가족들에게 '명복(冥福)을 빈다'고 내세(저승)를 암시하는 말을 하면서도 기독교에서 말하는 사후세계는 믿지 않기 때문입니다. 사람이 죽으면 그것으로 끝난다고 말합니다. 그 이상은 없다고 말합니다. '천국과 지옥이 어디 있느냐'고 반발

합니다. 예의상 막연하게 좋은 곳에 간다고만 말합니다.

그것이 '명복을 빈다'는 말인데 이 말은 '사망자가 좋은 곳에 가기를 기원 한다'는 뜻입니다. 기원하는 자도 그곳이 어떤 곳인지 믿지 않고 확신하지도 못합니다. 어떤 사람들은 립 서비스로 위로하고, 어떤 사람은 막연한 저승을 생각하며 위로 차원의 말을 합니다. 그러나 성경은 사람이 살다가 죽으면 즉시 사후세계(낙원과 천국, 음부와 지옥)로 들어간다고 말합니다. 그래서 사후세계가 있다고 분명하게 주장합니다. 망자의 영혼이 장례식이 끝날 때까지 기다리고 있다가 떠나는 것이 아니라 사망 즉시 떠납니다. 따라서 장례식장에서의 이런저런 말은 사후약방문식의 립 서비스에 불과합니다. 망자에게 아무런 영향을 미치지 못합니다. 어떤 사람들은 이런 기독교인들의 주장이 불편할 수 있습니다. 그러나 기독교인들은 성경이 사후세계를 분명히 언급하고 말하므로 믿고 추종합니다.

누가복음 23장 43절

"예수께서 이르시되 내가 진실로 네게 이르노니 오늘 네가 나와 함께 낙원(樂園)에 있으리라 하시니라"

이 말씀은 예수님께서 십자가에 달려 계실 때 좌우에 두 강도도 십자가에 달렸는데 한쪽 강도가 예수님에 대한 신앙고백을 하자 예수님께서 하신 말씀입니다. 한 강도가 십자가에 달린 상태에서 바로 옆에 십자가에 달리신 구세주 예수님을 믿는 신앙고백을 하자 예수님께서 그 강도에게 말씀하시기를 십자가에서 죽은 후 즉시 내세인 낙원에 들어갈 것이라고 말씀하신 것입니다. 천국은 자신의 공로나 선행, 자기 의지가 아닌 오직 예수 그리스도를 믿음으로 가기 때문에 이런 말씀을 하신 것입니다. 자기 공로나 선행으로 구원을 받는다면 강도는 당연히 구원을 받지 못합니다. 그러나 구원의 기준이 사람들이 생각하는 행위의 기준이 아닌 하나님의 기준인 믿음으로 되기 때문에 어떤 악한 자라도 구원을 받을 수 있는 것입니다. 예수님은 그 강도에게 즉시 사후에 장소적인 내세인 낙원에 들어갈 것이라고 말씀하셨습니다. 또 예수님께서 다음과 같이 장소적인 내세에 대하여 말씀하셨습니다.

마태복음 25장 46절
"저희는(예수님을 불신한 자들) 영벌(지옥)에, 의인들은(예수님을 진실로 믿는 자들) 영생(천국)에 들어가리라 하시니라"

여기서 **"영벌"**이란 예수님을 믿지 않은 자들이 사후(死後)에 들어가 영원히 고통만 받으며 사는 장소적인 '지옥'을 가리킵니다. **"영생"**이란 참 그리스도인들이 사후에 천국에 들어가 영원히 평안과 행복을 누리고 하나님을 경배하며 사는 장소적인 '천국'을 가리킵니다. 영벌(지옥)과 영생(천국)은 실재하는 사후세계를 말합니다. 공상소설이 아닙니다. 사람이 지어낸 말이 아닙니다. 또 성경은 범죄한 천사, 타락한 천사와 관련하여 지옥이 있음을 말합니다.

베드로후서 2장 4절
"하나님이 범죄한 천사들(사단+귀신들)을 용서치 아니하시고 지옥에 던

저 어두운 구덩이(음부, 중간상태)에 두어 심판 때까지 지키게 하셨으며"

사람들만 사후에 천국과 지옥에 들어가는 것이 아닙니다. 사람의 눈에 보이지 않는 영적 존재인 천사들이 있는데, 하나님께 범죄한 천사들, 악한 천사들도 지옥에 들어가게 됩니다. 성경은 범죄한 천사, 타락한 천사들을 귀신(鬼神)들이라고 합니다. 귀신은 군대처럼 많습니다. 그래서 **"범죄한 천사들"**이라고 헬라어 원어는 복수로 표현하고 있습니다. 그것은 타락한 천사들이 많다는 의미입니다. 천사들과 귀신들은 영물이기 때문에 눈에 보이지 않습니다. 이 세상에는 실제로 하나님이 부리시는 천사들도 많고 귀신들의 우두머리인 사단(마귀, 단수)이 부리는 귀신들도 많습니다. 성경에 보면 귀신이 동물에게도 들어가고 일부 불신자 사람 속에도 들어가 사람을 망가뜨립니다. 일반적인 정신 이상이 있는 자들도 있지만 귀신이 들려 이상한 행동을 하는 사람들도 있습니다. 물론 귀신 들린 자들은 많지 않습니다. 또 예수님께서는 제자들에게 두려워할 대상을 언급하시면서 지옥이 있음을 말씀하셨습니다.

마태복음 10장 28절
"몸은 죽여도 영혼은 능히 죽이지 못하는 자들을 두려워하지 말고 오직 몸과 영혼을 능히 지옥에 멸하시는 자(하나님)를 두려워하라"

이 말씀 가운데는 사람의 구성 요소인 '육체(몸)와 영혼'이 있음을 밝히셨습니다. 또한 사람의 몸만 죽이는 자가 있고 몸과 영혼 모두를 지옥에 멸하시는 자가 있다고 합니다. 몸만 죽이는 자는 악한 사람들이고, 몸과 영혼 모두를 지옥 불에 던져 죽이시는 분은 공의로우신 하나님이십니다. 그래서 하나님을 믿지 않는 자들은 깡패들이나 악하고 권세 있는 사람들을 두려워하지만, 기독교인들은 사람을 두려워하지 않고 하나님만을 두려워합니다. 또 예수님은 자기 손, 발, 눈이 범죄케 하거든 찍어 버리거나 빼 버리라고 합니다. 불구자로 천국에 들어가는 것이 멀쩡한 몸으로 지옥에 들어가는 것보다 낫다고 하십니다. 실제로 범죄했을 때 팔다리를 잘라 버리라는 말씀이 아니라 그 정도로 죄의 결과로 주어지는 지옥 형벌이 끔찍하기에 반드시 피해야 할 것으로 말합니다. 그러니 이웃을 실족케 하는 범죄를 저지르지 말라는 것입니다. 천국과 지옥이 분명히 있음을 전제하여 말씀하신 것입니다. 만일 천국과 지옥이 없다면 이런 말씀을 하실 필요가 없을 것입니다. 나쁜 짓을 해도, 예수님을 믿지 않아도 지옥에 가지 않는데, 심판을 받지 않는데 죄를 범하든 범하지 않든지 상관이 없는 것입니다. 그러나 지옥과 천국이 있고 인류 최후의 심판이 있기 때문에 함부로 살아서는 큰일 납니다.

마가복음 9장 43~49절

"만일 네 손이 너를 범죄케 하거든 찍어 버리라 불구자로 영생에 들어가는 것이 두 손을 가지고 지옥 꺼지지 않는 불에 들어가는 것보다 나으니라 만일 네 발이 너를 범죄케 하거든 찍어 버리라 절뚝발이로 영생에 들어가는 것이 두 발을 가지고 지옥에 던지우는 것보다 나으니라 만일 네 눈이 너를 범죄케 하거든 빼어 버리라 한 눈으로 하나님의 나라에 들어가는 것이 두 눈을 가지고 지옥에 던지우는 것보다 나으니라 거기는 구더기도 죽지 않고 불도 꺼지지 아니하느니라 사람마다 불로서 소금 치듯 함을 받으리라"

또 예수님은 가짜 신자, 외식하는 신자, 종교적인 신자가 들어갈 지옥
불을 언급하시면서 사망한 이후에 들어갈 장소적인 천국에 대하여 말씀
하셨습니다.

마태복음 7장 21절
**"나더러 주여 주여 하는 자마다 천국에 다 들어갈 것이 아니요 다만 하
늘에 계신 내 아버지의 뜻대로 행하는 자라야 들어가리라"**

디모데전서 4장 8절
**"육체의 연습은 약간의 유익이 있으나 경건은 범사에 유익하니 금생
(今生, 현세, 이승)과 내생(來生, 사후세계, 저승)에 약속이 있느니라"**

이 말씀은 행위구원을 말하는 것이 아니라 위선적인 신앙인에 대한 지
적이자 경고입니다. 종교인들, 기독교인들, 교회에 다니는 자들 중에는
위선자들이 있습니다. 겉과 속이 다른 자들이 있습니다. 위선자들은 입
으로만 예수님을 부르고 주의 말씀대로는 행하지 않습니다. 예수님을 진
실로 믿지 않기 때문입니다. 이런 자들은 입으로 예수님을 외치고 교회
에 출입은 해도 구원을 받지 못합니다. 교회에 초청은 받았지만 선택은
받지 못한 자들입니다. 이들은 천국에 들어가지 못합니다. 가짜 신자이
기 때문입니다. 성경은 진실로 인류의 유일한 구세주인 예수님을 믿어야
사후에 낙원과 천국에 들어간다고 말합니다. 그러나 교회에 출입하고,

직분을 가졌고, 신앙생활을 오래 했고, 여러 봉사의 일을 잘했다고 해도 입으로만 '주여! 주여!' 하고 성부 하나님의 뜻대로 행하지 않는 사람은 천국에 들어가지 못한다고 말합니다. 이는 행위가 부족해서가 아니라 진실로 거듭나지 않았기 때문입니다. 진실로 택함을 받은 자라면 이 땅에서 진리 안에, 그리스도 안에 머물러 살아야 합니다. 그런 자가 택함을 받은 자라고 할 수 있습니다.

이처럼 성경은 사람이 죽으면 그것으로 끝나지 않고 저승인 낙원과 천국, 지옥과 음부가 있음을 분명하게 말합니다. 그래서 기독교인들은 이 세상에서도 반듯하게 살 뿐만 아니라 사망 후에도 천국과 지옥이 있음을 알기에 사후세계를 말하면서 천국에 들어갈 수 있도록 천국에 가는 유일한 길인 예수님을 믿자고 하는 것입니다. 축구선수들도 전반전과 후반전이 있음을 알고 훈련하고 경기를 준비합니다. 전반전만 뛰고 집으로 가는 선수는 없습니다. 관중들도 마찬가지입니다. 기독교인들도 현세(전반전)와 내세(후반전)가 있음을 알고 구세주인 예수님을 믿고 살아갑니다. 만일 저승, 내세, 사후세계가 없다면 예수님과 하나님을 믿을 필요가 없고, 교회에 다닐 필요가 없습니다. 축구와 야구시합이 없는데 구경하러 운동장에 가는 사람은 없습니다. 그 이유는 바보짓이고 다 헛된 것이기 때문입니다. 그러나 현세와 내세가 분명히 있고, 천국과 지옥이 있고, 사후에 심판이 있고, 전지전능하신 하나님께서 존재하시기 때문에 하나님을 믿고 사는 자가 가장 행복한 자요, 성공한 자요, 지혜로운 자입니다.

제19장

기독교인은 왜 창조론만 주장합니까?

성경과 하나님이 하나님에 의한 창조론만 주장하기 때문입니다. 기독교(천주교+개신교) 중 개신교는 완전한 창조론을 믿고 주장하지만 천주교는 완전한 창조론이 아닌 유신 진화론을 주장합니다. 개신교는 영혼과 육체의 완전한 창조론을 주장하며 유신 진화론을 배격합니다. 점진적 창조론도 배격합니다. 왜냐하면 기독교 진리 책인 성경이 완전한 창조론을 주장하기 때문입니다. 참고로 '유신 진화론'이란 '창조 후에 진화가 이뤄진다는 것'을 말합니다. 창조론(創造論)이란 '태초에 스스로 살아 계신 하나님께서 말씀으로만 우주만물을 무(無)에서 유(有)로 완전하게 창조하셨다'는 주장입니다. 이런 기독교의 주장에 대하여 타 종교와 무종교인들은 매우 불편해하면서 인정하지 않습니다. 당연한 현상입니다. 왜냐하면 하나님으로부터 믿음을 선물(은혜)로 받지 않으면, 성경을 모르거나 믿지 않는 자들은 하나님의 존재와 창조 등에 대하여 결코 믿어지지 않기 때문입니다.

그래서 진실로 거듭난 기독교인들만이 영이신 하나님을 믿고 완전한 창조론을 믿습니다. 교회에 출입해도 진실로 거듭나지 않은 종교인들은 하나님과 창조론을 믿지 못합니다. 현재 천지만물의 존재에 대하여 각종 설이 있습니다. 진화설, 유신 진화설, 빅뱅설(우주대폭발), 자연설(自然說, 스스로 존재함), 기타 등입니다. 특히 〈내셔널지오그래픽〉이나 〈동물의 세계〉 등의 자연 다큐멘터리를 보면 피조물을 혹은 창조물에 대하여 자연(自然)이라고 하거나 진화된 것이라고 언급합니다. 성경은 이에 대하여 단호히 부정합니다. 기독교인들 중에도 생각 없이 '자연'이라고 말할 때가 있습니다. 이런 여러 설에 대하여 어느 것 하나 명쾌하게 증명된 것이 없습니다. 증명할 수가 없습니다. 사실이 아니기 때문입니다. 그래서 미국의 경우도 50개 주마다 어느 주는 진화론을 가르치고 어느 주는 창조론을 가르칩니다. 기독교 국가에서는 창조론을 가르치고 그 외의 국가에서는 진화론을 가르칩니다. 우리나라 교과서에도 진화론을 가르칩니다. 이러한 현상은 전 세계적입니다. 기독교를 제외하고 세계 어느 종교도 자기들이 추종하는 경전에 자신들이 믿는 신이 천지를 창조했다고 말하지 않습니다. 그런 사실이 없고 모르기 때문입니다. 그러나 기독교는 하나님의 말씀인 성경을 통하여 스스로 계시고 눈에 보이지 않는 영(靈)이신 하나님께서 천지만물을 창조하셨다고 분명하게 말합니다. 그래서 기독교 중 개신교는 완전한 창조론을 믿고 주장합니다. 이에 대한 성경의 근거는 다음과 같습니다.

창세기 1장 1절

"태초에 하나님께서 천지(天地)를 창조하시니라"

히브리서 3장 4절

"집마다 지은이가 있으니 만물(우주)을 지으신 이는 하나님이시라"

여기서 **"태초"**(太初)란 '맨 처음에'란 뜻으로, 스스로 계신 하나님이 천지 창조를 개시함으로써 시작된 역사적 '시간의 출발점'을 가리킵니다. 하나님께서는 천지에 아무것도 없는 무(無) 상태에서 궁창(하늘)과 지상과 물속과 땅속에 현재 존재하고 있는 모든 식물들, 생물들, 동물들, 온갖 물질들, 사람 등을 유(有)로 창조하셨습니다. 세상에 존재하는 것들은 그냥 생긴 것이 아닙니다. 세상에 그런 것은 없습니다. 누군가는 만들었기에 존재합니다. 구약성경 창세기 1장은 스스로 살아 계신 하나님께서 시간적으로 6일 동안 천지만물을 창조하셨음을 구체적으로 기록하고 있습니다. 첫째 날은 빛을 창조하셨고, 둘째 날은 궁창(하늘)을 창조하셨고, 셋째 날은 바다/육지/식물들을 창조하셨고, 넷째 날은 해/달/별들을 창조하셨고, 다섯째 날은 조류/어류들을 창조하셨고, 여섯째 날은 짐승들과 인간을 창조하셨다고 기록하고 있습니다. 모든 집을 비롯한 건물들은 지은이, 즉 건축자가 있습니다. 집과 건물과 아파트가 자기 스스로 세워지는 일은 절대로 없는 것처럼, 이 천지만물도 스스로 존재하는 것이 아닙니다. 이를 스스로 계시시고 전지전능하신 하나님께서 창조하셨다고 합니다.

이러한 주장은 오직 기독교의 성경만 주장합니다. 다른 종교에는 전혀 없습니다. 하나님 외에는 천지만물을 창조하신 자가 없고 그런 사실을 모르기 때문입니다. 비기독교인들은 이러한 사실을 알지 못하기 때문에 막연하게 이런저런 다른 주장들을 합니다. 다른 종교나 그 어떤 기관이나 단체도 이런 식으로 천지 창조와 천지만물의 시작과 존재에 대해서 구체적으로 말하지 못합니다. 여러 설이 있다는 것만 주장합니다. 오직 기독교만 만물 창조에 대해서 구체적이고 명확하게 창조론을 주장합니다. 그런즉 기독교인들은 당연히 하나님 말씀인 성경을 믿고 추종하고 주장하는 것이 상식입니다. 이를 탓하는 것은 바른 자세가 아닙니다. 믿어지지 않으면 믿지 않으면 그만입니다. 창조론을 주장하든지 부정하든지 다른 것을 주장하든지 서로 존중해 주면 됩니다. 각자가 믿어지는 대로 믿으면 됩니다. 상대방이 자기 생각과 다르다고 미워하거나 싸울 것이 전혀 없습니다.

창조론을 반대할 것 같으면 다른 것을 증명하는 주장을 제시해야 합니다. 무조건 반대하는 것은 누구나 할 수 있습니다. 이걸 가지고 기독교인을 비난하고 욕하는 것은 옳지 않습니다. 우리가 마트에 가면 직원들이 호객행위, 판촉행위를 합니다. 그렇다고 그들을 욕하지 않습니다. 구매할 마음이 없으면 사지 않고 그냥 지나치면 그만입니다. 창조론이 믿어지지 않는 사람들은 기독교인들이 하나님의 유일한 창조론을 말해도 참고로만 알고 있으면 됩니다. 안 믿어지면 그냥 무시하면 됩니다. 단, 기독교인들은 기독교 진리인 완전한 창조론만 주장하고 다른 주장들에 대해서는 비난하거나 무시하지 않아야 합니다. 강요해서도 안 됩니다. 논쟁을 하지 않아야 합니다. 논쟁으로 믿어지는 것이 아닙니다. 논쟁을 통해서 이기려고 하면 서로가 불편해 집니다. 유익이 하나도 없습니다. 단지 기독교 창조론만을 간단명료하게 설명하는 데 그쳐야 합니다.

모든 사람들은 옳든 그르든, 사실이든 사실이 아니든지 각기 자기들이 확신하는 것을 믿고 주장하게 되어 있습니다. 마치 시험을 볼 때 정답이든 아니든 자기의 확신을 가지고 답을 쓰는 것처럼 말입니다. 모든 사람들이 각기 나름 확신을 가지고 주장하고 쓰더라도 결과는 전혀 다르게 나타나는데 그 이유는 정답은 하나뿐이기 때문입니다. 정답은 여러 개일 수 없습니다. 사람들은 정답이 나올 때까지 각자 자기의 주장과 생각이 맞다고 주장합니다. 정답, 참은 단 하나뿐이고 모든 문제를 100% 정확히 아는 수험생은 극히 적습니다. 무엇이든지 정답, 참은 여러 개가 아닙니다. 진짜는 항상 하나뿐입니다. 이는 진리 이전에 우리가 부인할 수 없는 일반 상식입니다. 많은 사람들은 창조론뿐만 아니라 많은 다른 것에 대해서도 가짜를 진짜로, 진짜를 가짜로 착각하여 확신하고 살기도 합니다. 가장 대표적인 것이 유튜브, 인터넷, 언론, 방송, 책, 교과서, 팟캐스트(podcast, 인터넷 개인 방송) 등에서의 이런저런 주장과 가짜뉴스와 가짜정보 등입니다. 수많은 정보들이 활개를 치지만 가짜뉴스도 많고, 진짜와 가짜가 섞여 있는 정보도 많고, 처음부터 가짜인 것들도 수두룩합니다. 이런 사실을 아는 자들이나 모르는 자들이 속아서 이용당합니다.

　그러나 결과와 사실과 해답은 언제나 하나뿐입니다. 신에 대해서나 창조에 대해서 여러 설이나 주장들이 있지만 진짜는 하나뿐입니다. 진실, 진리는 둘이 아닌 하나이기 때문입니다. 누군가는 잘못 알거나, 잘못 믿거나, 오해하거나, 속아 사는 것입니다. 창조론은 일반 건축물처럼 논리와 과학적으로 증명하지 못합니다. 왜냐하면 전지전능하신 하나님께서 말씀으로 창조하셨기 때문입니다. 이는 마치 '누군가를 사랑한다'고 했을 때 사랑을 과학, 수리, 이성, 논리적으로 증명하거나 설명하지 못하는 것과 같습니다. 사랑이라는 실체는 눈에 보이지 않습니다. 단지 행위로 나타나는 것입니다. 그래서 오직 성경에 기술된 것을 믿음으로만 받아들일 수 있습니다. 그러면 이해가 됩니다. 그 전에는 누구든지 받아들이기 어려울 것입니다. 특히 과학적이고 실존적인 사상을 가진 자들은 눈으로 확인하거나 논리적으로 증명된 것이 아닌 것은 받아들이지 않고 믿지 않습니다. 그래서 이들은 기독교의 창조론을 부인합니다. 아무튼 성경이 완전한 창조론만 주장하기에 그리스도인들이 창조론만 주장하는 것입니다. 이런 것을 탓하지 말고 서로 존중해야 합니다. 믿어지면 믿어지는 대로, 안 믿어지면 안 믿어지는 대로 살면 됩니다. 다툴 이유가 없습니다.

제20장

왜 하나님만 존재한다고 합니까?

성경이 이 우주와 지구촌에는 천지만물을 창조하신 하나님, 전지전능하신 하나님(여호와)만 유일하게 존재하신다고 하기 때문입니다. 진짜는 항상 하나만 존재합니다. 기독교(천주교+개신교)인들은 천하에 오직 눈에 보이지 않고 스스로 계시고, 초월적인 영(靈)이신 성삼위(성부 하나님+성자 예수님+성령 하나님) 삼위일체 하나님만이 살아 계신 신(神)이라고 믿고 주장합니다. 그 이유는 기독교 진리 책인 성경이 그리 말하기 때문입니다. 이러한 주장에 대하여 타 종교자들과 무종교자들은 불편해 하면서 부정합니다. '하나님이 어디 있느냐'고 항의합니다. '하나님이 있으면 보여 달라'고 억지를 부립니다. 이는 마치 바람이 분다고 하니 '바람이 어디 있느냐'고, '바람을 보여 달라'고 무리한 요구를 하는 사람과 같습니다. 하나님은 사람처럼 어떤 모양이나 형상이 없습니다. 눈에 보이지 않는 영(신령하고 초월적이신 살아 계신 분)이시고 스스로 자존하시는 분이시기 때문에 누구도 볼 수 없고 보여 줄 수도 없습니다. 너무나도 거룩하셔서서 누구든지 보는 순간 죽습니다.

디모데전서 6장 16절

"오직 그에게만(하나님) 죽지 아니함이 있고 가까이 가지 못할 빛에 거하시고 아무 사람도 보지 못하였고 또 볼 수 없는 자시니 그에게 존귀와 영원한 능력을 돌릴찌어다 아멘"

그래서 구약성경에도 하나님의 음성만 나타내 보이십니다. 또한 하나님이 존재하지 않는다고 하거나 자기들이 추종하는 종교에도 신이 있다고 주장합니다. 각자 그렇게 주장할 수 있습니다. 서로 존중해 주어야 합니다. 이슬람교의 경우 이슬람의 알라와 기독교의 하나님은 '같다'고까지 말합니다. 하지만 천부당만부당한 거짓 주장입니다. 이슬람교가 유일신을 주장하지만 기독교의 유일신 하나님과는 전혀 다른 유일신론입니다. 이슬람교는 성자 하나님(예수님)을 신으로 인정하지 않습니다. 성자 예수님의 십자가 죽으심과 부활도 부정합니다. 하나님은 영이시고 어떤 형상이 아니시기에 사람처럼 눈으로 볼 수 없습니다. 기독교 입장에서 말하면 하나님은 분명히 존재하시며, 다른 신은 없다고 말합니다. 이슬람교의 알라는 단일신(單一神) 하나님이라고 주장하지만 기독교는 삼위일체(三位一體) 하나님(성부, 성자, 성령)을 믿고 주장합니다.

이슬람교에서는 구세주이자 하나님이신 예수 그리스도를 하나님으로 믿지 않고 부인합니다. 이슬람교는 예수님의 구세주 되심과 십자가 죽음과 부활까지 부인합니다. 그런데 알라와 하나님이 어찌 같은 하나님이라고 합니까? 이는 성경의 신론에 무지하거나 아니면 알면서도 거짓말을 하는 것이라고 할 수 있습니다. 이슬람교는 기독교가 아닌 전혀 다른 종교일 뿐이고 같은 하나님을 뜻하지 않습니다. 이슬람교의 '알라'가 유일신이니 기독교의 유일신 하나님과 같다고 하지만 전혀 아닙니다. 이슬람교 학자들이 TV와 방송 등에 나와서 이슬람교의 알라와 기독교의 하나님이 같다고 주장하는 것은 우리나라에서 이슬람교를 전파하기 위한, 거부감을 없게 하기 위한 하나의 전술과 술책에 불과합니다. 속임수입니다. 이슬람교는 거짓말을 용인하는 교리가 있습니다. 소위 '타끼야 교리'(위장교리)로 진실을 숨기는 교리입니다. 기독교 이단단체인 '신천지'는 이를 '모략'이라고 합니다. 그래서 거짓말을 당당하게 가르치고 행합니다. 자연스럽게 거짓말을 합니다. 이러한 차이와 내용을 정확히 모르는 불신자들과 기독교인들 중 약 23% 정도가 이슬람교 알라와 기독교 하나님은 같은 분이라고 오해합니다. 미국의 기독교인들도 마찬가지입니다. 성경과 삼위일체 신론 교리, 이슬람교의 '알라'에 대하여 정확하게 알지 못한 데서 나온 주장입니다. 하나님에 대한 성경의 근거는 다음과 같습니다.

출애굽기 3장 14절
"하나님이 모세에게 이르시되 나는 스스로 있는 자니라 또 이르시되 너는 이스라엘 자손에게 이같이 이르기를 스스로 있는 자가 나를 너희에게 보내셨다 하라"

이스라엘의 지도자, 이스라엘 백성들을 애굽에서 이끌고 나온 모세도 눈에 보이지 않지만 말씀하시고 역사하시고 살아 계신 하나님에 대하여 궁금했습니다. 이에 하나님께 묻기를 '애굽(지금의 이집트)에 갔을 때 이스라엘 백성들이 하나님에 대하여 물으면 어찌 대답해야 합니까?'라고 했을 때 하나님께서 모세에게 하신 말씀입니다. **"나는 스스로 있는 자니라"** 하나님은 피조물이 아닙니다. 어떤 형상이 아닙니다. 누가 조각하거나 만든 분이 아닙니다. 영원 전부터 스스로 자존하시는 분이십니다. 그래서 눈으로 볼 수 없습니다. 이는 어찌 증명할 수 없는 놀라운 신비입니다. 인간의 이성과 논리나 과학으로 알 수 없습니다. 증명할 수도 없습니다. 사람의 사진을 보여 주듯이 하나님의 모양을 보여 줄 수 없습니다. 그럼에도 불구하고 살아 역사하시고 존재하시기 때문에 믿을 수밖에 없습니다. 바람이 눈에 보이지 않지만 존재하는 것과 같습니다. 모든 만물, 피조물은 스스로 존재한 것이 아니라 이런 전능하신 하나님께서 말씀으로 창조하셨습니다. 만물의 창조물을 통해서 역으로 전지전능하신 하나님을 증명할 수 있습니다. 성경 창세기 1장이 잘 말해 줍니다. 만물의 창조자인 하나님은 영원 전부터 스스로 계신 분이십니다. 누가 창조하신 분이 아닙니다. 이는 과학적으로 증명할 수 없는 초월적인 신비입니다. 오직 믿음으로만이 받아들일 수 있고 성경을 통해서만 증명이 됩니다. 더 나아가 하나님이 행하시는 이적체험을 통해서도 확인할 수 있는데, 이는 살아 계시면서도 전능하신 분이시기 때문입니다. 성경은 하나님의 존재와 만물 창조를 이렇게 증거합니다.

히브리서 3장 4절

"집마다 지은이가 있으니 만물(萬物)을 지으신 이는 하나님이시라"

사도행전 17장 24~25절

**"우주와 그 가운데 있는 만유를 지으신 신(하나님)께서는 천지의 주재
(主宰)시니 손으로 지은 전(殿)에 계시지 아니하시고 또 무엇이 부족한
것처럼 사람의 손으로 섬김을 받으시는 것이 아니니 이는 만민에게 생명
과 호흡과 만물을 친히 주시는 자이심이라"**

건축물을 보면 누구나 건축자가 있다는 것을 압니다. 건축자나 건축회
사는 정확히 몰라도 건물을 세운 사람이 반드시 있다는 것만은 누구도
부정할 수 없습니다. 하나님의 실존에 대한 증명도 성경으로 믿지 못하
면 만물의 존재를 통해서 역으로 알 수 있습니다. 마치 그림자를 통해서
역으로 빛이 존재한다는 것을 아는 것처럼 말입니다. 빛이 존재하지 않
는다면 그림자도 존재하지 않습니다. 하나님이 존재하지 않는다면 천지
만물도 존재할 수 없습니다. 아파트도 건축자가 없으면 존재하지 못합니
다. 아파트와 피조물은 스스로 존재할 수 없기 때문입니다. 만물은 스스
로 존재하는 것이 아니라 만든 분이 있기 때문에 존재하는 것입니다. 만
물을 보면 초자연적인 능력의 소유자가 존재함을 알 수 있습니다. 왜냐
하면 초자연적인 능력의 소유자가 아니고서는 도저히 천지만물을 창조
할 수 없기 때문입니다. 누가 하늘과 땅과 바다와 그 안에 있는 모든 피조
물들을 만들 수 있겠습니까? 인간은 불가능합니다. 전능하신 신이 아니
고서는 설명과 해명이 불가능합니다.

그래서 모든 사람들은 그분이 누구인지 구체적으로 알지 못하고 막연
하게 어떤 전능하신 신이라고만 인정할 뿐입니다. 그래서 우리 조상들은

하늘과 땅과 바다 등을 향하여 상에 음식을 차려놓고 빌고 제사를 지냈습니다. 어떤 신인지 정확히 모르니 막연하게 그리한 것입니다. 하지만 기독교 진리 책인 성경은 이 신이 만물을 창조하신 하나님, 영원토록 살아 계신 전능자 하나님, 천지만물을 불꽃같은 눈으로 살피시는 하나님, 사람들의 기도를 들으시고 응답하시는 하나님이라고 분명하게 말하면서 역으로 만물 창조를 통해서 전능하신 하나님이 살아 계심을 증명합니다. 우리가 태양이나 빛을 보지 않아도 태양과 빛이 존재하는 것을 알 수 있는 방법이 있습니다. 그것은 그림자를 통해서입니다. 그림자가 있으면 빛이 있는 것을 압니다. 그림자는 스스로 만들어지지 않고 빛에 의하여 만들어지기 때문입니다. 그림자는 스스로 그림자를 발생시키지 못합니다. 그림자와 같은 만물은 스스로 존재하지 못합니다. 이는 상식적인 논리입니다.

또 하나 유아들을 보면 부모가 누구인지는 모르지만 반드시 부모가 있다는 것을 알 수 있습니다. 왜냐하면 부모 없이 자식이 출생할 수 없기 때문입니다. 이처럼 하나님에 대한 존재 여부도 역으로 천지만물 혹은 피조물을 통해서 알 수 있습니다. 기독교인을 제외한 사람들은 단지 창조주가 누구신지, 하나님이 어떤 분이신지 구체적으로 모르는 것뿐입니다. 그래서 많은 사람들은 하늘을 향하여 막연한 어떤 천지신명에게 빌거나 제사를 드립니다. 아니면 자기들이 나무, 돌, 청동 등으로 조각하고 만든 어떤 형상을 세워 놓고 신으로 숭배합니다. 엎드려 절하고 소원을 빕니다. 학생이 시험 볼 때 정답을 모르니 아무 숫자를 쓰는 것과 같습니다. 그러나 하나님께서는 기독교 진리 책인 성경을 통해서 자신이 천지만물을 창조하신 여호와(스스로 계신 분) 하나님이라고 명확하게 밝힙니다. 천지를 창조하신 여호와를 한국에서는 '하나님'이라고 부릅니다.

출애굽기 20장 3절

"너는(너희들은) 나(여호와 하나님) 외에는 다른 신들(우상들, 가짜 신들, 말하지 못하는 형상과 모양들)을 네게 있게 말찌니라"

이사야 43장 11절

"나 곧 나는 여호와(하나님)라 나(하나님) 외에 구원자가 없느니라"

역대상 17장 20절

"여호와여 우리 귀로 들은 대로는 주(主)와 같은 이가 없고 주(主, 하나님) 외에는 참 신(神)이 없나이다"

이사야 44장 6절

"이스라엘의 왕인 여호와, 이스라엘의 구속자인 만군의 여호와가 말하노라 나는 처음이요 나는 마지막이라 나(하나님) 외에는 다른 신(神)이 없느니라"

하나님께서는 이스라엘 백성들과 신·구약 모든 영적 기독교인들에게, 하나님의 언약백성들에게 오직 하나님만을 섬기라고 명령하셨습니다. 그 이유는 다른 신은 없기 때문입니다. 믿고 안 믿고를 떠나서, 속고 안 속고를 떠나서 참 신은 오직 한 분밖에 없습니다. 참과 참 종교는 하나밖에 없습니다. 이것은 신앙을 떠나서 보편적인 상식입니다. 누군가는, 많은 사람들은 속고 사는 것입니다. 동시에 다른 신들(gods, 우상들, 형상들)을 만들지도 말고, 섬기지도 말고, 절하지도 말고, 제사도 드리지 말라고 경고하셨습니다. 그 이유는 하나님 외에 다른 신은 가짜로 헛된 것이기 때문입니다. 눈으로 보고 사람이 손으로 만든 형상, 모양들은 생명이 없습니다. 결코 인간이 숭배하는 신이 될 수 없습니다. 사람이 조각한 형상이 어찌 신이 될 수 있습니까? 조화 같은 것에 불과합니다. 사람이거나 사람이 만든 조각상인데 그것을 신이라고 믿고 그 앞에 가서 절하고, 기도하고, 엎드리고, 숭배하고, 제물을 바치는 것은 짐승들도 황당하게 여길 코미디이자 매우 어리석은 일입니다. 이는 마치 산에 가서 큰 돌이나 나무에게 절하고 경배하는 짓과 동일합니다. 학벌을 떠나 인간이 얼마나 어리석은지 모릅니다.

   여기서 **"신들"**이란 생명과 능력이 없는 가짜 신들인 우상(각종 조각한 형상과 모양들)을 가리킵니다. 사람들이 조각한 형상일 뿐입니다. 자기들이 손으로 조각하여 만들어 세우고는 그게 신이라고 엎드려 숭배합니다. 얼마나 황당한 일입니까? 이는 마치 돼지를 잡아 죽인 이후 머리를 삶아 그 코나 귀에 만 원짜리 지폐를 꽂아놓고 엎드려 돼지머리에 잘 봐달라고 절과 고사를 지내는 자들과 다르지 않습니다. 생각을 좀 하고 살아야 합니다. 인간의 어리석음은 끝이 없습니다. 살아 있는 돼지들이 웃을 일입니다. 그러나 하나님은 사람이 만든 것도 아니고 스스로 존재하시는 분이십니다. 참신은 누구든지 만들 수 없습니다. 사람이 만들거나, 조각하거나, 그리는 순간 신이 아닙니다. 지구상에 존재하는, 우리나라에 존재하는 종교의 신들, 우상들을 보기 바랍니다. 실존하는 여러 종교들을 보기 바랍니다. 그들이 숭배하는 신들이 어떤 것인지를 말입니다. 사람들이 조각하여 세운 형상들입니다. 사람이 만든 신이라면 인간만도 못한 신에 불과함을 자인하는 것입니다. 오직 성경과 만물만이 하나님의 존재를 직접 혹은 간접적으로 언급합니다. 그래서 기독교인들은 유일신이신 삼위일체 하나님만 존재한다고 주장합니다. 이는 억지나 배타적인 주장이 아닙니다. 사실입니다. 기독교 진리인 성경에 근거한 합당한 주장입니다.

모든 종교는 나름 자기들이 믿고 추구하는 교리와 경전을 통해서 자신들의 신을 설명하면 됩니다. 이러한 자세는 나쁜 것이나 배타적인 것이 아닙니다. 당연한 것입니다. 자기가 신봉하는 종교에 대한 확신입니다. 자신감입니다. 믿음입니다. 자기가 신봉하는 종교나 신앙이 참이든 아니든 일단은 그리 생각해야 합니다. 그런 설명과 주장을 못 하면 어느 종교인이든지 무능한 신자이거나 사이비입니다. 이에 누구든지 헛것이든지 진짜이든지 믿어지는 것을 믿으면 됩니다. 세상 종말에는, 시험이 끝나면 무엇이 진짜이고 어떤 종교가 참인지 가려질 것입니다. 그러면서 서로 존중하면 됩니다. 종교나 종교인들끼리 다투고, 경쟁하고, 싸울 이유가 하나도 없습니다. 어느 종교든지 강요나 비난과 공격과 테러는 옳지 않습니다. 자기가 믿는 종교 교리에 대하여 단순히 제시와 설명만 하고 사람들이 선택하게 해야 합니다.

참 신은 강요나 강제로 믿어지는 것이 아니기 때문입니다. 종종 종교인들마다 강제로 개종을 시도하거나, 타 종교를 비난하고 공격하거나, 강제로 예배에 참석하게 하거나, 자기들 종교 집회에 참석한 다른 종교인에게 자기들처럼 종교행위를 취하라고 강요하는데 이는 오해, 무지, 매우 부당한 짓입니다. 아주 무례한 짓입니다. 참된 신앙이 무엇인지조차 모르는 짓들입니다. 누구든지, 어느 종교든지 종교적 행위는 각자가 알아서 결정하는 것입니다. 강요하거나 강제하지 말아야 합니다. 이는 헌법 19조와 20조에서 보장된 양심과 종교의 자유에 해당합니다. 상식이기도 합니다. 이슬람교처럼 강제로 개종하게 하는 일은 난센스입니다. 따라서 그런 부적절한 요구나 언행은 절대로 하지 말아야 합니다. 무엇이든지, 어떤 사람이든지, 어떤 종교든지, 어떤 신앙인이든지 가짜들은 강제와 협박과 폭력과 살인을 행사합니다. 자기들 종교를 추종하지 않으면 참수를 합니다. 상대방을 존중하지 않습니다. 그런 행위 자체가 가짜라는 것을 자인하는 것이 됩니다. 가장 대표적인 집단이 이단들과 사이비 종교 단체들입니다. 가짜, 사기꾼, 나쁜 자들, 이단들의 공통점은 시종일관 거짓과 속임수와 협박과 폭력뿐입니다. 이런 것을 통해서도 참과 거짓을 어느 정도 분별할 수 있고 가려 낼 수 있습니다. 양은 양의 습성이 있고 늑대는 늑대의 습성이 있습니다. 아무리 포장을 해도 완전하게 속이지는 못합니다.

제21장

왜 모든 사람이 죄인이라고 합니까?

최초의 사람인 인류의 대표자 아담과 하와가 만물의 주인이신 하나님의 말씀에 불순종하여 죄를 범했는데 그 원죄가 아담의 모든 후손들에게 전가(轉嫁, 넘겨씌움) 혹은 유전(遺傳, 물려받아 내려옴)되었기 때문입니다. 사람들은 말합니다. 어떤 사람은 천사 같다고 말합니다. 어떤 사람은 법이 없어도 살 사람이라고 말합니다. 아기들과 어린이들은 착하다고 말합니다. 하지만 성경은 남녀노소를 불문하고 모든 사람은 다 죄인이라고 말합니다. 이런 말을 들으면 불신자들은 기분이 나쁩니다. 정직하게 사는 자들도 많이 있다고 생각하고, 현행법을 잘 지키고 있고, 어린아이들은 천진난만하고 착하다고 생각하기 때문입니다. 원죄와 실정법 준수 여부는 별개입니다. 이는 죄에 대한 기준과 내용과 개념이 다른 데서 오는 오해입니다. 성경은 지구촌에 존재했었던 과거 사람들이나, 현재 거주하고 있는 자들이나, 향후 태어날 모든 자들이 다 죄인이라고 말합니다.

남녀노소, 빈부귀천, 지위고하를 막론하고 어머니 배 속에서 정자와 난자가 수정(태아)되는 순간부터 태아까지도 다 죄인이라고 말합니다. 그래서 기독교 진리인 성경을 믿는 기독교인들은 성경 말씀에 따라 모든 사람들을 죄인이라고 주장합니다. 이에 타 종교자들과 무종교자들은 마음이 심히 불편하고 기독교에 대하여 불만이 있습니다. 이해를 못 합니다. 다른 종교자들이나 무교자들은 그런 말을 하지 않는데 유독 기독교인들만 그리 말하기 때문입니다. 겉으로 볼 때 많은 사람들 가운데는 비교적 선하고 착하게 사는 자들도 많습니다. 가난한 자들과 어려운 사람들을 위해서 헌신, 봉사, 기부하는 사람들도 많습니다. 외적으로 볼 때 법이 없어도 살 사람들도 있는 것이 사실입니다.

그럼에도 불구하고 모든 사람들을 죄인이라고 하니 불편한 것입니다. 충분히 이해합니다. 마땅히 혼날 짓, 나쁜 짓을 했어도 지적을 당하면 기분과 감정이 상합니다. 하물며 실정법도 어기지 않고 착하게 살고 있는데 죄인이라고 하니 너무 속상할 것입니다. 그렇다고 그런 말을 하는 기독교인들이 흠이 없이 완벽하게 살면 유구무언이지만 기독교인들 중에도 부적절하게 사는 자들이 있기에 더욱 기분이 상합니다. 타 종교인들과 무종교자들의 여러 가지 반론과 주장이 있지만 그렇다고 하더라도 기독교인들은 모든 사람이 다 죄인이라고 주장할 수밖에 없습니다. 그 이유는 기독교의 진리인 성경이, 사람을 흙으로 창조하신 하나님께서 타당하게 모든 인간은 죄인이라고 주장하기 때문입니다. 또한 상식적으로 보아도 윤리적, 도덕적, 마음과 생각으로 완벽한 인간은 없기 때문입니다. 착하다 할지라도 상대적, 비교적 착함이지 절대적 착함은 아닙니다. 누구는 좋은 사람이라고 할 때도 그 사람의 겉모습과 일부만 알고 말하는 것입니다. 누구나 다른 사람에 대하여 100% 알지 못합니다. 마음도, 생각도, 행동도, 계획도 모릅니다. 그러니 함부로 좋다 나쁘다 하는 말은 매우 경솔하고 위험합니다. 그래서 지구촌에 살고 있는 모든 사람, 인간들은 갓난아이라 할지라도 모두 죄인이라고 말하는 것입니다. 이에 대한 성경의 근거는 다음과 같습니다.

로마서 3장 10~12절
"기록된바 의인은 없나니 하나도 없으며 깨닫는 자도 없고 하나님을 찾는 자도 없고 다 치우쳐 한가지로 무익하게 되고 선을 행하는 자는 없나니 하나도 없도다"

창세기 6장 5절
"여호와께서 사람의 죄악이 세상에 관영함과 그 마음의 생각의 모든 계획이 항상 악할 뿐임을 보시고"

과거 현재 미래에 있어서 출생하는 모든 사람들 중에는 의인이 하나도 없다고 말합니다. 여기서 **"의인"**(義人)이란 상대적이고 비교적 착한 사람, 착한 일을 한 사람을 말하는 것이 아닙니다. 윤리적이고 도덕적으로 비교적 온전한 성인을 말하는 것이 아닙니다. 인류의 유일한 구세주인 예수님을 믿음으로 죄 용서함을 받아 값없이 신분과 선언적으로 의롭게 된 자라는 뜻입니다. 최초의 인간, 인류의 시조, 머리, 대표자는 하나님께서 흙으로 창조하신 아담(남자)과 하와(여자)입니다. 이 둘은 부부입니다. 인간은 하나님의 창조의 뜻을 실현하고자 창조된 피조물입니다. 따라서 피조물은 창조주의 명령과 말씀을 절대적으로 순종해야 하는 신분입니다. 그러나 인류의 대표자이자 머리인 아담과 하와는 선악과(善惡果)를 따 먹지 말라는 하나님의 어명(御命)을 불순종하고 마귀(사탄)의 거짓 속삭임에 넘어가 선악과를 따 먹고 말았습니다. 이에 하나님과의 언약을 어겼습니다. 성경은 이런 불순종의 행위를 천국헌법을 위반한 죄(원죄)라고 말합니다. 이는 무서운 사형죄입니다.

세상에서는 헌법과 법률을 위반한 사람들만을 범죄자로 취급하지만, 성경은 하나님의 말씀, 성경의 계명에 불순종하는 것, 구세주인 예수님을 믿지 않는 것까지도 죄라고 규정합니다. 아담과 하와가 하나님이 금하신 선악과를 따 먹음으로 이들은 죄인이 되었습니다. 그 결과 죄인의 신분이 된 아담과 하와에게서 출생한 모든 인류는 대표자 원리에 따라 죄가 전가, 유전되어 어머니 배 속에서 임신되는 순간부터 죄인으로 출생하게 됩니다. 평생 죄인으로 삽니다. 이와 같은 일로 인하여 아담의 후손들이 선악과를 따 먹는 죄를 범하지 않았지만 대표자 원리에 따라 지구촌에 거하는 아담과 하와의 모든 후손, 즉 과거, 현재, 미래의 모든 사람들이 자동적으로 다 죄인의 신분이 되는 것입니다. 죄인으로 출생합니다.

그래서 모든 사람이 죄인이기에 죄의 형벌로 사망을 당하는 것입니다. 본래 인간은 '의인'으로 창조되었습니다. 그것을 '성선설'이라고 합니다. 그러나 아담과 하와가 에덴동산에서 하나님이 금하신 선악과를 따 먹은 결과 그 시점 이후로 아담과 하와에게서 출생한 모든 인간은 죄가 후손에게 전가되어 의인이 아니라 '죄인'으로 출생합니다. 그것을 '성악설'이라고 합니다. 인류의 구세주(메시야)인 예수 그리스도의 탄생 시점을 기점으로 기원전(B.C.)과 기원후(A.D.)로 나누어지는 것처럼, 아담과 하와의 범죄 이전과 범죄 이후로 성선설과 성악설이 나누어집니다. 세상에 죄가 없는 자들은 하나도 없습니다.

로마서 3장 23절
"모든 사람이 죄를 범하였으매 하나님의 영광에 이르지 못하더니"

로마서 5장 12절
"이러므로 한 사람(최초의 인간이자 인류의 대표자 아담)으로 말미암아 죄(罪)가 세상에 들어오고 죄(罪)로 말미암아 사망(죽음)이 왔나니 이와 같이 모든 사람이 죄(罪)를 지었으므로 사망(죽음)이 모든 사람에게 이르렀느니라"

성경은 아담과 하와의 범죄 이후 아담과 하와를 포함한 모든 인류가 죄를 범했다고 확증합니다. 여기서 '왜 모든 사람이 죄를 범했다고 합니까?'라고 반문할 수 있습니다. 이해가 가지 않을 수도 있습니다. 후손들이 선악과를 따 먹는 불순종의 죄를 범하지 않았기 때문입니다. 죄는 아담과 하와가 졌는데 왜 후손들까지 모든 인류가 다 죄인이라고 하는 것에 대하여 반문이 있을 수 있습니다. 그래서 앞에서 언급한 것처럼 대표자 원리에 따라 죄의 신분이 전가(轉嫁), 유전(遺傳)되었다고 했습니다. 바로 최초의 사람 아담과 하와가 하나님께 죄를 범했기에 죄가 아담의 후손들에게 전가되어 그 후손들도 다 죄인이 된 것입니다. 후손들은 억울하지만 어쩔 수 없습니다. 인간과 만물을 창조하신 주인이자 창조주 하나님께서 그렇게 벌을 내리셨기 때문에 이는 무슨 항변을 해도 돌이킬 수 없는 선언이자 작금의 실제입니다.

그래서 모든 인간들은 살면서 남녀노소를 불문하고 자동적이고 본능적으로 크고 작은 나쁜 짓을 하는 것입니다. 누가 나쁜 것을 가르쳐 주지도 않았는데 나쁜 짓을 잘합니다. 나쁜 생각과 말을 합니다. 자동적으로, 본능적으로, 반복해서 합니다. 그 이유는 어머니의 배에서 수정되는 순간부터 죄로 오염되었기 때문입니다. 콩 심은 데 콩 나고 팥 심은 데 팥 나는 것처럼, 아담과 하와가 죄를 심었기 때문에 모든 사람은 죄인이라는 신분으로 일생을 살면서 하는 짓이라고는 정도의 차이만 있을 뿐 눈만 뜨면 악한 생각, 악한 계획, 악한 행동을 하는 것입니다. 남녀노소를 불문하고 이런 모습이 나타납니다. 어린아이들도 죄성이 나타납니다. 이는 부인하지 못합니다. 이러한 각인의 악한 삶이 아담의 죄성이 전가되었다는 것을 증명합니다. 세상에 착한 사람은 하나도 없습니다. 단지 얼굴 생김새나 외모가 착하게 보일 뿐입니다. 그런즉 사람의 말만 듣고, 외모만 보고 속지 말아야 합니다. 이러한 실제 삶과 죽음을 통해서 하나님의 말씀이 진리라는 것, 하나도 틀림이 없는 참이라는 것이 매일 역설적으로 증명됩니다. 남녀노소를 불문하고 얼마나 악한 생각, 악한 말, 악한 행위를 하는지 모릅니다. 성경은 이것을 '육체의 일'이라고 합니다.

갈라디아서 5장 19~21절

186

"육체의 일은 현저(뚜렷이 드러남)하니 곧 음행과 더러운 것과 호색과 우상숭배와 술수와 원수를 맺는 것과 분쟁과 시기와 분냄과 당(黨) 짓는 것과 분리(分離)함과 이단과 투기와 술 취함과 방탕함과 또 그와 같은 것들이라 전에 너희에게 경계(주의)한 것 같이 경계하노니 이런 일을 하는 자들은 하나님의 나라(천국)를 유업으로 받지 못할 것이요"

죄로 물든 자들의 일반적인 악행들은 주로 이런 짓들입니다. 그 외에도 무수히 많습니다. 그중에 가장 돋보이는 것이 탐심과 거짓말과 악한 생각과 불법과 성범죄입니다. 이런 것에서 자유로운 사람은 아무도 없습니다. 어린아이들도 결코 선하지 않습니다. 그래서 심판을 받고 죽습니다. 실제로 인류 역사에 있었던 노아의 대홍수도 인간의 악함 때문에 정화와 심판 차원에서 이루어졌습니다. 당시 노아의 여덟 가족을 제외한 전 세계 모든 남녀노소들이 다 홍수심판으로 죽임을 당했습니다. 수많은 갓난아이들도 모두 심판을 받아 죽었습니다. 갓난아이들에게 죄가 없었다면, 어린이들이 천사처럼 착한 사람이었다면 죽임을 당하지 않았을 것입니다. 왜냐하면 하나님은 죄인이 아닌 자를 죽이시지 않기 때문입니다. 그러나 다 죽임을 당했습니다. 그 당시 사람들이 대홍수 심판을 받은 이유는 인간의 상태가 다음과 같았기 때문입니다. 하나님께서는 이 말씀 이후에 대홍수 심판을 내리십니다.

창세기 6장 5절
"여호와(하나님)께서 사람의 죄악이 세상에 관영(가득함)함과 그 마음의 생각의 모든 계획이 항상 악할 뿐임을 보시고"

이것이 모든 인간들의 내면세계 모습입니다. 눈에 보이지 않는 부패한 마음입니다. 그 마음과 생각이 얼마나 악한지 모릅니다. 이 말씀 이후 창세기 7장에서 지구촌에 대홍수 심판이 이루어집니다. 하나님은 범죄행위와 죄인에 대하여 반드시 심판하십니다. 죄인들과 범죄행위는 은밀하게 하여 실정법을 피하고 사람들의 눈을 속였어도 전지전능하신 하나님은 속이지 못합니다. 세상 종말에 반드시 심판을 받습니다. 매우 은밀하게 행한 모든 언행에 대해서 심판을 받습니다. 그래서 사람들은 속일 수 있지만, 사법부는 각종 노력과 술수로 속일 수 있지만 하나님 앞에서 완전범죄는 없습니다. 또 하나 인류의 대표자인 아담의 죄가 모든 후손들에게 전가되어 모든 사람이 죄인이라고 하는 사실을 확증하는 증거가 있습니다. 그것은 한번 출생하면 피할 수 없는 사망(육체죽음)입니다.

로마서 6장 23절
"죄의 삯은 사망이요 하나님의 은사(선물)는 그리스도 예수 우리 주 안에 있는 영생(구원)이니라"

사람이 왜 죽습니까? 어느 종교도 사람이 죽는 근본적이고 직접적인 이유를 설명하지 못합니다. 오직 기독교에서만 말합니다. 왜냐하면 다른 종교는 정확히 모르기 때문입니다. 사람이 죽는 직접적인 요인은 질병도, 굶주림도, 전쟁도, 폭행당함도, 나이가 많아서도, 교통사고로도, 전염병으로도 아닌 인류의 대표자인 아담으로부터 전가된 죄 때문이라고 합니다. 그래서 사람은 남녀노소를 불문하고 장유유서 없이 다양한 모양으로 다양한 장소에서 무시로 반드시 죽습니다. 우리나라는 1년에 30만 명 전후가 죽습니다. 사람들은 보통 간접적인 요인인 각종 사고와 질병, 나이 때문에 사망한다고 생각합니다. 그러면 이에 해당하지 않은 사람들은 죽지 않고 영원히 살아야 맞습니다. 그래야 논리가 성립됩니다. 그러나 일찍 죽는 자들에 대하여, 모든 사람들이 죽는 것에 대하여 설명을 못 합니다. 사람은 멀쩡한 사람이라 할지라도 시도 때도 없이 죽습니다. 그 근본적이고 직접적인 사망 원인은 다시 강조컨대 인류의 대표자인 아담으로부터 전가된 죄 때문입니다.

만일 인류의 대표자인 아담과 하와가 하나님께 범죄하지 않았다면 사람은 육체의 죽음을 당하지 않고 영원히 살 것입니다. 이런 현실적이고 실제적인 죽음을 통해서 모든 사람은 죄인임이 드러납니다. 이런 분명한 사실을 다른 종교에서는 말하지 못합니다. 주장하거나 가르치지 않습니다. 모르기 때문입니다. 그렇습니다. 무엇이든지 잘 모르면 답변을 못 합니다. 물론 억지를 주장하는 자들도 있기는 합니다. 이런 성경의 확실하고 구체적인 증거를 근거로 기독교인들은 모든 사람들이 죄인이라고 주장하는 것입니다. 타 종교인들과 무종교인들뿐만 아니라 성경에 무지한 일부 기독교인들도 이런 사실을 정확히 모릅니다. 다시 강조컨대 성경은 모든 과거, 현재, 미래의 모든 사람들은 다 죄인이라고 합니다. 천사처럼 보이는 갓난아기들도 다 죄인입니다. 세종대왕이나 이순신 장군도 다 죄인입니다. 이 죄 때문에 남녀노소가 무시로 반드시 사망하는 것입니다. 저주 아래에 살아가고 있습니다. 지구촌에 거하는 모든 사람들은 사형선고를 받아 놓고 삽니다. 시한부 인생을 삽니다. 언제 죽을지 모르지만 반드시 죽습니다. 원죄에 대한 저주와 형벌 때문입니다. 이 죄와 죽음의 문제를 해결하고 영생을 얻기 위해서는 하나님께로, 건전한 교회로 나와야 합니다. 인류의 유일한 구세주인 예수님을 믿어야 합니다. 다른 길은 없습니다. 그래서 결단과 용기가 필요합니다. 물론 인간 마음대로, 자기 의지대로 되는 것은 아닙니다.

제22장

왜 인류 최후의 심판이 있다고 합니까?

천지만물과 사람을 창조하신 공의로우신 하나님께서는 모든 사람의 일생의 행위에 대하여 선악 간에 반드시 심판하시는 분이시기 때문입니다. 곡식도 심을 때가 있으면 추수(심판) 때가 반드시 있습니다. 스포츠 축제인 아시안 게임이나 올림픽이나 월드컵 등도 반드시 신상필벌의 시상식이 반드시 있습니다. 사람에 대한 하나님에 의한 심판도 반드시 있습니다. 인류 최후의 심판은 사람이 하는 것이 아니라 인류의 유일한 구세주이자 하나님이신 예수님께서 하십니다. 심판은 낯선 것이 아닙니다. 이 땅에서도 종종 있는 것입니다. 여기서 말하는 심판(審判)이란 세상 법정에서 사람이 사람을 심판하는 그런 심판이 아니라, 하나님이며 인류의 재판장이신 예수님께서 세상 종말에 전 인류에게 요람에서 무덤까지의 행한 일에 대한 공의로운 심판을 말합니다. 기독교는 과거, 현재, 미래에 죽었던 자나 산 자가 새롭게 부활하고 휴거(공중으로 들림)하여 세상 종말에 인류의 재판장이신 예수님 앞에 서서 인류 최후의 심판을 받는다고 말합니다. 그 이유는 진리인 성경이 그렇게 말하기 때문입니다. 성경은 하나님 말씀인 진리이기에 반드시 그렇게 됩니다. 이에 대하여 비기독교인들은 몹시 불편해하고 받아들이지 않습니다. 그런 심판은 없다고 말합니다. 기독교가 인류 최후의 심판을 주장하는 것은 불신자들을 기분 상하게 하거나 겁주려는 것이 아닙니다. 성경은 사실이고 그대로 이루어지기에 안타까워서 전하는 것입니다. 믿고 안 믿고는 각자의 마음이지만 자기가 거부한다고 해서 사실이 없는 것이 되는 것은 아닙니다. 하나님의 말씀이 믿어지지 않는 것과 사실인 것은 전혀 다른 문제입니다. 사실이라도 믿지 않는 사람이 있고 믿는 사람이 있습니다. 사실을 믿지 않는다고 해서 사실이 없어질 수가 없습니다. 태양이 보이지 않는다고, 태양을 부인한다고 태양이 없는 것이 아닙니다. 심판도 마찬가지입니다.

심판이 있음을 기독교 진리인 성경을 떠나서 이 세상에서도 간접적으로 경험, 확인할 수 있습니다. 그것은 법원에서의 재판입니다. 법원에서 인간에 의한 재판, 심판이 매일같이 행하여지고 있습니다. 이 세상에서도 실정법을 어기거나 범죄를 저지르면 조사와 수사를 받고 기소되어 법정에 세워집니다. 재판을 받습니다. 재판 결과 유죄 확정판결을 받으면 귀가하지 못하고 곧바로 교도소로 이송되어 징역을 삽니다. 이 세상에서도 죄인들에 대해서 심판이 있듯이 세상 종말에도 과거, 현재, 미래의 전 인류에 대하여 최후 심판이 있습니다. 법원에서는 판사가 판결을 하지만, 인류 최후의 심판은 하나님이신 예수님께서 심문하시고 판결하십니다. 그래서 완벽한 심판과 판결이 이루어집니다. 완전범죄는 없습니다. 아주 공정한 심판을 받게 될 것입니다. 모든 인류는 남녀노소를 불문하고 출생 이후부터 자기가 뿌린 대로 심판을 받게 됩니다. 아주 은밀한 것까지 하나님이 정해 놓으신 높은 형벌 기준에 따라 공의롭고 엄한 심판을 받게 됩니다. 이때 유죄 판결을 받으면 지옥이라는 장소로 들어가 영원히 고통 가운데 절규하며 살게 될 것입니다. 무죄를 선고 받은 자들은 천국에 들어가서 영원히 행복하게 살 것입니다. 이것이 성경의 주장입니다. 이에 대한 근거는 다음과 같습니다.

히브리서 9장 27절

"한 번 죽는 것은 사람에게 정하신 것이요 그 후에는 심판이 있으리니"

전도서 12장 14절

"하나님은 모든 행위와 모든 은밀한 일을 선악간에 심판하시리라"

고린도후서 5장 10절

"이는 우리가 다 반드시 그리스도의 심판대 앞에 드러나 각각 선악간에 그 몸으로 행한 것을 따라 받으려 함이라"

사람은 한번 태어나면 누구나 120세를 넘기지 못하고 죽습니다. 원죄에 따른 저주와 형벌로 죽어야 하기 때문입니다. 불신자들은 사람이 왜 죽는지 근본적이고 직접적인 이유를 모릅니다. 왜 죽는지 그 근본 원인도 모르고 죽습니다. 상당수는 알려고도 하지 않습니다. 그런 사람들이 많습니다. 성경은 사람이 죽는 근본적이고 직접적인 이유를 말합니다. 그것은 죄 때문이라고 합니다. 성경은 모든 사람이 죄인이라고 합니다. 의인이 하나도 없다고 합니다. 그래서 모든 사람은 죄의 형벌로 죽습니다. 이것이 사인(死因)의 직접적인 이유입니다. 교통사고, 질병, 자연사, 전쟁 등으로 죽는 것은 다 간접적인 사인입니다. 사람이 출생한 이후 첫 번째로 죽는 것을 개인 죽음, 육체적 죽음, 첫째 사망이라고 부릅니다. 성경은 사람이 죽으면 그것으로 끝난다고 말하지 않습니다. 세상 종말에 변형된 육체와 영혼이 다시 재결합하여 하나님의 초자연적인 능력으로 다시 살아나(부활) 휴거(공중으로 들림) 이후 인류의 재판장이신 예수님 앞에 서게 됩니다. 예수님 앞에 선 과거와 현재와 미래의 전 인류는 완벽한 심판을 받게 됩니다. 아마 유죄 심판을 받는 자들은 오금이 저릴 것입니다. 용광로와 같은 무시무시한 고통의 장소인 지옥 심판을 직감하기 때문입니다. 이 세상 법정에서도 마지막 판결을 할 때 피고인들은 매우 긴장하고 떱니까? 두렵습니다. 경험한 자들은 이 말이 무슨 뜻인지 잘 알 것입니다.

사람은 누구나 반드시 심판을 받습니다. 불공정한 판사들에게 받는 것이 아니라 예수님으로부터 100% 정의롭고 완벽한 심판을 받습니다. 심판을 부인하든지 시인하든지 그날은 반드시 옵니다. 그때 알게 될 것입니다. 그러므로 깊게 생각하고 살기 바랍니다. 겸손하기 바랍니다. 불편한 소리라도 귀담아 듣기 바랍니다. 그래야 심판을 피할 길을 찾을 수 있습니다. 그것은 이 땅에서 진실로 구세주인 예수님을 믿는 것 외에 심판을 피할 길은 전혀 없습니다. 아무리 착하게 살아도 심판을 받습니다. 아무리 선한 일을 많이 하고 살아도 심판을 받습니다. 인류의 심판장이신 하나님이 정한 유죄 판결의 기준은 선행이 아니라 구세주를 진실로 믿는 믿음 여부이기 때문입니다. 개신교(천주교는 개신교가 아님)를 제외한 모든 종교의 구원관은 선행입니다. 착한 행위입니다. 그래서 모두 유죄 판결을 받게 될 것입니다. 하지만 살아생전까지는 기회가 있습니다. 잘 생각하기 바랍니다. 성경은 거짓말을 하지 않습니다. 참은 단 하나입니다. 누군가는 속고 사는 것입니다. 어떤 종교들은 신도들을 속이는 것입니다. 자신들도 모르기 때문에 사실이 아닌 것을 가르치고 믿게 합니다. 누군가는 무지하게 살거나 속고 사는 것입니다. 속고 살든지 무지하게 살든지 변명의 여지가 없이 다 심판을 받게 됩니다. 사후에는 기회가 사라집니다. 이 땅에서 살아 있을 때까지만 기회, 희망이 있습니다. 그런즉 인생을 깊이 고민하고 살아야 합니다.

제23장

왜 사후에 부활이 있다고 합니까?

성경에 사람이 죽으면 죽음으로 끝나는 것이 아니라 세상 종말에 누구든지 다시 살아난다고 하기 때문입니다. 이런 부활, 다시 살아남은 인간 스스로 그리되는 것이 아니라 전능하신 하나님께서 그리되도록 정하셨습니다. 부활은 신비 그 자체입니다. 사람이든 씨앗이든 식물이든 살아 있는 것은 때가 되면 다 부활합니다. 사후 부활은 사람에게만 있는 것이 아닙니다. 각종 씨앗에게도 있습니다. 씨앗이 땅에 뿌려지거나 심겨져 어느 정도 시간이 지나면 땅속에서 썩습니다. 그런데 신비하게도 거기에서 뿌리가 나오고 싹이 납니다. 썩었는데 말입니다. 씨앗이 죽었고 썩었으면 싹이 나지 않고 사라져야 하는데 싹이 나옵니다. 그렇게 부활한 씨앗들은 땅 위로 올라옵니다. 사후(死後)란 '죽은 이후'를 뜻합니다. 부활(復活)이란 '다시 살아남'을 뜻합니다. 기독교는 사람이 살다가 죽으면 죽음으로 모든 것이 끝나는 것이 아니라 그 이후 세상 종말에 모든 사람들이 다시 살아나는 부활이 있다고 말합니다. 남녀노소와 종교 유무를 떠나 모든 사람의 영혼은 영원히 죽지 않고 산 씨앗과 같은 생명 그 자체이기 때문입니다. 이는 기독교 진리인 성경이 분명하게 말하고, 인류의 유일한 구세주인 예수님께서 십자가에 달려 죽으셨다가 3일 만에 다시 살아나 부활의 첫 열매가 되셔서 잘 증명해 주고 있습니다.

세상 종말인 세상 끝날엔 예수님처럼 과거에 죽었던 모든 남녀노소와 산 사람들이 하나님의 초자연적인 능력으로 사망하여 중간상태인 낙원 혹은 음부에서 대기하고 있던 영혼과 매장하여 썩거나 화장으로 없어진 변화된 육체가 다시 재결합하여 부활할 것입니다. 아주 신비한 일입니다. 이에 대하여 불신자들은 이해를 못 합니다. 말도 안 되는 소리라고 하면서 불편해합니다. 그렇다면 서두에서 언급했듯이 땅에 뿌려져 썩은 씨앗을 생각하기 바랍니다. 씨앗이 썩어 죽었는데 새싹이 나오는 것은 논리적으로 이해가 됩니까? 믿음을 선물로 받지 못한 사람들은 당연히 믿지 못할 것입니다. 충분히 이해합니다. 이는 마치 어려운 미적분을 풀 때 문제를 풀 수 있는 실력이 없는 학생은 당연히 어렵습니다. 이해를 못 합니다. 미적분을 이해하지 못하고 풀지 못하면 불편하기 짝이 없습니다. 농부나 농민들은 부활에 대해서 간접적인 경험과 상식적인 이해력이 있습니다. 논과 밭에 씨앗을 뿌려 보고 감자나 마늘 등을 땅에 심어 보았기 때문입니다.

농부들은 산 씨앗과 알맹이를 땅에 뿌리고 묻습니다. 그리고 시간이 지나면 땅속에서 파릇파릇한 싹이 올라옵니다. 씨앗과 알맹이가 땅속에서 썩어 없어질 줄 알았는데 없어지는 것이 아니라 신비하게도 그 썩은 씨앗에서 새싹이 나옵니다. 산 씨앗이 땅에 묻혀 썩었는데 죽어 없어지지 않고 싹이 나옵니다. 매우 신기한 일입니다. 이것을 부활이라고 이해하면 됩니다. 농부들은 이런 것을 해마다 경험합니다. 그래서 농부들은 다시 사는 것, 새싹이 나는 것, 부활을 말하면 상식적으로 이해는 합니다. 그러나 도시에서만 자라고, 농사를 지어 보지 못한 사람들은 부활에 대해서 이해를 못 합니다. 씨앗이 썩었는데 거기에서 싹이 나는 것, 생명이 돋아나는 것을 이해하지 못합니다. 정신 나간 소리라고만 말합니다. 사람이 죽어 화장하고 매장하고 썩으면 그것으로 끝난다고 말합니다. 산 씨앗은 살아 있다가 때가 되면, 즉 땅에 심고 묻으면 적절한 시기에 다시 살아납니다. 싹이 납니다. 이처럼 사람도 마찬가지입니다. 사람은 크게 두 가지 요소로 구성되어 있습니다. 그것은 육체와 영혼입니다. 육체는 눈에 보이는 물체로 뼈와 살로 구성되어 있습니다. 육체는 물체이기에 사람이 죽어 시간이 지나면 썩어 없어지거나 불에 타서 없어집니다.

이것을 산화라고 합니다. 하지만 눈에 보이지 않는 영혼은 물질이 아니기에 썩지도, 타지도, 죽지도 않고 영원히 살아 있습니다. 산 씨앗처럼 낙원과 음부에서 존재합니다. 신자나 불신자들이나 영혼은 영원히 죽지 않습니다. 살아 있습니다. 육체를 떠나 살아 있는 영혼은 어디로 갑니까? 세상 종말까지 어디로 들어가 머물러 있습니까? 중간상태가 있습니다. 사람이 죽으면 곧바로 어디로 가느냐 하면 신자는 낙원에 불신자는 음부라는 중간상태에 들어가서 대기하고 있다가 세상 종말, 지구 종말에 과거에 죽은 자나 산 자나 육체가 영원히 썩지 아니할 몸으로 홀연히 변화되어 영혼과 다시 재결합한 후 부활하여 공중으로 올라갑니다. 이것을 휴거(공중으로 들림)라고 합니다. 그리하여 인류의 재판장이자 하나님 이신 예수님 앞에 서게 됩니다. 세상 종말, 지구 종말은 언제 옵니까? 핵전쟁과 기근과 식량과 질병과 환경파괴로 지구 종말이 닥치지 않습니다. 예수님에 대한 복음이 땅끝까지 전파된 때라고 성경은 말합니다. 그때 예수님께서 지상에 오신 초림(성탄)과 달리 공중으로 천사들과 함께 재림(강림)해 오십니다. 예수님의 공중 재림은 인류를 심판하시기 위해서 오십니다. 지상이 아닌 공중으로 재림해 오십니다. 그때가 지구 종말, 세상 끝입니다. 부활에 대한 성경의 근거는 다음과 같습니다.

마가복음 8장 31절
"인자(예수님)가 많은 고난을 받고 장로들과 대제사장들과 서기관들에게 버린바 되어 죽임을 당하고 사흘 만에 살아나야(부활) 할 것을 비로소 저희에게(12제자들에게) 가르치시되"

예수님께서는 12제자들에게 자신이 누구냐고 물으셨습니다. 그때 제자들을 대표하여 베드로가 **'주는 그리스도시니(구세주)'**라고 하였습니다. 이런 신앙고백이 있은 후 예수님께서 장차 자기에게 이루어질 일들을 말씀하시면서 부활을 언급하신 것입니다. 이 말씀은 예수님께서 죽기 전에 하신 말씀입니다. 이제는 천사가 예수님께서 십자가에 달려 죽으셨다가 3일 만에 다신 부활하심을 증거한 말씀입니다.

마태복음 28장 6절

"그가(예수님이) 여기(무덤) 계시지 않고 그가 말씀하시던 대로 살아나셨느니라(부활하셨느니라) 와서 그의 누우셨던 곳을 보라"

예수님께서 이스라엘 예루살렘에 있는 골고다 언덕에서 십자가에 달려 죽으시자 무덤에 장사했습니다. 무덤에 장사한 지 3일째 되던 날이 안식(토요일) 후 첫날(일요일)인데 이날 새벽에 예수님을 믿고 따랐던 막달라 마리아와 다른 마리아와 여자들이 무덤을 보려고 갔다가 무덤 입구에서 천사로부터 예수님의 부활하심을 들은 것입니다. 무덤을 보니 예수님의 시체는 없고 시체를 감쌌던 하얀 세마포만 있었습니다. 이는 예수님께서 죽기 전에 예언하신 대로 죽은 지 3일 만에 부활하신 것입니다. 예수님의 제자 사도 바울은 고린도전서 15장에서 예수님의 부활하심을 증거합니다. 많은 사람들이 부활하신 예수님을 보았음을 증거합니다.

고린도전서 15장 3~8절

"내가 받은 것을 먼저 너희에게(고린도교회 성도들에게) 전하였노니 이는 성경대로 그리스도께서 우리 죄를 위하여 죽으시고 장사 지낸 바 되셨다가 성경대로 사흘(3일) 만에 다시 살아 나사 게바(베드로)에게 보이시고 후에 열두 제자에게와 그 후에 오백여 형제에게 일시에 보이셨나니 그 중에 지금까지 태반이나 살아 있고 어떤 이는 잠들었으며(죽었으며) 그 후에 야고보에게 보이셨으며 그 후에 모든 사도에게와 맨 나중에 만삭되지 못하여 난 자와 같은 내게도(바울) 보이셨느니라"

성경은 부활하신 예수님을 목격하고 만난 자들을 아주 구체적으로 진술하고 있습니다. 지금의 그리스에 있는 고린도교회 안에도 예수님의 부활을 의심하고 부활이 없다고 하는 자들도 있었습니다.

고린도전서 15장 12절

"그리스도(예수님)께서 죽은 자 가운데서 다시 살아나셨다(부활) 전파되었거늘 너희 중에서 어떤 이들은 어찌하여 죽은 자 가운데서 부활이 없다 하느냐"

만일 부활이 없다면 예수님은 살아나지 못했을 것입니다. 예수님을 믿는 기독교인들도 부활이 없을 것입니다. 씨앗이 다시 새싹으로 나지 않으면 모든 씨앗들은 다시 새싹이 나지 않을 것입니다. 그러면 예수님을 믿는 신앙은 헛된 것이 됩니다. 농부가 논과 밭에 죽은 씨앗을 뿌리면 씨앗을 뿌리는 것도 헛수고일 것입니다. 그러나 예수님은 분명히 부활하셨고 향후 모든 사람들이 부활할 것입니다. 마치 산 씨앗처럼 말입니다. 부활을 믿고 안 믿고는 각자의 마음이지만 부활은 분명히 있습니다. 어떤 사람은 천국에 들어가는 영생의 부활로, 어떤 사람은 지옥에 들어가는 영벌의 부활로 나타날 것입니다. 이 또한 인간의 주권이나 자기 의지로 되는 것이 아니라 하나님의 주권입니다. 하나님이 만물의 주인이시기 때문입니다. 인간의 출생과 죽음, 인간의 구원과 멸망 등은 모두 만물의 창조자요 주인이신 하나님의 뜻대로 하십니다. 인간은 주인이신 하나님께 불평할 수 없습니다. 이는 마치 가축과 동물들이 주인인 사람에게 불평할 수 없는 것과 같습니다. 불평할 수 있는 위치나 존재 자체가 되지 않습니다. 믿든지 믿지 않든지 사후에 부활은 반드시 있습니다. 신자나 불신자 모두가 부활합니다. 부활하는 이유는 심판을 받고 썩지 아니할 몸으로 영원히 살기 위해서입니다. 어디에서 영원히 삽니까? 천국 아니면 지옥에서 영원히 삽니다. 우리 모두 영생하기 위해서 부활하기를 바랍니다.

제24장

사람들은 왜 종교를 찾습니까?

진정한 종교, 참된 종교는 자기 고향이나 어머니 품속과 같고, 행복과 구원의 길이 있기 때문입니다. 사람들이 어떤 것을 행하고 취하는 것에는 반드시 이유가 있듯이 종교를 찾고 갖는 것도 나름 이유가 있습니다. 사람들은 왜 종교를 찾습니까? 어떤 사람은 마음의 평안을 갖기 위해서라고 합니다. 어떤 사람은 위로를 받고 싶어서라고 합니다. 어떤 사람은 뭔가를 의지하고 싶어서라고 합니다. 어떤 사람은 마음의 상처를 치유받고 싶어서라고 합니다. 어떤 사람은 착하게 살고 싶어서라고 합니다. 어떤 사람은 세상이 무섭고 두려워서라고 합니다. 사람은 자신이 현재 처한 형편과 마음의 상태 등에 따라 이렇게도 하고 싶고 저렇게도 하고 싶기도 합니다.

하지만 적지 않은 사람들은 일반적인 종교관이 아닌 본질적인 종교관에 대해서 오해하는 것 같습니다. 보통 종교를 무엇이라고 생각합니까?

종교(宗敎)의 사전적 의미는 "신이나 절대자를 인정하여 일정한 양식 아래 그것을 믿고, 숭배하고, 받듦으로써 마음의 평안과 행복을 얻고자 하는 정신문화의 한 체계"라고 합니다. 이러한 사전적 개념은 참 종교의 개념에 비추어보면 많이 부족한 설명입니다. 전 세계적으로 종교는 헤아릴 수 없을 정도로 많습니다. 세계 4대 종교는 기독교(개신교+천주교), 불교, 이슬람교, 도교입니다. 각 종교마다 추구하는 교리가 다릅니다. 참 신을 믿는 종교도 있고, 참 신은 아니지만 어떤 교리를 만들고, 대상을 숭배하며 신앙하는 종교도 있습니다. 보통 참 신이 없는 종교들은 심신수양과 위로와 안녕으로 끝납니다.

그러나 실제로 살아 계신 참 신을 찾고 추종하는 종교는 심신수양과 심리적 안정과 위로를 얻고자 믿는 것이 아닙니다. 이렇게 비유하면 어느 정도 이해를 할 것입니다. 전문 운동선수와 취미로 운동을 하는 선수가 있습니다. 취미로 운동을 하는 사람은 몸과 마음의 건강과 타인과의 유대를 강화하기 위해서 합니다. 그러나 전문 운동선수들은 생계와 시합에서 최고의 목표, 꿈을 이루기 위해서 합니다. 사람들이 진정으로 참 종교를 찾는 본질적인 이유는 마치 자식이 자기를 낳아 준 부모를 찾는 것과 같습니다. 다른 여러 이유가 필요치 않습니다. 기독교인들은 자기를 창조해 주신 하나님 아버지를 찾고 추종합니다. 인간이 연약하고 위로받을 곳이 필요해서가 아닙니다. 이처럼 보통 종교와 참 종교도 신앙하는 것이 본질적으로 전혀 다릅니다. 선수라고 다 같은 선수가 아니고, 학생이라고 해서 다 같은 학생이 아니듯 종교라고 해서 다 같은 종교가 아닙니다.

특히 기독교(천주교+개신교)는 다른 종교와 추구하는 본질과 목적에서 전혀 다릅니다. 시작부터도 전혀 다릅니다. 기독교를 제외한 모든 종교는 인간 지도자를 숭배하고 선행과 심신 수련, 그리고 추상적이고 막연한 내세를 추구하지만, 기독교는 인류에 대한 본질적인 문제를 다룹니다. 사람이 아닌 영이신 하나님을 섬기면서 우주만물이 어떻게 존재하게 되었는지, 사람이 어디서 와서, 왜 살며, 장차 어디로 가는지, 내세에 대한 것, 왜 질병에 걸리고 죽는지에 대한 의문 등에 대하여 다른 종교와는 차원이 전혀 다른 명확한 답을 제시하는 종교입니다. 눈에 보이는 현세와 눈에 보이지 않는 사후세계에 대해서 자세하게 설명합니다. 이러한 의문과 고민 등을 찾는 자들에게 해답을 제시합니다. 기본적이고 본질적으로 기독교는 인간의 죄 문제를 심각하게 다룹니다. 인간이 한번 태어나면 반드시 죽는 것, 질병에 걸려 고생하는 것, 인간관계에서의 갈등, 불행, 노동, 거짓말, 불법, 살인, 성폭행, 해산의 고통, 생로병사, 심판, 지구촌 재난, 각종 전염병 등이 다 인간이 지은 죄에 따른 저주로부터 왔기 때문입니다. 기독교 진리인 성경은 모든 사람이 죄인이라고 말합니다. 죄의 결과는 육체적 죽음과 영원한 죽음이라고 말합니다.

로마서 3장 23절
"모든 사람이 죄를 범하였으매 하나님의 영광에 이르지 못하더니"

로마서 6장 23절
"죄의 삯은 사망이요 하나님의 은사는 그리스도 예수 우리 주 안에 있는 영생이니라"

마태복음 1장 21절

"아들을 낳으리니(성탄) 이름을 예수라 하라 이는 그가 자기 백성을 저희 죄에서 구원할 자이심이라(구세주) 하니라"

인간의 최대 숙제와 위기와 절박함과 불행은 돈 문제나, 마음의 평안이나, 내 집 마련이나, 좋은 대학에 가는 것이나, 좋은 직장에 취직이나, 마음의 위로가 아니라 죄 문제를 해결하는 것입니다. 죄 사함을 받는 것입니다. 죄(죄병) 용서함을 받지 않은 상태에서의 그 모든 것은 사상누각이기 때문입니다. 위로와 평안은 그다음입니다. 왜 죄를 해결하는 것이 가장 시급하고 절박합니까? 죄가 현재와 미래의 나의 생명과 영혼을 저주의 구렁텅이(지옥)로, 비참한 상태로 던져버리기 때문입니다. 그래서 죄 문제를 해결하지 않고는 그 무엇을 성취했다고 하더라도 별 소용이 없습니다. 실패한 인생이 됩니다. 이에 죄 문제를 해결하기 위해서 하나님이신 예수님께서 십자가가에 달려 우리 죄인들을 대신하여 죽으셔야 하였기에 인간의 몸으로 이 땅에 태어나신 것입니다. 그것이 성탄입니다. 성탄하신 예수님은 신성과 인성을 가지신 분인데 이분이 인류의 유일한 구세주입니다. 이 예수님을 진실로 믿으면 죄 용서함을 받고 저주에서 해방되게 됩니다. 영생을 얻게 됩니다. 그 결과로 주어지는 것이 진정한 마음의 평안과 기쁨과 소망과 자유입니다. 사후에 영원한 세계인 천국에 들어가서 영원히 죽지도 않고, 고통도 당하지 않고 영생하게 됩니다. 하지만 이 땅에서는 예수님을 믿어도 여러 고통과 고난은 피하지 못합니다. 그것이 신자나 불신자나 공히 당하는 죄에 대한 형벌입니다.

기독교 종교는 이처럼 예수님을 믿음으로 인류의 죄 문제를 해결하고 현재와 사후에 하나님의 나라인 천국에 들어가서 하나님을 경배하며 영원히 행복하게 사는 종교입니다. 다른 종교에는 이런 본질과 교리가 없습니다. 언제든지 확인할 수 있습니다. 오직 기독교에만 인류와 천지만물의 존재, 모든 의문과 고민에 대한 해답을 제시합니다. 인간의 참된 자유와 평안과 위로와 소망과 기쁨의 해답을 제시합니다. 인간이 처한 본질적인 문제가 해결되면 자연스럽게 따라오는 것이 마음의 평안과 기쁨입니다. 위로와 치유와 자유입니다. 성경을 통해서 현세와 미래에 대한 인간의 모든 불확실성과 두려움과 염려가 풀어지기 때문입니다. 하지만 인간의 본질적인 문제인 죄 문제가 해결되지 않으면 아무리 돈이 많고, 쾌락을 누리고, 좋은 학벌과 인기와 명예를 소유하고, 권세를 가졌고, 좋은 집에서 살고, 세상에 부러울 것이 없이 산다고 할지라도, 무슨 노력과 수고를 하고 누려도 마음의 참된 평안과 위로와 치유와 행복과 참된 소망과 구원은 얻지 못합니다. 일생 내내 영혼과 마음의 갈증과 공허함과 염려와 두려움에 젖어 살게 됩니다. 죄의 저주 아래에서 비참하게 살게 됩니다. 겉으로만 멀쩡해 보입니다. 부모와 생이별을 한 자식들은 아무리 좋은 집에서 살고 잘 먹고 부자로 살아도 마음이 늘 허전하고 갈증이 있는 것처럼 그리됩니다. 이러한 문제의 해결은 오직 부모와 재회하는 것밖에 없습니다.

기독교(개신교)를 찾는 이유는 죄로 인하여 하나님 아버지와의 관계가 단절된 것을 다시 회복하기 위해서입니다. 그리하여 이 땅과 사후 천국에서 영원토록 하나님의 자녀와 백성으로 살기 위해서입니다. 인간이

처한 본질적인 문제인 관계회복을 해결하기 위함입니다. 물질적인 복을 받기 위함이 아닙니다. 세상적으로 성공하고 출세하기 위함이 아닙니다. 잘 먹고 잘살기 위함도 아닙니다. 평안과 위로가 아닙니다. 상처받은 마음을 치료받고 위로받기 위함도 아닙니다. 자기의 정체성을 알고 하나님과의 바른 관계를 회복하기 위함입니다. 오직 자기를 만들어주신 창조주를 찾고 알아 경배하고 그 말씀대로 지키고 살다가 사후에 하나님의 나라인 천국에 들어가서 영원히 살기 위해서입니다. 부모를 떠나거나 잃은 어린 자식들이 행복하지 못한 것처럼, 물을 떠난 물고기가 행복하지 못하고 고통을 겪다가 죽는 것처럼 인간을 창조하신 하나님 아버지를 잃고 떠난 사람들은 뭘 행하고 소유해도 행복하지 못합니다. 무엇을 먹고 마시고 누려도 늘 마음이 공허합니다. 참된 만족과 기쁨이 없습니다. 현재와 미래가 걱정되고 두렵습니다.

그래서 부자들과 인기 있는 연예인들이 그 문제를 인위적으로 해결하고자 마약과 광란의 섹스를 즐깁니다. 클럽을 찾아 술을 마시고 춤추고 지냅니다. 먹고 마시고 즐기는 것입니다. 그렇다고 공허한 마음이 해결되지 않습니다. 잠에서 깨어 일어나면 다시 본질적인 갈증과 공허함이 찾아옵니다. 그래서 하나님을 믿지 않는 자들은 이런 갈증을 해결하고자 별의별 짓을 다 해 보지만 그 갈증에서 자유하지 못합니다. 부모를 잃은 자식은 부모를 찾아 만나고, 하나님을 찾아 만나야 본질적인 마음의 공허한 문제와 인간의 본질적인 문제와 갈증이 채워지고 해결됩니다. 물고기는 물을 만나야 다시 행복하게 됩니다. 그 전에는 그 어떤 것도, 어떤 사람도, 무슨 짓을 해도 해결되지 않습니다.

그래서 사람들은 참 종교를 찾아 헤매는 것입니다. 무엇이든지 참은 하나이듯이 참 종교도 단 하나뿐입니다. 누군가는 바로 믿고 누군가는 잘못 믿고 삽니다. 누군가는 바른 신앙을 소유하고 누군가는 그릇된 신앙을 소유하고 삽니다. 이런 현상은 학교 시험에서 잘 드러납니다. 각자 자기가 쓴 것이 정답이라고 확신하고 쓰지만 채점을 해 보면 틀린 경우가 많습니다. 세상에는 종교가 많습니다. 하지만 성경은 말하기를 참 종교는 오직 기독교밖에 없다고 말합니다. 하나님만 참 신이기 때문입니다. 나머지는 우상(허수아비 형상이나 조각상)에 불과합니다. 그것이 사람이거나 사람이 조각한 것에 불과합니다. 생명이 없습니다. 이런 주장 때문에 배타적이라고 공격과 욕을 얻어먹습니다. 그래도 어쩔 수 없습니다. 사실이기 때문입니다.

제25장

왜 아무 교회나 가지 말라고 합니까?

지구촌, 이 땅에 있는 교회는 다 건전한 교회만 있지 않기 때문입니다. 참된 교회와 거짓 교회도 있고, 불건전한 교회도 있고, 사이비 교회와 이단교회도 있습니다. 그릇된 교회를 가면 마치 도적 소굴로 들어간 것처럼 위험해집니다. 몸과 영혼과 인생이 비참해질 수 있습니다. 특히 누군가에게 속아 가짜교회인지 모르고 이단교회에 들어가면 영혼이 다 털립니다. 구원을 받지 못합니다. 부모들은 왜 자녀들에게 아무 사람이나 따라가지 말라고 합니까? 왜 아무 곳에나 가지 말라고 당부합니까? 세상에는 좋은 사람들만 있는 것이 아니라 나쁜 자들, 즉 유괴범들, 인신 매매자들, 사기꾼들, 성범죄자들, 악인들이 있기 때문입니다. 왜 아무 교회나 가지 말라고 합니까? 모든 교회가 다 참 교회, 좋은 교회, 건전한 교회, 믿을 만한 교회가 아니기 때문입니다. 어느 곳에나 불량한 교회와 사이비 교회와 이단교회들이 있습니다. 사람들은 모든 교회가 다 좋고 바르다고 생각하는데 이는 큰 오해입니다. 본래 참 교회는 거룩하지만 모든 교회가 참 교회가 아닙니다. 이는 마치 모든 사람이 착하지 않고 바르지 않은 것과 같습니다. 기본적으로 참 교회는 바르고 착합니다. 하나님을 예배하는 곳이자 사람을 살리고 영혼을 살리는 곳입니다. 하나님이 주인입니다. 거룩한 곳입니다. 그런데 실상은 그렇지 않은 교회들이 있습니다.

소위 불량교회, 돌팔이교회, 사이비교회, 가짜교회, 이단교회, 양의 탈을 쓴 늑대교회, 세속적인 교회, 실용적인 교회, 상업적인 교회, 자유주의교회, 혼합주의교회 등이 있습니다. 교회가 '좋고 나쁘다', '참이고 거짓이다'라고 할 때 중요한 기준이 있습니다. 다 이해가 되지 않겠지만 기본적으로 순수한 말씀 선포와 거룩한 성례(세례+성찬)와 권징입니다. 이것이 없으면 참 교회라고 할 수 없습니다. 문제는 목사가 '어떤 사람인가'에 따라 좌우됩니다. 기본적으로 목사는 4년제 신학교나 3년제 신학대학원을 수학하고 졸업한 이후 까다로운 과정인 시험과 면접과 안수를 통해서 목사가 됩니다. 그런데 이런 과정을 제대로 거치지 않고 목사가 되는 경우도 많습니다. 설사 정규 과정을 다 거쳤다고 해도 사람이 하는 일이다 보니 불량한 목사가 세워집니다. 더 심각한 것은 국내와 외국에서 돈을 주고 학위를 받고 목사가 되는 자들도 있습니다. 외국 신학교에 대한 학위 세탁을 하는 자들도 있습니다. 유학을 가서 제대로 신학을 하지 않고 국내에 있으면서 통신으로 신학을 한 자들 중에는 명예욕과 스펙에 치우친 목사들이 있습니다. 어떤 경우에는 신학교도 마치지 않았는데 목사 행세를 합니다. 신학교와 신학과정과 목사 안수과정이 투명하지 않은 자들도 있습니다.

일반적으로 심각한 것은 믿을 만한 교수들로 구성된 정규 신학교가 아닌 일반 교회에서 개설한 주간이나 야간 신학교에서 배출된 자들 중에 목사가 되는 경우가 많습니다. 제대로 신학을 배우지 못한 자들이 마치 불량품처럼 목사 안수를 받고 교회를 개척하고 섬기는 자들이 있습니다. 그런 목사가 담임인 교회는 건전할 수가 없습니다. 이단집단이나 사이비 집단들은 자기들끼리 목사라고 하고 교회라고 사칭합니다. 초등학교만 나오고 신학도 하지 않았는데 교주가 되어 목사라고 칭합니다. 우리나라는 종교의 자유가 있다 보니 자기들 마음대로 교회라고 하고 목사라고 합니다. 그러다 보니 진짜 교회가 훨씬 많지만 적지 않은 교회들이 부실하고, 거짓되고, 가짜입니다. 영적 강도와 같은 이단교회들도 있습니다. 마치 온전치 못한 의대에서 공부를 한 사람들과 같습니다.

의대도 나오지 않았는데 의사라고 하는 자들이 있습니다. 겉으로 보기에는 다 멀쩡한 교회 같은데 실상은 그렇지 않습니다. 교회라고 해서 다 같은 교회이거나 진실한 교회가 아니고, 목사라고 해서 다 같은 목사와 신실한 목사가 아닙니다. 역사적인 바른 신앙고백서를 믿고 추종하는 교회가 진짜 교회입니다. 이런 사실을 처음에 교회에 가는 자들이나, 초신자들이나, 믿음이 연약한 자들이나, 순수한 자들은 잘 모릅니다. 불신자들도 잘 모릅니다. 모든 교회와 목사들이 다 똑같이 진짜고, 바른 줄로 압니다. 그렇지 않습니다. 어디에나 가짜, 사기꾼, 불량품, 유사품이 있듯이 교회와 목사들도 가짜들이 적지 않습니다. 이런 목사나 교회를 만나면 불행하게 되고 실족하게 됩니다. 큰 상처를 받게 됩니다. 인생이 꼬이고 비참하게 됩니다. 위험하게 됩니다. 그릇된 길로 가게 됩니다. 영혼, 생명을 도둑맞게 됩니다.

이런 교회와 목사를 만나면 상처를 받고 실망하게 되어 교회를 욕하고 떠납니다. 사악한 이단 집단이나 사이비 교회를 만나면 탈출하는 것도 어렵습니다. 내버려두지 않기 때문입니다. 깡패세계와 비슷합니다. 이런 이유들 때문에 아무 교회나 가지 말라고 하는 것입니다. 들어가기는 쉬워도 나오기는 너무 어렵습니다. 우리 주변에 이단교회, 불량한 교회, 가짜교회, 사이비 목사, 사이비 교회나 단체, 이단 목사, 불량한 목사, 돌팔이 목사와 교회, 함량 미달 목사, 가짜 목사들이 있다는 것을 명심해야 합니다. 여기서 한 가지 의문이 있을 수 있습니다. 사정이 이러한데 정부는 왜 불량한 목사와 교회들을 단속하지 않느냐고 할 수 있습니다. 우리나라는 종교의 자유가 있는 나라이기에 정부가 어찌하지 못합니다. 위법한 일을 하지 않는 이상 간섭과 처벌을 받지 않습니다. 신앙 문제는 각 교회와 노회와 총회에서 규칙과 정관과 헌법과 회의 결의에 따라 처리합니다. 자기 교단에 속하지 않으면 처벌하지 못합니다. 아무튼 우리나라 사람들은 누구나 자유롭게 종교 활동을 할 수 있습니다. 그래서 별의별 교회와 목사들이 다 존재하는 것입니다. 나쁜 목사와 불량한 교회가 존재합니다. 각자 알아서 속지 않아야 합니다.

그렇다면 어떤 목사, 어떤 교회를 선택해야 합니까?

먼저 출신과 신분이 투명한 목사와 교회를 선택해야 합니다. 이런 목사와 교회를 찾기 위해서는 수고를 해야 합니다. 교회에 가면 어느 교회든지 출입구나 뒤편에 예배순서를 소개한 '주보'라는 것이 있습니다. 비교적 건전하고 족보가 있는 목사와 교회는 주보에 소속 교단과 목사 이름, 연락처가 있습니다. 예를 들면 '대한예수교 장로회(합동)', '담임목사 ○○○', '전화 ○○○'이라고 쓰여 있습니다. 그런 내용이 없으면 안내자에게 물으면 됩니다. '어느 교단과 노회에 속한 교회이고, 어느 신학교를 나온 목사님이냐'고 확인하면 됩니다. 그리하면 정상적인 교회와 목사는 친절하게 대답해 주고 알려 줍니다. 그러나 불건전하고 자신이 없는 교회는 잘 가르쳐 주지 않고 머뭇거릴 것입니다. 도리어 이상하게 여길 것입니다. 교단과 신학교를 확인했으면 사실관계를 검증해야 합니다. 인터넷을 치면 주소와 연락처가 있습니다. 해당 교단(총회 사무실)과 신학교에 문의해 보면 알려 줍니다. 그리고 또 확인해야 하는 것은 이단에 속한 교단과 교회와 목사인지, 불건전한 프로그램을 추종하는 목사와 교회인지 이단전문기관에 문의해 보면 알 수 있습니다. 그런 기관으로 '현대종교'나 '교회와 신앙' 그리고 건전한 교단(합신, 합동, 고신) 총회 사무실에 문의하면 알려 줄 것입니다. 인터넷을 치면 확인 가능합니다. 그리고 주변 신자나 불신자들, 주변 교회에 문의해 보면 대충 알 수 있습니다. 교회와 목사에 대한 소개나 정보가 하나도 없는 교회, 투명하지 않는 교회는 가지 않는 것이 지혜입니다.

그리고 목사가 참인지 가짜인지 알 수 있는 것이 두 가지 있습니다. 정직성과 바른 설교입니다. 어느 목사든지 정직하지 않은 목사는 가짜입니다. 예배 중 설교를 할 때 성경 본문을 읽어 놓고 본문과 상관없는 엉뚱한 말만 하거나, 자기 자랑만 하거나, 다른 사람들 이야기만 하거나, 인간적인 말만 하거나, 헌금에 대하여 지나치게 강조하는 목사, 설교 중에 유행가를 부르거나, 세상적인 이야기만 하거나, 정치적인 이야기만 하거나, 설교 중과 교육과 모임 중에 욕하고 반말하는 목사는 건전한 목사가 아닙니다. 헌금을 잘 내고 많이 내야 복받고, 하나님 다음으로 목사를 잘 섬겨야 하고, 목사를 비판하면 저주를 받는다고 하는 목사는 건전한 목사가 아닙니다. 교회 운영과 회계에 대하여 투명하지 않고, 비밀이 많고, 비공개로 하고, 제직회나 공동의회 때 자유롭게 발언을 하지 못하게 하거나, 타당한 비판을 하면 야유를 하거나 제지하는 교회는 건강한 교회가 아닙니다. 또한 교회 출입구에 경호하는 자들이 서서 출입을 통제하는 교회가 있는데 정상적인 교회가 아닙니다. 이단교회들이 주로 그리합니다. 아무나 예배당과 예배시간에 출입하지 못하게 합니다. 사진도 찍지 못하게 하고 녹음도 하지 못하게 합니다. 모두 건전한 교회가 아닙니다.

교회 재정을 지출하고도 영수증을 제출하지 않는 목사가 있습니다. 담임목사가 영적 아버지라고 하면서 절대복종을 강요합니다. 목사가 돈을 좋아하고 선물 받기를 좋아합니다. 장로들이 하나님께 충성하지 않고 담임목사에게 충성하는 자들이 있습니다. 목사가 잘못 지시하고 행하는 것을 알면서도 침묵하고 옹호하고 시키는 대로 하는 장로와 집사가 있는 교회는 정상이 아닙니다. 특히 목사가 거짓말하는 경우, 성폭행을 하는 경우, 돈에 대하여 불의가 있는 경우, 이성문제가 있는 경우 고민해 볼 것도 없이 돌아서야 합니다. 이런 교회들은 가지 않는 것이 안전합니다. 속히 떠나야 합니다. 교회가 불건전하고 신뢰가 가지 않아서 떠나는 것은 아무런 잘못이 아닙니다. 교회를 옮긴다고 하나님으로부터 저주를 받고,

잘못되고 하는 그런 일은 없습니다. 다 거짓이고 겁박입니다.

교회 선택은 각자의 고유 주권입니다. 누구든지 강제하거나 간섭할 권리가 없습니다. 자기 양심과 신앙에 맞게 선택하면 됩니다. 중간에 교회나 목사가 이상하면 언제든지 이동해도 아무런 문제가 없습니다. 당연히 그리해야 합니다. 이는 문제가 있는 음식과 음료는 먹지 않고 버리는 것과 같습니다. 모든 건전한 교회는 다 하나님이 주인입니다. 그러기에 타당하고 합리적인 사정이 있어 건전한 교회로 옮기는 것은 아무런 문제가 없습니다. 주변에 이상한 교회, 불량한 교회들도 있지만 건전하고 좋은 교회들도 많으니 물건을 구매할 때처럼 신중하게 검증하고 확인하여 선택하면 좋을 것입니다. 불량하고 건전하지 않은 목사나 신자는 정당한 이유로 교회를 옮기려고 하면 나쁜 말을 하거나 저주나 공포를 심어 주는데 다 무시해도 됩니다. 아무렇지 않습니다. 혹 나쁘게 말하는 목사나 교회가 있다면 건전한 교회나 목사가 아닙니다. 속히 돌아서야 합니다.

왜 목사와 신자들을 무조건 믿지 말라고 합니까?

모든 사람들은 종교, 지위고하, 남녀노소, 친분, 민족, 학벌, 외모, 조건, 얼굴 인상, 신분을 떠나서 마음이 부패하고 타락해서 절대적으로 믿을 존재가 되지 못하기 때문입니다. 가짜들과 변질된 목사와 신자들이 적지 않습니다. 가짜인데 진짜처럼 보이는 목사와 신자들이 한둘이 아닙니다. 이들이 하나님과 기독교를 먹칠 합니다. 사람은 눈에 보이고 귀로 들은 것이 전부가 아닙니다. 사람은 멀리서 볼 때와 가까이에서 볼 때 전혀 다른 사람도 있습니다. 산(山)을 연상하면 이해하기 쉬울 것입니다. 모든 산은 멀리서 보면 다 아름답게 보입니다. 그러나 가까이에 가서 보거나 숲 안으로 들어가서 보면 멀리서 보았을 때와는 천지 차이입니다. 누구든지 사람의 실상은 숲과 같습니다. 이런 사실을 무시하고 간과한 사람들은 일생을 살면서 사기와 배신과 이용과 상처를 당합니다. 모든 사람들의 마음과 생각은 무시로 요동치는 바다 물결 같아서 항상 불완전합니다. 조석으로 변합니다. 시시때때로 변합니다.

어제까지는 좋았다가도 내일은 전혀 다른 사람이 될 수 있습니다. 이 해관계에 따라 달라집니다. 그것이 사람의 실상입니다. 아마 세상을 어느 정도 살아 본 사람들은 사람들이 이렇다는 것을 경험했을 것입니다. 사람들 중에는 비교적 좋은 사람도 있고 나쁜 사람도 있습니다. 정직한 사람도 있고 사기꾼도 있습니다. 왜 목사와 신자들을 무조건 믿지 말라고 합니까? 예수님을 믿기 전이나 후로 완전한 목사, 신자들은 없기 때문입니다. 좋은 목사와 신자도 있고 나쁜 목사와 신자도 있습니다. 모든 분야가 다 그렇습니다. 이 세상에 의인은 하나도 없습니다. 모든 사람들의 마음과 생각이 악합니다. 본성이 그렇다는 말입니다. 단지 상대적으로 어느 사람은 좀 더 착하게 보일 뿐입니다. 이 또한 겉만 보고 판단하는 인간의 기준과 시각입니다. 하나님의 기준으로 볼 때 착한 사람은 이 세상에 아무도 없습니다.

그래서 선행과 행위와 수행으로는 구원을 받지 못하는 것입니다. 선행과 수행으로는 인간이 완전하게 변하지 않습니다. 죄가 사라지지 않습니다. 절대 불가입니다. 선행과 수행으로 해탈한다는 말은 정직한 말이 아닙니다. 말장난에 불과합니다. 아무리 노력하고 노력해도 윤리적, 도덕적으로, 마음과 생각으로 100점짜리 인간은 없습니다. 여자의 몸에서 정자와 난자가 만나 인간으로 수정되는 순간부터 인간은 악합니다. 죄인입니다. 착하지 않습니다. 모든 인간은 전적으로 부패하고 타락한 본성을 가지고 태어나고 삽니다. 게다가 사람은 수시로 변합니다. 오늘이 다르고 내일이 다릅니다. 수개월 후와 수년, 수십 년 후는 또 다릅니다. 결혼 전과 결혼 후가 다릅니다. 자녀가 출생하기 전과 그 이후로 다릅니다. 이런저런 다양한 이유와 처지와 환경과 영향을 받아 조석과 순간으로 달라지는 것이 사람입니다. 어떤 사람은 순간순간 변합니다. 그래서 사람은 누구든지 전적으로 믿고 의지하면 안 된다고 하는 것입니다. 설사 거듭난 목사와 신자라 할지라도 절대적으로 믿을 수 있는 대상은 아닙니다. 언제든지 변질과 타락과 악한 짓을 할 수 있습니다. 그게 연약한 사람의 본질입니다.

로마서 3장 10절
"기록된바 의인은 없나니 하나도 없으며"

창세기 6장 5절
"여호와께서 사람의 죄악이 세상에 관영함(가득함)과 그 마음의 생각의 모든 계획이 항상 악할 뿐임을 보시고"

이런 부분에 있어서 많은 불신자들과 신자들과 세상이 교회와 목사와 기독교인들을 오해합니다. 오해한 결과 이용당하고, 실망하고, 상처받고, 욕하고 교회를 떠납니다. 성경과 그 누구도 목사와 신자, 교회는 완전하다고 한 일이 없습니다. 각 사람들이 그렇게 믿은 것입니다. 성경은 사람에 대하여 말하기를 전적으로 믿고 의지할 대상이라고 한 적이 없습니다. 단지 사랑하고, 용서하고, 이해하고 살 자들이라고 합니다. 신자들은 일반 사람들보다 좀 더 착하게 살려고, 하나님 말씀대로 살려고 애쓰는 것뿐입니다. 그 결과 상대적으로 반듯한 것은 사실입니다. 그래도 연약하고, 부족하고, 허물이 있습니다. 그것도 목사들마다, 신자들마다 다 다릅니다.

기독교인들도 별의별 사람이 다 있습니다. 그래서 목사와 신자들을 무조건 믿지 말라고 하는 것입니다. 가짜 목사, 사이비 목사, 엉터리 목사, 겉과 속이 다른 목사, 이기적인 목사, 교묘한 목사, 남을 이용하는 목사, 자유주의 목사, 혼합주의 목사, 이단 목사들이 적지 않기 때문입니다.

참 목사들도 완전하지 않고 허물투성이인데 사이비나 가짜 목사들은 말할 것도 없습니다. 이들은 진짜가 아닌 가짜들이기 때문에 하나님도 두려워하지 않고, 성경대로 살려고 애쓰지도 않고, 이웃을 사랑하지도 않고, 전적으로 부패하고 타락한 본성과 육욕에 따라 외식하며 삽니다. 이타성이 없습니다. 오직 돈과 명성과 쾌락과 자기 이익만 추구합니다. 겉과 속이 다르게 말하고 행동합니다. 사람들을 속입니다. 돈과 자기 성적 욕망만 채웁니다. 그래서 대부분의 이단 목사와 가짜 목사들이 성범죄를 저지르고 헌금을 유용하고 횡령합니다. 폭언과 폭력과 협박과 거짓말을 당당하게 행합니다. 성폭행을 합니다. 이런 함량미달과 가짜와 이단들이 우리 주변에 있습니다. 사이비 신자들도 마찬가지입니다. 사이비 신자들, 가짜 신자들, 이단을 추종하는 신자들, 엉터리 신자들, 종교인에 불과한 신자들, 연약한 신자들이 널려 있습니다. 그래서 서로 속입니다. 유유상종입니다. 사람이나 짐승들이나 같은 종끼리 어울려 다니거나 삽니다. TV 시사 고발 프로나 넷플릭스 영화 등에 나오는 사이비나 이단 교주나 집단에 빠진 자들을 보면서 이해하지 못하는 사람들이 많습니다. 저는 이해가 갑니다. 같은 종이니까 추종하고 그런 집단에 빠지고 어울리는 것입니다.

이런 사람들에게 잘못 걸려들면 사기당하고, 이용당하고, 성범죄도 당합니다. 상처를 받습니다. 실망합니다. 인생이 망가집니다. 고소와 고발을 당합니다. 협박과 폭언과 폭행을 당합니다. 성경은 자기 몸과 이웃을 해치는 1급 발암물질인 술과 담배를 금합니다. 그런데 불량한 목사들은 술과 담배를 합니다. 물론 신자들도 마찬가지입니다. 게다가 거짓말도 잘합니다. 남을 잘 속입니다. 폭언과 폭행을 합니다. 겁박도 합니다. 자연스럽게 거짓말을 합니다. 불법도 잘합니다. 준법도 잘하지 않습니다. 착한 불신자들보다 더 못한 가짜 목사와 가짜 신자들이 있습니다. 이것이 작금의 현실입니다. 모든 교회가 다 참된 교회가 아니고, 모든 목사가 다 진짜 목사가 아니고, 모든 신자들이 다 진정한 기독교인이 아닙니다. 그 결과 교회 안에서도 폭언과 폭력, 협박과 고소고발이 난무합니다. 싸움이 벌어집니다. 온갖 부당한 일들이 종종 벌어집니다. 목사들 중에는 깡패와 같은 자들도 있습니다. 자기주장과 생각대로 하지 않으면 화를 내고 공격합니다. 차마 목불인견인 목사와 신자들이 교회 안팎에 있습니다. 이러함에도 세상과 불신자들은 진짜 목사와 가짜 목사, 진짜 신자와 가짜 신자를 동일하게 생각하여 매도합니다. 진짜 목사와 진짜 신자들은 고의적이고 계획적으로 악한 짓을 하지 못합니다. 반복해서 거짓된 언행을 하지 못합니다.

그러나 가짜 목사, 변질된 목사, 가짜 신자들은 밥 먹듯이 악한 언행을 합니다. 하는 짓들을 보면 깡패 그 자체입니다. 불량한 정치인들처럼 나쁜 정치를 합니다. 권모술수를 부립니다. 은근히 겁박도 합니다. 겉과 속이 다릅니다. 돈에 집착합니다. 불공정하게 일처리를 합니다. 공사 구분을 하지 않습니다. 비상식적인 주장과 행동을 합니다. 교회를 투명하게 운영하지 않습니다. 교회 재정도 완전하고 투명하게 공개하지 않습니다. 헌금을 강요합니다. 돈을 좋아합니다. 헌금을 자기 마음대로 좌지우지합니다. 교회 공금을 사용하고도 영수증을 제출하지 않습니다. 교회에서 바른 소리와 비판을 하면 제명해 버립니다. 이상한 신자로 매도해 버립니다. 정당한 권리 행사에도 무례하다고 말합니다. 세속적인 주장을 합니다.

그리고 이단성이 있는 프로그램과 불건전한 프로그램을 추종합니다. 총회의 결정을 무시합니다. 게다가 이젠 신학교 학벌도 세탁합니다. 필요 이상의 스펙을 쌓습니다. 교단도 바꾸고 갈아탑니다. 사람들이 믿을 수 있도록 대형교단과 신학교도 갈아탑니다. 가짜 목사와 가짜 신자들은 상상할 수 없는 온갖 악한 짓들을 다 합니다. 우리 사회와 우리가 거주하고 있는 주변과 직장과 학교 안과 교회 안팎에는 이처럼 가짜, 사이비, 이단, 불량한 목사와 신자들이 적지 않기 때문에 무조건 믿어서는 안 됩니다. 그런즉 철저하게 확인하고, 검증해야 합니다. 그렇지 않으면 큰 피해를 당합니다. 속게 됩니다. 우리가 이런 시대에 살고 있습니다. 물론 좋은 목사들과 신자들이 더 많습니다. 그런즉 우리 사회나 교회에 진짜와 가짜가 섞여 있다는 사실을 바로 알고 속거나 이용당하지 않기를 바랍니다. 자주 속는 것도 자기 실력입니다. 자기 책임입니다. 모든 목사들과 신자들을 동일하게 보지 말아야 합니다. 사람은 누구나 수시로 돌변합니다. 이는 상식입니다. 그래서 누구든지, 아무리 훌륭한 사람일지라도 무조건 맹신하고 맹종하면 절대로 안 됩니다.

제27장

기독교는 왜 배타적입니까?

기독교는 진리(참)이기에 기독교 교리에 어긋나는 것은 무엇이든지 인정하지 못하고, 거부하고, 저항하고, 분리하기 때문에 배타적입니다. 진짜를 진짜라고 하고, 하나만 있는 것을 하나뿐이라고 하고, 아닌 것은 아니라고 하는 것은 나쁜 배타성이 아니라 올바른 배타성입니다. 타 종교인들이 기독교(천주교) 중에서도 개신교에 대하여 불편함을 갖고 비판하는 것이 있습니다. 그중의 하나가 배타성입니다. 배타(排他)란 '타인을 배척하는 것'을 뜻합니다. 배타성이라 함은 '남(다름)이나 다른 생각 따위를 밀어내는 성질'을 말합니다. 어떤 면에서 배타적입니까? 대표적인 것으로 신(神)에 대한 것이고 또 하나는 구원(救援)에 대한 것입니다. 모든 종교는 자기들이 믿고 추종하는 각기 그 종교의 뼈대, 기둥을 이루고 있는 핵심 교리(신학, 신앙고백)가 있습니다. 기독교는 신과 관련하여 이 우주만물을 창조하신 신은 오직 여호와(스스로 계신 자) 하나님 한 분밖에 없다고 주장하고 가르칩니다. 기독교인들은 그런 진리를 믿고 추종하

223

고 주장합니다. 하나님 외에는 다른 신이 없다고 말합니다. 기독교 입장에서는 타 종교인이 자기 종교에서 자칭 신으로 숭배하는 인물, 청동상, 돌상, 목상 등 다른 신은 우상숭배라고 말합니다. 성경이 그렇게 말합니다. 기독교에서 우상숭배는 영적간음으로 하나님이 제일 싫어하십니다. 기독교의 핵심 계명인 십계명(十誡命, 열 가지 계명)에서 엄히 금합니다.

출애굽기 20장 3절

"너는 나(하나님) 외에는 다른 신들(우상들)을 네게 있게 말찌니라"

이스라엘 지도자 모세가 어느 날 하나님께 물었습니다. 혹 애굽에 갔을 때에 애굽(이집트)에 종으로 있는 이스라엘 백성들이 하나님이 누구냐고 물으면 뭐라고 대답해야 하느냐고 물었습니다. 그러자 하나님께서 다음과 같이 말하라고 하셨습니다.

출애굽기 3장 14절

"하나님이 모세에게 이르시되 나는 스스로 있는 자니라…"

그래서 기독교(개신교)는 다른 종교를 존중하되 하나님 외의 다른 신은 인정하지 않고 거부합니다. 이는 상대방 종교를 비난하고 공격하지 않는 이상 자연스러운 것이고 바른 자세입니다. 예를 들어서 자기 아내 혹은 자기 남편을 보고 '이 사람이 제 유일한 남편이고 아내입니다'라고 하는 것은 당연한 배타성입니다. 이를 배타적이라고 공격한다면 그 사람이 정상이 아닙니다. 누구나 다 그렇게 주장해야 정상입니다. 오직 자기 배우자만 유일한 자기 아내와 남편이라고 주장하는 것이 정상이듯, 기독교 진리 책인 성경에서 하나님 외에는 다른 신이 없다고 하기에, 그 말씀을 믿고 추종하기에 개신교인들이 하나님에 대한 유일신(唯一神)을 주장하는 것은 상식에 맞는 배타성입니다. 나쁜 배타성이 아닙니다. 누구든지, 어느 종교든지 자기들 입장에서, 자기들 교리에 근거해서 배타성을 가져야 정상입니다.

이런 사실을 잘 이해하면 기독교와 기독교인들을 배타적이라고 비판할 수 없습니다. 배타성 개념에 대한 오해 때문에 그런 주장을 하는 것입니다. 다른 종교인들도 자기들 종교에 대해서 다른 사람들에게 마땅히 그리 말해야 합당합니다. '자기가 믿는 종교도 참 신이고 다른 종교도 참 신이다'라고 하는 것은 듣기에는 포용성이 있고 상대방 종교를 존중하는 것처럼 보일지 몰라도 스스로 자기 종교에 대해 불신하는 것입니다. 확신이 없는 자세입니다. 사이비 신자입니다. 참은 언제나 하나이기 때문입니다. 다른 것은 가짜이거나 틀린 것입니다. 자기를 낳아준 진짜 아버지도 한 분, 진짜 어머니도 한 분이라고 해야 맞습니다. 그렇게 말해야 합니다. 사지선다형 객관식 시험을 볼 때 정답을 두세 개씩 쓰는 것은 정상이 아닙니다. 정답이든 오답이든 나름 확신을 가지고 하나씩만 써야 합니다. 정답과 오답을 다 쓰는 사람은 없습니다. 또한 어느 자식이 주변의 여러 어머니들과 아버지들도 자기를 낳아 준 분이라고 한다면 말이 되지 않습니다. 이상한 자식입니다. 자기 부모는 오직 한 분뿐이라고 주장하는 것이 나쁜 배타성입니까? 좋은 배타성입니다. 도리어 그렇게 말하지 않는 자들이 정상이 아닙니다. 중립적 입장을 취하는 사람은 간교한 자입니다. 양다리를 걸치고 사는 정치적인 사람입니다.

　이런 연장선에서 기독교인들이 배타적이라고 비판을 받는 또 하나는 '구원'에 대한 것입니다. 기독교에서 구원이라고 하는 말은 '죄에서의 구원'을 말합니다. 성경은 모든 사람이 다 죄인이라고 합니다. 창조 이래 이 지구상에 존재하는 과거, 현재, 미래의 모든 사람 중에 의인은 하나도 없다고 말합니다. 그리고 죄의 삯은 죽음이라고 말합니다. 그래서 모든 사람은 한 번 태어나면 성경 말씀대로 육체적으로 반드시 죽는 것입니다. 죽지 않는 사람은 아무도 없습니다. 사고나 질병 때문이 아닙니다. 그냥 죽는 것이 아닙니다. 다 죄에 대한 형벌 때문에 누구나 죽는 것입니다. 이것이 죽음에 대한 직접적인 원인입니다. 이렇게 죽은 자들은 사후에 심판을 받고 불못인 장소적인 지옥에 던져져서 고통 가운데 영원히 산다고 성경은 말합니다. 하지만 구세주인 예수 그리스도를 믿으면 죄 용서함을 받고 구원을 받아 지옥이 아닌 천국에 들어가 고통 없이 영원히 행복하게 산다고 말합니다.

　이 구원의 길은 오직 하나뿐이고 그것은 인류의 유일한 구세주인 예수 그리스도를 믿는 것이라고 말합니다. 예수 그리스도는 죄인들을 구원하시기 위해서 이 땅에 성탄 하셨고, 죄인들의 죄를 대신하여 십자가에 달려 죄값을 대신 치르시고 죽으셨다가 3일 만에 다시 살아나신 분입니다. 이것을 부활(復活)이라고 합니다. 이 구세주인 예수님께서 우리 역사 가운데 성탄 하셨는데 이 날을 기념하는 날이 성탄절(크리스마스)입니다. 성탄절은 누군가가 그냥 즐거운 날, 휴일로 만든 것이 아닙니다. 기독교 진리인 성경은 오직 예수 그리스도를 믿어야만 구원(영생, 천국)을 얻는다고 말하기에 기독교인들은 그리 주장하는 것입니다. 그러니 구원에 있어서 당연히 배타적이어야 정상입니다.

사도행전 4장 12절
"다른 이로서는 구원을 얻을 수 없나니 천하 인간에 구원을 얻을만한 다른 이름을 우리에게 주신 일이 없음이니라 하였더라"

사도행전 16장 31절
"가로되 주 예수를 믿으라 그리하면 너와 네 집이 구원을 얻으리라 하고"

기독교에서 개신교는 예수님을 통한 유일한 구원론만 주장합니다. 다른 종교나 다른 곳이나 다른 길로는 구원을 받을 수 없다고 말합니다. 기독교인들은 이를 믿고 따르는 것입니다. 이를 믿지 않는 자들은 기독교인이 아닙니다. 다른 종교에도 구원이 있다고 하는 자들은 참다운 기독교인이 아닙니다. 종교다원주의와 혼합주의 종교인에 불과합니다. 다른 종교인들도 사실이 아니더라도 자기가 추종하는 종교의 구원론을 믿고 추종하고 주장해야 정상입니다. 이것이 왜 배타적이고 비판받아야 합니까? 모든 종교인들은 자기가 추종하는 종교에 대하여 나름 확신과 배타성을 가져야 합니다. 기독교에만 구원이 있다고 하는 말은 기독교를 믿는 신자들의 당연한 주장입니다. 다른 종교와 종교인들도 자기들의 교리를 그리 믿고 주장해야 정상입니다. 예를 들어 불교에만 구원이 있다고 말하고, 이슬람교에만 구원이 있다고 말해야 정상입니다. 이는 나쁜 것이 아닙니다. 상대방 종교인들이 기분 나빠할 이유가 하나도 없습니다. 서로가 그리 주장해야 정상입니다. 이는 상식입니다. 이런 자신감이 나 확신이 없으면 참 신자가 아닙니다. 사이비 신자입니다. 물론 자기가 신봉하는 종교의 구원관에 대해서만 당당하게 주장하고, 다른 종교의 구원관에 대하여 비난하고 공격하는 것은 바른 자세가 아니므로 금해야 합니다.

그런 것이 아니고 무종교자이든 다른 종교를 가진 자에게 자기가 믿는 종교의 구원관은 얼마든지 말할 수 있고, 그렇게 말하는 것 자체는 아무런 잘못이 아닙니다. 헌법 20조와 21조에도 표현의 자유, 종교의 자유를 보장합니다. 자기가 믿는 종교의 교리, 신학에 따라 유일한 구원론을 주장하는 것은 틀린 것이 아닌 타당한 주장입니다. 결코 나쁜 배타성이 아닙니다. 그런즉 정당한 배타성을 오해하지 말아야 합니다. 자기가 추종하는 종교의 구원론이든 타 종교의 구원론이든 듣든지 아니 듣든지 마음이 믿어지는 대로 믿고 주장하면 됩니다. 각 종교인들의 구원론 주장에 대하여 자기와 다르다고, 기분이 나쁘다고 비난하거나 욕할 이유가 하나도 없습니다. 단, 타 종교의 교리에 대하여 비난하거나 모욕적인 언행을 하는 것은 옳지 않습니다. 자기 종교 교리에 대해서만 주장하면 됩니다. 서로 자기 종교의 교리를 주장하되 믿어지는 대로 추종하면 되고 서로 존중해야 바른 자세입니다. 모든 종교인들은 자기가 믿고 추종하는 종교와 교리에 대하여 배타적이어야 합니다. 그렇지 않으면 어느 종교인이든지 바른 신자는 아닙니다. 사이비 종교인입니다.

제28장

사람이 연약해서 하나님을 찾고 믿는 것입니까?

하나님은 사람을 흙으로 창조하신 우리의 아버지이시기 때문에 찾고 믿는 것이지 인간이 연약해서가 아닙니다. 어떤 사람들은 종종 이런 말을 합니다. "사람들이 하나님을 믿는 것은 심신이 연약하기 때문이다"라고 합니다. 이를 보통 의거성(依據性)이라고 합니다. 정확히 말하면 '남의 힘을 빌려 의지함'을 뜻합니다. 이렇게 주장하는 자가 암시하는 바는 자신이 하나님을 믿지 않는 이유는, 교회에 다니지 않는 것은 심신이 연약하지 않기 때문이라는 것입니다. 교회에 나오는 사람에 따라서 볼 때 전혀 틀린 말은 아니지만 근본적으로 볼 때 정확한 말도 아닙니다. 큰 오해이자 착각입니다. 이렇게 이해를 구하겠습니다. 자식들 중에는 심신이 강한 자식도 있고 심신이 약한 자식도 있습니다. 독립심이 강하고 심신이 강한 자식은 누굴 잘 의지하지 않습니다. 이에 반해 독립심이 약하고 심신이 연약한 자식은 부모님을 더 의지합니다. 이런 자들이 소위 캥거루족입니다. 마마보이나 마마걸입니다. 하지만 부모님을 찾고 의지하는 것을 독립심과 심신의 강약으로는 다 설명이 되지 않습니다. 부모가 나이가 들면 힘의 균형이 역전됩니다. 많이 배우고, 건강하고, 돈을 더 벌고 직장이 있는 자식이 더 강합니다. 나이가 들면 도리어 부모들이 자식을 더 의지하고 삽니다. 따라서 자식들이 젊은 부모나 늙은 부모를 믿고, 의지하는 것은 의지가 약한 것이 아니라 자기를 낳고 키워 준 부모이기 때문입니다. 자식들에게 있어서 부모는 항상 태산과 같은, 고향과 같은 든든한 존재입니다.

특히 부모와 자식 간의 정과 끌림은 심신의 강약과는 상관이 없습니다. 부모이고 자식이라는 특수한 관계이자 천륜이기 때문에 본능적으로 서로 찾고, 믿고, 의지하고, 그리워하고, 관계하며 사는 것입니다. 부모와 자식 관계가 아닌 다른 사람들은 이런 끈끈한 정이 없습니다. 그래서 찾지도 그리워하지도 않습니다. 동물들도 마찬가지입니다. 개들도 자기 주인을 알기에 졸졸 따라 다닙니다. 연약해서가 아닙니다. 적지 않은 사람들이 하나님을 믿고 교회에 다닙니다. 심신이 연약하거나 의지하고픈 대상이 필요해서가 아닙니다. 이런 자들은 마치 양들이 자기 목자를 찾고 추종하는 것처럼, 자기를 흙으로 창조해 주시고 영혼을 주신 전지전능하신 하나님 아버지이기 때문입니다. 그래서 하나님의 자녀들은 하나님을 찾고 만났기에 너무 좋고 기뻐서 하나님을 섬기며 사는 것입니다. 인류의 유일한 구세주인 예수님(성자 예수님)을 믿는 자들을 하나님의 자녀라고 부릅니다.

하나님의 자녀들이 하나님 아버지를 육신의 부모와 달리 성부(聖父)라고 부릅니다. 하나님과 신자들은 영적으로 아버지와 자녀 관계입니다. 본래 이러한 부자 관계인데 최초의 인간인 아담과 하와가 하나님께 죄를 범하므로 인하여 관계가 단절되어 버렸습니다. 이러한 단절된 관계를 다시 회복시켜 주신 분이 바로 구세주인 예수님입니다. 하나님의 친자녀들은 구세주인 예수 그리스도를 믿음으로 죄 용서함을 받아 다시 하나님 아버지와의 관계가 회복됩니다. 그런 자들이 잃었던 아버지 하나님을 다시 찾고 믿고 의지하며 삽니다. 이산가족의 만남 장면을 연상해 보기 바랍니다. 연약해서 만나고 울고 하는 것이 아닙니다. 가족이기 때문입니다.

요한복음 1장 12절

"영접하는 자 곧 그(예수님) 이름을 믿는 자들에게는 하나님의 자녀가 되는 권세를 주셨으니"

사람들이 교회를 찾아가고, 하나님을 찾고 믿는 이유는 성부 하나님이 신자들의 진정한 아버지이기 때문에 믿고 의지하며 사는 것입니다. 자녀가 아버지를 찾고 의지하는 것은 당연합니다. 상식입니다. 세상살이가 힘들고 두렵고 외로워서가 아닙니다. 연약해서가 아닙니다. 성부 하나님께서는 우리를 흙으로 창조하셨습니다. 우리식의 표현은 하나님께서 우리를 낳아 주셨다는 말입니다. 그러니까 하나님이 우리의 부모입니다. 부모를 둔 자녀들은 이 말이 무슨 뜻인지 잘 압니다. 잘난 자식이나 못난 자식이나 부모가 잘났든 못났든지 부모이기 때문에 찾고 믿고 의지하는 것입니다. 심신이 연약하고 의지할 것이 없어서 부모를 추종하는 것이 아닌 것처럼, 수많은 사람들이 초월적인 영(靈)이시고, 스스로 존재하시고, 살아 계시고, 전지전능하신 하나님을 믿고 의지하는 것도 우리를 창조하신 신자들의 아버지이기 때문입니다. 반대로 그렇지 않는 자식이 이상한 것입니다. 불량한 자식입니다.

그런즉 심신이 연약하고 의지할 것이 없어서 하나님을 찾고 믿고 교회에 가는 것이라는 주장은 틀린 말입니다. 오해입니다. 부모를 잃은 자식은 잘났든지 못났든지 외롭습니다. 아무리 잘 먹고, 잘살고, 세상적으로 성공했어도 허전합니다. 마음이 공허합니다. 고향과 같은 부모를 잃었기 때문입니다. 부모의 빈자리는 세상을 살면서 크게 느껴집니다. 행복하지 않습니다. 마음에 큰 고통과 그리움이 있습니다. 그게 이산가족입니다. 사별한 자들은 잘 알 것입니다. 이산가족이 가족과 부모를 만나면 행복하고 기쁩니다. 하루하루의 삶이 즐겁습니다. 신앙도 그렇습니다. 그래서 주일과 수요일에 교회에 나가고, 하나님을 찾고 믿고 사는 것입니다. 이 정도 해명을 하면 충분한 답이 되었을 것입니다.

제29장

사람이 죽으면
왜 천국 아니면 지옥에만 들어간다고 합니까?

세상은 현세만 있지 않고 사후세계도 있는데 내세는 오직 천국(낙원)과 지옥(음부)만 있기 때문입니다. 또한 사람은 죽는다고 그것으로 인생이 끝이거나 없어지는 것이 아니기 때문입니다. 청년들이 군 입대 입영통지서를 받으면 왜 신병훈련소(신병교육대)에만 들어간다고 합니까? 입영통지서를 받은 청년들이 가서 훈련을 받는 곳은 오직 신병훈련소뿐이기 때문입니다. 사람이 죽으면 천국 아니면 지옥에만 들어간다고 하는 것도 사후세계는 천국(낙원)과 지옥(음부)밖에 없기 때문입니다. 기독교는 왜 이러한 주장을 합니까? 성경이 그리 말하기 때문입니다. 다른 종교는 이런 사실을 확실하게 말하지 못합니다. 두루뭉술하게 말합니다. 철학적으로만 말합니다. 애매모호하게 말합니다. 그 이유는 간단합니다. 정확히 모르기 때문입니다. 무엇이든지 정확하게 모르는 사람은 세세하게 말하지 못합니다. 오직 기독교만 천지와 천국과 지옥을 만드신 하나님을 믿기에 내세인 천국과 지옥에 대하여 구체적이고 명확하게 말합니다.

이러한 주장은 이 세상에서도 간접적으로 얼마든지 경험하고 아는 사실입니다. 남녀노소를 불문하고 일과를 마치면 가는 곳이 있습니다. 천국과 같은 자기 집과 지옥과 같은 감옥입니다. 죄가 없는 사람은 자기 집에서 죽을 때까지 살아가고, 죄를 지은 사람은 유죄 판결을 받고 감옥에서 짧게 혹은 길게 삽니다. 이 땅에서도 이런 곳이 있는 것처럼 사후세계에도 사망 후에 가는 곳이 딱 두 곳뿐입니다. 로마가톨릭교회(천주교)에서는 한 곳을 더 말합니다. 연옥(煉獄)입니다. 신앙과 선행이 부족한 사람들이 잠시 들어간 이후 불로 연단을 받아 언젠가 다시 천국으로 들어간다는 곳입니다. 그러나 기독교 진리인 성경에 연옥은 없습니다. 연옥은 가상 장소일 뿐입니다. 성경이 아닌 외경에 있는 것입니다. 아무튼 기독교 진리인 성경은 믿든지 아니 믿든지 사람이 사후에 들어가서 영원히 사는 곳으로 오직 천국과 지옥만이 존재함을 분명하게 말합니다.

마태복음 25장 46절

"저희는(불신자들) 영벌(내세의 지옥)에, 의인은(참 신자들) 영생(내세의 천국)에 들어가리라 하시니라"

누가복음 23장 43절

"예수께서 이르시되 내가 진실로 네게 이르노니 오늘 네가(신앙고백한 강도) 나와 함께 낙원(사후에 영혼이 잠시 머무는 중간상태)에 있으리라 하시니라"

인류의 유일한 구세주인 예수님을 믿으면 언제 죽으나 천국에 들어가 영원히 행복하게 살고, 아무리 착하게 살아도 진실로 예수님을 믿지 않으면 지옥 불에 들어가서 영원히 고통 가운데 삽니다. 이는 우주 만물의 주인이신 하나님께서 정하신 철칙입니다. 이러한 기준과 철칙은 사람이 변개하지 못합니다. 사람들이 오해하거나 착각하는 것이 있습니다. 사람이 죽으면 그것으로 끝이라고 말합니다. 죽음 이후의 세계는 없다고 단언합니다. 절대로 아닙니다. 오판입니다. 영원한 내세가 있습니다. 오해와 착각은 자유입니다. 아무리 오해하고, 착각하고, 부인해도 진실은 존재합니다. 마치 시각장애인이 태양이 보이지 않으니 태양이 없다고 아무리 부인해도 태양은 존재하는 것과 같습니다. 단지, 누군가는 보이지 않고, 믿지 못할 뿐입니다. 사람들이 이런 주장을 하는 것은 일부는 맞습니다. 사람은 육체와 영혼으로 구성되어 있습니다. 육체는 살과 뼈입니다. 살과 뼈는 눈에 보이는 것이자 물질입니다. 모든 물질은 죽으면 부패하기 시작합니다. 썩어 버립니다. 시간이 지나면 산화되어 사라집니다. 그러니까 죽으면 그만이라고 주장합니다. 육체에 머물다 떠난 영혼은 눈에 보이지 않기에 육체만 보고 내세는 없다고 말하는 것입니다. 육체에 비해 영혼은 물질이 아닙니다. 눈에 보이지 않으나 살아 있는 것입니다. 영원히 썩지도, 죽지도, 불에 타지도 않는 비물질이 사람의 영혼입니다.

이 영혼은 사람의 육체 안에 살아 있다가 어느 날 사람 속에서 나옵니다. 물론 영혼이 스스로 그리하는 것이 아니라 하나님이 취하십니다. 영혼이 육체에서 나오면 죽었다고 말합니다. 죽은 사람을 시체라고 말합니다. 육체에서 나온 영혼은 어디로 갑니까? 지천에 떠돌아다닙니까? 알 수 없는 곳으로 사라져버립니까? 모르겠습니까? 사람이 죽으면 예수님에 대한 믿음 여부에 따라 곧바로 세상 종말 때까지 거하는 중간상태인 낙원 아니면 음부로 들어갑니다. 이러한 논리와 성경사상에 따라서 사람이 죽으면 낙원 아니면 음부에 들어가서 세상 종말 때까지 거한다고 말하는 것입니다. 이러한 주장은 황당한 소설이 아닙니다. 진리입니다. 참입니다. 이러한 기독교 진리를 믿는 사람도 있고 믿지 않는 사람도 있습니다. 물론 각자의 마음입니다. 이러한 사실에 대한 믿고 안 믿고는 어떤 논리나 합리적인 주장 여부에 결정되지 않습니다. 과학적으로나 실존적으로 증명하지 못합니다.

하나님께서 은혜로 믿음이라는 것을 우리 마음에 선물로 주시지 않으면 절대로 믿지 못하고 헛소리나 소설로 여기고 무시합니다. 그래서 많은 사람들이 믿기도 하고 불신하기도 하는 것입니다. 이러한 차이는 하나님으로부터 믿음을 선물을 받았느냐 받지 않았느냐에 따라 달라집니다. 자기의 잘남과 못남의 차이가 아닙니다. 학벌이나 지식의 차이가 아닙니다. 아무튼 성경은 사람이 죽으면 곧바로 낙원 아니면 음부에 들어간다고 말합니다. 중간상태인 낙원 혹은 음부로 들어간 영혼은 세상 종말 때까지 그곳에 머물러 있다가 썩지 아니할 변화된 육체와 다시 초자연적으로 재결합하여 부활하여 공중에서 예수님으로부터 심판을 받습니다.

우리가 간과하지 말아야 할 것은 넓고 넓은 우주에는 눈에 보이는 세계만 존재하는 것이 아니라 보이지 않는 세계도 반드시 존재합니다. 이는 신자나 불신자를 막론하고 부인하지 못합니다. 밤에 육안으로도 수많은 별들이 보입니다. 지구도 하나의 별입니다. 자기가 믿는 것만 존재하는 것이 아닙니다. 자기 눈에 보이는 것만 존재하는 것이 아닙니다. 자기가 아는 것만 존재하지 않습니다. 자신이 알든 모르든, 눈에 보이든 보이지 않든지 존재하는 것이 많습니다. 그래서 사람은 겸손해야 합니다. 자기의 아는 것이 전부라고 하지 말아야 합니다. 자기의 제한적인 지식과 안목을 인정해야 합니다. 자신의 불완전성을 인정해야 합니다. 주관적인 고집을 부리지 말아야 합니다. 교만과 아집은 쓸데없는 것입니다. 마음을 열어 놓고 살아야 합니다. 보이는 것과 보이지 않는 것에 대하여 일부만 아는 자라는 것을 인정해야 합니다.

제30장

교회는 착한 사람들만 가는 곳입니까?

교회는 죄인들이 가는 곳, 허물과 죄가 있다고 인정하는 자들이 가는 곳입니다. 마음과 영혼이 병든 자들이 가는 곳입니다. 교회가 착한 사람들만 다니는 곳으로 오해하는 자들은 교회에 가자고 하면 자신은 착하지 않기 때문에 갈 수 없다고 사양합니다. 자기는 술과 담배 등을 하고 여러 가지 나쁜 죄를 지었기 때문에 교회에 갈 수 없다고 말합니다. 이는 마치 병원에는 건강한 사람들만 간다는 말과 다르지 않습니다. 교회는 허물과 죄가 있는 자들이 가는 곳입니다. 교회는 마음과 영혼의 죄병이 있는 자들이 가는 곳입니다. 병원은 아픈 자들이 가는 곳입니다. 학교는 공부를 잘하는 학생들만 가는 곳입니까? 아닙니다. 이런저런 학생들이 다 다닐 수 있습니다. 교회도 착한 사람들만 가는 곳이나 모인 곳이 아닙니다. 누구나 다 다닐 수 있습니다. 특히 죄인들이 가는 곳입니다. 단순하게 말하면 죄인들이 구세주인 예수님을 믿어 죄 용서함을 받고, 다 함께 모여 하나님을 예배하고, 서로 친교를 하고, 그의 계명대로 지키며 살고자 하는 자들이 가는 곳입니다. 적지 않은 사람들이 교회에 대해서 오해합니다. 교회는 마치 병원과 같은 곳입니다. 어떤 환자든지 병원에 와서 치료를 받고 건강하게 사는 것처럼, 영적 병원과 같은 교회도 어떤 죄인이라도 와서 하나님 말씀과 믿음과 성령님으로 치료받고 새로운 삶을 살게 됩니다. 건강한 자들은 병원에 가거나 입원하지 않습니다. 교회도 마찬가지입니다.

무슨 말입니까? 처음에 교회를 찾고 교회에 다니는 사람들은 착한 사람들이 아니라는 말입니다. 자기가 죄인이라고 여기는 자들입니다. 죄와 허물로 인해 마음과 영혼이 병든 자라는 사실을 알고, 시인하고, 치료받고, 건강하게 살고픈 마음이 간절한 자들이 다니는 곳이 교회입니다. 육신이 질병에 걸려 치료받지 않으면 빨리 죽는 것처럼, 자신의 영혼과 마음이 죄병에 걸린 것을 알게 된 사람들은 죄병으로 인하여 하나님의 심판을 받고 사후에 지옥 불에 들어가 영원히 고통 가운데 살지 않기 위하여 발버둥 치는 자들이 다니는 곳, 죄병 환자들이 모인 곳이 교회입니다. 성경은 착한 사람이 하나도 없다고 말합니다. 생각하는 것이 항상 악하다고 합니다. 모든 사람이 죄인이라고 합니다. 그래서 죄의 형벌로 사람이 한번 태어나면 육체적으로 반드시 죽고 사후에 영벌에 처해진다고 합니다.

로마서 3장 10절

"기록된바 의인은 없나니 하나도 없으며"

로마서 3장 23절

"모든 사람이 죄를 범하였으매…"

로마서 6장 23절

"죄의 삯은 사망이요…"

창세기 6장 5절

**"여호와께서 사람의 죄악이 세상에 관영함(가득함)과 그 마음의 생각
의 모든 계획이 항상 악할 뿐임을 보시고"**

기독교 진리 책인 성경은 모든 인간은 다 죄병(죄인)에 걸렸다고 합니
다. 윤리적, 도덕적, 마음과 영적으로 정직한 사람, 깨끗한 사람, 착한 사
람이 하나도 없고 모두 죄인, 죄병에 걸려 죽을 날을 기다리며 사는 환자
들이라고 말합니다. 허물투성이 사람들이라고 합니다. 생각하고 눈만 뜨
면 항상 악한 생각과 악한 계획만 하는 자들이 인간이라고 합니다. 남녀
노소를 불문하고 다 그렇다고 합니다. 이런 자들에게 성경을 통해서 죄
병에 걸린 것을 진단해 주고 죄병 치료의 길을 제시합니다. 하나님이 찾
아오심으로 자신이 죽을 죄병에 걸린 것을 알게 되었고 이에 살고자 하
나님을 찾고, 교회에 다닙니다. 마치 학생들이 공부하고자 학교, 도서관,
학원 등을 찾고 다니는 것처럼 말입니다. 부족함이 없어 공부할 필요가
없는 학생은 학교, 학원에 갈 이유가 없습니다. 질병이 없어 건강한 사람
은 병원에 갈 필요가 없습니다. 자기가 어디가 아프거나 환자라고 생각
하는 자들만 병원에 갑니다. 이처럼 교회는 영적인 병원이자 영적인 학

교와 같습니다. 교회는 죄인들이, 영적인 환자들이, 허물과 죄가 많다고 하는 자들이, 자기는 나쁜 놈이라고 하는 자들이, 사후에 천국에서 영원히 살기를 바라는 자들이, 예수님을 믿고 영생을 얻고자 하는 자들이 가는 곳, 찾는 곳, 치유하는 곳, 모이는 곳입니다.

마태복음 9장 13절
"…내가 의인을 부르러 온 것이 아니요 죄인을 부르러왔노라 하시니라"

병든 자에게 의사가 필요하듯이 죄인들에게는 영적 의사인 구세주 예수님이 필요합니다. 이러하니 어찌 교회에 착한 자들이 가는 곳이고 모인 곳이라고 할 수 있겠습니까? 단단히 오해한 것입니다. 그런데 많은 사람들은 교회는 착한 사람들과 의로운 사람들만 가는 곳이라고 오해합니다. 그래서 혹 교회에서 무슨 불미스러운 일이 발생하면 욕하고 놀랍니다. 손가락질을 합니다. 기독교인들이 부정한 짓이라도 하면 심하게 욕합니다. 허물과 죄가 있는 사람들이 모인 곳이기에 당연히 시끄럽고 문제가 발생합니다. 마치 병원은 환자들이 대부분이기에 아프고, 피나고, 수술하고, 소리 지르고, 냄새나는 것처럼 말입니다. 기독교인들은 개인적으로도 죄와 허물이 많은 영적 환자들이기에 어느 시점까지 온전하지 않습니다. 여러 부적절한 짓들을 합니다. 그래서 교회에 다니는 신자들 중에는 거짓말도 하고 나쁜 짓도 하는 자들이 종종 있습니다.

직장에서나 주변에서 다른 사람에게 못된 짓을 하는 기독교인들도 있습니다. 아직 온전히 치료받지 못했거나 성숙하지 못해서 그런 것입니다. 신앙적으로 건강하지 못한 자들의 모습입니다. 교회가 어떤 곳이고, 기독교인들이 어떤 사람들이라는 것을 알면 실망하지 않고 심하게 욕하지 못하고 불쌍히 여깁니다. 이해합니다. 병원과 같고 환자와 같기에 이런저런 불미스러운 일이 발생하는 것을 당연하게 생각합니다. 그들을 탓하지 않습니다. 그래서 병원에서는 환자들이 좀 소란을 피우거나 불편하게 해도 욕하지 않습니다. 몸과 마음이 불편해서 그러는 것이라고 이해합니다. 그러나 치료를 받아 건강을 되찾은 자들은 반듯하게 살아가야 합니다.

영적 의사인 예수 그리스도를 믿어 죄병을 치료받은 기독교인들은 다르게, 거룩하게, 정직하게, 이웃을 사랑하며 살아가야 합니다. 모범적으로 살아가야 합니다. 애신애기애타하며 세상의 빛과 소금으로 살아가야 합니다. 이웃에게 피해를 주지 않아야 합니다. 인류의 유일한 구세주인 예수님을 믿어 죄병을 치료받고도 여전히 환자처럼, 죄인처럼 부실하고 불량하게 살아간다면 손가락질과 욕설을 듣고 살아도 할 말이 없습니다. 바른 기독교인이 아닙니다. 이는 마치 건강한 사람이 환자행세를 하거나 어린이 행세를 하면 사람들로부터 조롱을 받고 욕을 얻어먹는 것과 같습니다. 건강한 사람은 건강하게 활동하고, 예수님을 믿어 죄병을 치료받은 자들은 기독교인답게 행동해야 합니다. 바라기는 귀하도 영적으로나 육적으로 건강하기를 바랍니다. 기독교인들에 대하여 이러한 사실을 바로 알고 오해가 없기를 바랍니다.

제31장

예수님을 믿지 않는 인생은
왜 실패한 인생이라고 합니까?

현세에서도 죄 사람을 받지 못해 참된 자유를 누리지 못하고 살 뿐만 아니라, 사후 내세에서도 영원히 행복한 나라인 천국에 들어가 살지 못하고 반대로 고통의 장소인 지옥에 들어가서 영원히 고통 가운데 살기 때문입니다. 불신자들은 이 세상에서만 성공한 사람처럼 보일 뿐입니다. 세상에서는 실패한 인생에 대한 기준이나 의견이 분분합니다. 사람들은 보통 열악한 외적 조건으로 산 자들에 대하여 실패한 인생이라고 말합니다. 그러나 하나님은 사람이나 세상과 달리 전혀 다른 말씀을 하십니다. 성경은 예수님을 믿지 않는 자들은 지위고하, 남녀노소, 유명과 무명, 빈부귀천을 막론하고 누구든지 실패한 인생이라고 말합니다. 그 이유가 무엇입니까? 사후(死後)에 고통의 장소인 지옥 불에 들어가 타지도, 죽지도 못하고 피눈물을 흘리며 영원히 고통 가운데 살게 되는 영벌의 인생이기 때문입니다. 불신자들은 믿음이 없기 때문에 미래에 자기에게 장차 닥쳐올 이런 무시무시한 불행과 고통을 알지 못하고 희희낙락하며 삽니다.

그럴 수 있다고 생각합니다. 누구나 무엇이든지 그 위험성과 위력을 모르면 편하게 생각하고 별 대비를 하지 않습니다. 태풍에 대하여 잘 모르는 자들은 태풍에 대해서 말을 해도 무시하고 대비를 하지 않는 것과 비슷합니다. 그러나 지혜로운 자들과 태풍의 위력을 아는 사람들은 대비합니다.

축구에 전반전과 후반전이 있고, 낮과 밤이 있고, 오전과 오후가 있듯이 인생도 현세만 있는 것이 아니라 내세(저승, 사후세계)가 있습니다. 약 100세까지 현세에서 살다가 끝나버리는 인생이라면 아무런 고민과 걱정을 할 이유가 없습니다. 현세와 내세를 믿는 신앙을 가질 이유와 필요가 없습니다. 그저 이 세상에서 잘 먹고, 잘살고, 마음껏 즐기다가 죽으면 그만입니다. 하지만 현세가 있는 것처럼 내세가 반드시 있기 때문에 심각한 것입니다. 많은 사람들은 현세만 있다고 믿고 삽니다. 내세를 부인합니다. 안 믿어지니까. 안 보이니까. 그래서 이 세상뿐이라고 믿기에 한평생 사는 동안 후회 없이 마음껏 먹고, 마시고, 즐기고, 쾌락하며 살다가 인생을 마치려고 열심히 공부하고 돈을 버는 것입니다. 한마디로 성공하고 출세해야 그렇게 살 수 있기 때문에 죽도록 돈을 벌고 노력하는 것입니다. 이렇게 생각하는 자들이 내세를 부인하는 자들, 하나님을 믿지 않는 자들의 시각이자 인생관입니다.

그러나 기독교 진리 책인 성경은 현세만 있는 것이 아니라 내세가 반드시 있다고 말합니다. 불교도, 이슬람교도 내세(저승)을 주장합니다. 모든 사람은 육체적인 죽음으로 끝나지 않고 사후의 세상 종말에 다시 살아나

(부활) 하나님으로부터 최후의 심판을 받고 전혀 다른 세계인 천국과 지옥이라는 장소에 들어가서 영원히 살게 된다고 말합니다. 그것을 어떻게 믿을 수 있습니까? 그것을 어떻게 증명할 수 있습니까? 그것을 어떻게 알 수 있습니까? 소설이라고요? 꾸며낸 이야기라고요? 헛소리라고요? 확실하게 증거하는 것이 있습니다. 기독교 진리 책인 성경입니다. 성경은 진리입니다. 성경을 믿는 자는 현세와 내세를 믿고 성경을 믿지 않는 자들은 현세만 믿고 내세는 믿지 않습니다. 오직 성경을 믿는 자만이 내세가 있음을 믿고 살게 됩니다. 그 외에는 무슨 말을 해도, 어떤 것을 보여 주고 설명해도 믿지 못합니다.

마태복음 25장 46절
"저희(예수님을 믿지 않는 자들)는 영벌(내세의 지옥)에, 의인들(예수님을 진실로 믿는 자들)은 영생(내세의 천국)에 들어가리라 하시니라"

혹 성경이 믿어지지 않는다 하더라도 한 가지 논리적인 접근은 가능합니다. 물론 논리가 타당해도 논리만을 가지고 믿어지지는 않습니다. 컴퓨터가 하드와 소프트웨어로 구성되어 있는 것처럼 인간은 육체와 영혼으로 구성되어 있습니다. 육체는 뼈와 살로 되어 있고 눈에 보이는 물질입니다. 모든 물질은 시간이 지나면 썩어 산화되어 사라집니다. 사람은 영혼이 육체에서 떠나면 시체가 됩니다. 그것을 죽었다고 합니다. 그래서 물질인 육체는 영혼이 떠나면 죽었기에 곧바로 부패와 산화가 시작됩니다. 땅에 묻거나 화장을 하여 태워 버립니다. 시간이 지나면 다 없어져 버립니다. 눈에 보이지 않습니다. 이에 잊고 삽니다. 인생은 죽음으로 모든 것이 다 끝나 버린다고 확신해 버립니다. 그러나 영혼은 물질이 아닙니다. 불에 타지도 않고, 썩지도 않습니다. 영혼은 영원히 죽지도 않습니다. 사라지지도 않습니다. 비물질이고 생명이기 때문입니다.

어떤 식으로든지 사람이 육체적으로 죽으면 영혼은 곧바로 중간상태인 낙원과 음부로 들어갑니다. 참 기독교인은 낙원에, 그 외 모든 사람들은 음부에 들어갑니다. 그리하여 낙원과 음부에서 세상 종말까지 대기하고 있다가 세상 종말에 인류의 유일한 구세주이자 재판장이신 예수님께서 인류를 심판하기 위하여 천사들과 함께 공중으로 재림해 오실 때 낙원과 음부에 있는 자들과 과거와 현재에 죽었던 자들과 산 자들 모두가 하나님의 초자연적인 능력으로 홀연히 변화하는데, 썩지 아니할 몸으로 변화된 육체와 영혼이 다시 재결합하여 부활합니다. 그리하여 하늘(공중)로 올라갑니다. 이것을 휴거라고 합니다. 과거 육체의 모습이 아닌 새로운 육체의 모습으로 부활하여 하늘로 올라간 수많은 사람들이 인류의 재판장이신 예수님에게 최후의 심판을 받고 천국과 지옥에 들어가서 영원히 살게 됩니다. 이 땅에 사는 날 동안 진실로 예수님을 믿고 산 자들은 심판이 아닌 상을 받고 오직 행복과 기쁨과 평강이 있는 곳인 천국에 들어가 하나님을 예배하며 영원히 살게 됩니다. 반면 이 땅에 사는 날 동안 구세주인 예수님을 믿지 않고 죄악 가운데 살았거나 비교적 선하게 산 모든 사람들, 자기 기준과 세상 기준과 법과 생각대로 산 자들은 심판을 받고 지옥에 들어가서 말할 수 없는 고통만 받으며 영원히 살게 됩니다. 이것이 기독교 진리 책인 성경의 말씀입니다.

성경은 현세와 내세가 있음을 분명하게 말합니다. 그런즉 이 세상에서 아무리 성공하고 출세했다고 하더라도 사후에 내세에서 지옥에 들어가서 영원히 고통 가운데 살게 된다면 그 사람은 실패한 인생입니다. 인생은 전반전(현세)에 성공하고 출세한 자가 성공한 것이 아니라, 현세에서는 좀 실패한 인생처럼 살았을지라도 후반전(사후세계)에 구원을 받아 천국에 들어간다면 그 사람은 성공한 인생, 행복한 인생이 됩니다. 최후에 승리한 자가 성공한 자입니다. 인생의 전반전인 초기와 말미까지 예수님을 믿은 자, 혹은 인생의 전반전 말미에 예수님을 믿어 죄 용서함을 받아 천국에 들어가는 자가 최후의 성공자가 됩니다. 그래서 신실한 기독교인들은 이 세상에서 물질적으로 성공하고 출세한 사람들을 부러워하지 않습니다. 돈과 출세와 명예와 인기와 쾌락을 사랑하거나 집착하지 않습니다. 왜냐하면 진정한 성공과 출세는 인생의 전반전인 이생에서 인류의 유일한 구세주인 예수님에 대한 믿음 여부로 인생의 후반전인 사후세계가 결정되기 때문입니다. 이는 마치 축구에서 승패가 전반전이 아닌 후반전 종료 직전에 판가름이 나고, 야구에서는 9회 말에 승패가 결정되는 것과 같습니다. 전반전에 아무리 잘나갔어도 후반전에 뒤집어지고 실패하면 그 경기와 인생은 실패하게 됩니다.

한국 재벌과 세계 재벌들, 최고의 인기를 누리는 연예인들과 운동선수들, 건물주 등이 엄청난 부를 소유하고 살기에 세상에서 성공하고 출세한 것처럼 보이지만 사실은 출세와 성공이 아닙니다. 썩어질 것이고 헛된 출세와 성공이라는 것에 불과하기에 그들도 속고 사람들도 속고 사는 것입니다. 이 땅에서만 잠시 성공하고 출세한 자처럼 보일 뿐입니다. 구세주인 예수님을 믿지 않고 죽으면 누구든지 실패한 인생, 가장 불쌍한 인생이 됩니다. 이에 반해 이 세상에서 가난하게 살고, 무시와 멸시를 받고, 월세와 전세와 지하에서 살고, 무명하게 살았을지라도 구세주인 예수님을 진실로 믿고 산 사람들은 성공한 인생이 됩니다. 사후에 말로 다 할 수 없는 행복한 곳인 천국에 들어가서 영원히 살기 때문입니다.

그래서 운동경기에서 이런 말이 있습니다. '끝날 때까지 끝난 것이 아니다' 현세만 있다고 믿고 사는 사람들처럼, 이 세상에서 출세하고 성공한 것을 성공한 인생이라고 믿고 사는 사람들처럼 불쌍하고 무지한 자가 없습니다. 이런 이유와 근거로 인하여 이 세상에서 아무리 성공했다고 하더라도 구세주인 예수님을 믿지 않는 자들은 실패한 인생이라고 하는 것입니다. 천하를 다 얻고도 한 달 후에 죽거나 자기 생명이 구원을 받지 못하면 모든 것이 부질없게 됩니다. 당신은 현재 어떤 인생을 살고 있습니까? 성공한 인생이라고 생각합니까? 실패한 인생이라고 생각합니까? 진정한 성공과 실패는 이 땅에서 살 때 인류의 유일한 구세주인 예수님(하나님)을 믿느냐 믿지 않느냐로 판가름 납니다. 깊게 생각하고 판단하고 살기 바랍니다.

제32장

신앙생활을 하는데도
왜 하나님이 믿어지지 않습니까?

하나님을 믿고 안 믿고는 각 사람의 의지대로 되는 것 같지만 실상은
자기 마음과 의지대로 믿어지는 것이 아니기 때문입니다. 이는 마치 누
군가를 오랫동안 만나도 사랑하는 마음이 생기지 않는 사람의 경우와 비
슷합니다. 교회에 출입하는 자들 중에는 예수님을 믿는 자들도 있고 믿
지 않는 자들도 있습니다. 교회에 오랫동안 다니고 있는데도 하나님이
믿어지지 않는 자들이 있습니다. 믿고 싶은데 마음에 믿어지지 않아 고
민하고 의문을 품고 사는 사람들이 있습니다. 그런 자들은 이런 고민을
합니다. '하나님도 믿지 않는데, 하나님이 믿어지지 않는데 계속 교회에
다녀야 하나?', '내가 지금 헛것을 믿으려고 하는 것이 아닌가?' 하는 의문
과 갈등을 갖게 됩니다. 이러한 의문과 갈등은 여러 분야에서 비슷하게
나타납니다. 예를 들어 TV나 영화에서 연기를 하는 연예인들이 있습니
다. 연예인 지망생 중에는 연기를 잘하는 자들도 있고 연기를 잘하지 못
하는 자들도 있습니다.

아무리 학원에 다니고 여러 편의 드라마를 찍어도 연기가 늘지 않아 감독과 주변 사람들로부터 지적과 책망을 자주 받으면 연기자 생활에 대한 고민, 의문, 갈등이 생깁니다. 자신감이 떨어집니다. 이에 '내가 계속 연기자로 살아야 하나?' 이렇게 고민하다가 연기자 생활을 접는 자들도 있지만 그럼에도 불구하고 부단히 노력하고 참은 결과 어느 때에, 어느 드라마에 출연하여 연기가 잘되어 인기스타가 되는 경우도 종종 있습니다. 유명한 소설《해리포터》를 쓴 영국 작가 '조엔 롤링'은 출간을 위해 50군데가 넘는 출판사를 찾아다녔지만 다 퇴짜를 맞았다고 합니다. 그럼에도 불구하고 끝까지 포기하지 않고 찾고 찾은 결과 어느 한 출판사에서 출간을 하게 되었는데 대박이 난 것입니다. 1년에 수입이 1천억 원이 넘는 슈퍼스타 작가가 되었습니다. 만일 수십 군데 출판사가 자신의 원고를 거절했을 때 포기 했더라면 지금의《해리포터》는 세상에 나오지 못했을 것입니다. 엄청난 돈은 벌지 못했을 것이고, 세계적인 명성도 얻지 못했을 것입니다.

부모 따라, 친구 따라, 어떤 동기, 누구의 전도나 권유로 교회에 갑니다. 기타 이런저런 이유로 교회에 갑니다. 짧게 다니는 사람도 있고 길게 다니는 사람도 있는데 이런 사람 중에 진실로 하나님을 만나지 못한 상태에서 교회만 다니는 사람들도 있습니다. 물론 그런 사람들은 교회에 가는 것이 즐겁지 않습니다. 마지못해서 갑니다. 그런 자들에게는 항상 고민과 의문과 갈등이 있습니다. 이런 경우 한 가지 알아야 할 것은 농부가 밭에 씨앗을 뿌려도 각기 다른 시기에 싹이 난다는 것입니다. 무슨 말입니까? 교회에 다니는 사람들 중에 하나님이 믿어지고 하나님을 만나는 시기가 다 다르다는 말입니다.

어떤 사람은 갑자기 만나고, 어떤 사람은 몇 개월 만에 만나고, 어떤 사람은 몇 년 만에 만나고, 어떤 사람은 수십 년 만에 만나고, 어떤 사람은 죽기 직전에 만나는 사람도 있습니다. 그런 시기와 때는 아무도 모릅니다. 필자도 모태 신앙으로 어머니 배 속에서부터 줄곧 교회에 다녔지만 하나님이 믿어지고 만난 때는 고등학교를 졸업하고 재수할 때입니다. 무슨 말을 하려는 것이냐 하면 하나님 만남의 때, 하나님이 믿어지는 때가 이처럼 사람마다 다 다르기 때문에 결과를 예단하지 말고 오래 참고 신앙생활을 해야 한다는 것입니다. 포기하지 않고 죽을 때까지 노력해야 합니다. 계속 교회에 나가 설교를 듣고, 성경을 읽고, 하나님을 찾아야 합니다.

하나님의 택함을 받은 사람은 언젠가는 하나님이 믿어집니다. 논리적으로 설명이 불가능합니다. 눈에 보이지 않고, 만나 보지도 못한 영(靈)이신 하나님이 어느 날 갑자기 믿어지는 것은 신비 그 자체입니다. 그런즉 죽을 때까지 하나님 만남에 대하여 노력해야 합니다. 이렇게 노력해야 하는 이유는 그럴만한 중대한 이유가 있기 때문입니다. 인류의 유일한 구세주인 예수 그리스도를 믿지 않고 살다 죽으면 착하게 살았든 나쁘게 살았든지 천국에 들어가지 못하고 지옥에 들어가서 영원토록 무시무시한 고통만 겪고 살기 때문입니다. 지옥은 이 세상의 그 어떤 고통에 비교할 수 없을 정도의 심한 고통의 장소입니다. 그래서 죽을 때까지 포기하지 말고 하나님 만남에 대하여 힘써 수고하고 찾아야 하는 절박하고 충분한 이유가 되는 것입니다. 그렇게 죽기 전까지 노력했음에도 불구하고 하나님이 믿어지지 않는다면 안타깝지만 어쩔 수 없습니다. 그대로 받아들이는 수밖에 없습니다. 교회에 다닌다고, 하나님을 찾는다고 모든 사람들이 다 구원을 받는 것은 아닙니다. 성경은 하나님으로부터 택함을 받은 사람만 죽기 전에 하나님을 믿어 천국에 가게 됩니다. 하나님으로부터 은혜로 믿음을 받아야 하나님이 믿어집니다. 이렇게 예수님이 믿어지는 자가, 진리 안에 머물러 사는 자가 결과론적으로 택함을 받은 하나님의 언약백성입니다. 입으로만 믿는 자들은 택함을 받은 자들이 아닙니다.

에베소서 2장 8~9절

"너희가 그 은혜(공짜)를 인하여 믿음으로 말미암아 구원을 얻었나니 이것이 너희에게서 난 것이 아니요 하나님의 선물이라 행위(자기 선행)에서 난 것이 아니니 이는 누구든지 자랑치 못하게 함이니라"

요한일서 4장 6절

"우리는 하나님께 속하였으니 하나님을 아는 자는 우리의(신자들의) 말을 듣고 하나님께 속하지 아니한 자는 우리의 말을 듣지 아니하나니 진리의 영과 미혹의 영(진짜 신자와 가짜 신자)을 이로써 아느니라"

요한복음 10장 27절

"내(하나님) 양은(백성은) 내 음성(복음, 진리, 성경)을 들으며 나는 저희를 알며 저희는(복음을 들은 양들) 나를 따르느니라"

그러나 우리들은 누가 하나님으로부터 택함을 받았는지, 누가 믿음의 은혜를 받아 구원을 받을 자인지 모릅니다. 자기 자신도 모르고 주변 사람들에 대해서도 모릅니다. 그러니까 끝까지 최선을 다해야 합니다. 택함을 받지 못해서, 하나님의 은혜를 받지 못해서 지옥에 간다고 해도 억울할 것이나 원망할 것은 없습니다. 본래 죄인으로 사형선고를 받은 자들이었기 때문이고, 천지만물을 창조하신, 이 세상의 주인이신 하나님의 절대주권이기 때문입니다. 토기장이의 마음입니다. 그리고 세상에는 하나님의 양들이 존재합니다. 하지만 누가 하나님의 양이고 아닌지 아무도 모릅니다. 그래서 먼저는 가까운 가족과 지인들에게서부터 시작해서 불특정 다수에게 복음을 전해야 합니다.

언제까지 해야 합니까? 죽을 때까지, 세상 종말 때까지 전도를 해야 합니다. 이때 하나님의 양들, 하나님으로부터 택함을 받은 자들은 복음을 듣고 따릅니다. 복음과 전도를 거부하거나 불신하지 않습니다. 교회로 나아옵니다. 자기 마음대로 살지 않고 진리 안에서 살아갑니다. 이것이 거듭난 자, 택함을 받은 자의 모습입니다. 그러므로 하나님이 믿어지지 않아도 포기하지 말고 계속해서 교회에 다니기 바랍니다. 믿음은 진리를 들음에서 나기 때문에 계속 복음, 설교를 들어야 합니다. 동시에 하나님의 말씀인 성경을 계속 읽어야 합니다. 그리하면 언제 어떻게 반전이 일어날지 아무도 모릅니다. 예수님을 믿는 것은 어느 날 갑자기 자기도 모르게 이루어집니다. 이는 신비이자 기적입니다. 그런즉 죽을 때까지 포기하지 말고 하나님을 찾기 바랍니다. 건전한 교회를 떠나지 말기 바랍니다. 하나님 만나기를 포기하는 것은 자기 영혼을 지옥 불에 던지는 것과 같습니다.

제33장

왜 예수님을 믿으라고 합니까?

인류의 유일한 구원자이신 예수님을 믿어야 죄 용서함을 받아 구원, 영생을 얻고 하나님의 자녀가 되어 사후 전후 영원토록 하나님을 섬길 수 있기 때문입니다. 너무나도 절박하고 확실한 이유가 있기 때문에 예수님을 믿으라고 하는 것입니다. 이는 마치 119 대원이 어떤 사람에게 지체하지 말고 속히 병원에 가서 치료를 받고 약을 복용하라고 권면하는 것과 비슷합니다. 그렇게 신속하게 조치하지 않으면 생명이 위험해지기 때문입니다. 모든 사람은 태중에서부터 남녀노소를 불문하고 인간 스스로는 치유할 수 없는 불치의 죄병에 걸려 삽니다. 임신 순간부터 걸리는 죄병은 췌장암(癌)과는 비교할 수 없는 무서운 병입니다. 이 죄병을 치료할 수 있는 유일한 길은 인류의 유일한 구세주인 예수님을 믿는 것밖에 없습니다. 다른 약이나 치료 방법은 절대로 없습니다. 유일한 죄병 치료약은 예수님을 믿는 것뿐입니다. 그 어떤 의사와 약과 치료와 선행과 수행으로는 치유가 불가능한 병이 죄병, 죄인입니다. 부모들이 자녀들에게 왜 밥을 먹으라고 합니까? 밥을 먹어야 살고, 건강하게 자라고, 생활할 수 있기 때문입니다.

코로나19 상황에서 왜 마스크를 쓰라고 합니까? 전염병으로부터 자신을 보호하고 예방할 수 있기 때문입니다. 왜 예수님을 믿으라고 합니까? 인류의 유일한 구세주인 예수님을 믿어야 죄 용서함을 받고 구원을 얻기 때문입니다. 죽기 전에 예수님을 믿어야 지옥(음부)에 가지 않고 천국(낙원)에 들어가서 영원히 행복하게 살 수 있습니다. 왜 예수님만 믿어야 합니까? 예수님만 인류의 유일한 구원자이시기 때문입니다. 이것이 기독교(개신교) 성경의 구원관입니다. 기독교 진리인 성경에서 제시하는 구원의 길이 그렇다는 것입니다. 구원의 기준과 조건입니다. 그래서 예수님을 전하는 것이고 믿으라고 하는 것입니다. 물론 믿으라고 강요하거나 개종을 강제하는 것은 옳지 않습니다.

신앙, 구원은 사람의 자유의지에 따라 결정되는 것이 아닙니다. 자신의 의지와 마음대로 하나님에게 노크할 수 있지만, 교회에 갈 수는 있지만 최종 결정은 하나님이 하십니다. 인간에게 생사여탈권, 구원 결정권은 없습니다. 오직 주인만 결정권이 있습니다. 이는 상식입니다. 종종 강제로 예배를 드리게 하고, 헌금을 하게 하고, 기도를 하게 하는 자들이 있는데 이는 오해이자 잘못입니다. 바른 신자의 자세가 아닙니다. 반듯한 전도는 말과 책과 전도지를 통해서 예의 바르고 무례하지 않게 예수님을 소개하는 것입니다. 그 이후의 판단은 각 사람이 결정하고 판단해서 하는 것입니다. 물론 인간의 자유의지로 되는 것이 아니라 하나님께서 은혜(선물)를 주셔야 믿어집니다. 아무튼 절대로 강제하지 말아야 합니다. 복음을 듣는 사람들 중에는 귀찮고, 짜증나고, 화를 내는 자들이 있습니다. 충분히 이해를 합니다. 예수님이 누군지 알지 못하고 믿어지지도 않는데 믿으라고 강요하니까, 관심이 없는데 전도를 하니까 당연히 짜증이 날 것입니다. 그런즉 상대방이 짜증이 나지 않도록 지혜롭고 적절하게 전해야 합니다.

여기서 한 가지 알고 넘어가야 할 것이 있습니다. 모든 사람들이 왜 예수님을 믿어야 하는지에 대한 근본적인 이유입니다. 예수님을 믿든 믿지 않든지 이유는 알아야 합니다. 성경은 모든 사람이 죄인, 죄병에 걸렸다고 합니다. 이게 무슨 말입니까? 인류의 머리이자 대표인 최초의 인간 아담과 하와가 하나님이 금하신 선악과(善惡果)를 따 먹는 불순종의 죄를 범했습니다. 하나님께 반역을 행하였습니다. 하나님께서는 선악과를 따 먹기 전에 선악과를 따 먹으면 반드시 죽을 것이라고 사전에 경고하셨습니다. 그런데 아담과 하와는 어느 날 하나님의 경고를 무시하고 선악과를 따 먹고 말았습니다. 이는 불순종의 죄로 하나님을 업신여긴 행위입니다. 하나님과 맺은 언약(약속)을 파기한 행위입니다. 어명(임금님 명령)을 어긴 것입니다.

어명을 어기는 것은 죽음을 암시합니다. 이에 대한 형벌로 아담과 하와를 비롯한 그의 후손인 모든 인류에게 사망선고를 내리셨습니다. 인류에게 온갖 질병과 불행이 찾아왔습니다. 대표성의 원리에 따라 아담과 하와뿐만 아니라 그 후손인 전 인류도 다 아담의 죄가 전가되어 사망을 당하게 되었습니다. 사망만 당한 것이 아닙니다. 사랑하는 사람과의 이별과 사별의 고통, 온갖 질병의 고통, 해산의 고통, 노동의 고통, 온갖 불행한 일들, 지구가 망가진 것 등이 죄로 인한 저주로 주어진 것입니다. 성경에서 말하는 사망이란 두 가지가 있습니다. 첫 번째 죽음은 육체적인 죽음입니다. 그래서 모든 사람들은 한번 태어나면 예외 없이 다 육체적 죽음을 당합니다. 질병이나 자연사나 사고 때문에 죽는 것이 아니라 직접적인 죽음의 이유는 이 죄 때문입니다. 두 번째 죽음은 사후에 부활하여 심판을 받고 지옥에 들어가 영원히 고통 가운데 사는 죽음을 말합니다. 이것을 둘째 사망이라고 합니다. 기독교 진리인 성경이 그렇게 말합니다.

로마서 3장 23절
"모든 사람이 죄를 범하였으매…"

로마서 6장 23절
"죄의 삯은 사망이요…"

마태복음 25장 46절
"저희(예수님을 믿지 않은 자)는 영벌(지옥)에, 의인들(예수님을 진실로 믿은 자들)은 영생(천국)에 들어가리라 하시니라"

이렇게 인류의 유일한 구세주인 예수님을 믿지 않으면 죄 용서함을 받지 못하고 죄에 대한 벌로 사후에 지옥에 들어가게 됩니다. 천국에 들어가지 못합니다. 이 세상에서도 잘못하여 유죄 판결을 받으면 집에 가지 못하고 감옥에 들어가서 살고, 실정법을 어기지 않은 무죄인 자들은 자기 집에 들어가서 삽니다. 죄가 이처럼 무서운 결과를 가져옵니다. 지금도 죄의 무서움은 생생하게 목격됩니다. 범죄자들은 감옥에 들어갑니다. 감옥(교도소)이 실제로 있고 장소이듯이 지옥은 추상적인 나라나 공상소설이 아닙니다. 어디엔가 장소적으로 있는 곳입니다. 마치 지구, 우주의 많은 행성, 집처럼 말입니다. 게다가 지옥은 영원히 고통만 받는 불구덩이라고 합니다. 그래서 성경은 불못(용광로)이라고 표현하고 있습니다. 그런데 불에 타지도 않고 죽지도 않습니다. 자살도 할 수 없습니다. 그저 영원히 끔찍한 고통만 당하는 곳입니다. 지옥에 비하면 이 세상 감옥은 오성급 호텔입니다.

이처럼 상상을 초월하는 끔찍한 고통의 장소인 지옥에 들어가서는 안 되기에 지옥을 피할 수 있는 유일한 길인 구세주 예수님을 믿으라고 권하는 것입니다. 교회에 숫자를 많이 채우기 위해서, 단지 기독교인을 많이 만들기 위해서, 헌금을 하기 위해서 전도하는 것이 아닙니다. 천국과 지옥을 믿는 자들은 이런 사실을 알기에 가만히 있을 수 없는 것입니다. 만일 여러분들 앞에서 어떤 사람이 물속에 빠져 허우적거리고 있다면, 불에 타고 있다면 그냥 지나치겠습니까? 펄쩍펄쩍 뛰고 소리를 지르며 직접 구해 주든지 아니면 119에 신고할 것입니다. 전도는 이런 차원입니다. 그래서 욕을 얻어먹으면서 예수님을 전하는 것입니다. 믿고 안 믿고를 떠나서 전도는 고마운 일입니다. 누군가를 생각해 주고 관심을 가져 주는 것이기 때문입니다. 전도한다고 돈이 생기는 것도 아닙니다. 부자가 되는 것도 아닙니다. 차분하게 생각해 보시기 바랍니다. 영혼을 사랑하거나 영혼이 지옥에 가는 것이 안타까워서 예수님을 전하는 것입니다. 이런 내막을 알면 복음을 전하는 자들을 미워할 수 없습니다. 욕하지 못합니다. 도리어 감사해야 합니다. 무엇이든지 모르거나 오해하면 욕하고, 짜증내고, 화가 나는 법입니다. 기독교 진리인 성경은 예수님을 믿는 것 외에는 다른 구원의 길이 전혀 없다고 분명하게 말합니다. 천국에 들어가는 길은 오직 예수님을 믿는 것 외에는 전혀 없다고 단언합니다.

사도행전 4장 12절
"다른 이로서(예수님 외에)는 구원을 얻을 수 없나니 천하(天下) 인간에 구원을 얻을만한 다른 이름을 우리에게 주신 일이 없음이니라 하였더라"
(예수님 외에 다른 자가 구세주라 하면 가짜이자 이단입니다)

사도행전 16장 31절
"가로되 주 예수를 믿으라 그리하면 너와 네 집이 구원을 얻으리라 하고"

세상에 자기를 낳아 주신 참 부모님은 오직 한 분뿐이고, 진짜 정답은 하나뿐이듯 세상에 종교가 많지만 진짜 구원의 길, 천국에 가는 길, 참된 종교도 단 하나뿐입니다. 사람들은 단지 그 사실을 모르니 여기도 다니고 저기도 다니는 것입니다. 이것도 믿고 저것도 믿는 것입니다. 그러면서 자기가 믿는 종교나 신앙이 참이라고 생각합니다. 성경은 예수님 외에는 다른 구원의 길이 없다고 단정합니다. 성경은 선행으로, 착함으로, 수행으로 구원을 받지 못한다고 말합니다. 성경은 다른 종교나 어느 곳

에도 구원이 있다는 종교다원주의와 모두가 구원을 받는다는 만인구원
론을 배격합니다. 자기 의지와 행위로의 구원도 배격합니다. 오직 예수
님에 대한 믿음 하나로만 구원을 받는다고 말합니다. 이런 주장을 하니
다른 종교에서, 세상 사람들이 기독교를 배타적이라고 공격합니다. 말도
안 되는 주장이라고 말합니다. 배타적인 것이 맞습니다. 모든 종교는 배
타적이어야 합니다. 모든 종교인들은 자기가 믿는 종교와 신앙에 대하여
참된 종교이든 아니든 자신 있게 배타적으로 말해야 합니다. 자기 종교
가 진짜라고 해야 정상입니다. 이에 믿든지 불신하든지 하면 됩니다.

　자기 아버지는 오직 한 분밖에 없다고 하는 것이 정상이 아닙니까? 이
를 배타적이라고 한다면 우스운 일입니다. 배타적이라는 말 자체를 이해
하지 못하는 사람입니다. 진리나 바른 것에 대해서는 누구 앞에서도 당
연히 배타적이어야 합니다. 정당하게 배타적인 것은 나쁜 것이 아닙니
다. 예를 들어 선생님이 시험을 보는 학생들과 수험생들에게 정답은 하
나뿐이니 신중하게 잘 쓰라고 하는 것이 배타적입니까? 나쁜 것입니까?
전혀 아닙니다. 배타적이라는 말을 오해하지 말아야 합니다. 기독교에서
성경은 진리이고 성경 외에는 진리가 아니기 때문에 성경은 배타적입니
다. 상대주의, 종교다원주의, 연합과 통합주의는 듣기에 좋은 것 같지만
항상 진리가 아닙니다. 기독교인들이 창조론과 구원론과 신론에서 배타
적인 것은 당연한 자세입니다. 인류의 유일한 구세주인 예수님이 믿어지
는 자가 복이 있고 사후에 천국에 들어가 영원히 행복하게 살게 됩니다.
다른 구원의 길은 전혀 없습니다. 그래서 인류의 유일한 구세주이신 예
수님을 믿으라고 하는 것입니다.

선행하고 착하게 사는데
왜 천국에 가지 못한다고 합니까?

    천국은 착한 일로, 선행과 행위로, 수행과 해탈로 가는 곳이 아니기 때문입니다. 착한 일과 천국 입성 여부는 전혀 별개입니다. 이는 마치 병든 사람이 착한 일을 한다고, 봉사를 한다고 병이 낫지 않는 것과 유사합니다. 착한 일과 봉사와 질병 치료는 별개입니다. 이 부분에 있어서 많은 사람들이 오해하거나 의아해합니다. 납득을 잘 못합니다. 의문을 가집니다. 일반 정서가 착하고 선한 사람이 사후에 좋은 곳, 천국 등에 가는 것을 당연하게 생각하기 때문입니다. 이런 현상은 이 세상의 보편적인 분위기와 문화이기도 합니다. 보통 사람들의 기준이기도 합니다. 지구상에 존재하는 모든 종교와 미신 등이 다 선행과 착한 행실로 좋은 곳에 간다고 말합니다. 하지만 오직 기독교의 개신교만이 오직 믿음으로 구원을 받는다고 말합니다.

    사후세계 전후에 천국에 가고 못 가고는 착함이나 선행과는 차원이 다른 문제입니다. 천국에 갈 수 있는 자와 갈 수 없는 자에 대한 이 세상의 기준과 만물의 창조자이자 주인이신 하나님의 기준과 잣대가 전혀 다름에 대한 오해에서 생긴 것입니다. 모든 사람들은 이 땅에서 다양한 기준에 노출되어 삽니다. 무엇을 하든지 어떤 기준에 따라 판단하고 결정된다는 것을 잘 압니다. 각 회사와 직장과 운동 팀에서 사람과 선수를 채용하거나 선발할 때 나름 기준이 있습니다. 축구경기의 기준이 다르고, 야구경기의 기준이 다르고, 회사에서의 직원 채용 기준이 다릅니다. 각기 다양한 기준에 따라 시험과 면접을 하여 직원을 채용합니다. 천국에 들어가는 기준도 사람과 하나님의 기준이 다릅니다. 이런 기준의 결정권자는 토기(사람)가 아니라 토기장이(하나님, 주인)입니다.

이 지구상에서 사람들이 사람을 평가하는 기준과 하나님이 평가하는 기준은 전혀 다릅니다. 가장 대표적인 것이 사람들은 외모와 조건과 스펙과 결과와 성과를 보고 사람을 평가하지만, 하나님은 중심(마음)을 보시고 평가합니다. 사람들은 다른 사람과 비교하여 하는 상대평가를 하지만 하나님은 한 개인의 역량만을 보고 하는 절대평가를 하십니다. 특히 사후에 들어가는 천국과 지옥에 대한 기준은 사람들의 생각과 전혀 다릅니다. 지구상에 존재하는 거의 모든 종교는 행위, 선행, 착함, 수행, 자기의지, 무엇을 잘 지킴으로 내세에 좋은 곳에 간다고 주장합니다. 기독교를 제외한 모든 종교는 사람이 만든 종교이자 피조물을 숭배하기 때문입니다. 천주교(로마가톨릭교회)도 천국 입성과 관련하여 행위를 강조합니다. 천주교도 기독교지만 구원, 천국에 대한 교리는 개신교와 다릅니다. 자유주의 구원관입니다. 천주교는 믿음과 행위가 있어야 천국에 갈 수 있다고 가르칩니다. 믿음+선행 구원관입니다. 그러나 같은 기독교인 개신교는 성경사상에 따라 다르게 가르칩니다. 개신교는 사람이 제아무리 착하게 살고 선행을 하며 살아도 믿음이 없으면 천국에 들어가지 못한다고 가르칩니다. 오직 믿음으로만 구원을 받고 천국에 들어간다고 말합니다. 그 이유는 성경이 그렇게 주장하기 때문입니다.

에베소서 2장 8~9절

"너희가 그(하나님) 은혜(공짜)를 인하여 믿음으로 말미암아 구원을 얻었나니 이것이 너희에게서 난 것이 아니요 하나님의 선물이라 행위(선행)에서 난 것이 아니니 이는 누구든지 자랑치 못하게 함이니라"

성경 어디에도 인간의 선행, 착함, 행위, 성전(지하드), 수행, 자기 의지, 해탈, 봉사, 기부, 공로로 죄 용서함을 받거나, 구원을 받거나, 천국에 들어간다고 하는 말씀이 전혀 없습니다. 이는 속임수의 말입니다. 성경은 인간의 선행, 착함, 공로와는 상관없이 오직 하나님이 은혜로 주시는 믿음으로만 천국에 들어간다고 말합니다. 왜 사람은 행위로 구원받지 못한다고 합니까? 인간은 절대적으로 착한 사람이 하나도 없고, 아무리 노력해도 절대적인 착함에 이르지 못하고 모두 죄인이기 때문입니다. 전적으로 부패하고 타락한 것이 사람의 마음과 생각입니다. 그 어떤 사람도 100% 착한 사람, 선행하는 사람, 의로운 사람은 없습니다. 단지 상대적으로 착하게 보일 뿐입니다. 겉으로 볼 때 착해 보일 뿐입니다. 그래서 선행, 행위로는 절대로 구원을 받지 못합니다. 사람은 다른 사람의 마음과 생각과 행동을 잘 모릅니다. 다른 사람이 좋은 생각을 하는지 나쁜 생각을 하는지 전혀 모릅니다. 겉으로 드러난 극히 일부만 보고 '착하다', '악하다', '좋은 사람이다', '못된 사람이다', '천사 같다'라고 말하고 판단할 뿐입니다. 눈에 보이는 것이 그 사람의 전부가 아닙니다. 사람은 평생을 살아도 옆에 있는 자의 실상을 모르고 살다가 죽습니다.

어떤 사람에 대하여 자기가 아는 것, 본 것이 그 사람의 전부가 아닙니다. 아는 것보다 모르는 것이 더 많습니다. 내면세계는 전혀 모릅니다. 인간은 본래 악하게 출생합니다. 그 사실을 전지전능하신 하나님께서만 아십니다. 하나님께서는 인간의 착함, 선행, 자기 의지, 행위, 공로로는 절대로 천국에 들어갈 수 없다는 것을 잘 아시기에 죄가 없으신 독생자 예수님을 이 땅에 성탄하게 하시어 인간의 죄를 사하시기 위하여 죄인들 대신 십자가에 달려 대속죽음을 하게 하신 것입니다. 예수님은 사람들의 죄를 대신하여 십자가에 달려 죄값을 치르고 죽으셨다가 3일 만에 다시 살아나셨습니다. 예수님이 우리 대신 십자가에 달려 죽으셨다가 3일 만에 다시 부활하셨습니다. 예수님께서 우리들의 죄를 대신 갚으셨습니다. 그런즉 이제 누구든지 인류의 유일한 구세주인 예수님을 믿으면 죄 용서함을 받아 천국에 갑니다. 구원을 받습니다. 자신이 죄를 갚은 것으로 인정해 줍니다. 이것이 구세주 예수님을 통한 대속의 원리입니다. 하나님께서 인간과 맺은 은혜언약입니다. 인간의 선행인 행위언약으로는 죄 사람과 구원이 불가능하니 인간의 선행이 아닌 오직 믿음으로만 구원을 받게 하기 위해서 은혜언약을 주신 것입니다. 언약은 언약 당사자들이 언약 내용을 지켜야만 효력이 발생합니다. 아무리 은혜언약일지라도 언약의 내용을 지키지 않으면 소용이 없습니다. 이는 마치 누군가가 은행에 자기 빚을 대신 갚아 주면 자신에게 빚이 하나도 없는 것이 되는 것과 같은 원리입니다. 이것이 하나님께서 제시한 유일한 구원과 천국에 들어가는 기준입니다. 죄 사함의 기준과 조건입니다.

오직 인류의 유일한 구원자인 예수님을 믿는 믿음이라는 기준뿐입니다. 이것이 은혜언약의 핵심입니다. 천국은 오직 믿음으로만 갑니다. 예수님을 진실로 믿는다는 것도 입과 교회 출입으로만이 아닌 진리 안에 머물러 사는 자들이 진실로 믿는 자들입니다. 언약 안에 있는 것입니다. 이해가 가든지 안 가든지 이것이 성경사상입니다. 그런데 천주교는 성경 야고보서의 말씀을 오해하여 선행이 있어야 구원을 받을 수 있다고 주장합니다. 야고보서 전체 선행 강조의 말씀은 예수님을 믿는 그리스도인들에게 기독교인으로서의 선행, 착함, 실천이 있어야 함을 강조한 것입니다. 기독교인이라면 구원받은 이후 마땅히 착하게 살고, 선행을 해야 합당합니다. 입과 지식으로만 예수님을 믿고 행위로는 부적절하게 산다면 기독교인으로 부끄러운 모습이고 어찌 기독교인이라고, 믿음의 사람이라고 할 수 있겠느냐는 지적을 한 것입니다. 한마디로 행위로의 구원을 말한 것이 아니라 기독교인의 선한 행실의 실천을 촉구하고 강조한 말씀이 신약성경 야고보서입니다. 그것이 야고보서의 흐름입니다.

예수님을 믿는 사람들은 어느 누구보다도 착하고 선행을 하며 살아야 합니다. 다시 강조컨대 성경은 사람이 구원을 받고 천국에 들어가는 기준과 조건은 오직 예수 그리스도를 믿는 믿음뿐이라고 말합니다. 그래서 사람의 착함, 선행, 자기 의지, 공로, 수행, 행위로는 천국에 가지 못한다고 하는 것입니다. 이런 성경의 기준을 오해하지 말아야 합니다. 그런데 다른 모든 종교의 가르침은 선행, 수행, 해탈, 행위, 어떤 조건을 이행하면 내세에 좋은 곳에 간다고, 천국에 간다고 가르치는데 성경에 의하면 이 모든 가르침은 허상입니다. 사람들은 누구나 잘 압니다. 자기 자신이 얼마나 못됐고 악하다는 것을 말입니다. 자기 말, 행실, 생각, 마음으로는 절대로 구원을 받을 수 없다는 것을 누구보다도 잘 알고 삽니다. 그것이 인간의 실상이자 모습입니다.

왜 종교행위를 강요합니까?

무지하거나 잘못된 신앙을 소유했기 때문입니다. 이슬람교는 종교행위를 강요합니다. 개종하지 않으면 온갖 핍박을 가하고 참수를 시킵니다. 일부 종교인들 중에는 종교행위를 강요하고 강제하는 자들이 있습니다. 그런 자들은 신앙과 종교가 무엇인지 기본 개념이 없는 자입니다. 일부 기독교단체나 불교단체 등에서 단체의 장들이 종교행위를 강요하는 것이 사실입니다. 이는 매우 잘못된 자세입니다. 크게 두 가지 이유 때문에 잘못입니다. 하나는 신앙, 종교행위는 마음에서 우러나와서 하는 자발적인 행위여야 참 신앙이고 의미와 가치와 만족이 있습니다. 마음에도 없는 종교행위는 외식(위선)입니다. 외식하도록 시키는 사람도 바른 신앙을 가진 자가 아닙니다. 이는 마치 좋아하지도 사랑하지도 않는 사람에게 강제로 '사랑한다', '좋아한다'라고 말하라고 강요하는 것과 같습니다. 이것이 무슨 의미가 있습니까? 이렇게 하라고 시키는 사람 자체가 헛되고 헛된 짓입니다. 무지한 사람입니다. 사람이란 자고로 진심으로 무

267

엇을 해야 행하는 사람이나 받는 사람이나 기쁘고 만족스러운 것입니다. 기독교든 불교든 진정으로 믿지도 않는데 강요로 인하여 예배, 성경공부, 찬양, 헌금, 예배당 출석, 법회 참석, 합장, 절 등을 한다면 이는 진정한 종교행위가 아니라 외식입니다. 기독교의 하나님은 마음이 없이 겉으로만 종교행위를 하는 것을 받지 않으십니다. 이에 대한 가장 대표적인 사례가 최초의 인간 아담의 첫째 아들 가인의 제사와 제물을 받지 않으신 사건입니다.

창세기 4장 3, 5절

"세월이 지난 후에 가인은 땅의 소산으로 제물을 삼아 여호와께 드렸고…가인과 그 제물은 열납(기쁘게 받아들임)하지 아니하신지라 가인이 심히 분하여 안색이 변하니"

사무엘상 16장 7절

"여호와(하나님)께서 사무엘에게 이르시되…나의 보는 것은 사람과 같지 아니하니 사람은 외모를 보거니와 나 여호와는 중심(마음)을 보느니라"

마태복음 23장 23절

"화(저주) 있을찐저 외식(위선)하는 서기관들과 바리새인들이여…"

하나님은 무엇을 하든지 중심과 믿음을 보시는데 가인은 하나님께 제사와 제물을 드리면서 마음과 믿음으로 드리지 않았습니다. 하나님은 사람과 같지 않아 진정성이 없는 종교행위를 잘 아시고 받지 않으십니다.

하나님은 사람의 마음까지 다 아시는 전지전능하신 분이십니다. 그래서 마음과 믿음 없이 형식적으로 행한 가인의 제사 제물을 거부하신 것입니다. 일부 사람들은 상대방이 형식적으로 선물을 해도 기쁜 척 받지만 의식이 있는 사람들은 마음에 없는 선물을 받으면 기뻐하지 않습니다. 정성으로 하는 선물을 좋아합니다. 하나님께서는 외식하는 종교인들에 대하여 저주를 선언하셨습니다. 무지하면 용감하다고 사랑이든 종교행위든 억지로나 외식을 강요하는 것은 폭력입니다. 화를 당하는 일입니다. 종교 갑질입니다. 직장 내 괴롭힘입니다. 헛된 짓입니다. 헌법 19조와 20조에 보장된 양심과 신앙의 자유를 침해하는 행위입니다. 특히 사이비와 이단들이 그리합니다. 이는 이웃을 사랑하라는 성경 말씀과도 맞지 않습니다. 신앙은 강제해서 되는 것이 아니고 하나님께서 은혜로 믿음을 주셔야만 가능합니다. 마음속에 사랑과 믿음이 있어야 진정으로 어떤 행위를 하게 됩니다. 이러한 신앙지식, 성경에 대한 바른 지식이 없는 일부 신자들이 성경에 반하는, 사람들을 불편하게 하고 괴롭게 하는 종교강요행위를 저지릅니다. 이는 하나님을 사랑하는 것도, 이웃을 사랑하는 것도, 영혼을 사랑하는 것도 아닙니다. 신앙을 잘못 알고 있거나 잘못 배운 결과입니다.

또 하나의 이유로 당사자의 의사에 반하는 종교강요행위는 헌법에 반하는 자세입니다. 대한민국 헌법 제20조 1항에는 종교의 자유를 보장하고 있습니다. **"모든 국민은 종교의 자유를 가진다"** 대한민국 국민이라면 헌법을 준수해야 할 의무가 있습니다. 이 헌법은 성경에 반하지 않습니다. 그런즉 피차 헌법에 근거하여 종교의 자유를 존중해 주어야 합니다.

이것이 민주주의 국가와 민주주의 시민의 마땅한 자세입니다. 2019년 9월 10일 KBS는 종교 갑질 피해사례를 방영했습니다. 복지단체에서 일하는 어느 사회복지사는 기독교 성경공부나 불교 삼천 배를 강요받았다고 했습니다. 센터장의 남편이 목사인 교회에 나오라고 종용당했습니다. 이에 거부하자 어느 날 해고당했습니다. 불교 조계종이 위탁 운영한 사회복지관에서도 김 아무개 씨는 매주 '발원문'(부처님께 발원하는 내용을 담은 서원문)을 억지로 읽었다고 합니다. 해마다 1번씩 삼천 배 행사에 참여해야 했습니다. 신입직원에게 매일 108배를 시키거나 승진 때 세례를 받아야 하는 복지시설도 있었다고 합니다.

필자도 언젠가 이와 비슷한 이야기를 들은 적이 있습니다. 교회에서 운영하는 복지시설인데 자기 시설에서 근무하려면 자기 교회에 나와야 한다고 강요받았다고 합니다. 성경과 신앙에 대하여 무지한 사람입니다. 참으로 안타까운 일이 아닐 수 없습니다. 이런 식이면 과격 이슬람 단체인 IS와 다를 것이 없습니다. 이들은 이슬람으로 개종하지 않으면 핍박하고 참수(칼로 목을 자름)합니다. 참 기독교인과 참 불교인 등은 결코 종교강요나 종교 갑질 등을 하지 않고 불이익을 주지 않습니다. 강제로 개종을 시도하지 않습니다. 이는 참 종교인의 기본이자 상식입니다. 사이비 신자들이 이런 강요를 합니다. 누구든지, 어느 종교든지 종교강요행위는 잘못된 것이니 하지 말아야 합니다. 신앙이든 무엇이든 서로 존중하고 살아야 합니다. 강요하고 강제하는 것은 상대방에 대한 인권과 양심과 신앙의 침해와 월권으로 잘못된 것입니다. 소개만 하고 선택은 자유롭게 하도록 해야 합니다.

제36장

참 신자와 거짓 신자의 구분은 무엇으로 합니까?

어디에나 참과 거짓은 항상 존재합니다. 종교에도 진짜와 가짜는 항상 있습니다. 참과 거짓을 나누는 구분은 다양합니다. 보통 제품은 정부에서 진짜 상품이라고 인증하는 KS(Korea Industrial Standards) 인증 마크로 구분합니다. 가짜에는 진짜 KS 인증마크가 없습니다. 혹 조작한다고 해도 표시가 납니다. 참 선수와 가짜 선수의 구분은 각 경기단체와 협회에 선수로 등록이 되었는지 여부로 판단합니다. 운동을 잘한다고 선수가 아닙니다. 각 경기단체에 선수로 등록이 되어 있지 않으면 아무리 운동을 잘해도 선수가 아니고 일반인입니다. 경기에 출전할 수 없습니다. 내국인과 외국인의 구분은 무엇으로 합니까? 주민등록증 유무로 판단합니다. '주민증'이 없으면 외국인이고 불법 체류자일 뿐입니다. 기독교인들에 대한 이단이나 이단이 아니냐의 구분도 개인이 정하거나 일반 교회가 정하는 것이 아니라 각 교단 총회에서 규정합니다. 그리하면 법적 효력이 발생합니다. 이처럼 각 분야는 각기 참과 거짓, 진짜와 가짜를 구분하는 기준들이 있습니다. 이것을 '객관적인 기준'이라고 말합니다. 어느 종교나 진짜가 있고 가짜가 있습니다. 모든 제품과 상품에도 진짜가 있고 가짜가 있습니다. 하지만 진짜와 가짜를 가려내고 판단하는 일은 그리 쉽지 않습니다. 확연하게 구분이 되는 사람이 있는가 하면 어떤 사람들은 분명 가짜인데 진짜보다 더 진짜처럼 연기를 하기에 사람들이 속습니다.

그렇다면 자칭 기독교인이라고 하는 사람들, 교회에 출입하는 사람들에 대한 참과 거짓을 구분할 수 있는 기준은 무엇입니까? 누가 참 기독교인이고 누가 가짜 기독교인이라고 구분할 수 있습니까? 여러 가지가 있지만 한 가지만 언급한다면 습관적이고 반복적인 거짓말, 거짓 증언 유무로 합니다. 자칭 기독교인, 목사, 전도사, 신학생, 장로, 집사, 권사, 신자라고 하면서 습관적이고, 반복적이고, 지속적이고, 고의적으로 거짓말과 거짓 증언을 하면 가짜 기독교인이라고 해도 과언이 아닙니다. 하나님의 사람이 아닙니다. 가짜 종교인, 가짜 기독교인일 뿐입니다. 왜냐하면 거짓의 아비는 마귀이고 하나님은 진실하시어 거짓을 혐오하시기 때문입니다. 그래서 사단과 사단에 속한 사람들은 신자와 불신자를 막론하고 입만 열면 거짓말을 합니다. 때와 장소와 상황을 가리지 않고 그때그때마다 임기응변으로 크고 작은 거짓말을 합니다. 거짓말을 얼마나 당당하게 하는지 당황스러울 지경입니다. 상당수 정치인들과 언론들과 일부 사법부 사람들도 입만 열면 거짓을 말합니다. 여기서 한 가지 오해가 없어야 합니다. 참 신자라고 할지라도 매우 제한적으로 거짓말을 할 수 있습니다. 신앙이 연약해서, 어떤 불가피한 압력과 협박에 의해서, 순간적으로 두려워서, 순간의 유혹 등에 빠져서 그리할 수 있습니다. 그러나 이내 곧 회개하고 반복해서 거짓말을 하지 않는 특징이 있습니다.

사단에 속한 가짜 기독교인들은 반복적이고 습관적으로 거짓말을 합니다. 자연스럽게 거짓말을 합니다. 그러면서도 진정으로 회개하지 않습니다. 합리화합니다. 그것은 거짓 덩어리로 그 속에 성령 하나님이 없기 때문입니다. 과실수(사람)는 열매(행위)로 안다고 했습니다. 사과나무에서는 사과 열매만 맺습니다. 포도나무에서는 포도열매만 맺습니다. 감나무에서는 감만 열립니다. 사단의 나무, 사단에 속한 자들에게서는 거짓 열매만 열립니다. 그래서 모든 영역에서 진실로 하나님을 믿지 않거나 사이비 기독교인들은 입만 열면 거짓말투성이입니다. 진실로 하나님을 믿는 신자는 일반적으로 정직하게 삽니다. 극히 예외적으로 절대적인 상황이 아닌 이상 거짓말은 하지 않습니다. 거듭나지 않고 여전히 사단에 속한 사람들은 교회에 출석하고 직분을 받았어도 교회 안팎에서 무시로, 수시로, 지속적으로 거짓말을 합니다. 그런 사람들이 주변에 무수히 많습니다.

불신자들은 알게 모르게 거의 거짓말을 하고 삽니다. 그러면서 양심의 가책을 느끼지 않습니다. 당당합니다. 부끄러워하지 않습니다. 영화배우들이 서운할 정도로 거짓말 연기를 잘합니다. 그래서 사람들이 속는 것입니다. 죄로 인하여 양심이 굳어 있기 때문입니다. 당당하게 거짓말을 하면서 '사람인지라 거짓말도 할 수 있다'고 스스로 합리화합니다. '자기만 거짓말을 하지 않는다'라고 말합니다. 교회에서 분란을 일으키는 자들

대부분은 거짓말을 하는데 믿음이 연약한 자이거나 가짜 기독교인들입니다. 정치인들 중에 교회 장로나 집사들이 있는데 정직한 사람을 보지 못했습니다. 하나님의 사람들은 하나님이 무서워서 고의로 거짓말을 못 합니다. 성령 하나님이 탄식하시기 때문에 쉽게 거짓말, 중상모략을 못 합니다. 그래서 진짜 기독교인은 거짓말을 못 합니다.

요한복음 8장 44절

"너희는(예수님을 거부한 유대인들) 너희 아비 마귀(사단)에게서 났으니 너희 아비의 욕심을 너희도 행하고자 하느니라 저는 처음부터 살인한 자요 진리가 그 속에 없으므로 진리에 서지 못하고 거짓을 말할 때마다 제 것으로 말하나니 이는 저가(마귀가) 거짓말 장이요 거짓의 아비(아버지)가 되었음이니라"

마태복음 7장 15~16, 20절

"거짓 선지자(예언자)들을 삼가(조심)라 양의 옷을 입고(포장, 위선) 너희에게 나아오나 속에는 노략질하는 이리(늑대)라 그의 열매로 그들을 알찌니 가시나무에서 포도를, 또는 엉경퀴(가시가 달린 풀)에서 무화과를 따겠느냐, 이러므로 그의 열매로 그들을 알리라"

성경을 보면 좁은 길과 십자가의 길인 구원의 길, 영생의 길, 진리의 길, 천국의 길로 가는 사람들은 적다고 하는데 주일날 교회와 우리 주변에는 기독교인들이 많습니다. 전국적으로 크고 작은 교회들이 내분으로 몸살을 앓고 있습니다. 원인 제공자들은 주로 담임 목사들도 있고, 장로들도 있고, 집사들도 있습니다. 주로 돈(교회 재정)과 이성문제(불륜), 이단문제로 그리합니다. 목사든 일반 신자든지 참 기독교인들도 많지만 그렇지 않은 자들도 있습니다. 보통 기독교인들과 불신자들은 목사들은 다 천국에 갈 자로 의심치 않습니다. 그러나 성경에 비추어 보면 반드시 그렇지 않습니다. 목사들 중에도 가짜 목사들이 있습니다. 성경을 보면 하나님이신 예수님께서도 유대 종교지도자들인 대제사장들과 서기관들과 바리새인들에게 저주, 화를 선언하시곤 했습니다. 직분으로, 능력으로, 외적 조건으로, 경건의 모양으로, 신앙의 열심만을 통해서는 천국에 들어가지 못합니다.

진실로 거듭난 하나님의 자녀들은 하나님의 말씀, 계명, 진리대로 살려고 애씁니다. 정직하게 살려고 분투합니다. 고의적으로, 습관적으로, 계획적으로, 자연스럽고 아무렇지도 않게 거짓말을 하며 살지 않습니다. 그러나 가짜 기독교인들은 거짓과 불법을 행하고도 부끄러움을 모릅니다. 당당합니다. 도리어 큰 소리를 칩니다. 각종 변명과 합리화를 합니다. 상대방을 물고 늘어집니다. 역으로 세상 법정에 고소를 합니다. 이를 지적하는 사람에게 도리어 화를 내고 '너는 깨끗 하느냐?', '털어서 먼지 안 나오는 사람이 있느냐?', '너무 정직하게 살게 되면 주변 사람들과 어울리지 못한다', '물이 너무 맑으면 물고기가 살지 못하고 물고기들이 모이지 않는다' 등의 해괴한 말로 역공합니다. 그러면서 '때와 상황에 따라 적당히 거짓말도 할 수 있지 않느냐'라고 반문합니다. 세상을 좀 유연성 있게 살라고 훈계합니다.

성경에 그런 해괴한 주장과 논리는 없습니다. 성경은 순수하고, 순결하고, 정결하고, 거룩하게 살라고 명령합니다. 믿음의 선진들과 사람들은 불의하게 살지 않았습니다. 불의나 비진리와 짝하지 않았습니다. 그래서 불편하게 살았고 박해를 받았고 순교를 당했습니다. 진짜 기독교인들은 연약하고 부족하여 실수하고 잘못하면 그저 몸 둘 바를 모르고 부끄러워하면서 가슴을 치며 회개합니다. 변명하지 않습니다. 다른 사람을 탓하거나 공격하지 않습니다. 무엇을 몰라서 거짓말을 할 수 있습니다. 그러나 거짓말을 하면 안 되는 것을 알면서 거짓말을 습관적으로 하고 회개하지 않는 자들은 진실로 회개 전까지는 하나님의 사람이 아닙니다. 그리고 바른 신앙고백과 행동을 보면 참 신자인지 거짓 신자인지 어느 정도 알 수 있습니다. 가짜들은 신앙고백이 엉터리입니다. 사도적이고 역사적인 신앙고백에서 벗어나 있습니다. 성경에서 말하지 않는 신앙을 소유하고 있습니다. 해괴한 신앙, 주관적인 신앙, 주관적인 체험, 주관적인 지식, 신비적이고 은사적인 신앙을 말합니다.

그러므로 교회 안과 밖에서 자칭 기독교인, 즉 목사, 장로, 전도사, 신학생, 권사, 집사, 신자라고 하는 사람들 중에 자연스럽게 크고 작은 거짓말을 하는 사람이 있다면 참 기독교인이 아니라고 생각하면 틀리지 않습니다. 물론 이런 사람들도 언제든지 진실로 회개하고 다시는 습관적인 거짓 열매를 맺지 않으면 참 신자라고 여기게 될 것입니다. 과실수는 열매로 압니다. 사람들은 신앙고백과 행위로 압니다. 기독교인에게 습관적인 거짓말은 자기 정체성, 소속을 만천하에 알리는 것입니다. '나는 아직 마귀에 속하였기 때문에 크고 작은 거짓말을 습관적으로 하면서도 전혀 양심의 가책이나 두려움이 없다'라고 말입니다. 다시 강조컨대 참 신자와 가짜 신자의 구분은 습관적인 거짓말이나 바른 신앙고백과 행동 여부로 알 수 있습니다. 나쁜 나무에서는 좋은 열매가 맺히지 않습니다. 가짜 기독교인에게서는 바르고 좋은 열매는 없습니다. 입만 살아서 사람들을 속이고 삽니다.

제37장

성탄절은 구제의 날입니까? 구원의 날입니까?

성탄절은 죄인들을 구원하기 위하여 구세주인 예수님께서 이 땅에 성
탄하신 날이지, 생활적으로 어려운 이웃을 구제하고 봉사하는 날이 아
닙니다. 성탄절에 대하여 전혀 다르게, 어설프게 이해하고 사는 자들이
너무 많습니다. 성탄절이 상당히 왜곡되어 버렸습니다. 불교 조계종은
2019년 12월 20일(금) 오후 5시 서울 견지동 조계사 일주문 앞에서 크리
스마스트리 점등식을 갖고 아기 예수의 탄생을 미리 축하했습니다. 점등
식에는 총무원장 원행 스님과 한국종교인평화회의(KCRP) 공동 대표회
장이자 한국천주교주교회의 의장 김희중 대주교, 한국기독교교회협의회
(NCCK) 전 총무 김영주 목사 등 종교계 인사들이 참석했습니다. 원행 스
님은 '예수님 오신 날 축하메시지'를 통해 **"사랑과 평화의 빛으로 오신 예
수님 탄신을 축하드린다"**며 **"예수님 탄신의 거룩한 뜻을 실천하여 이웃
을 사랑하고, 가난과 차별로 더는 사회에 아픔이 없기를 바란다"**고 말했
습니다. 점등에 이어 조계사어린이합창단과 참석자들은 〈하얀 눈이 오

네요〉와 〈루돌프사슴코〉 등 캐롤을 함께 부르며 예수님의 탄생을 축하했습니다. 이들은 예수님이 누구신지, 왜 이 땅에 초자연적인 과정과 모습으로 성탄하셨는지 전혀 모르면서 축하했습니다. 축하 노래도 성탄과는 전혀 어울리지 않고 무관한 것이었습니다. 이에 '아기 예수 탄생'이라고 이야기합니다. 마치 일반적인 사람들의 평범한 출생처럼 말합니다. 참으로 무지하고 황당하기 그지없습니다.

성탄하신 분이 누구신지, 성탄절이 어떤 날인지, 성탄의 진정한 이유와 목적이 무엇인지도 모르면서 성탄과는 전혀 무관한 주장과 노래와 이벤트의 모습이 너무나도 안타깝습니다. 모든 종교가 서로 사이좋게 지내는 것은 좋고 지지할 만합니다. 사람이든 종교든 서로 싸우지 않아야 정상입니다. 싸울 이유가 없습니다. 참과 거짓을 떠나 서로 다름을 인정하고 존중하고 살면 되기 때문입니다. 하지만 기독교와 타 종교는 본질과 교리적으로 물과 기름의 관계입니다. 서로 어울리고 연합할 수 없는 본질을 가지고 있습니다. 기독교는 영원 전부터 자존하시고, 초월적인 영(靈)이신 유일신이시고, 눈에 보이지 않는 신이시고, 사람이 만들고 조각한 신이 아닌 살아 계신 하나님을 믿고 섬기고 추종하는 종교지만, 나머지 모든 종교는 하나님이 흙으로 창조하신 피조물들을 섬기고 추종하는 사람이나 조각한 우상(허수아비)을 섬기는 종교입니다. 피조물들이 각 종교의 숭배자들입니다. 기독교에서는 이런 것을 우상숭배라고 말합니다. 이는 마치 사람과 짐승들이 근본적으로 다른 것과 같습니다. 그러기에 사실상 연합이나 상호교류 등 어떤 행사나 모임을 갖는 것 자체가 불가능합니다. 이는 마치 사람과 짐승들과 하나로 연합하는 것과 같습니다.

천부당만부당한 일입니다. 신앙적으로 결코 일치할 수 없는 근본적인 한
계를 가지고 있습니다.

성탄절에 대하여 결론을 먼저 말씀드리면 성탄절은 구제의 날, 불우이
웃돕기의 날, 어려운 이웃을 찾아가는 날, 산타의 날, 세상 평화를 외치는
날, 캐롤송을 부르는 날, 출입구나 교회 밖에 트리를 만들어 놓고 불빛을
반짝이게 하는 날, 사랑하는 사람들끼리 선물을 주고받는 날, 여행 가는
날, 오락의 날, 밤새 마음껏 놀고 즐기는 날, 클럽에 가서 마음껏 마시고
춤추는 날, 난잡하게 성교하는 날, 구세군의 자선냄비의 날 등이 아닙니
다. 성탄절은 구원자가 이 땅에 초림하신 날이자 구원의 기쁜 소식을 전
하는 날입니다. 또한 아기 예수님이 탄생한 날이 아니라 구세주 메시야
가 탄생하신 날입니다. 천주교도 그렇고 기독교 방송에서 아기 예수님이
라고 말함으로 석가모니 탄생이나, 피조물의 탄생과 동격으로 여기거나
폄하하게 만듭니다. 아기 예수님이라는 말로 성탄의 진정한 본질과 의미
가 훼손됩니다.

이런 방송을 기독교 방송에서 MC들이 자연스럽게 말합니다. 아마 정
확한 신앙 지식이 부족해서 그런 것으로 보입니다. 적어도 기독교 방송
에서만큼은 거룩한 메시야와 성탄 찬송가를 내보내야 하는데 캐롤을 많
이 내보냅니다. 성탄절과 캐롤은 아무런 상관이 없습니다. 성탄절이 이
상하게 변질되어 가고 있습니다. 그것도 기독교인들과 기독교 방송들에
서 말입니다. 세월을 이기는 사람은 별로 없는 것 같습니다. 세월을 이긴
다는 말은 세월이 흘러도 올바른 가치와 본질과 정통 신앙고백과 사랑과

서약을 변함없이 유지하고 지키는 것을 말합니다. 세상 것이든 모든 것이 세월이 흐르고 시대가 변화면 그에 따라 변합니다. 사람의 마음도, 부부의 사랑도, 친구의 우정도, 순수한 마음도, 신앙도 변합니다. 성탄절도 예외가 아닙니다.

성탄절도 과거에 비해 많이 변해 버렸습니다. 과거에는 성탄절 전후로 기독교 성화가 많이 방영되었습니다. 오늘날에는 텔레비전에서 성탄절 전후로 성화가 사라지고 성탄절을 사칭한 온갖 연예 오락만 난무하고 있습니다. 성탄절이 무슨 날인지도 정확히 모르는 자들이 산타 복장을 하고 나와서 희희낙락하는 오락을 합니다. 이에 연예오락의 날처럼 되어 버렸습니다. 성탄특집이라고 하는데 성탄의 주인공이신 예수님은 없고 성탄을 훼손시키고 오용한 잡다한 상업방송과 상품뿐입니다. 성탄절의 주인공이신 예수님에 대한 언급이 거의 없습니다. 그런 좌담도 없습니다. 하나님께서 인간의 몸으로 성탄하실 수밖에 없었던 이유에 대한 진지한 대담이 없습니다. 예수님보다 산타 할아버지, 아름답게 번쩍이는 트리가 더 돋보이고 언급됩니다. 반짝이는 트리와 산타 복장이 브라운관을 지배합니다. 온종일 캐롤과 세속적인 즐거움에 빠져 희희낙락합니다. 방송과 마트와 길거리와 집들과 인터넷 등을 보면 알 수 있습니다. 또한 성탄절은 불우이웃돕기 날로 인식하고 있습니다. 이는 잘못된 것입니다. 불우이웃돕기가 잘못되었다는 말이 아닙니다. 불우한 이웃은 도와야 합니다. 성탄절에 불우한 이웃을 찾아가서 먹을 것과 입을 것과 마실 것을 주고 있습니다. 구세군의 자선냄비가 대표적입니다. 물론 좋은 일이고 잘하는 일이지만 이런 것은 성탄절의 진정한 의미를 훼손시키고 오해하게 하는 데 지대한 영향을 미치고 있습니다.

이런 것들은 연중 내내 평상시에 은밀하게 하는 것입니다. 그런데 성탄절에 집중해서 합니다. 그로 인해서 세상과 세상 사람들은 성탄절을 불우이웃돕기 날, 구제의 날, 자선냄비의 날로 알고 있습니다. 이젠 당연하게 생각합니다. 천주교의 메시지는 더욱 가관입니다. 성탄의 본질과 의미와는 전혀 다른 메시지를 전합니다. 교황을 비롯해서 신부들이 어려운 이웃을 돕는 성탄절이 되어야 한다고 외칩니다. 낮고 천한 곳을 찾아가서 불우한 이웃과 함께해야 한다고 설교합니다. 전쟁이 없는 세계 평화를 외치기도 합니다. 일부 목사들의 메시지도 그렇게 합니다. 거듭 말하지만 불우이웃돕기와 세계 평화 메시지 등은 성탄절과 무관한 것으로 평상시에 무시로 하는 것입니다. 이쯤해서 성탄절은 무슨 날인가를 고민하지 않을 수 없습니다. 성탄의 본질을 고민해야 합니다. 그렇지 않으면 우리들도 언젠가는 성탄절의 본질을 잊고 엉뚱한 짓을 하며 부담 없이 살아가게 될 것입니다.

이는 마치 식목일이나, 현충일이나, 국군의 날에 본래 기념일과 전혀 맞지 않는 다른 이상한 주장과 행동과 의식을 하는 것과 같습니다. 이 시간에 엄중하게 전합니다. 성탄절은 죄인들, 즉 하나님의 자기 백성들을 저희 죄에서 구원하기 위하여 하나님께서 인간의 몸으로 성탄하신 날입니다. 이것을 성육신이라고 말합니다. 이런 놀라운 구원의 소식을 사람들과 세상에 알리는 날입니다. 구원자의 오심을 기뻐하고 축하하는 날입니다. 왜 기쁜 날입니까? 절망에 빠져 있는 죄인들에게 구원자가 오셨기 때문입니다. 성탄절에 대해서 정확히 알아야 합니다. 성탄절을 제대로 알기 위해서는 성육신하신, '예수'라는 이름의 의미를 바로 이해해야 합니다. 그 이름 속에 성탄과 구속의 숨은 비밀이 담겨 있기 때문입니다. 그래야 성탄절의 첫 단추를 제대로 꿸 수 있습니다. 예수님의 이름은 성탄절 이해의 첫출발입니다.

마태복음 1장 21절
"아들을 낳으리니 이름을 예수라 하라 이는 그가 자기 백성을 저희 죄에서 구원할 자이심이라 하니라"

우리의 이름과 가게 상호에 다 뜻이 담겨 있듯이 성부 하나님께서 예수님이 이 땅에 성탄하시기 전에 지어 주신 '예수'라는 이름에도 단순한 뜻이 아닌 구속, 구원에 대한 깊은 뜻이 숨어 있습니다. 그것은 **"그가 자기 백성을 저희 죄에서 구원할 자"**라는 뜻입니다. 한마디로 영(靈, 신령 령)이신 하나님께서 신비하면서도 초월적인 방식에 따라 인간의 몸으로 이 땅에 성탄하신 목적이 죄인들을 구원하기 위함이라는 말입니다. 그 대상이 누구라고 합니까? **"자기 백성"**입니다. **"자기 백성"**이란 누구를 가리킵니까? 만세 전에 하나님으로부터 택함을 받은 일부 사람들을 가리킵니다. 하나님의 자녀들입니다. 구원하기로 약속하신 언약백성들입니다. 여기서 예정론, 선택론이 나옵니다. 성경은 일부 하나님의 택한 사람들만 예수님을 믿어 구원에 이른다고 합니다. 이들의 죄를 대신 해결하시기 위해서 성탄하신 것입니다. 성경은 만인구원론을 말하지 않습니다. 성경에 만인구원론으로 오해할 수 있는 말들이 있지만 사실은 그렇지 않습니다. 전후 문맥을 보면 그렇지 않습니다.

에베소서 1장 4절~5절

"곧 창세전(創世前, 천지가 만들어지기 전)에 그리스도 안에서 우리를 택(擇, 가릴 택)하사 우리로 사랑 안에서 그 앞에 거룩하고 흠이 없게 하시려고 그(하나님) 기쁘신 뜻대로 우리를 예정(豫定, 미리 정함)하사 예수 그리스도로 말미암아 자기의 아들들(하나님 자녀들)이 되게 하셨으니"

따라서 **"자기 백성"**이란 창세전에, 출생 전에 구원하기로 예정된 택한 자들입니다. 출생하기 전에 이미 하나님의 자녀로 택함을 받은 자들입니다. 이들을 어찌 하시려고 '성탄'하셨다고 합니까? **"저희 죄"**에서 구원하시려고 '성탄'하셨다고 합니다. **"저희 죄"**란 선택받은 **"자기 백성들의 죄"**를 말합니다. 이 말이 무슨 뜻입니까? 하나님이 창조하신 에덴동산에서 아담과 하와가 하나님께 불순종한 죄, 선악과를 따 먹은 원죄, 하나님과 맺은 행위언약을 파기한 죄를 가리킵니다. 아담과 하와의 후손인 우리가 선악과를 따 먹지 않았는데 왜 자기 백성들이 죄인이라고 합니까? 대표자 원리에 따른 죄의 전가(轉嫁, 넘겨씌움) 때문입니다. 이것을 소위 대표자 원리라고 합니다. 인류의 조상이자 대표자는 그 누구도 아닌 아담과 하와입니다. 과거, 현재, 미래에 거하는 지구촌의 모든 인류의 후손은 아담과 하와에게서 출생한 자들입니다. 하나님께서는 창세기 3장에서 인류의 대표자가 저지른 죄가 모든 인류에게 전가됨을 말합니다. 그에 대한 확실한 증거가 죽음입니다. 죽음은 아담과 하와가 하나님께 범죄함으로 받은 형벌, 심판, 저주의 결과이기 때문입니다. 이미 선악과를 따 먹기 전에 하나님께서 경고하셨습니다. 선악과를 따 먹으면 반드시 죽으리라고 말입니다.

창세기 2장 17절

"선악을 알게 하는 나무의 실과는 먹지 말라 네가(아담과 하와) 먹는 날에는 정녕(틀림없이) 죽으리라 하시니라"

로마서 6장 23절

"죄의 삯은 사망이요…"

로마서 6장에서 말한 죄란 원죄를 가리킵니다. 그래서 모든 인류가 한 번 태어나면 이유를 불문하고 무조건, 정녕, 틀림없이 사망합니다. 이는 죄 때문인데 이것이 죽음에 대한 근본적이고 직접적인 원인입니다. 나머지 질병과 사고와 자연사 등으로 죽는 것은 간접적인 원인입니다. 대표자 원리란 이 세상에서도 쉽게 찾아볼 수 있습니다. 가장 대표적인 것이 계약입니다. 회사를 대표해서 회장, 사장이 다른 사람이나 회사와 계약을 맺으면 그 효력은 회사와 모든 직원들에게 발생합니다. 계약이 잘되든지 잘못되든지 회장, 사장 혼자만 책임을 지는 것이 아닙니다. 그래서 대표자를 잘 뽑고 대표자가 막중한 책임을 지고 잘해야 하는 것입니다. 대표자가 잘못하면 모든 구성원이 불행하게 됩니다. 이것이 대표자 원리입니다. 아담과 하와가 저지른 죄로 영벌과 저주의 늪에 빠진 자기 백성들의 죄를 사하시고 다시 살리시고자 이 땅에 구원자, 구세주, 메시야로 보냄을 받은 분이 성탄하신 예수님입니다. 이 구원자가 탄생한 것을 성탄이라고 하는 것입니다. 다른 종교 지도자들의 출생과는 전려 전혀 다릅니다. 비교 자체가 되지 않습니다.

그러니까 성탄절은 하나님의 자기 백성들을 원죄로부터 구원하시기 위하여 하나님께서 인간의 몸을 취하시고 구원자로 성탄하신 분이 예수님입니다. 이는 이성과 과학과 합리적으로는 믿을 수 없는 이야기이자 사건입니다. 제정신으로는 절대로 믿을 수 없는 신비적이고, 초자연적이고, 초과학적이고, 초논리적이고, 초이성적이고, 초생물학적인 엄청난 사건입니다. 영이신 하나님이 인간의 몸을 입고 성탄하신 사건은 인간의 이성으로는 절대로 납득이 되지 않습니다. 아주 신비한 일입니다. 불가능한 일이 아닙니다. 인간에게는 이해도 안 되고 불가능한 일이지만 천지만물을 말씀으로만 창조하신 하나님의 전지전능한 능력과 속성에 비추어 보면 아무것도 아닙니다. 하나님께서는 얼마든지 가능한 일입니다. 하나님으로부터 믿음을 선물로 받지 못한 사람은 소설 중의 소설이라고 말합니다. 일리가 있는 주장입니다. 그러나 믿음으로 보면 다 이해가 가고 의문이 생기지 않습니다.

이런 날이 성탄절인데 성탄절 본질과 목적과 전혀 다른 것들이 성탄절의 주연 노릇, 안방마님 노릇을 하고 있습니다. 성탄의 비본질적인 것들이 활개를 치고 있습니다. 이는 성탄절을 왜곡, 훼손, 폄하시키는 사단의 전술입니다. 성경에 보면 성탄을 방해하고 가장 싫어한 자는 사단입니다. 사단은 로마의 헤롯 왕을 충동질하여 성탄하신 구세주인 예수님을 죽이려고 군사들을 풀어 그 당시 예수님의 성탄을 기준하여 두 살 아래의 베들레헴에 있는 수많은 아기들을 모조리 죽였습니다. 예수님의 성탄의 때를 기준하여 출생한 두 살 아래로 모두 죽였습니다. 그러나 하나님께서 사전에 예수님을 애굽(이집트)으로 피신시킨 뒤였습니다. 사단의 방해 공작은 실패했습니다. 그러나 사단은 현재 일정 부분 성공하고 있습니다. 성탄하신 예수님은 죽이지 못했지만 사람들이 성탄절을 바르게 이해하지 못하도록 성탄절을 많이 변질 왜곡시켜 놓았기 때문입니다. 그것이 낮고 천한 불우한 이웃을 찾아가 돕는 날, 구제의 날, 세계 평화를 전하는 날로 만들어 버리는 발언과 메시지와 행동들입니다.

성탄절과 상관이 없는 온갖 잡다한 것들을 등장하게 하여 성탄절의 본질을 잊게 만드는 작업입니다. 세속적인 말로 물타기를 한 것입니다. 이런 작업에 천주교는 말할 것도 없고 개신교 일부 교회나 목사가 말려들고 있습니다. 기독교 방송들도 거들고 있습니다. 세상 사람들은 이미 말려들었습니다. 이런 상황에서 교회는 성탄절에 죄인들을 구출하기 위해서 오신 예수님을 그 어느 때보다도 선포하고 알리고 전하는 날이 되어야 합니다. 그래야 진정한 성탄절이 됩니다. 교회에서 다른 잡다한 성탄 행사를 과감하게 거두고 성탄절 본질에 충실한 날로 보내야 합니다. 다르게 생각해 보겠습니다. 식목일(植木日)은 구제의 날입니까 아니면 나무를 심는 날입니까? 그날만큼은 어느 날보다 나무를 심어야 한다고 알리고 나무를 심어야 합니다. 그날 나무는 심지 않고 구제하러 다닌다면 정상이 아닐 것입니다. 구제는 다른 날에 하면 됩니다. 이날에 세계 평화를 외치는 메시지도 황당한 일입니다.

그리고 성탄절 메시지를 전하는데 구제에 초점을 맞추어 예수님께서 낮고 천한 곳, 마구간에 성탄 하셨으니 우리들도 낮고 천한 곳을 찾아가서 어려운 사람을 도와야 한다고 외치는 것 또한 코미디입니다. 이는 성탄의 본질과 핵심도 아닙니다. 예수님께서 말 마구간 말구유에 나신 것은 그 당시 호구조사 때문에 엄청난 이스라엘 백성들이 전국에서 예루살렘으로 상경하므로 묵을 여관, 여인숙이 없었기 때문입니다. 일부러 마구간에서 성탄하신 것이 아닙니다. 그런즉 코미디 같은 설교, 영양가 없는 설교, 성탄절과 전혀 상관없는 그럴듯한 설교는 하지 말아야 합니다. 이는 성탄의 본질과 전혀 상관이 없습니다. 성탄절 메시지를 겸손이니 낮고 천한 곳 등을 주제로 설교하는 것은 난센스입니다. 죄에 대하여, 예수님에 대하여, 구원에 대하여, 성육신에 대하여, 택함을 받은 자에 대하여, 동정녀 임신에 대하여, 성령으로의 잉태에 대하여, 메시야(구세주) 예언과 약속의 성취에 대하여만 전해야 합니다. 예수님께서 성탄, 즉 이모든 일의 된 것은 무엇을 이루려는 것이라고 합니까? 주께서 선지자로 하신 말씀을 이루려는 것이라고 합니다. 성탄은 어느 날 갑자기 이루어진 것이 아닙니다. 이미 수백, 수천 년 전에 예언된 사건입니다.

마태복음 1장 22절

"이 모든 일의 된 것은 주께서 선지자로 하신 말씀을 이루려 하심이니 가라사대"

여기서 **"이 모든 일"**이란 직접적으로 성령 하나님을 통하여 마리아의 처녀 잉태, 성탄에 관련된 모든 사건들을 가리킵니다. 간접적으로는 그리스도에 대한 구약의 모든 예언과 성취의 구속사를 포괄하는 의미입니다. 하나님께서는 메시야 성탄에 대하여 이사야 선지자를 통하여 예언하셨습니다.

이사야 7장 14절
"그러므로 주께서 친히 징조로 너희에게 주실 것이라 보라 처녀가 잉태하여 아들을 낳을 것이요 그 이름을 임마누엘이라 하리라"

이 구약의 구원자 예언 말씀은 신약 마태복음을 통해서 성취되었음을 기록하고 있습니다. 성경은 예언과 성취의 말씀입니다.

마태복음 1장 19절
"예수 그리스도의 나심은 이러 하니라 그 모친 마리아가 요셉과 정혼하고 동거하기 전에 성령으로 잉태된 것이 나타났더니"

구원자이신 예수님의 성탄은 이미 수천, 수백 년 전에 하나님께서 선지자(예언자)들을 통해서 예언하셨고 때가 이르자 신약에서 성취하였습니다. 인류의 유일한 구원자이신 예수님의 성탄을 기점으로 인류 역사도 기원전과 기원후로 나눕니다. 그것이 B.C.와 A.D. 입니다. B.C.(기원전)라는 것은 before Christ이고, A.D.(기원후 혹은 서기)는 라틴어로 Anno Domini(in the year of our Lord)라고 합니다. 역사적으로도 예수님의 성탄은 부인할 수 없는 사건입니다.

정리합니다. 성탄절은 구제의 날, 불우이웃돕기의 날, 낮고 천한 곳을 찾아가는 날, 세계 평화를 외치는 날, 반전을 외치는 날, 산타 할아버지가 나타나 선물 주는 날, 트리를 세우는 날, 반짝반짝 빛나게 하는 전등을 세우는 날, 캐롤송을 부르고 드는 날 등이 아닙니다. 교회 지붕에 번쩍이는 불빛을 설치하는 날도 아닙니다. 이런 것은 기독교인들, 천주교, 교회 등이 평일에 무시로 하는 것입니다. 특별한 의미를 담아서 성탄절에 그리하는 것도 성탄절을 왜곡, 변질시키는 일입니다. 성탄의 참 의미와 메시지보다 더 우선할 수는 없습니다. 앞에서 식목일을 예로 들었습니다. 평일에도 나무를 심어야 하지만 식목일에는 더욱 집중하여 나무를 심자고 외치고 심는 일이 더 우선입니다. 식목일 메시지가 '불우이웃을 도웁시다', '구제를 합시다', '세계 평화를 외칩시다'라고 한다면 완전히 코미디입니다. 식목일에 나무는 심지 않고 '여행 가자', '선물을 주고받자'라고 하는 것과 다르지 않습니다. 그런 것은 평상시에 하는 것입니다. 좋은 것이라고 하여 아무 때나 주장하고 외치는 것은 황당하고 어리석은 일입니다. 장례식에서 결혼식에 하는 것처럼 하거나, 결혼식에서 장례식에 하는 것처럼 한다면 아무도 이해하지 못할 것입니다. 지탄을 받을 것입니다. 사람은 무엇을 하든지 때와 주제에 맞게 언행을 해야 합니다. 좋은 것이라고 하면서 때에 맞지 않는 이런저런 언행을 하면 바보취급을 받습니다.

성탄절은 죄인을 구원하시려고 성자 하나님께서 인간의 몸을 입고 이 땅에 성탄하신 기쁜 날, 감사한 날, 소망의 날입니다. 따라서 복음을 나누고, 예수님을 전하고, 죄의 무서움을 외쳐야 합니다. 구원자의 탄생을 축하하고 기뻐해야 합니다. 예수님이 빠진 즐거움은 성탄과 무관합니다.

예수님께서 이 땅에 성탄하신 진정한 목적을 말해야 합니다. 그리스도인들은 성탄절의 참된 의미를 바르게 알고 전하고 지내야 합니다. 이날에 성탄과 상관없는 행보를 하는 것은 바보 같은 짓입니다. 물론 즐거워하고 기뻐해야 합니다. 그것도 복음 안에서, 구원 안에서, 성탄 안에서 그리해야 합니다. 그리스도인들은 성탄의 진정한 의미도 모르면서 성탄절에 먹고, 마시고, 떠들고, 춤추고, 선물 주고받고, 클럽 놀이, 해외여행 등 불성실하게 보내는 불신자들처럼 보내지 말아야 합니다. '아기 예수'라는 말도 하지 말아야 합니다. '구세주 예수님이 성탄하신 날'이라고 해야 바른 전달이 됩니다. 성탄절은 경건하고 의미 있게 보내야 합니다. 성탄의 참 의미를 모르는 가족, 친인척, 지인, 친구, 이웃 등 한 사람에게라도 문자, 전화, 편지, 선물 등에 복음, 예수님을 담아 전해야 합니다. 성탄의 참 의미를 알려야 합니다. 다시 강조컨대 성탄절은 구제의 날, 불우이웃돕기의 날, 세계 평화를 외치는 날이 아니라 죄인들을 구원하기 위한 날입니다. 그런즉 그리스도인들에게는 아주 기쁜 날입니다.

아쉽지만 성탄절은 택함을 받은 자들, 예수님을 믿는 자들에게만 상관이 있는 날입니다. 서운하겠지만 그 외 다른 사람들은 성탄과 상관이 없습니다. 누가 택함을 받은 자라고 알 수 있습니까? 복음을 받아들인 자들입니다. 진실로 예수님을 믿는 자들입니다. 진실로 하나님을 예배하는 자들입니다. 현세를 살면서 진리 안에 머물러 사는 자들입니다. 그 외 사람들은 안됐지만 다 유기(버림을 당함)된 자들입니다. 구원을 받지 못합니다. 이 또한 만물의 주인이신 하나님의 절대주권입니다. 피조물이 가타부타 말할 수 없습니다. 사람들이 자유의지로 선택하거나 결정하는 것이 아닙니다. 토기를 만드는 토기장이의 주권을 연상하면 이해가 갈 것입니다. 토기를 마음대로 만들고 부수고 버리고 보호하고 하는 모든 결정과 권리는 토기장이 마음, 주권입니다. 토기가 하지 못하고, 제삼자가 가타부타 못합니다. 토기들의 자유의지에 달려 있지 않습니다. 이처럼 수많은 사람들 중에 누구는 구원하고 누구는 버리는 것, 누구는 천국으로 인도하고 누구는 지옥에 던지는 것, 누구는 예수님을 믿도록 믿음을 주시고, 누구는 믿음을 주시지 않는 것 등은 천지만물의 주인이신 하나님의 절대주권입니다. 하나님의 이러한 행위에 대하여 불공정하다고, 억울하다고, 차별이라고, 편파적이라고, 사랑이 아니라고 할 수 없습니다. 그런 말들은 피조물인 사람이 다른 사람에게나 하는 말입니다. 인간들은 모두 죄인이기에 하나님께 항변할 자격조차 없습니다.

우리는 누가 하나님의 택함을 받은 자인지 알 수 없기에 일생 동안 기회가 되는 대로 불특정 다수에게 성탄의 의미와 복음을 전해야 합니다. 예수님이 진실로 믿어지는 사람은 자신이 하나님으로부터 만세 전에 택함을 받은 자라고 믿고 감사하면 됩니다. 성탄을 믿고 구세주인 예수님을 믿는 자들은 이 세상에서 가장 행복한 자들입니다. 성공한 자들입니다. 하나님의 자녀가 되었고 구원을 받았기 때문입니다. 언제 죽으나 하나님의 나라인 천국에 들어가 영원히 행복하게 살기 때문입니다. 이 세상에서 참 기독교인들보다 더 복된 자들은 없습니다. 재벌들도 부럽지 않습니다. 건물주나 부자들도 부럽지 않습니다. 국회의원이나 대통령도 부럽지 않습니다. 세상의 부와 권세와 명예와 인기는 잠시만 유용한 소모품에 불과합니다. 안개와 같은 것들입니다. 죽을 때 아무런 영향을 미치지 못하고 가지고 갈 수 없는 것들입니다. 이 땅에서만 잠시 영향력과 효능이 있을 뿐입니다. 그런즉 가난하거나 부족하다고 자학하거나 낙심하지 말기 바랍니다. 실패한 인생이라고 자책하지 말아야 합니다. 내 집이 없어도 천국 집을 생각하며 당당하게 살기 바랍니다. 돈과 인간관계 때문에 사는 것이 좀 힘들고 버겁고 속상해도 이런 사실을 생각하고 인내하며 살기 바랍니다. 항상 기뻐하고 감사하며 살기 바랍니다. 성탄하신 인류의 유일한 구세주인 예수님이 믿어지는 자가 이 세상에서 가장 행복한 자들입니다. 성공한 사람입니다.

제38장

모든 종교는 같습니까? 다릅니까?

　모든 종교는 같은 면도 있지만 전혀 다른 면도 있습니다. 한마디로 지구촌에 존재하는 모든 종교는 교리, 내용, 의식 등에 있어서 다 다릅니다. 각 종교의 교리를 정확히 모르거나 겉으로 보기 때문에 같아 보입니다. 이는 마치 모든 사람이 비슷하거나 같은 것 같은데 각기 전혀 다른 성격과 혈액형과 취향과 재능과 기질과 스타일을 가진 것과 유사합니다. 겉으로 볼 때 모든 종교는 선(善, 선행)을 추구하기에 동일하게 보입니다. 그러기에 어떤 사람들은 말하기를 '모든 종교는 선을 추구하는 면에서 같다'고 말합니다. 이는 단순한 접근이고 큰 오해입니다. 과일이라고 모든 과일이 다 같은 것이 아닌 것과 같습니다. 겉이 비슷하다고 속까지 같은 것이 아닙니다. 자동차도로로 달린다고 다 같은 자동차가 아닙니다. 비슷하다고 같은 것이 아닙니다. 근본과 맛과 모양과 영양가와 쓰임이 다 다릅니다. 모든 종교와 기독교는 출발(뿌리)과 교리에서 큰 차이가 있고 전혀 다릅니다. 비교가 되지 않습니다.

기독교는 하나님께서 사람들에게 계시한 말씀이고 그로 인하여 출발한 종교입니다. 그래서 계시의 종교라고 말합니다. 기독교 외의 모든 종교는 지상에서 발생한 종교이고, 피조물인 사람들이 세운 종교입니다. 여러 면에서 기독교 개신교는 모든 종교들과 근본적으로 다르지만 핵심적으로 세 가지가 크게 다릅니다. 하나는 각 종교가 숭배하는 교주나 신봉하는 자에 대한 것이고, 또 하나는 내세에 대한 구원 부분이고, 마지막으로는 하나님의 말씀이자 음성을 기록한 성경입니다. 기독교를 제외한 모든 종교의 창시자, 숭배자, 교주는 사람입니다. 피조물입니다. 어떤 사람이 어떤 계기가 되어 어떤 가르침과 깨달음에 대하여 후대 추종자들이 만들어 그를 추종하고 따르는 종교입니다. 수행(참선, 명상)을 통해서 깨달음을 얻었든지, 어떤 동굴에서 계시를 받았든지 사람에 의해서 만들어진 종교들입니다. 그러나 기독교는 사람이 아닌 스스로 자존하시는 하나님께서 하늘에서 계시하므로 창시한 종교입니다. 피조물을 숭배하는 것이 아니라 영이신 하나님을 숭배하는 신앙입니다. 또한 인간이 기록한 경전을 통해서 추종하는 것이 아니라 하나님께서 기록하신 말씀을 토대로 믿는 종교입니다. 그것이 성경입니다. 세계 3대 종교는 기독교와 불교와 이슬람교입니다. 이제는 3대 종교를 중심으로 핵심적인 사항에 대하여 살펴보겠습니다.

먼저 불교(佛教)입니다. 불교의 창시자는 부처(석가모니, 싯다르타)입니다. 부처란 '깨달은 사람'을 뜻합니다. 부처의 본래 이름인 석가모니는 인도 북쪽 히말라야 산자락에 있는 '카필라'라고 하는 작은 나라에서 왕자로 태어났습니다. 처음부터 인간이자 부부의 성교를 통해서 출생했습니다. 숭배할 수 있는, 기도할 수 있는, 응답할 수 있는 신이 아닙니다. 그는 29세에 왕궁을 나와 머리를 깎고 수행자가 되었습니다. 석가모니는 35세 때 보리수나무 아래서 수행하다가 도를 깨치면서 기원전(B.C.) 5세기에 불교가 창립되었습니다. 수행을 통해 깨달음을 얻은 사람이라 하여 '부처', '붓다'라고 하였습니다. 이렇게 해서 불교라는 종교가 지구상에 탄생하게 되었고, 불교의 숭배자는 부처가 되었습니다. 그래서 모든 불자들은 사찰(절)과 집 등 불상 앞에서 부처님께 염불(念佛)을 하거나 합장 혹은 절(예배)을 합니다. 염불이란 '부처의 모습이나 공덕을 생각하면서 부처의 이름을 소리 내어 부르는 것'입니다. 불교 경전의 글귀를 소리 내어 읽거나 읊조림 하는 것입니다.

석가모니는 자신에 대하여 어느 책에서든지 신(神)이라고 주장하거나, 가르치거나, 기록한 일이 없습니다. 자신을 숭배하고 자신에게 기도하고 빌라고 한 적이 없습니다. 석가모니를 추종하는 자들이 그렇게 해 버렸고 이에 그 후세들이 그리하는 것입니다. 부처가 사람이라는 것, 신이 아닌 피조물이라는 것은 부인할 수 없는 명백한 역사적 사실입니다. 따라서 불교는 사람(석가모니, 싯다르타)을 숭배하는 종교이지 신을 섬기는 종교는 아닙니다. 부처가 깨달은 사상을 추종하는 종교일 뿐입니다. 다시 강조컨대 불교의 부처는 신이 아닌 사람입니다. 따라서 석가모니나 부처에게 아무리 빌고 기도를 해도 아무런 소용이 없습니다. 내세에 구원이 없습니다. 극락도 성경에 의하면 기독교의 천국과 전혀 다른 곳입니다. 기독교의 지옥과도 전혀 다른 지옥으로 그런 지옥은 성경에 없습니다. 부처는 사람이고 이미 죽어 누구에게든지 아무런 영향을 미치지 못합니다. 마치 죽은 나무와 같은 존재입니다. 그럼에도 불구하고 생명이 없고, 이미 죽었고, 아무런 능력과 영향을 미치지 못하는 부처나 부처동상에게 엎드려 절하고 비는 자들이 많습니다. 실상을 잘 몰라서 그런 헛된 수고를 하는 것입니다. 죽은 나무나 식물에 아무리 정성을 다해도 소용이 없습니다. 사람이 조각한 돌상, 동상, 나무상 부처에 빌고 소원을 구하는 것은 참으로 어리석은 일입니다. 수행을 통한 해탈도 불가능합니다. 죄로 인하여 전적으로 부패하고 타락한 인간은 아무리 노력해도 스스로의 수행으로는 100점짜리 의인이 될 수 없습니다. 따라서 수행을 통한 해탈은 불가능한 일입니다. 생각하며 살아야 합니다.

이슬람교도 창시자가 신이 아닌 사람입니다. 피조물에 불과합니다. 이미 죽은 자입니다. 이슬람교는 기원후(A.D.) 571년에 창시되었습니다. 이슬람교의 창시자는 '무함마드'입니다. 무함마드는 사우디아라비아 메카에 있는 쿠라이시족에서 태어났습니다. 이슬람교는 무함마드를 이슬람의 예언자, 성자라고 부릅니다. 매우 가난했던 무함마드는 25세에 40세의 상인이자 부자인 '하디자'를 만나 결혼했습니다. 결혼을 함으로 경제적으로 여유가 생기자 무함마드는 금식하고 사색하며 진리를 찾기 시작했습니다. 어느 날 무함마드는 '히라산' 동굴에서 명상에 잠기던 중 "무함마드여! 그대는 알라의 사도이다"라는 계시를 받았다고 말합니다. 물론 주관적인 주장일 뿐입니다. 아무도 확인할 수 없는 일방적인 주장이었습니다. 객관성이 없는 주장입니다. 이런 주장은 이단이나 사이비 교주들이 단골메뉴로 사용하는 말입니다.

이것이 동기가 되어 이슬람교가 창시됩니다. 객관적인 근거나 물증이나 증거는 하나도 없습니다. 순전히 무함마드의 개인 체험과 주장만을 근거로 출발한 종교입니다. 이슬람교는 '알라'를 신으로 섬깁니다. 이들은 '알라'가 기독교의 하나님과 같은 신이라고 말합니다. 유일신이라고 주장합니다. 그러나 이슬람교의 '알라'와 기독교의 하나님(삼위일체 하나님)은 전혀 다릅니다. 이슬람교는 성부 하나님, 성자 하나님, 성령 하나님인 삼위일체 하나님을 부인합니다. 예수님의 신성과 죽음과 부활을 인정하지 않습니다. 그러니까 이슬람교와 기독교는 같은 하나님을 믿는 것이 아닙니다. 유일신 사상도 전혀 다릅니다. 아무튼 이슬람교를 창시한 자는 사람인 무함마드이고 구체적인 설명이나 객관적인 근거가 없는 막연한 '알라'를 신으로 추종하는 종교일 뿐입니다. 이런 신에게 아무리 빌고 기도를 하더라도 소용이 없습니다. 불교의 부처에게 빌고 정성을 쏟는 것과 다르지 않습니다.

이에 비해 기독교(基督敎)는 창시자에 대하여 불교와 이슬람교와는 전혀 다른 주장을 합니다. 기독교의 창시자는 스스로 영원 전부터 자존하시는 성삼위(성부 하나님, 성자 하나님, 성령 하나님) 유일신 하나님이십니다. 피조물이 아닙니다. 사람이 아닙니다. 영이신 전지전능하신 신이십니다. 지구촌의 수많은 종교 중에서 유일하게 사람들의 기도를 들으시는 살아 계신 하나님입니다. 기독교는 인간이 아닌 영원 전부터 스스로 존재하시는 하나님, 눈에 보이지 않는 초월적이신 영(靈)이신 하나님이 창시하시고 계시하시므로 그 하나님을 섬기는 지구상의 유일한 종교입니다. 사람은 스스로 존재하게 된 것이 아니라 기독교를 창시하신 하나님께서 흙으로 창조하셨습니다. 기독교의 진리 책인 성경 창세기는 천지 창조와 만물 존재와 하나님의 존재에 대해서 구체적이고 자세하게 기록하고 있습니다. 천지 창조자 하나님은 누구에 의해서 만들어지거나 창조된 것이 아니라 스스로 계신 신비한 분이라고 말합니다.

오직 기독교만 천지만물에 대하여 하나님께서 창조하셨다고 명확하게 말합니다. 다른 종교는 천지 창조에 대하여 절대로 주장하지 못합니다. 모르기 때문입니다. 하나님의 본래 이름(성호)은 '여호와'(야훼)입니다. 이는 '스스로 계신 분'이라는 뜻입니다. 누구에 의해서 조각되거나 창조된 분이 아니라는 말입니다. 그래서 하나님은 형상(形象)이 없습니다. 천지만물 창조와 인간 창조를 구체적으로 언급하시면서 하나님께서 초자연적인 신으로 존재하심을 역설적으로 드러내고 있습니다. 이렇게 확실하고 구체적으로 만물의 기원부터 종말과 내세, 하나님이 어떤 분이신가를 주장하거나 기술하는 종교는 지구상에 기독교 외에는 없습니다. 이러한 내용이 성경에 기록되어 있습니다. 이것이 사실이기 때문에 확실하게 주장하는 것입니다. 반대로 다른 종교에는 그런 일이 없기 때문에 명확하게 주장하지 못하는 것입니다. 무엇이든지 잘 아는 자는 자신 있게 말하고 잘 모르는 자들은 우물쭈물하는 법입니다. 알 수 없는 철학적인 말들만 합니다. 어려운 말들만 주장합니다. 자신들도 정확하게 알지 못하기 때문입니다.

창세기 1장 1절

"태초(太初)에 하나님이 천지(天地, 우주만물)를 창조하시니라"

창세기 2장 7절

"여호와 하나님이 흙으로 사람을 지으시고 생기(영혼)를 그 코에 불어넣으시니 사람이 생령(생명체)이 된지라"

출애굽기 3장 4절

"하나님이 모세에게 이르시되 '나는 스스로 있는 자니라' 또 이르시되 너는 이스라엘 자손에게 이같이 이르기를 '스스로 있는 자'가 나를 너희에게 보내셨다 하라"

종종 일부 사람들이 '하나님을 보여 주면 하나님을 믿겠다'라고 하면서 보여 달라고 요구합니다. 이는 하나님의 본체에 대한 오해에서 나온 무리한 요구입니다. 하나님은 영이시기 때문에 누구든지 눈으로 볼 수도 없고 손으로 만질 수도 없는 분이십니다. 그래서 보여 줄 수 없습니다. 누구든지 눈으로 볼 수 없습니다. 하나님뿐만 아니라 물질이 아닌 것은 눈으로 볼 수 없습니다. 대표적인 것이 바람과 소리입니다. 바람이나 소리는 눈으로 보거나 손으로 만져 보고 존재한다는 사실을 믿는 사람들은 없습니다. 그렇지만 존재합니다. 영이신 하나님도 마찬가지입니다. 본래 영이신 하나님을 볼 수 있는 것은 하나님으로써 육신으로 오신 예수님뿐입니다. 예수님은 본래 하나님(신성)이셨지만 이 땅에 구세주로 성탄하시는 과정에서 인간의 몸(인성)을 소유하게 되어 예수님 안에서 하나님을 볼 수 있습니다. 하나님에 대한 존재를 믿을 수 있는 길은 오직 하나님께서 은혜로 주신 믿음과 하나님의 말씀인 성경을 통해서뿐입니다. 따라서 하나님으로부터 믿음을 선물로 받지 않으면 절대로 영이신 하나님을 믿지 못합니다. 아무리 쉽게 설명을 해도 믿지 못합니다. 하나님은 이성과 과학과 논리와 체험과 합리적으로는 믿지 못합니다. 내세에 대한 존재도 마찬가지입니다. 이는 설명할 수 없는 신비입니다. 초자연적인 영역입니다. 아무튼 이런 차원에서 모든 종교와 기독교는 전혀 다른 종교입니다.

그리고 내세에 대한 구원 교리, 사상도 모든 종교와 기독교는 전혀 다릅니다. 불교나 이슬람교나 무교나 내세가 있다고 주장합니다. 기독교도 마찬가지입니다. 불교는 극락정토 내세를 주장합니다. 지옥도 있다고 말합니다. 이슬람교도 기독교와 다른 천국을 말하지만 내세를 주장합니다. 무신론자들도 막연한 내세를 주장합니다. 그래서 죽은 자 유족에게 '고인의 명복을 빈다'고 애도를 표합니다. 그러나 기독교의 내세관과 모든 종교의 내세관은 전혀 다릅니다. 내세인 천국과 극락정토에 들어가는 방법 혹은 길이 전혀 다릅니다. 불교의 내세관은 수행을 통하여 해탈의 경지에 이르러야 부처가 계신 극락(극락정토)에 들어간다고 말합니다. 성경에 의하면 부처(석가모니)는 천국에 들어가지 못합니다. 구원을 받지 못했습니다. 왜냐하면 인류의 유일한 구세주인 예수님을 믿지 않고 살다가 죽었기 때문입니다. 수행과 해탈과 선행으로는 절대로 구원을 받지 못합니다. 수행은 인간 스스로의 행위로 하는 것입니다. 한마디로 불교는 중생(사람) 스스로의 행위로 내세에 들어간다고 가르칩니다. 이슬람교도 믿음으로 내세에 들어가지 않습니다.

이슬람의 내세(구원)관은 육신오행을 해야만 사후에 천국에 들어간다고 말합니다. 성경에 육신오행을 해야 구원을 받고 천국에 들어간다는 말씀은 절대로 없습니다. 육신오행(六信五行)에서 육신(六信)이란 여섯 가지를 믿는 것으로 ① 알라 ② 천사 ③ 쿠란과 성서 등 신의 계시를 기술한 책 ④ 예언자 ⑤ 내세 ⑥ 예정을 믿는 것입니다. 오행(五行)이란 다섯 가지 의무를 행하는 것으로 ① 신앙고백 ② 예배 ③ 단식 ④ 자선(종교세) ⑤ 메카 순례를 잘 지켜야 죄에서 구원을 받는다고 합니다. 그리고 추가로 지하드(성전, 자살폭탄테러)를 하다가 죽으면 순교자로 여김을 받아 곧바로 천국에 들어간다고 가르칩니다. 지하드는 폭력행위입니다. 이슬람교의 구원관, 내세관은 행위에 따른 것입니다. 믿음으로 가지 않습니다. 상식에도 반합니다. 자기들끼리 만든 어설픈 교리에 지나지 않습니다.

기독교의 종파인 천주교도 믿음으로만의 구원관, 내세관이 아닌 믿음+행위의 구원관을 가르칩니다. 한마디로 믿음과 행위가 있어야 사후에 천국에 들어간다는 패키지 구원관, 1+1 구원관입니다. 성경에 이런 구원관은 없습니다. 이에 대한 근거는 '연옥사상'입니다. 천주교 신자가 죽으면 곧바로 천국에 들어가는 자도 있고 그렇지 못하는 자도 있는데 선행에서 부족한 천주교 신자들은 천국과 이 땅의 중간 지점에 있는 '연옥'(煉獄)이란 곳에 잠시 머물다가 지상에 있는 가족과 친인척과 지인들이 자신을 위해서 선행을 하면 다시 천국에 들어간다는 사상입니다. 이는 성경에서 말하는 믿음으로만의 구원관이 아닙니다. 참고로 성경은 연옥이 없습니다. 성경으로 인정하지 않는 외경에 있는 사상입니다. 사람이 내세에 들어가는 곳은 오직 낙원과 천국, 음부와 지옥뿐이라고 합니다.

따라서 같은 기독교지만 개신교와 천주교의 구원관은 전혀 다릅니다. 이런 구원론을 믿으면 천주교 신자라 할지라도 구원, 영생을 받지 못합니다. 기독교 종파 중 하나인 개신교의 구원관, 내세관은 오직 인류의 유일한 구원자이신 예수 그리스도를 믿어야만 천국에 들어갈 수 있다고 가르칩니다. 오직 믿음으로만 구원을 받는다고 말합니다. 성경이 그렇게 말하기 때문입니다. 이 믿음도 자신의 의지가 아닙니다. 이 믿음은 하나님의 은혜로 주신 믿음을 말합니다. 왜 그렇게 주장합니까? 하나님의 말씀인 신구약 성경이 오직 하나님이 은혜로 주신 믿음만을 주장하기 때문입니다. 선행은 믿은 이후에 신자답고 하나님 영광을 위하여 신자의 마땅한 자세일 뿐입니다. 개신교에서의 구원의 조건은 선행, 행위, 명상, 참선, 자기 의지, 수행은 전혀 아니라고 합니다. 오직 믿음뿐입니다.

사도행전 16장 31절
"가로되 주 예수를 믿으라 그리하면 너와 네 가족이 구원을 얻으리라 하고"

에베소서 2장 8~9절
"너희가 그(하나님) 은혜를 인하여 믿음으로 말미암아 구원을 얻었나니 이것이 너희에게서 난 것이 아니요 하나님의 선물이라 행위에서 난 것이 아니니 이는 누구든지 자랑치 못하게 함이니라"

마태복음 25장 46절
"저희(불신자들)는 영벌(永罰, 지옥)에, 의인들(참 신자들)은 영생(永

生, 천국)에 들어가리라 하시니라"

개신교는 왜 행위(선행, 의지, 수행) 구원을 말하지 않고 오직 믿음으로만 구원을 받는다고 합니까? 사람은 전적으로 부패하고 타락한 죄인이기 때문에 스스로의 행위로는 절대로 100% 의롭게 되거나 도덕적으로 완전할 수 없고, 아담으로부터 전가된 원죄에 대하여 스스로는 죄 사함을 받을 수 없고, 죄 용서함을 받을 수 없기에 착한 선행이나 깨달음으로는 절대로 천국에 들어가지 못한다고 말합니다. 그래서 하나님의 백성들의 죄를 해결하고 내세에 구원하기 위하여 하나님께서 인간의 몸으로 이 땅에 성육신(成肉身)하셨는데 그것이 성탄절입니다. 성탄은 하나님께서 일부 죄인들을 저희 죄에서 구원하시기 위해서 오신 날이며, 해마다 이를 기념하는 날이 성탄절입니다. 성탄절은 구제의 날, 불우이웃돕기의 날, 산타 할아버지가 선물 주는 날, 트리를 설치하는 날, 캐롤을 부르는 날, 선물을 주고받는 날, 낮고 천한 곳을 찾아가는 날, 먹고 마시고 즐기고 여행가는 날, 클럽에 가서 밤새 춤추고 술을 마시는 날, 단순히 쉬는 날, 세계평화를 외치는 날 등이 아닙니다. 죄인들을 구원하기 위하여 구원자 예수님께서 인간의 모양으로 성탄하신 날입니다. 이런 사실을 알리고 전하고 나누는 날입니다. 이런 사실을 모르는 자들이 너무 많습니다. 마치 현충일이 무슨 날인지 모르고 철없이 다른 행위를 하고 지내는 것과 같습니다.

이처럼 모든 종교와 개신교는 종교 창시자나 교리나 내세관에 대하여 전혀 다릅니다. 절대로 같지 않습니다. 지구상에 존재하는 종교 중 구원관에 있어서 유일하게 개신교만 '믿음으로의 구원'을 주장합니다. 다른 종교에는 구원이 없다고 말합니다. 천주교를 비롯한 나머지 모든 종교와 무신론자들은 선행, 수행, 착함, 의지, 좋은 일 등으로 구원과 좋은 데를 간다고 말합니다. 이런 사실과 내용이 믿어지는 자들도 있고 믿어지지 않는 자들도 있을 것입니다. 각자 마음이 믿어지는 대로 믿고 살거나 지내면 됩니다. 종교와 신앙은 강요나 어떤 조건으로 믿고 추종하게 할 수 없습니다. 신앙은 인위적으로 되는 것이 아닙니다. 진짜 종교든 가짜 종교든 마음으로 믿어야 됩니다. 물론 정답, 참, 진짜는 하나뿐이므로 한 종교사상과 교리를 추종하는 것을 제외하고는 모두 속고 사는 것이 됩니다. 이 땅에 사는 날 동안은 명확하게 구분이 되지 않지만 내세에는 명확하게 구분이 될 것입니다.

마치 학교에 다닐 때나 수업을 받을 때는 학생들 간에는 명확하게 우열이 가려지지 않지만 시험을 보면 우열이 확 드러나는 것처럼 말입니다. 인정하든 부인하든지 사람은 누구나 다 육체적으로 죽습니다. 죽은 다음에 내세에 가 보면 어느 종교가 참이었는지 알게 될 것입니다. 죽기 전이라도 각종 시험을 통해서도 어느 정도 알 수 있습니다. 시험 정답은 하나뿐이기 때문입니다. 시험을 보고 나서 채점을 하면 어느 것이 정답이었는지 아는 것과 같습니다. 시험을 볼 때는 각기 나름대로 '이것이 정답이다'라고 확신하고 답을 씁니다. 채점이 끝나기 전까지는 서로 자기가 쓴 것이, 자기가 알고 있는 것이 정답이라고 서로 다른 주장을 합니다. 그러나 채점이 끝나면 누구의 주장이 맞는지 명확히 드러납니다. 종교 활동과 신앙생활도 마찬가지입니다. 나름 확신을 가지고 어떤 종교를 신앙합니다. 하지만 시험 후에, 사망 후에 정답, 진짜가 확인됩니다. 그때는 이미 늦습니다. 구원의 기회는 살아생전의 때뿐이기 때문입니다. 아무 때나 구원의 기회가 주어지는 것이 아닙니다. 버스나 기차나 비행기나 승차해야 할 때가 있는 것처럼 말입니다. 그래서 현세와 내세에 대하여 신중하게 고민하고 살아야 합니다. 물론 현세만 있고 사람이 죽어 그것으로 끝나면 어떤 고민도 할 필요가 없습니다. 하지만 사람은 죽음으로 끝나지 않고 내세가 있기에 참 종교와 참 신앙이 요구됩니다. 마치 학생들이 시험이 없다면 부담과 고민 없이 학교에 다니겠지만 반드시 시험이 있기에 진지하게 수업에 임하고 학원에 다니고 가볍게 학교에 다니지 못하는 것과 같습니다. 인생도 사후에 심판이 있고 내세가 있기에 가볍게 사는 것은 어리석은 것입니다.

제39장

왜 망자에 대한 기도, 제사, 굿, 절 등을 금합니까?

죽은 자에게 행하는 모든 것은 아무런 소용과 영향과 변화와 법적 효력이 없기 때문입니다. 한마디로 헛되고 헛된 짓이기 때문입니다. 사람이든 개든 나무든 죽은 것은 그 어떤 노력과 수고와 정성을 다해도 아무런 소용이 없습니다. 이는 상식입니다. 만일 누군가가 당신에게 죽은 나무와 죽은 고양이와 죽은 물고기에게 날마다 물을 주고 먹을 것을 주라고 한다면 이해가 가지 않고 화가 날 것입니다. 왜 그렇습니까? 헛되고 헛된 짓이기 때문입니다. 사람들 중에는 유효한 행위를 하는 자들이 있고 무효한 행위를 하는 자들이 있습니다. 특히 헛되고 헛된 행위를 하는 자들이 아주 많습니다. 농부는 왜 죽은 나무나 죽은 식물에 물과 비료를 주지 않습니까? 이미 죽어서 아무리 노력하고 정성을 다해도 소용이 없기 때문입니다. 식물이든, 나무든, 물고기든, 사람이든 이미 죽어 생명이 없는 대상에게 그 무엇을 한들 아무런 영향이 없습니다. 기독교 중에서 개신교를 제외한 타 종교인들과 천주교인들은 죽은 자를 위하여 기도합니다.

307

이를 위령기도(慰靈祈禱)라고 합니다. 사망한 영혼을 위로한다는 것입니다. 아무런 소용이 없는 기도입니다.

이미 사망한 영혼은 즉시 육체를 떠나 내세인 낙원 혹은 음부에 들어가 버렸기 때문에 위령기도 자체가 헛되고 헛된 것입니다. 죽은 자를 위하여 제사도 드립니다. 절도 합니다. 굿도 합니다. 이 또한 다 헛된 짓에 불과합니다. 하지만 개신교는 죽은 자를 위한 기도 등을 금합니다. 위령기도 자체가 없습니다. 그 이유는 아무런 소용이 없고 헛된 기도이기 때문입니다. 기도 등은 살아 계시고 전능하신 하나님께 하며 산자를 위해서만 하는 것입니다. 그래야 효력이 발생합니다. 사람이 어찌할 수 없는 것을 해결해 달라고 하나님께 간청하는 것이 기도입니다. 그것도 오직 이미 사망한 자가 아닌 산 사람을 위해서만 그리합니다. 하나님께서는 병원이나 의사나 사람이 해결할 수 없는 희귀병이나 불가능한 일도 자기의 기쁘신 뜻에 따라 해결하시기도 하시고 침묵하시기도 하십니다.

기도는 전능하신 하나님께 치유와 문제를 해결해 달라고 하는 것입니다. 천주교 신자들은 인간인 마리아, 이미 죽은 마리아에게 기도를 하거나 중보기도를 요청하는데 이는 소용이 없는 짓입니다. 아무런 응답이 없습니다. 왜냐하면 마리아는 신이 아닌 사람이고, 그런 능력이 없고, 이미 죽었기 때문입니다. 마리아는 중보자가 아닙니다. 마리아는 살아 있을 때 단지 육신(인성)에 한하여 예수님의 어머니였을 뿐입니다. 그것이 전부이고 일반 사람들과 동일한 자입니다. 기도뿐만 아니라 제사, 굿, 절, 위로 행사 등도 살아 있는 자, 살아 있을 때 해야만 효능과 효력과 영향이 있습니다. 죽은 다음에 행하는 모든 것은 아무런 효력이 없습니다. 그것이 사람이든, 식물이든, 생물이든, 짐승이든 마찬가지입니다. 이는 마치 죽은 나무와 죽은 동물에게 정성을 쏟는 것과 같습니다. 마음과 정성이야 이해를 하지만 헛된 짓입니다. 이는 종교와 신앙을 떠나서 상식입니다. 이러한 것은 신앙의 기본 중의 기본입니다. 사람을 위하여 할 때는 오직 살아 있는 불신자와 산 신자를 위해서만 중보의 기도를 할 뿐입니다. 이웃을 위한 중보의 기도는 살아 있는 사람에게만 합니다. 이는 경배나 숭배 차원이 아닌 사랑, 구원, 보호, 인도, 믿음의 차원에서 합니다.

그런데 천주교(로마가톨릭교회)와 타 종교는 죽은 자들을 위하여 기도, 제사, 굿, 절, 위로 행사 등을 합니다. 성경에는 죽은 자를 위하여 기도하라는 말씀이 전혀 없습니다. 천주교와 타 종교인들이 죽은 자를 위하여 기도하는 것은 죽은 자들을 위하여 기도하면 어떤 영향과 변화가 나타난다고 가르치고 믿기 때문입니다. 그러나 개신교는 산 사람을 위해서만 기도하지 죽은 자들을 위해서는 기도하지 않습니다. 죽은 사람은 즉시 육체에서 영혼이 떠나 시체이기에 영혼이 이 땅에 없고 중간상태의 장소인 낙원과 음부로 들어갔기에 망자에 대하여 무슨 짓을 해도 소용이 없습니다. 사람이 죽으면 즉시 영혼이 육체를 떠나 낙원 아니면 음부로 들어갑니다. 그래서 세상을 떠난 사람을 위하여 이 땅에서 기도 등을 하는 것은 아무런 효력이나 영향이 발생하지 않습니다. 쓸데없는 정성과 노력과 수고만 하는 것입니다. 죽은 자를 위해서 기도 등을 하는 것은 헛된 것이고 기도의 영향을 전혀 받지 않습니다. 죽은 자들을 위하여 기도 등을 하는 것은 마치 죽은 식물이나, 나무나, 짐승에게 물을 주고 먹을 것을 주고 어떤 일이 일어나게 해 달라고 정성을 다하고 소원을 비는 것과 같습니다. 죽은 식물이나 나무나 짐승을 위하여 아무리 열심히 기도하고 정성을 다해서 그 무엇을 해도 소용이 없습니다. 전혀 다른 영향이 나타나지 않습니다. 생명이 없고 죽었기 때문입니다. 이런 주장에 대하여 동의가 되지 않으면 집에서 실험을 해 보시기 바랍니다. 죽은 식물이나 화분이나 생선 등을 놓고 말입니다. 옳고 그름이 즉시 나올 것입니다. 우리는 항상 생각하면서, 의문을 갖고 무엇을 하든지 해야 합니다. 맹신과 맹종은 옳지 않습니다.

성경은 죽은 자들을 위하여 기도하라는 말씀이 전혀 없고 오직 이 땅에 살아 있는 자들에게만 기도하라고 합니다. 기독교인이라면 무엇이든지 일반 상식과 이성으로 판단하고 성경을 통해서 최종적으로 검증을 해야 합니다. 개신교는 죽은 자들을 위해서 기도하지 않습니다. 천주교에는 죽은 자를 위하여 하는 위령기도, 위령미사라는 것이 있습니다. 개신교는 위령기도와 위령예배를 절대로 하지 않습니다. 그것은 성경이 금하기 때문이기도 하지만 죽은 자에게 하는 기도와 미사와 예배는 아무런 효과나 효력, 영향이 없는 헛되고 헛된 쓸모없는 짓이기 때문입니다. 이것은 성경 말씀을 떠나 기본 상식입니다. 죽은 꽃과 식물과 나무 등에 물을 주고 정성을 쏟아 보기 바랍니다. 살아나지 않습니다. 꽃이 피지 않습니다. 삶은 돼지머리에도 엎드려 절을 합니다. 인간을 잘 보살펴 달라고 그것도 이성이나 양심이 없는 짐승이고 죽은 돼지에게 부탁합니다. 이런 것을 생각하면 기막힙니다. 어리석은 인간들은 그런 헛된 짓들을 반복하며 삽니다. 그런 것에 돈과 시간과 정성과 고생을 투자하고 삽니다. 죽은 자를 위하여 기도하라는 성경 말씀은 어디에도 없습니다. 개신교는 이러한 성경 말씀을 철저하게 지키고 따릅니다. 예수님께서도 제자들에게 이르시기를 살아서 제자들을 핍박하는 자를 위하여 기도하라고 하셨습니다.

마태복음 5장 44절
"나는 너희에게 이르노니 너희 원수를 사랑하며 너희를 핍박하는 자를 위하여 기도하라"

예수님은 과거에 핍박을 당하여 죽은 제자들과 그리스도인들을 위하여 기도하라고 하지 않으시고 현재 살아서 핍박하는 불신자들을 위하여 기도하라고 하셨습니다. 사도 바울은 데살로니가 교회 성도들에게 선교 활동을 하고 있는 바울 일행을 위하여 기도해 달라고 부탁합니다.

데살로니가전서 5장 25절
"형제들아 우리를 위하여 기도하라"

기도는 살아 있는 성도들끼리 서로를 위하여 하나님께 하는 것입니다. 또 사도 바울은 살아 있는 데살로니가 성도들을 위하여 기도한다고 말합니다.

데살로니가후서 1장 11절
"이러므로 우리도 항상 너희를 위하여 기도함은…"

그리고 성경은 모든 사람을 위하여 기도하라고 합니다. 특히 세상 왕들과 높은 지위에 있는 모든 사람을 위하여 기도하라고 합니다.

디모데전서 2장 1~2절

"그러므로 내가 첫째로 권하노니 모든 사람을 위하여 간구와 기도와 도고와 감사를 하되 임금들과 높은 지위에 있는 모든 사람을 위하여 하라 이는 우리가 모든 경건과 단정한 중에 고요하고 평안한 생활을 하려 함이니라"

성경은 하나같이 살아 있는 신자, 불신자, 이웃, 국가 지도자들을 위하여 기도하라고 합니다. 성경 어디에도 죽은 자를 위하여 기도하라는 말씀이 없습니다. 하나님께서는 다윗 왕이 '우리아'의 아내 '밧세바'를 빼앗아 간통 죄악을 범함으로 얻은 첫째 아들을 징벌하심으로 인하여 그 아들이 몹시 아팠습니다. 이에 다윗은 그 아들의 치유를 위하여 금식하며 기도했습니다. 그러나 결국 그 아들이 죽자 더 이상 죽은 아들을 위하여 금식하고 기도하는 것이 소용이 없다는 것을 알고 금식과 기도를 멈추고 정상적인 생활을 하였습니다. 다윗 왕은 살아 있는 아이를 위하여 금식하며 기도했지만 죽은 이후에는 금식과 기도를 멈추었습니다. 왜냐하면 다시 살아 돌아오게 할 수 없었기 때문이라고 고백합니다. 죽은 자를 위하여 기도하는 것은 아무런 영향과 변화와 효력이 발생하지 않는다는 것을 알았습니다. 이것이 바른 인식입니다. 죽은 자들에게는 그 어떤 기도도 아무런 영향을 미치지 않습니다. 그런즉 살아 있을 때 잘하고 기도하되 죽은 다음에는 일절 죽은 자를 위하여 기도, 위령기도, 위령미사, 굿,

위로 행사 등은 하지 말아야 합니다. 죽은 영혼을 위로한답시고 살풀이 등을 합니다. 다 쓸데없는 짓들입니다. 죽은 자를 위하여 기도하는 것은 미신을 섬기는 불신자들이 하는 어리석고 헛된 기도와 다를 바가 없습니다. 개신교는 상식과 성경에 근거하여 다윗 왕처럼 죽은 자를 위하여 기도하지 않습니다. 성경을 잘못 이해한 자들이나, 성경에 무지한 자들이나, 어리석은 자들이나, 상식과 이성이 빈약한 자들이나 죽은 자를 위하여 기도하고 위령제를 지냅니다.

 죽은 자는 이미 영혼이 낙원 아니면 음부로 떠났기에 기도든, 위령제든, 제사든, 굿이든, 절이든, 어떤 행사든 아무런 소용이 없습니다. 그러나 천주교는 죽은 자를 위하는 위령기도와 위령미사를 드립니다. 주로 연옥에 있는 자를 위한 기도와 미사입니다. 성경은 연옥(煉獄)을 부정합니다. 성경에는 연옥이라는 말씀 자체가 없습니다. 성경에 없는 것을 더한 것에 불과합니다. 사람은 사망하면 즉시 영혼이 중간상태인 낙원 아니면 음부로 들어갑니다. 예수님께서 십자가에 달리실 때 양옆에 죄수 두 사람도 함께 십자가에 달렸는데 행악자 중 하나는 예수님을 조롱하고 믿지 않았지만 다른 한 사람은 하나님의 나라를 믿고 예수님을 믿었습니다. 이에 예수님은 다음과 같이 그 행악자에게 말씀하셨습니다.

누가복음 23장 43절

"예수께서 이르시되 내가 진실로 네게 이르노니 오늘 네가 (십자가에 달린 강도) 나와 함께 낙원(樂園, 파라다이스)에 있으리라 하시니라"

나쁜 짓만 하다가 결국 십자가에 달린 행악자가 마지막 죽기 전에 예수님을 믿고 구원을 받았습니다. 천주교식이라면 이 강도는 선행이 턱없이 부족하기에 사망 즉시 천국이 아닌 연단의 장소인 연옥으로 들어갔어야 정상이지만 곧바로 낙원으로 갔습니다. 예수님은 말씀하시기를 십자가에 달린 행악자에게 죽으면 곧바로 예수님과 함께 낙원에 있을 것이라고 말씀하셨습니다. 사람이 사후에 가는 곳은 오직 두 곳뿐입니다. 영벌에 따른 음부와 지옥, 영생에 따른 낙원과 천국입니다. 그곳에서 영원히 삽니다. 다른 곳은 없습니다. 연옥은 없습니다. 연옥은 페이퍼컴퍼니와 같은 곳입니다. 이 두 곳은 오직 믿음, 바른 신앙고백 여부에 따라서만 들어갑니다. 선행이나 행위나 수행 등으로 결정되지 않습니다. 천국의 구원열차는 오직 믿음으로만 탈 수 있고 믿음+선행으로 타지 못합니다.

마태복음 25장 46절
"저희(불신자들)는 영벌(지옥)에, 의인들(참 그리스도인들)은 영생(천국)에 들어가리라 하시니라"

다시 강조컨대 선행이나 믿음이 연약하고 부족한 기독교인들이 들어가는 연옥은 없습니다. 사람이 살다가 사후에 가는 곳은 오직 낙원과 천국, 아니면 음부와 지옥뿐입니다. 기독교인들은 누가 무슨 말을 하든지, 어떻게 가르치든지 무조건 맹신하지 말고 최소한 상식적으로 생각을 하고 살아야 합니다. 그 근거를 성경에서 샅샅이 찾아보아야 합니다. 성경에 없는 것은 누가 말하고 가르쳐도 아닌 것입니다. 따라서 죽은 자들을 위하여 기도 등을 하는 것은 아무런 의미나 효력과 영향이 없는 헛된 짓으로, 천주교의 위령기도와 위령미사, 영정사진과 무덤 등에 엎드려 절하는 것은 잘못된 것입니다. 죽은 영혼을 달랜다는 위령제도 마찬가지로 헛된 종교행위입니다. 기타 죽은 자를 위하여 하는 모든 행위는 헛된 것입니다. 자기 위로와 만족일 뿐입니다. 다른 주변 사람들을 의식한 가식행위입니다. 그래서 개신교는 집에서 제사상을 차리거나, 장지에 가서 고인의 묘비나 묘 앞에 음식을 차리고 절하지 않습니다. 술을 뿌리지 않습니다. 장례식장에서 고인의 영정사진 앞에 절하지 못하게 합니다. 영혼을 위로하는 공연, 춤, 굿, 푸닥거리 등을 일절 하지 않습니다. 전혀 소용이 없는 짓으로 성경이 금하기 때문입니다. 신앙을 떠나 상식을 동원하면 답이 나옵니다.

제40장

왜 명복(冥福)을 빕니까?

어렴풋이, 본능적으로 사후세계인 내세가 있음을 의식하고 있기 때문입니다. 하지만 명복을 빈다고 하는 말은 공허한 말일 뿐입니다. 아무런 효력과 영향이 없기 때문입니다. 명복이라는 말은 사람이 죽었을 때 유가족들에게 위로와 격려와 소망의 말로 사용합니다. 장례식장에 가서 보면 조의를 표하는 화환이 입구나 복도 등에 즐비하게 비치되어 있는 것을 볼 수 있습니다. 유가족(遺家族)들이 가슴에 리본도 답니다. 화환과 리본에 이런 글귀가 있습니다. '삼가 고인의 명복(冥福)을 빕니다' 이는 불교적 용어로 심판받을 때에 '복된 심판을 받기를 바란다'는 뜻이 담겨 있습니다. 보통 의미는 '저승의 복을 빈다'는 의미입니다. 그러니까 사후에 좋은 곳에 가기를 비는 위로의 말입니다. 물론 시간적으로나 내용적으로 아무런 소용이 없는 위로의 말입니다. 단지 립 서비스입니다. 왜냐하면 죽은 다음에는 이 땅에서 남은 자들이 행하는 그 어떠한 말이나 행위도 이미 사망한 망자에게 아무런 영향을 미치지 못하기 때문입니다.

한마디로 사실이 아닌 위로, 헛된 위로, 뒷북 위로의 말입니다. 명복(冥福)에서 명(冥)은 '저승 명 자'입니다. 불교도 현세만 있지 않고 저승(극락, 사후세계)이 있다고 믿고 가르칩니다. 천주교(로마가톨릭교회)도 사후세계(연옥+천국+지옥)를 믿고 가르칩니다. 개신교도 사후에 낙원과 천국, 음부와 지옥이 있음을 믿고 가르칩니다. 이슬람교도 사후에 내세(천국과 지옥)가 있음을 믿고 가르칩니다. 불신자들, 무종교인들도 막연한 사후세계가 있음을 어렴풋이 표현합니다. 그래서 불신자들, 무종교인들도 부지불식간에 고인(故人, 죽은 사람)에 대하여 '삼가 명복을 빕니다'라고 하는 것입니다. 이런 표현은 장례식장에 가면 언제든지 확인이 가능합니다. 이러한 문구나 위로의 말은 '사후세계가 있다', '혹은 내세가 있을 것이다'라는 가정이나 그 무엇을 내포하는 것이라고 할 수 있습니다. 그래서 이런 표현들과 위로의 말을 하는 것입니다.

물론 기독교인(천주교+개신교)들은 이런 표현을 하면 옳지 않습니다. 왜냐하면 사망 즉시 곧바로 육체에서 영혼이 떠나 육체만 남고, 돌이킬 수 없고 다시 조정할 수 없는 상태가 되어버렸기 때문입니다. 장례식장에서 유가족들에게 명복을 빌거나, 기도를 하거나, 영전 사진 앞에 엎드려 절을 하거나, 미사나 예배 등을 드린다고 절대로 고인이 좋은 곳에 가거나 영향을 받지 않습니다. 사람은 누구나 사망 즉시 곧바로 다시는 돌이킬 수 없는 저승(낙원 혹은 음부, 천국 혹은 지옥)으로 들어갑니다. 그것이 죽음, 사망입니다. 그래서 죽은 자를 위로하거나 위한다고, 유가족을 위로한다고 이 땅에서 행하는 그 어떤 의식이나 행사도 다 소용이 없습니다. 헛되고 헛된 수고에 지나지 않습니다. 죽은 자는 운명 즉시 썩어질 육체만 이 땅에 남고 영원히 살 영혼은 현세에 없고 내세(낙원 혹은 음부)로 떠난 상태입니다. 그래서 조문자들이나 유가족들이 무슨 위로의 말, 기도, 미사, 제사, 예배, 굿, 공연, 행위, 정성 등을 해도 소용이 없습니다. 죽은 자에게 언행에 있어서 좋은 것이든 나쁜 것이든 아무런 영향을 미치지 못합니다. 이런 사실을 정확히 모르니 헛되고 헛된 언행을 하는 것입니다.

이런 사실을 아는 자들도 있고 모르는 자들도 있습니다. 그래서 망자에게, 유가족들에게, 망자를 위해서 장례식장에서나 장지에서 할 수 있는 모든 것을 합니다. 하지만 이런 행위가 이미 죽은 자에게, 세상을 떠난 자에게 아무런 영향과 변화를 일으키지 못합니다. 그냥 헛수고에 불과합니다. 단지 위로 차원으로 이런 말을 하는 것입니다. 그럼에도 불구하고 '삼가 명복을 빕니다'에서 생각해 보고자 하는 것이 있습니다. 이 말을 어떤 사람은 진실로 합니다. 어떤 사람은 위로 차원에서만 합니다. 어떤 사람은 막연한 차원에서 합니다. 어떤 사람은 내세를 전혀 믿지 않지만 예의상 이런 말을 합니다. 어떤 의미로 하든지 정말로 현세만 있지 않고 저승(내세)이 있는가 하는 것입니다. 불교도, 이슬람교도, 천주교도, 개신교도 내세가 있다고 분명하게 가르칩니다. 그러니까 지구상에 존재하는 90% 전후의 종교가, 인구가 내세를 인정합니다. 만일 사실대로 사후세계가 있다면 어떤 사람들은 큰일 나는 것입니다. 좋은 내세에 들어갈 준비가 되어 있지 않은 상태에서 죽은 자들은 끔찍한 저승에 들어가서 영원히 이루 말할 수 없는 고통 가운데 살기 때문입니다.

마태복음 25장 46절

"저희는(불신자들) 영벌(지옥)에, 의인들은(예수님을 믿는 자들) 영생(천국)에 들어가리라 하시니라"

기독교(개신교)는 분명히 사후에 들어가서 영원히 사는 장소적인 내세가 있다고 말합니다. 성경이 그렇게 말합니다. 이는 양보할 수 없는 교리입니다. 성경은 하나님의 말씀입니다. 성경과 하나님은 참이자 진리입니다. 때가 되면 그대로 이루어진다는 뜻입니다. 거짓이 없습니다. 그러니까 이 땅에 살 동안에 저승, 내세, 사후세계를 준비하지 않으면 큰일인 것입니다. 이런 사실을 잘 모르고 사니까 편안하고 무시하는 것입니다. 개신교에서 내세는 말세 전까지 사망자들은 영혼이 오직 낙원과 음부에 들어가 대기하고, 예수님의 공중 재림, 즉 세상 종말과 심판 이후에 사망자들은 낙원과 음부에 들어가 있던 영혼과 이 땅에서 매장과 화장 등으로 사라졌던 육체가 영원히 썩지 아니할 육체로 변화된 몸으로 다시 부활하고 영혼과 재결합하여 공중에서 최후의 심판을 받고 천국과 지옥 두 곳뿐인 곳에 보내져서 영원히 살게 됩니다.

다른 저승은 없습니다. 저승도 가짜가 있고 진짜가 있습니다. 누구는 진짜를 믿고 누구는 가짜를 믿고 삽니다. 지옥은 영원한 고통의 장소이고, 천국은 영원한 행복의 장소입니다. 이 두 곳은 어떤 자가 들어간다고 합니까? 인류의 유일한 구세주인 예수 그리스도를 믿으면 사후에 낙원과 천국에 들어가고, 예수님을 믿지 않고 죽으면 누구든지 음부와 지옥에 들어간다고 말합니다. 이러한 믿음 여부도 이 땅에 살아 있을 때 믿어야만 가능합니다. 죽은 다음에는 아무런 소용이 없습니다. 제3자가 대신 믿어 주거나 가족의 선행이 죽은 자에게 영향을 미치지 못합니다. 부모님이 잘 믿었다고 자식들이 자동으로 구원을 받는 것이 아닙니다. 천국과 지옥, 구원의 문제는 개인적인 신앙 여부로 됩니다. 그래서 그리스도인들이 예수님을 믿으라고 하는 것입니다. 전도합니다. 물론 자신의 자유의지나 생각으로 믿는 것은 아닙니다. 인간의 자유의지로는 믿어지지 않습니다. 하나님의 은혜가 임해야 믿어집니다. 이것이 신비입니다.

사도행전 16장 31절
"가로되 주 예수를 믿으라 그리하면 너와 네 집이 구원을 얻으리라 하고"

비행기가 이륙한 다음에 공항에 가거나 탑승하려고 한들 소용이 없습니다. 기차가 떠난 다음에 기차역에 가봤자 기차를 탈 수 없습니다. 죽은 다음에 명복을 빌고, 기도를 하고, 미사를 드리고, 절을 하고, 위로 공연을 하고, 무슨 짓을 해도 망자에게 아무런 영향도 미치지 못하고 소용이 없습니다. 이런 사실을 모르니 상당수 조상들이나 현대인들 중에는 여전히 쓸데없는 헛수고를 하며 삽니다. 정말로 저승에 관심이 있다면 살아 있는 동안에 진지하게 신앙생활을 고민해 보아야 합니다. 살아 있을 때 잘해야 합니다. 싫든 좋든 건전한 교회에 나가야 합니다. 성경을 읽어야 합니다. 인류의 유일한 구세주인 예수님을 믿어야 합니다. 물론 자기 마음대로 믿어지는 것은 아닙니다. 그 이유는 하나님께서 은혜로 믿음을 선물로 주셔야만 믿어지기 때문입니다. 그래도 죽을 때까지 최선을 다해서 믿으려고 노력은 해 보아야 합니다. 반드시 낙원, 천국에 들어가야 하기 때문입니다. 그러므로 인간적인 입장에서 깊은 고민과 노력을 해야 합니다. 나머지는 하나님께 맡겨야 합니다. 최종 결정권자는 만물과 만인의 주인이신 하나님이시기 때문입니다. 낙원과 천국은 착한 행위나 선행이나 수행 등으로 가는 곳이 절대로 아닙니다. 누군가가 그렇게 말하거나 가르친다면 속이는 것이고 속고 사는 것입니다. 천국은 오직 믿음으로만 가는 곳입니다. 개신교를 제외한 다른 모든 종교들은 자유의지에 따른 행위구원을 주장합니다. 착하게 살면 사후에 좋은 곳이나 천국에 들어간다고 하지만 사실이 아닙니다. 또한 자기 의지대로 믿을 수 있다고 말합니다. 이는 자유주의 구원관입니다. 성경은 절대로 그렇게 말하지 않습니다. 이것이 개신교와 다른 모든 종교(천주교+불교+이슬람교+무교) 구원론의 차이입니다.

제41장

왜 살고 싶지 않고, 죽고 싶습니까?

현재 자신이 처한 상황이 너무 괴롭고 힘들고 희망적인 미래가 보이지 않을 뿐만 아니라 세후세계가 어떤 세상인지 정확히 모르기 때문입니다. 또한 자살하거나 예수님을 믿지 않고 죽으면 영원한 고통의 장소인 지옥불에 들어간다는 사실을 모르기 때문입니다. 사람들 중에는 이 세상이 너무 좋아 오래오래 살고 싶은 자들도 있지만 하루하루가 지옥 같아 죽고만 싶은 자들도 있습니다. 사람마다 마음이 다 다릅니다. 어떤 사람은 오래 살고 싶다고 말합니다. 어떤 사람은 더 살고 싶지 않다고 말합니다. 각각 이런 마음과 생각이 드는 이유는 사는 것이 아무런 기쁨과 희망이 없고, 하루하루의 삶이 답답하거나 사는 것이 즐겁지 않기 때문일 것입니다. 기타 경제적인 이유, 몸과 마음이 불편한 이유, 인간관계가 잘되지 않는 이유, 부부 사이가 나쁜 이유, 취직이 잘되지 않는 이유, 빚(채무)이 많은 이유, 깊은 상처를 받은 이유, 생존 불안 이유, 성폭력을 당한 이유, 학교나 직장에서 괴롭힘을 당한 이유, 사는 것이 막막한 이유 등으로 살고 싶지 않다고 합니다. 아니면 왜 사는지에 대한 해답을 찾지 못해서일 것입니다. 인생의 아무런 낙이 없거나 미래에 대한 변화 가능성이나 희망이 전혀 보이지 않으면 절망하고 삽니다. 사람이란 신앙과 내세를 떠나서 이 땅에서도 즐거운 것이 있고, 돈이 있고, 건강하면 잠시나마 나름 즐겁게 삽니다.

이것저것도 없고, 되는 일도 없고, 보이는 일도 없는 자들이 비관적으로 삽니다. 아무런 삶의 의욕이 없습니다. 이러한 삶은 마치 물고기가 물을 떠나서는 아무런 희망과 기쁨과 만족이 없고 오직 고통만 당하며 사는 것과 다르지 않습니다. 포도가지는 포도나무에 붙어 있지 않으면 비실비실하다가 말라 죽습니다. 포도가지가 즐겁고, 싱싱하고, 열매를 맺고, 행복하고, 희망 가운데 살기 위해서는 좋든 싫든 포도나무에 붙어 있어야 합니다. 그러면 가지는 싱싱하게 되고 계절을 좇아 좋은 열매를 맺게 됩니다. 그러나 포도나무를 떠난 가지는 열매를 맺지 못합니다. 절망 가운데 살다가 말라 비틀어져서 죽고 맙니다. 물고기가 즐겁고, 행복하고, 희망 가운데 살기 위해서는 맑은 물속에 있어야 합니다. 물을 떠나지 말아야 합니다. 사람도 마찬가지입니다. 사람이 진실로 행복하고, 평안하고, 기쁘고, 두렵지 않고, 희망 가운데 살기 위해서는 자신을 창조해 주신 하나님께 붙어 있어야 합니다. 그렇지 않고 하나님을 떠나 살면 마치 물을 떠나 사는 물고기 신세와 다르지 않습니다.

요한복음 15장 5~6절

"나는(예수님, 하나님) 포도나무요 너희는 가지니 저가 내 안에, 내가

저 안에 있으면 이 사람은 과실을 많이 맺나니 나를 떠나서는 너희가 아무것도 할 수 없음이라 사람이 내(예수님, 하나님) 안에 거하지 아니하면 가지처럼 밖에 버리워 말라지나니 사람들이 이것을 모아다가 불에 던져 사르느니라"

사는 게 힘겹고, 살고 싶지 않고, 죽고 싶은 사람들이 예수님을 만나면 완전히 다른 사람이 됩니다. 반전이 일어납니다. 살고 싶은 의욕이 넘칩니다. 그 이유는 예수님을 믿음으로 인하여 마음에 기쁨과 평안이 넘치고, 구원을 받고, 현세와 내세의 삶이 보이고, 자신이 어디서 와서 왜 살며 장차 어디로 가는지에 대한 인생에 대한 확실한 해답을 얻기 때문입니다. 또한 예수님을 믿으면 성령 하나님께서 함께하시므로 전에 경험하지 못한 평강과 기쁨을 맛보고 영원한 소망이 생기기 때문입니다. 예수님을 진실로 믿고 만나게 되면 첫 번째 특징과 증상이 놀라운 평안과 기쁨입니다. 여기에 예수님을 믿기 전에는, 성경을 알기 전에는 자신이 어디서 와서, 왜 살며, 왜 생로병사를 겪으며, 장차 어디로 가는지에 대해 답답하고 무지했는데, 이러한 모든 것을 알게 됨으로 악착같이 살아야 할 이유와 새 소망이 생긴 것입니다. 인생에 대한 모든 의문과 답답함이 해소되었기에 살맛이 생긴 것입니다. 그래서 진실로 구세주인 예수님을 만난 자들은 기쁨과 감사가 넘칩니다. 생기 있게 살아갑니다.

이는 마치 학교에 가는 것, 공부를 하는 것, 학원에 다녀야 하는 이유에 대해서 모르거나 아무런 재미와 흥미를 느끼지 못한 학생이 어느 날 갑자기 학교와 학원과 공부에 열중하는 것과 같습니다. 어떤 일이 있었는지는 모르지만 자신이 왜 학교에 가고, 왜 공부를 열심히 해야만 하는가에 대하여 깨달음이 온 것입니다. 학생이란 나름 꿈을 가지고 공부해야 하는 이유와 학교에 가야 하는 이유를 바로 알고 깨달으면 누가 시키지 않아도 스스로 열심히 공부합니다. 공부하는 것, 학교에 가는 것, 학원에 가는 것이 즐겁게 됩니다. 세상을 사는 것도 마찬가지입니다. 진실로 열심히 살아야 하는 이유를 제대로 깨닫게 되면 어떠한 형편과 처지와 환경에 놓이든지 불평과 불만을 가지지 않고, 누굴 원망하지 않고, 누굴 탓하지 않고, 낙심하지 않고, 열심히 살아야겠다는 의지가 샘솟습니다. 이러한 심경과 생각과 인생의 반전은 인류의 유일한 구세주인 예수님을 만나면 생깁니다. 이 또한 신기하고 신비한 일입니다.

현세와 내세에 대한 답답하고 궁금한 의문이 다 풀리면 마음과 속이 시원하여 힘차게, 적극적으로 열심히 살 수밖에 없습니다. 마음이 불안하지 않습니다. 인생이 현세로 끝나지 않고 반드시 사후세계인 내세가 있기에 행복한 내세의 나라, 고통이 없는 내세의 나라에 들어가기 위해서라도 제대로 살게 됩니다. 현세는 길게 살아봤자 100년입니다. 그것도 제대로 싱싱하게 살만한 시기만 계산하면 얼마 되지 않습니다. 그러나 내세는 지옥이든 천국이든 영원합니다. 그러기에 이 땅에서 이런저런 이유 때문에 삶을 포기하거나, 아니한 삶을 살거나, 자살하거나, 자기 고집대로만 살거나, 예수님을 거부하고 살다가 죽게 되면 내세에서 영원히 비참하게 살게 되므로 정신을 바짝 차리고 살게 됩니다. 여기에 인생은 공수래공수거 인생이니 먹을 것과 입을 것과 누울 곳이 있으면 만족하고 인내하며 예수님을 잘 믿고 살다가 천국에 들어가게 되면 재벌들이, 부자들이 부럽지 않기에 바른 신앙생활을 하며 살게 됩니다. 나그네 같은 인생이기에 이 땅에 비싼 집을 짓고 살지 않습니다.

　그런 자들은 어떠한 형편에서도 인내하며 살고 싶고 열심히 살아갑니다. 전에 알지 못했던 새로운 희망과 소망이 생겼기 때문입니다. 그래서 예수님을 제대로 믿게 되면 사람이 확 달라지는 것입니다. 누구나 확 변합니다. 세상의 것들이 부럽지 않고 즐겁지 않습니다. 진리 안에서 사는 것이 즐겁습니다. 물론 가짜로 신앙생활을 하는 자들은 교회에 다녀도 아무런 변화도 일어나지 않고 맥없이 살아갑니다. 가뭄에 축 늘어져 있던 식물들이 비가 오면 오뚝이처럼 살아나서 싱싱하게 사는 것처럼, 아무런 희망과 소망 없이 살다가 인류의 유일한 구세주인 예수님을 만나면 새로운 인생이 시작됩니다. 하루하루 사는 것이 즐겁게 됩니다. 생활이 힘들고 부족해도 기뻐하며 인내하고 삽니다. 이것이 놀라운 반전과 신비입니다.

　어린아이가 부모를 떠나서는 행복하지도 평안하지도 않은 것처럼, 사람은 사람을 창조하신 하나님을 떠나서는 결코 행복하지 않습니다. 평안하지 않습니다. 기쁨이 없습니다. 미래에 대한 소망도 없습니다. 살고 싶지 않고 죽고만 싶어집니다. 하루하루의 삶이 지옥 같습니다. 그러나 구원자이신 예수님을 만나게 되면 완전히 달라집니다. 전혀 다른 사람이 됩니다. 그래서 열심히 살게 됩니다. '죽고 싶다', '살고 싶지 않다', '자살하고 싶다' 등의 생각이 전혀 들지 않게 됩니다. 세상과 사람들에 대한 불평과 원망으로 살았는데 그런 것이 싹 가십니다. 살아 있는 것만으로도 감사가 나옵니다. 신기합니다. 예수님을 진실로 믿게 되면 구원도 받지만 이 세상에서의 삶의 자세와 태도와 방식과 마음이 확 달라집니다. 싱싱하게 살아갑니다. 반듯하게 살아갑니다. 그러므로 누구든지 희망과 소망 가운데 살고 싶습니까? 하루속이 하나님께로, 건전한 교회로 나오기 바랍니다. 예수님을 진실로 믿기 바랍니다. 자녀들을 건전한 교회로 보내시기 바랍니다. 이상한 교회나 이상한 기독교인을 운운하면서 교회를 거부하지 말아야 합니다. 무엇이든지 가짜들, 불량품은 있습니다.

교회와 기독교인들을 욕하고, 미워하고, 불평하고, 의심한들 자기가 유익하거나 달라지는 것은 없습니다. 자신만 더 괴롭고 비참하게 됩니다. 가지가 죽은 나무에 붙어 있으면 함께 비참하게 되지만, 살아 있는 포도나무에 붙어 있으면 함께 살고 행복하게 됩니다. 많은 열매를 맺게 됩니다. 예수님은 포도나무요 사람은 가지입니다. 가지가 독립적으로 살면 잠시는 좋을지 모르지만 비참하게 됩니다. 마음과 삶이 말라 비틀러집니다. 기회는 열려 있습니다. 기회는 살아 있을 동안만 유효합니다. 그런즉 결단하면 희망이 있습니다. 누구든지 아무리 힘든 처지에 놓였어도 결코 인생을 포기하려는 생각은 갖지 말기 바랍니다. 들어가는 문이 있으면 나가는 문도 있는 법입니다. 속은 셈치고 새로운 인생에 도전해 보기 바랍니다. 누군가는 좋은 결과가 있을 것입니다. 단, 이단교회나 사이비 교회를 만나면 더 비참해지니 신중하게 선택해야 합니다.

제42장

재난들과 전염병들은 왜 발생합니까?

하나님께 불순종한 원죄로 인하여 피조물(사람+지구촌)에게 형벌(저주)을 내리셨는데 그 영향 때문입니다. 그래서 각종 재난들과 전염병들은 세상 종말 때까지 반복되고 지속되고 더욱 심해질 것입니다. 인간의 의술과 국가의 힘으로는 해결하지 못합니다. 무엇이든지 원인 없이 발생하는 것은 없습니다. 과거나 현재나 나라와 민족을 불문하고 다양한 재난들과 전염병이 발생하였고, 지금도 발생하고 있고, 앞으로도 더 끔찍한 재난들과 전염병들이 발생할 것입니다. 이러한 재난들과 전염병들은 어느 누구나 나라도 온전히 예방하거나 막지 못합니다. 앞으로도 속수무책으로 당하며 살 수밖에 없습니다. 인간과 인간의 힘으로는 어찌할 수 없는 근본적인 원인에 따른 결과들이기 때문입니다. 지구촌은 인류가 하나님께 범죄한 이후 저주를 받아 그 형벌로 날마다, 주마다, 달마다, 해마다, 세상 종말 때까지 다양한 재난들과 전염병들에 시달리고 있습니다. 세상은 과학과 기술이 발달하여 편리성은 좋아지겠지만 각종 재난과 지진과 전염병 등으로 더욱 고통을 당하게 될 것입니다. 수많은 사람들이 끔찍한 일들을 당하며 고통을 받고 죽을 것입니다. 이에 다양한 재난들과 전염병들을 막고자 전 인류가 부단히 노력하지만 근본적인 해결책은 제시하지 못하고 있습니다. 사실 불가항력입니다. 인간이, 어느 나라가 어찌하지 못합니다. 경제력과 군사력과 과학과 그 무엇으로도 막지 못합니다. 하나님께서 내리시는 형벌이기 때문입니다. 하지만 상당수 사람들은 재난들과 전염병들에 대해 근본 원인도 알지 못하고 허둥대고 있습니다. 그 어떤 나라도 속수무책으로 당하고 있습니다. 해결책을 내놓는 것도 사후 약방문 식입니다. 소 잃고 외양간 고치는 뒷북 대책뿐입니다. 그것도 완전하지 않습니다.

왜 이렇게 당하고만 살아야 합니까? 왜 해법이 없습니까? 왜 앞으로도 절망적입니까? 이유가 있습니다. 지구촌에서 발생하는 각종 재난들과 다양한 전염병들의 근본적이고, 1차적이고, 직접적인 원인이 자연재난이나, 자연재해나, 천재나, 인재에 따른 결과가 아니기 때문입니다. 물론 인재라고 할 수 있는 부분들도 있기는 합니다. 그러나 그것은 간접적인, 2차적인, 지엽적인 요인에 불과합니다. 자연재해라고 하는 자들도 있습니다. 그것은 재난의 근본적인 이해나 지식이 없기 때문에 그런 주장을 하는 것입니다. 자연(땅, 바다, 눈, 비, 건물, 산, 태풍, 각종 전염병)이 스스로 재난을 일으키지 않습니다. 사람이란 무엇이든지 정확히 모르면 이런저런 근거 없는 주장을 합니다. 인문학과 철학이 대표적입니다. 아무튼 다양한 재난들과 전염병들의 발생 원인에 대하여 어느 박사나 전문가도 확정적으로 말하지 못합니다. 아무리 뛰어난 학자나 전문가라 할지라도 모르기 때문입니다. 그러나 기독교(개신교)의 성경은 재난들과 전염병들의 근본적인 원인, 뿌리, 1차적인 기원에 대하여 명확하게 말합니다.

창세기 3장 17~18절

"아담에게 이르시되 네가 네 아내(하와)의 말을 듣고 내가 너더러 먹지 말라 한 나무 실과(선악과)를 먹었은즉 땅(earth)은 너로 인하여 저주(詛呪, 재앙)를 받고 너는 종신토록 수고하여야 그 소산을 먹으리라 땅(지구)이 네게 가시덤불과 엉겅퀴를 낼 것이라 너의 먹을 것은 밭의 채소인즉"

마태복음 24장 7~8절

"민족이 민족을(민족들을), 나라가 나라를 대적하여 일어나겠고 처처 (곳곳에)에 기근(가뭄들이)과 지진(地震, 지진들이)이 있으리니 이 모든 것이 재난(災難, 불행한 일)의 시작이니라"(말세의 징조들)

이사야 29장 6절

"만군의 여호와께서 벽력(벼락)과 지진(地震)과 큰소리와 회리바람과 폭풍과 맹렬한 불꽃으로 그들을 징벌(심판)하실 것인즉"

사무엘하 24장 13절

"갓(선지자)이 다윗에게 이르러 고하여 가로되 왕의 땅에 칠 년 기근 (가뭄)이 있을 것이니이까 혹시 왕이 왕의 대적에게 쫓겨 석 달을 그 앞에서 도망하실 것이니이까 혹시 왕의 땅에 삼 일 동안 온역(전염병)이 있을 것이니이까 왕은 생각하여 보고 나를 보내신 이에게(하나님) 대답하게 하소서"

창세기 1장 31절

"하나님이 그 지으신 모든 것을 보시니 보시기에 심히 좋았더라(very good) 저녁이 되며 아침이 되니 이는 여섯째 날이니라" (저주 받기 전의 땅, 지구, 사람, 피조물의 상태)

행복한 사건이든 불행한 사건이든 무엇이든지 근원, 시작이 있는 법입니다. 원인 없는 결과는 없기 때문입니다. 나무나 식물의 존재, 생명은 뿌리에 있습니다. 온갖 재난들과 전염병들도 뿌리, 근원이 있습니다. 이것을 알지 않고는 다양한 재난들과 전염병들을 이해하지 못합니다. 알 수 없습니다. 그것은 인간과 땅(지구)과 피조물이 하나님으로부터 저주를 받았기 때문입니다. 이것이 근본적이고 직접적인 원인입니다. 최초의 사람이자 인류의 대표자이자 머리인 아담과 하와가 하나님께 범죄 하기 전까지는 지구촌에 불행한 일들은 하나도 없었습니다. 아무런 재난이나 전염병들이 전혀 없었습니다. 그래서 6일 만에 천지를 창조하신 하나님은 만물을 보시고 '심히 좋았다'(very good)라고 하셨습니다.

인류가 범죄하기 전의 최초의 지구촌 모습은 오늘날의 지구촌과는 전혀 다른 매우 좋은 지구촌이었습니다. 지진도 일어나지 않았고, 전염병도 없었고, 사람이 병들지도 않았고, 죽지도 않았습니다. 해산의 고통도 없었습니다. 노동도 하지 않았습니다. 옷도 입고 살지 않았습니다. 완전하고 부끄러움 자체가 없었기 때문입니다. 그럼에도 불구하고 먹을 것이 부족하지 않았습니다. 노동을 하지 않아도 의식주가 다 해결되었습니다. 심히 좋은 상태였습니다. 완벽하고 풍성한 상태였습니다. 옷도 입지 않아도 될 정도로 완벽한 온도의 상태였습니다. 지금처럼 지구촌 곳곳과 남녀노소 모두가 망가지고, 각종 재난과 재해와 전염병들과 사망과 고통들을 당하는 직접적인 원인은 인류의 조상 아담과 하와가 하나님께 불순종(원죄)한 결과로 주어진 저주 때문입니다. 이 땅에서의 각종 재난과 각종 전염병 등 모든 불행한 일들은 이 땅이 스스로 발생시키거나 인간이 뭔가를 잘못 행하였기에 일어나는 인재에 따른 불행이 아닙니다. 그런 것은 2차적인 원인이자 소소한 원인이고, 1차적인 원인은 죄의 결과로 주어진 저주 때문입니다. 죄에 따른 저주로 인간과 이 땅(지구)은 비참하게 되었고 재앙의 장소가 되어 버렸습니다. 이러한 상태는 세상 종말 때까지 지속될 것입니다.

성경은 하나님이 살아 계신 것과 인간의 악함에 대한 형벌과 정화 차원의 징계와 회개 촉구와 부분적인 심판과 바른 길로 부르심에 대한 내용을 담아 지구촌 곳곳에서 이러한 재난들과 전염병들을 허용하시고 내리십니다. 하나님의 공의와 사랑이 다 포함된 재앙들입니다. 이 땅이 스스로 그리하는 것이 아닙니다. 현재를 사는 사람의 실수가 아닙니다. 과거 애굽(이집트)에 열 가지 재앙도 스스로 재앙이 발생한 것이 아니라 애굽의 바로 왕이 불순종하자 하나님께서 내리신 재앙입니다. 구약 시대 이스라엘 나라에도 3대 재앙인 전쟁과 기근(가뭄)과 온역(전염병)을 징계 차원에서 내리시곤 하셨습니다. 인간이나 동물들이 실수해서 발생시키는 재앙들이 아닙니다. 따라서 자연재난이나 인재라고 하는 것은 정확한 말이 아닙니다. 부분적인 것에 불과합니다. 한마디로 정리하면 인간의 대표자 아담과 하와가 하나님께 범죄함으로 인하여 하나님께서 내리신 저주에 의한 결과들입니다.

그래서 유한한 인간이 어찌하지 못한다고 하는 것입니다. 불가항력적입니다. 각종 재앙이 임하면 묵묵히 당하는 수밖에 없습니다. 피해를 최소화하는 데에만 신경을 써야 합니다. 하나님께 긍휼만 구할 뿐입니다. 이러한 고통과 불행은 매년 지구촌 곳곳에서 세상 종말 때까지 지속되고 반복될 것입니다. 더욱 거세질 것입니다. 이러한 사실을 정확히 모르니, 어디에서든지 가르쳐 주지 않으니, 성경에서 말을 해도 무시하니 우왕좌왕하고 허둥대는 것입니다. 공포에 사로잡힙니다. 불안해합니다. 답답해하는 것입니다. 엉뚱한 주장들만 하는 것입니다. 하나님께서 선언하신 저주는 사람들과 나라들은 피하지 못합니다. 저주에 따른 죽음도, 저주에 따른 해산의 고통도, 저주에 따른 노동도 성경의 주장을 믿든지 안 믿든지 그대로 되기에 피하지 못합니다. 그런즉 잘못을 하면 벌을 달게 받는 것처럼 겸손히 당해야 합니다. 그러면서 하나님께로 돌아가야 합니다. 하나님의 은혜를 구해야 합니다. 그래야 형벌을 당하면서도 소망이 있습니다. 그 외에는 다른 해법은 없습니다. 이것이 기독교(개신교)나 저자가 이해하는 재난들과 전염병들에 대한 근본적인 해석과 이해입니다.

제43장

이단·사이비 단체와 기관은 참 교회입니까?

이단·사이비 단체와 기관은 절대로 참 교회나 참 목사가 아닙니다. 비슷하다고, 간판이 동일하다고 참이 아닙니다. 참 교회와 참 목사는 이단들이나 사이비들이 생각하는 그런 모습이 아닙니다. 이들은 참 교회와 참 목사를 사칭한 종교 사기꾼에 지나지 않습니다. 얼마 전 사이비 종교 단체를 다룬 넷플릭스 다큐멘터리 **〈나는 신이다〉**에서 JMS(기독교복음선교회, 정명석)의 부도덕한 성폭력에 대한 이야기가 방영되면서 큰 파장이 일어났었습니다. 그 이후에도 피해자들이 계속 폭로하고 있는데 상상을 초월하는 성범죄가 드러나고 있습니다. 이에 많은 국민들이 교회와 목사들만 보면 불신하고 경계하는 현상이 발생하고 있습니다. 충분히 이해를 합니다. 하지만 한 가지 분명하게 알아야 할 것이 있습니다. 이단, 사이비 단체가 참 교회인가 하는 물음입니다. 이단, 사이비 교주들은 참 목사인가 하는 것입니다. 이단, 사이비 단체나 기관은 절대로 참 교회가 아니고, 이단, 사이비 교주들은 절대로 참 목사가 아닙니다. 저들은 자기들끼리 마음대로 자칭 교회와 목사라고 사칭하여 수많은 사람들을 속이고, 자기들의 탐욕을 채우고, 추종자들을 이용하는 종교 사기꾼, 종교 강도들, 거짓자들일 뿐입니다. 양의 탈을 쓴 늑대들입니다. 이단이나 사이비 교주들은 사람들을 속여서 재물과 성적 쾌락과 권세를 즐기는 자들입니다.

　바른 신앙고백에서 벗어난 곳이나 사람은 참 교회나 참 목사가 아닙니다. 저들은 참 교회와 참 목사가 뭔지를 잘 모르니 함부로 사칭하는 자들입니다. 이에 정상적인 교회와 목사들이 피해를 당합니다. 오해를 받습니다. 이단들이나 사이비 교주들은 교회를 사칭하고 목사를 사칭해서 사람들을 속여 자기 욕망과 욕구와 사익과 탐심을 채우는 사기꾼에 지나지 않습니다. 이에 많은 사람들이 오해하고 피해를 입고 있습니다. 우리 주변의 제비족들이나 보이스피싱 등 사기꾼들을 연상하면 이해하기 쉬울 것입니다. 권력자들을 사칭하고 대통령 친인척을 사칭해서 돈을 갈취하는 자들이 있는 것과 같습니다. 이들이 교회 간판을 걸고, 성경을 사용하고, 예배를 드리고, 자칭 목사라고 하지만 절대로 참 교회나 참 목사가 아닙니다. 이들을 추종하는 신도들도 참 신자들이 아닙니다. 바르게 예수님을 믿는 자들이 아닙니다. 피조물인 사이비 교주를 믿고 따르는 사이비 신도들일 뿐입니다. 같은 종(種)일 뿐입니다. 어리석고 불쌍한 자들입니다. 이용만 당하는 자들입니다. 이용을 당하면서 이용을 당하고 있다는 사실을 알지 못합니다. 열심히 추종합니다. 시키는 대로 충성을 다합니다. 이런 곳에는 구원이 없습니다. 그런데도 모릅니다. 온라인과 오프라인으로 열심히 포교합니다. 교주가 시키는 대로 충성을 다합니다. 속고 사는 줄도 모르고 그리 삽니다.

　이들은 성경과 한국의 건전한 각 교단의 결정에 비추어 볼 때 양의 탈을 쓴 늑대들로 종교 사기꾼들이라고 저자는 생각합니다. 이런 자들이 우리나라에, 우리 주변에, 우리 아파트에, 우리 직장에, 우리 마을에, 우리 학교에, 우리 동우회에, 군부대 내에, 친구들 중에 있습니다. 심지어 교회 안에도 있습니다. 가족과 친인척 안에도 있습니다. 어디에나 다 있습니다. 자신의 신분을 속이는 자들도 있지만 이젠 드러내놓고 활동합니다. 이런 자들을 정통교회에서는 이단(가짜 기독교), 사이비(유사종교)라고 부릅니다. 교리적으로 판단할 때 천주교(로마가톨릭교회)도 별반 다르지 않습니다. 참 교회라고 할 수 없습니다. 어느 나라에나 이단들과 사이비는 있습니다. 한국에만 있는 것이 아닙니다. 이들은 하나같이 교회 간판을 걸고 수많은 기독교인들과 불신자들을 속여 사기 행각을 벌이고 있습니다. 이에 많은 청년들과 사람들이 속아 넘어가고 있습니다. 속이는 자가 1차적으로 나쁘지만 반복해서 속임을 당하는 자도 책임이 있습니다. 충분히 검증과 확인이 가능한데 이런 노력과 수고를 하지 않았거나 주변의 권고를 무시했기 때문입니다. 확증편향에 빠지고, 교만하고, 완고하고, 맹신하고, 맹종하는 자들은 주변의 지혜로운 권고와 충고를 거부합니다. 이단이나 사이비에 빠진 자들은 얼마나 열심히 활동하고 충성하는지 모릅니다. 한번 속은 자들은 바른 말과 권면을 해도 듣지 않는 공통점이 있습니다. JMS(정명석)에 속아 성폭행을 지속적으로 당하면서도 그것이 잘못된 것이라고 생각하지 않는 것과 비슷합니다. 상식만 작동했어도 당하지 않았을 것입니다. 유유상종입니다. 그 이유는 그런 사이비 집단 안에 있는 사람들이 거의 다가 그렇게 생각하고, 엘리트들이 추종하고, 거짓 교리나 가르침으로 세뇌가 되었기 때문입니다. 그들은 도리어 핍박을 받는다고 말합니다. 자신들이 진짜고 다른 정통 교회들과 목사들은 가짜라고 주장합니다. 이는 마치 가짜 상품을 생산하고 유통시키는 자들이 정품(KS)에 대하여 가짜라고 하는 것과 같습니다.

이단들, 가짜들, 사이비들, 종교 사기꾼들의 하는 일은 주로 교주를 목사라고 사칭하고, 하나님처럼 대합니다. 자칭 재림 예수라고 하고, 절대 복종하게 만듭니다. 여기에 성폭력은 기본이고 돈을 착취하고 탐합니다. 전 세계적으로 아동 성추행을 가장 많이 하는 종교가 로마가톨릭교회(천주교) 신부들입니다. 추종자들에게는 열심히 전도를 하게 합니다. 그리하여 세를 불립니다. 영혼을 사랑해서가 아닙니다. 이단과 사이비 교주들이나 단체나 기관들이 추구하는 것은 바른 진리가 아니라 사람들을 속여서 자기의 성욕을 채우고, 헌금을 많이 바치게 함으로 재물을 취하고, 무시로 포교를 하게 하여 세를 불리어 과시하는 것입니다. 자기의 사리사욕을 위한 것뿐입니다. 이젠 정치권까지 영역을 확대하여 영향력을 행사합니다. 그리하여 교주들은 죽을 때까지 호위호식을 하며 삽니다. 자식들에게까지 물려줍니다. 이런 사실을 추종자들, 이용당하는 자들은 잘 모릅니다. 한번 거짓에 빠지면 벗어나기 어렵습니다. 분별력도 상실합니다. 저항력도 사라집니다. 그저 개처럼 끌려 다니기만 합니다.

교주 측근들인 중간 간부들은 자신들이 이단이나 사이비라는 것을 알면서도, 자기 교주가 악하고 엉터리라는 것을 알면서도 자기에게 유리하니 모른 척하고 기생하며 삽니다. 아무튼 이단이나 사이비에 속한 자들은 겉과 속이 다른 표리부동한 사이비 교주나 이단 교주들에게 목숨을 다해 충성합니다. 재림 예수님도 아니고, 구원자도 아니고, 하나님도 아닌 죄 많은 늑대 같은 교주를 추종합니다. 이들은 온갖 간언이설과 거짓말, 폭언, 폭력, 협박, 성폭력, 모략, 살인 등을 자연스럽게 합니다. 속성이 늑대이고, 가짜이고, 강도이고, 사기꾼이기 때문입니다. 추종자들은 가정과 학업과 직장을 소홀히 하고 자기가 속한 사이비 집단에 충성합니다. 교주에게 충성하기 위하여 이혼도 불사합니다. 휴학도 잘합니다. 일부 여성들에게는 결혼도 못 하게 합니다. 부모의 권면도 듣지 않습니다. 도리어 부모를 공격합니다. 상상할 수 없는 짓들을 합니다. 일반 상식과 기본이 통하지 않습니다. 진짜 기독교가 아니고 하나님을 믿지 않기 때문입니다. 진짜 기독교인은 절대로 이웃에게 악을 행하지 못합니다. 거짓말을 하지 않습니다. 성폭행을 하지 않습니다. 돈을 갈취하거나 탐하지 않습니다. 배우자와 부모와 가정을 소중하게 여깁니다. 부모를 공경합니다. 상식적인 행동을 합니다. 왜냐하면 하나님과 성경이 금하고 명령하기 때문입니다.

또한 이단과 사이비들은 헌법과 성경과 일반 상식을 무시하고 행동합니다. 얼마나 무례하고 일방적인지 모릅니다. 자기들이 그렇게 행동하면서 그것이 잘못된 것임을 전혀 느끼지 못합니다. 그것이 무엇입니까? 하나님을 믿는다고 하면서 하나님을 믿는 건전한 교회와 목사와 기독교인들에게 다가가서 포교합니다. 교회에 둘씩 찾아와서 포교합니다. 이것처럼 황당하고 어이없는 일은 없습니다. 이미 신앙생활을 잘하고 있는데,

건전한 교회에 다니고 있는데 찾아가서 자기들이 믿는 교리와 교주를 믿으라고 강요합니다. 자기들 집단에 오라고 무례하게 강요합니다. 아무리 상식적인 말을 해도 막무가내로 말하고 반복해서 계속 찾아옵니다. 교회 출입구에 '신천지 이단, 사이비 출입 금지'라고 써 붙여도 무시하고 들어옵니다. 나가라고 해도 나가지 않고 자기들 교리를 말합니다. 기존 교회와 기독교인들을 무시하고 인정하지 않습니다. 또한 매달 각 지역에 있는 이단 지파로부터 포교 편지가 옵니다. 스토커 수준입니다. 정상적인 집단이나 사람들이라면 이런 일은 상상할 수 없는 일입니다. 그런데 이런 일들이 현실에서 일상으로 벌어지고 있습니다. 무례하기 짝이 없습니다. 바른 신앙이든 거짓된 신앙이든 자기들이 믿어지는 대로 믿는 것이 정상이고 신앙의 자유인데 이것까지도 무시합니다. 시종일관 일방적이고 이기적이고 폭력적입니다.

이단들과 사이비들은 상대방에 대한 배려와 존중이 전혀 없습니다. 준법도 하지 않습니다. 헌법 제20조 1항에는 종교의 자유를 가진다고 말합니다. **"① 모든 국민은 종교의 자유를 가진다"** 그런데 이단과 사이비 추종자들은 이런 헌법도 무시합니다. 업무방해도 합니다. 형법 314조는 '업무방해죄'를 기술하고 있습니다. **"제314조(업무방해) ① 제313조의 방법 또는 위력으로써 사람의 업무를 방해한 자는 5년 이하의 징역 또는 1천 500만 원 이하의 벌금에 처한다"** 교회에 찾아오거나 교회에 위장 침투하여 포교를 하거나, 신자인 척하면서 소위 추수꾼으로 활동하여 신자들을 빼내가거나 중상하여 목사를 공격하거나 비난하여 교회 분란과 분열을 일으키는 행위가 여기에 속합니다. 이런 행위는 세상에서는 '영업방해'라고 말합니다. 이단들과 사이비자들은 이런 것을 자연스럽게 합니다. 교회에 몰래 들어옵니다. 이에 나가라고 해도 불응합니다. 이 또한 '퇴거불응죄'로 헌법 위반 사항입니다. "**제319조(주거침입, 퇴거불응) ① 사람의 주거, 관리하는 건조물, 선박이나 항공기 또는 점유하는 방실에 침입한 자는 3년 이하의 징역 또는 500만 원 이하의 벌금에 처한다. ② 전항의 장소에서 퇴거요구를 받고 응하지 아니한 자도 전항의 형과 같다**" 경찰에 신고를 한다고 휴대폰을 들면 그때야 물러갑니다. 찰거머리와 같은 자들이 이단자들입니다. 이런 것만 보아도 진짜인지 가짜인지 쉽게 분별이 됩니다.

이단과 사이비 단체들과 기관들은 마치 KS(한국산업표준)를 받지 못한 곳이고, 기존 교회들은 KS를 받은 교회와 같습니다. 그런데 역으로 생각하고, 주장하고, 가르치고, 포교합니다. 이들은 마치 결혼한 자들에게 (기존 교회와 성도들) 다른 이성을 소개시켜 주는 것처럼 말하고 행동합니다. 둘씩 짝을 이루어 신앙 불륜을 조장하는 중매 짓을 백주대낮에 합니다. 중매는 미혼자들(무교자들)에게 하는 것이 상식입니다. 기혼자들 (이미 신앙을 가지고 있는 자들)에게 중매 행위를 하는 사람은 정상이 아닙니다. 정신이상자라고 할 수 있습니다. 이단들과 사이비 추종자들은 이렇게 접근하고 포교합니다. 교주들이 그리 가르칩니다. 이들은 하나에서 열까지 정신 이상자들이 하는 행동처럼 합니다. 기본과 상식이라고는 찾아볼 수 없습니다. 그럼에도 불구하고 사회에서나 일반 사람들은 이런 이단이나 사이비 단체나 교주들에 대하여 건전한 교회나 목사들과 동일하게 여깁니다. 교회와 목사라고 사칭하기 때문입니다. 그래서 건전한 교회와 목사들 전체를 매도합니다. 다시 강조하지만 이단이나 사이비 단체나 교주는 절대로 참 교회도 아니고 참 목사도 아닙니다. 모두 가짜, 거짓, 타짜, 불량품, 사기입니다.

마태복음 24장 11절
"거짓 선지자(예언자)가 많이 일어나 많은 사람을 미혹하게(속임) 하겠으며"

마태복음 24장 24절
"거짓 그리스도들(거짓 예수들)과 거짓 선지자들(예언자들)이 일어나 큰 표적과 기사를 보이며 할 수만 있으면 택하신 자들도 미혹하게(속임) 하리라"

데살로니가후서 2장 9~12절
"악한 자(거짓 선지자, 거짓 목사, 거짓 교주 등)의 임함은 사단(마귀)의 역사를 따라 모든 능력과 표적과 거짓 기적과 불의한 모든 속임으로 멸망하는 자들에게 임하리니 이는 저희가 진리의 사랑을 받지 아니하여 구원함을 얻지 못함이니라 이러므로 하나님이 유혹을 저의 가운데 역사하게 하사 거짓 것을 믿게 하심은 진리를 믿지 않고 불의를 좋아하는 모든 자로 심판(審判)을 받게 하려 하심이니라"

성경은 이미 가짜 종교 사기꾼들의 출현과 활동에 대하여 경고하였습니다. 미혹당하지 말라고 하였습니다. 이단들과 사이비들은 종교를 사칭하고 가면을 쓴 종교 깡패들입니다. 갱 집단들이 정당하게 사업체를 운영하는 것과 같습니다. 이는 마치 인조 잔디가 실제 잔디가 아니고, 인조 꽃이 실제 꽃이 아니고, 사람 인형이 진짜 사람이 아닌 것과 같습니다. 불량식품이 정상적인 식품이 아닌 것처럼 이단, 사이비 단체나 기관이나 교주들은 참 교회도 아니고 참 목사도 아닙니다. 불량집단입니다. 바른 종교나 사람들이 아닙니다. 그런즉 누구든지 이들을 건전한 교회나 목사들과 동일시하지 말아야 합니다. 이들에게 속지 말아야 합니다. 건전한 기독교인이나 교회에 검증과 확인을 부탁해야 합니다. 이들의 말만 듣고 어디에 가서 성경공부를 하거나 모임에 참여하면 마치 물고기가 그물에 걸린 것처럼 비참한 인생이 됩니다. 쉽게 빠져나오지 못하게 됩니다. 넷플릭스의 다큐멘터리 〈나는 신이다〉에서 잘 보여 주고 있습니다. 음식도 바른 음식을 먹고, 신앙도 바른 신앙을 가지고, 사람도 정직한 사람을 만나야 안전하고, 건강하고, 행복합니다. 불량한 자, 불량한 음식, 거짓된 자, 사기꾼, 이상한 자를 만나고 어울리면 위험해 집니다. 그래서 신중해야 합니다.

다시 강조컨대 이단, 사이비 단체나 기관 등은 참 교회가 아니고, 이단 단체와 기관의 교주는 참 목사가 아닙니다. 그들이 그들 집단에서 가르치는 교리나 성경공부도 가짜입니다. 성경과 거리가 멉니다. 바른 신앙고백과도 거리가 멉니다. 불량식품을 먹으면 몸이 병들고 죽는 것처럼 불량식품과 같은 이단이나 사이비 단체에는 구원과 영생이 없습니다. 오직 죽음과 심판만 있을 뿐입니다. 비참하게 됩니다. 기본 상식의 눈과 잣대로 검증하면 누가 뭐라고 하든지 참과 거짓이 분별됩니다. 맹신하고 맹종하는 자들은 동일하게 심판을 받을 자들입니다. 황당한 것은 하나님과 예수님을 사칭하면서 성폭력을 하는데도 의심과 저항을 하지 않는다는 점입니다. 그들 안의 아무렇지 않은 분위기 때문이고 세뇌를 당했기 때문입니다. 〈나는 신이다〉에서 고발자들이 잘 보여 주고 있습니다. 성경과 하나님에 대한 무지와 상식의 고장으로 그리 당하는 것입니다.

일반 상식과 윤리와 도덕, 성경의 십계명에 반하는 짓을 하면 누구든지 무슨 말로 마사지를 해도 가짜입니다. 학력이 높은 자들이 추종해도 가짜입니다. 아무리 봉사와 기부를 잘해도 사기 집단입니다. 종교 사기꾼입니다. 속히 돌아서야 합니다. 고민할 것도 없습니다. 기본 상식이 작동하지 않으면 어처구니없는 말과 제안과 주장과 가르침과 행위에 현혹되고 넘어갑니다. 그래서 신앙생활을 하려면 성경을 바로 알아야 합니다. 이단 집단이나 사이비 단체가 만든 교육교재를 믿지 말고 성경을 읽고 믿어야 합니다. 성경이 유일한 저울입니다. 성경과 정통 신앙고백에서 벗어난 주장과 행동을 하면 아무리 착한 일을 해도 다 거짓입니다. 그래서 천주교도 참 교회가 아니라고 하는 것입니다. 동시에 상식을 작동시켜야 합니다. 범사에 상식을 작동시키면 80~90% 정도는 걸러집니다. 그렇지 않으면 이단과 사이비와 교주들과 그 추종 무리들에게 속수무책으로 당합니다. 성경을 몰라도, 신앙이 깊지 않아도 상식만 작동해도 속지 않고 이용당하지 않습니다. 제발 범사에 상식의 눈과 거울과 잣대를 작동시키기 바랍니다. 그러면 쉽게 속지 않습니다. 혹 지금 이단이나 사이비 집단에 속해 있다면 망설이지 말고 용기를 내어 탈출하기 바랍니다. 보복과 협박과 죽음을 두려워할 이유가 없습니다. 그대로 있으면 남은 인생과 영혼이 죽고 구원을 받지 못하기 때문입니다. 용기를 내어 탈출하여 경찰에 신고하기 바랍니다. 죽기를 각오하면 무서울 것이 없습니다. 어차피 이단과 사이비 집단에 계속 머물러 있으면 살았으나 죽은 자와 다르지 않습니다. 구원을 받지 못합니다. 망설이면 영원히 죽게 됩니다. 결단을 촉구합니다.

제44장

왜 돈을 사랑하지 말라고 합니까?

　돈은 구원도, 죄 사함도, 영생도, 생명도, 진정한 행복도 보장하지 못하고 잠시만 사람을 즐겁게 하고, 안심시키고, 필요한 소모품으로 기능을 하다가 사후에 한 푼도 가지고 가지 못하는 것이기 때문입니다. 돈은 많으나 적으나 날개 달린 새와 같아서 언제 어떤 일로 날아갈지 아무도 모릅니다. 동시에 돈을 사랑하게 되면 불행하게 되기 때문입니다. 사람이 전혀 다른 사람으로 변해 버립니다. 사람보다 돈을 더 의지하게 됩니다. 또한 사망 시 하나도 가지고 가지 못합니다. 누구에게나 돈은 필요합니다. 돈은 어느 정도 있어야 합니다. 돈이 있어야 생활을 해 나갈 수 있습니다. 돈 자체는 나쁜 것이 아닙니다. 그럼에도 불구하고 성경은 왜 돈을 사랑하지 말라고 합니까? 돈은 잠시잠깐 유한한 소모품이지 전적으로 의지할 대상이 아니기 때문입니다. 돈을 사랑하는 것은 우상숭배라고 규정합니다. 돈이 어느 정도 문제와 필요는 해결해 주고, 매력이 있고, 편리성은 제공해 줄 수 있지만 그 이상은 못 합니다. 특히 사람의 생명과 영혼을 구원하지 못합니다. 어떤 사람이든지 끝까지 책임을 지지 못합니다. 돈은 마치 사람이 밥을 먹을 때 필요한 숟가락이나 젓가락처럼 하나의 도구에 지나지 않는 것입니다. 이동 수단인 자동차나 자전거와 같은 것에 불과합니다. 우리가 숟가락이나 젓가락이나 자동차를 사람처럼 사랑하지 않습니다. 그것들을 위해서 살지 않습니다. 이런 것은 사람의 편리와 안녕과 생활을 위한 잠시 필요한 도구나 수단에 지나지 않는 것입니다. 일정기간 사용하면 버리거나 다시 바꾸는 것에 불과합니다. 사람의 행불행과 생명을 좌우하는 것이 아닙니다. 돈도 마찬가지입니다.

돈은 숟가락, 젓가락, 자동차, 자전거와 같은 생활 수단과 도구와 소모품일 뿐입니다. 사람이 사용하는 모든 것은 소모품입니다. 생계에 필요한 도구와 수단일 뿐입니다. 삶과 인생의 목적이 될 수 없습니다. 돈도 하나의 소모품입니다. 돈은 필요한 것으로만 여겨야지 그 이상으로 사랑하고 집착하게 되면 불행이 시작됩니다. 사람이 달라집니다. 인간성이 사라집니다. 사람보다 돈을 더 우선시합니다. 세상에서 돈이 제일 중요하다고 여기게 됩니다. 전혀 다른 사람이 되어 살아갑니다. 돈을 필요한 생활과 생계도구로 여기는 것과 돈을 사랑하는 것은 차원이 다릅니다. 무엇이든지 사랑하게 되면 목숨을 걸게 됩니다. 집착하게 됩니다. 전부로 여기게 됩니다. 그러면 삶과 인생이 이상하게 돌아갑니다. 사람 중심이 아닌 돈 중심으로 돌아갑니다. 돈 중심으로 판단합니다. 돈을 위해서는 배우자도, 부모도, 자식도, 친구도, 의리도, 신앙도, 이웃도 다 희생시킵니다. 무슨 악한 짓이라도 자연스럽게 하게 됩니다. 그러다가 결국 불행하게 됩니다. 그래서 성경은 돈에 대하여 다음과 같이 경고합니다.

디모데전서 6장 10절

"돈을 사랑함이 일만 악의 뿌리가 되나니 이것을 사모하는 자들이 미혹(꾐)을 받아 믿음에서 떠나 많은 근심으로써 자기를 찔렀도다"

디모데전서 6장 9절

"부(富)하려 하는 자들은 시험과 올무(함정)와 여러 가지 어리석고 해로운 정욕에 떨어지나니 곧 사람으로 침륜(파멸)과 멸망에 빠지게 하는 것이라"

잠언 23장 4절

"부자 되기에 애쓰지 말고 네 사사로운 지혜를 버릴찌어다"

히브리서 13장 5절

"돈을 사랑치 말고 있는 바를 족(足, 넉넉함)한 줄로 알라…"

야고보서 1장 10절

"부(富)한 형제는 자기의 낮아짐을 자랑할찌니 이는 풀의 꽃과 같이 지나감이라"

야고보서 5장 1~3절

"들으라 부(富)한 자들아 너희에게 임할 고생을 인하여 울고 통곡하라 너희 재물(財物)은 썩었고 너희 옷은 좀먹었으며 너희 금과 은은 녹이 슬었으며 이 녹이 너희에게 증거가 되며 불같이 너희 살을 먹으리라 너희

가 말세에 재물을 쌓았도다"

돈을 사랑하고, 부자 되기에 애쓰는 자들은 하나같이 욕심, 탐심이 있습니다. 결과가 좋지 못합니다. 자기의 주어진 형편에 만족하지 못하고, 늘 부족하다고 생각하고, 불평과 불만을 품고, 돈을 벌 궁리를 합니다. 행복하게 살지 못합니다. 부자가 되고 건물주가 되는 것이 인생의 목표가 됩니다. 이에 물불을 가리지 않고 돈이 되는 일은 다 합니다. 가장 대표적인 것이 부동산과 주식 투기입니다. 그러다가 함정에 빠지는 경우가 허다합니다. 사기꾼들의 꾐에 빠집니다. 교도소에 들어갑니다. 그런 자들이 우리 주변에 수두룩합니다. 부정과 불법과 반칙을 하게 됩니다. 불로소득을 찾습니다. 투기를 하게 됩니다. 거짓말을 자연스럽게 하게 됩니다. 뇌물을 주고받고 합니다. 해서는 아니 될 일을 하게 됩니다. 돈을 위해서라면 무엇이든지 합니다. 폭력과 협박과 살인까지 자행합니다. 공금을 빼냅니다. 사기를 치게 됩니다. 도적질을 하게 됩니다. 정직하게 살아서는 부자 되기가 쉽지 않습니다. 자기 양심과 인격을 팔아야 합니다. 항상 돈의 지배를 받고 삽니다. 자신이 인생의 주연이 아니라 돈이 주연이 되어 살아갑니다. 사는 것이 사는 것이 아닙니다. 돈에 울고 돈에 웃습니다. 돈을 생각하다가 잠이 들고 잠에서 깹니다. 사람들이나 사방이 다 돈으로 보입니다.

돈을 사랑하고 집착하게 되면 자기 인생, 행복한 인생, 평안한 인생을 살지 못합니다. 돈이 모든 것을 해결해 준다고 생각합니다. 돈이 있어야 행복해진다고 주장합니다. 전혀 틀린 말은 아니지만 그렇다고 정확한 말도 아닙니다. 앞에서도 언급했지만 돈은 우리 생활에 필요합니다. 하지만 돈이 많아야 생활이 달라지고 행복해지는 것은 별개입니다. 밥과 고기를 많이 먹어야 행복하고 몸이 튼튼해지고 힘이 생깁니까? 밥과 고기를 많이 먹는 것과 행복과 몸이 튼튼해지는 것과 힘이 생기는 것은 별개입니다. 이와 같은 것은 밥과 고기를 많이 먹지 않아도 얼마든지 가능합니다. 일부 사람들이 착각하고 오해하고 사는 것이 이와 유사한 것입니다. 돈이 많아야 행복해진다고 생각합니다. 이는 큰 착각입니다. 돈이 많으면 유용한 경우가 많은 것은 사실입니다. 그러나 돈이 아무리 많이 있어도 해결하지 못하는 것 또한 많습니다. 그렇다고 돈이 적기 때문에 이런저런 것을 못 하는 것도 아닙니다.

무엇이든지 알맞게 행하고, 먹고, 마시고, 취해야 건강하고 행복합니다. 지나치면 반드시 탈이 납니다. 무엇이든지 많다고 좋은 것은 결코 아닙니다. 많은 것이 도리어 불행이 되는 일들이 많습니다. 게다가 돈은 영원히 취하지 못합니다. 돈은 잠시 살아 있을 동안만 유효합니다. 죽을 때나 아플 때나 나이를 먹으면 그리 유용하지 못합니다. 제대로 사용하지도 못합니다. 자기의 것이 아닙니다. 나중에 빈손으로 죽습니다. 그래서 돈을 소모품이라고 하는 것입니다. 살아 있는 동안 생활과 생계에 필요한 만큼만 있으면 되는 것입니다. 돈은 너무 없어도 그렇고 너무 많아도 좋은 것이 아닙니다. 행복 여부가 빈부를 떠나 마음먹기에 따라 결정되는 것처럼, 돈에 대한 것도 마음먹기에 따라 달라집니다. 어떤 사람은 돈을 적게 소유하고 있어도 부자로 사는 자가 있고, 어떤 사람은 돈을 많이 소유하고 있어도 가난한 자로 사는 자가 있습니다.

사람의 행불행, 사람의 빈부는 외적 조건과 양과 규모에 있는 것이 아니라 각 사람의 생각과 마음먹기와 만족 여부에 달려 있습니다. 나이가 들고 인생 종착역에 다다르면 돈은 휴지만도 못한 존재로 전락하게 됩니다. 안개처럼 사라집니다. 날개가 달린 새처럼 어느 날 예상하지 못한 일로 갑자기 날아가 버립니다. 따라서 인생을 돈 사랑과 부자 되기에 맞추어 살게 되면 불행한 인생, 허무한 인생이 되고 맙니다. 돈에 한이 맺힌 사람들은 이런 말을 하면 세상을 몰라서 그런다고 말할 수 있습니다. 한번 가난하게 살아 보라고 토로합니다. 그렇다고 인생의 해법이 달라지는 것은 아닙니다. 누구나 때론 가난하게 때론 부자로 오르락내리락하며 삽니다. 그러면서 빨리 깨달은 사람들은 생각을 달리하고 인생을 삽니다. 소모품이나 안개와 같은 돈을 사랑하지 않습니다. 부자 되기에 애쓰지 않습니다. 돈에 자기 인생과 행복과 미래와 영혼을 맡기지 않습니다. 돈의 노예로 살지 않습니다. 날마다 돈에 끌려 다니며 살지 않습니다. 돈을 지배하며 삽니다. 성실하게 살되 주어진 것으로 감사하고 만족하며 삽니다. 돈이 넉넉하지 않아 노심초사하고, 좀 불편하게 사는 것이 항상 나쁜 것만은 아닙니다.

　인생을 어느 정도 살아본 사람들, 인생의 철이 든 사람들은 이런 말이 무슨 뜻인지 압니다. 다시 강조컨대 돈은 필요한 것이고, 나쁜 것이 아닙니다. 돈은 어느 정도 있어야 합니다. 정직하고 성실하게 일해서 돈은 벌어야 합니다. 그러나 돈을 사랑하거나 부자가 되려고 애쓰지는 말자는 것입니다. 돈을 신처럼 의지하지 말고 살아야 합니다. 과한 욕심은 금해야 합니다. 무엇이든지 욕심, 과욕, 탐심을 부리는 순간 탈선하게 되고 불행이 시작됩니다. 매일같이 언론과 뉴스에서 돈을 사랑한 결과, 부자 되기에 애쓴 결과, 부당하게 재물을 취한 결과, 뇌물과 불로소득을 취한 결과 불행한 사례들, 실패한 사람들이 쏟아집니다. 그러므로 돈을 사랑하지 말고 가족과 이웃을 사랑하고, 먹을 것과 입을 것과 누울 곳이 있으면 만족하고 사는 자가 가장 지혜로운 자이자 행복한 자입니다. 돈은 잠시 사는 동안 필요한 도구와 수단이지 사랑과 애착과 숭배와 집착의 대상은 아닙니다. 결과론적으로 볼 때 소모품이자 영원히 소유할 수 없는 것입니다. 언젠가는 자기에게서 새처럼 날아갑니다. 돈을 좇고 사랑하고 집착하게 되면 결국 허무한 인생을 맛보고 후회하게 될 것입니다. 지혜로운 자는 주어진 형편에 만족하고 현세와 내세에 있어서 참인 것과 영원한 것을 추구합니다.

제45장

당신도 속아 살고 있습니까?

상당수 사람들은 날마다 스스로에게, 혹은 타인에게, 혹은 각종 미디어와 언론에, 각종 정보에, 권력자들과 정치인들에, 잘못된 가르침과 책에, 정부 등에 속아 살아갑니다. 역사가 산 증인입니다. 우리나라는 사기 공화국이라고 해도 과언이 아닙니다. 해마다 발생하는 범죄 중에서 가장 많은 것이 사기사건이라고 합니다. 금융감독원에 따르면 2022년 보험사기 적발액이 사상 최초로 1조 818억 원을 기록했습니다(2023년 4월 발표). 사기(속임)의 우두머리이자 아비는 눈에 보이지 않지만 온갖 악한 행위를 일삼는 영물인 사단(마귀)입니다. 사단이나 사단에 속한 자들은 입만 열면 거짓말, 속임, 사기를 칩니다. 마치 호흡을 하듯이 입만 열면 거짓말입니다. 상당수 언론들이나 정치권 대변인들은 당당하게 거짓말을 합니다. 거짓말과 사기와 속임수는 그 사람의 영혼의 신분, 소속, 정체성을 보여 주는 단면입니다. 자칭 기독교인, 목사라고 하면서 습관적이고 반복적으로 거짓말, 속이는 자가 있다면 그는 하나님의 사람이 아닙니다. 사단에 속한 자입니다. 사기(詐欺)란 '자기 이익을 취하기 위하여 나쁜 꾀로 남을 속임'을 뜻합니다. 속임은 자기 자신이 자기를 속이는 것과 타인이 자기를 속이는 것이 있습니다. 교만하고, 어리석고, 무지하고, 욕심이 많아서 속습니다. 사기사건은 주로 돈과 관련이 있으나 보통은 세상의 즐거움과 쾌락과 거짓 종교와 신앙에 관련이 깊습니다. 세상의 것에 희망을 갖고 사는 자입니다. 세상의 것들을 얻으면, 매일 매주 즐겁게 살면 행복하고 성공한 인생이라고 착각하고 스스로 속는 것입니다. 단적인 예로 영생하는 진리, 영원히 갈증이 일어나지 않는 영적 생수를 마시지 않고 보통 음료나 음식을 먹고 마시면 하루도 가지 못하고 다시 갈증과 배고픔과 욕구가 생깁니다.

진리가 아닌 세상의 것은 아무리 누리고, 추구하고, 소유하고, 즐겨도 마치 밑 빠진 항아리처럼 채워지지 않고 만족이 없습니다. 아무리 부어도 소용이 없습니다. 이에 더 즐겁게, 더 맛있는 것, 더 자극적인 것, 더 재미있는 것, 더 많은 것, 더 쾌락적인 것 등을 찾아 헤맵니다. 그런 동호회나 활동을 찾아 헤맵니다. 하지만 세상의 것은 아무리 먹고, 마시고, 소유하고, 누리고, 즐겨도 진정한 만족과 행복이 없습니다. 항상 허전합니다. 하루만 지나고 나면 또 공허하고 갈증을 느낍니다. 이 세상의 것들은 죽을 때까지 반복해서 갈증과 배고픔과 허전함만 나타날 뿐입니다. 아무리 레포츠나 스포츠를 즐겨도, 지인들을 만나 밥과 커피를 마셔도 기쁨과 만족은 그때 잠깐뿐입니다. 그런데도 깨닫지 못하고 세상의 즐거움에 붙잡혀 빠져나오지 못합니다. 스스로 이러한 속임수의 늪에 빠져 일생을 허우적거리고 낭비합니다. 이러한 셀프 속음을 제외하고도 사람들에게 헛된 기대감과 확신과 그릇된 길로 인도하는 잘못된 속임수들이 수두룩합니다. 타인이 교묘하게 속이는 경우도 많지만 무지나, 욕심이나, 그릇된 정보나, 확신 때문에 스스로 속음입니다. 정확한 지식이나 신앙에서 출발한 것이 아닌 것으로 인한 삶이 그것입니다. 이러한 스스로 속음은 수도 없이 많습니다.

요한복음 8장 44절

"너희는 너희 아비 마귀에게서 났으니 너희 아비의 욕심을 너희도 행하고자 하느니라 저는 처음부터 살인한 자요 진리가 그 속에 없으므로 진리에 서지 못하고 거짓을 말할 때마다 제 것으로 말하나니 이는 저가(마귀, 사단) 거짓말장이요 거짓의 아비(아버지)가 되었음이니라"

속음에 대한 가장 대표적인 것이 돈(money)과 행복 등에 대한 환상과 확신과 기대감입니다. 돈과 성공, 돈과 행복은 비례한다고 생각합니다. 돈이 없거나 넉넉하지 않으면 실패한 삶이고 불행하다고 생각합니다. 집도 마찬가지입니다.

디모데전서 6장 17절

"네가 이 세대에 부(富)한 자들을 명하여 마음을 높이지 말고 정함이 없는 재물(財物)에 소망을 두지 말고 오직 우리에게 모든 것을 후히 주사 누리게 하시는 하나님께 두며"

잠언 23장 4~5절

"부자(富者) 되기에 애쓰지 말고 네 사사로운 지혜를 버릴찌니라 네가 어찌 허무(虛無)한 것에 주목하겠느냐 정녕히 재물(財物)은 날개를 내어 하늘에 나는 독수리처럼 날아가리라"

디모데전서 6장 9절

"부(富)하려 하는 자들은 시험(유혹)과 올무(덫)와 여러 가지 어리석고 해로운 정욕(情慾, 색정 욕심)에 떨어지나니 곧 사람으로 침륜(파멸)과 멸망에 빠지게 하는 것이라"

디모데전서 6장 10절

"돈(money)을 사랑함이 일만 악의 뿌리가 되나니 이것을 사모하는 자들이 미혹을 받아 믿음에서 떠나 많은 근심으로써 자기를 찔렀도다"

디모데후서 3장 1~2절

"네가 이것을 알라 말세에 고통하는 때가 이르리니 사람들은 자기를 사랑하며 돈(money)을 사랑하며…"

사람들은 돈이 많으면 행복할 것이라고 생각합니다. 돈이 많으면 인생이 확 달라질 것으로 생각합니다. 돈만 있으면 자기가 하고 싶은 것을 마음껏 다 하며 살 수 있을 것이라고 생각합니다. 돈으로 안 되는 것이 없다고 생각합니다. 돈만 있으면 무병장수한다고 확신합니다. 부자(富者)라야 성공한 자라고 생각합니다. 부자가 가장 부럽다고 말합니다. 이에 돈을 벌고 부자가 되기 위해서는 무슨 짓이라도 합니다. 이는 스스로 속음입니다. 엄청난 착각이자 오판입니다. 왜냐하면 돈은 날개가 달린 새처럼 언제 날아갈지 모르고, 아무리 돈이 많아도 치명적인 질병이나 일반 질병을 막지 못하고 때론 완전하게 치료하지 못합니다. 돈으로 좋은 약과 치료를 하여 생명을 조금은 연장할 수 있어도 오랜 시간이나 영원히 연장하지 못합니다. 몸이 아파버리면 아무리 돈이 많아도 사용하지 못합니다. 돈으로 행복을 사지 못합니다. 돈으로 구원을 받지 못합니다. 돈으로 사후에 천국에 들어가지 못합니다. 아무리 부자라도 죽음은 막지 못합니다. 죽을 때 동전 하나 가지고 가지 못합니다. 돈이 있으면 사는 데는 좀 편리성이 있습니다. 딱 거기까지입니다. 돈과 행복, 돈과 구원, 돈과 건강, 돈과 성공, 돈과 좋은 믿음생활은 항상 비례하지 않습니다. 사실이 아닙니다.

그럼에도 불구하고 돈만 많으면, 부자이기만 하면 모든 것을 할 수 있고, 모든 것을 얻을 수 있고, 모든 것을 해결할 수 있고, 항상 행복할 수 있고, 성공한 자라고 착각합니다. 이는 스스로 속고 사는 것입니다. 근거가 없는 확신입니다. 돈이 비교적 편리하게 살도록 하는 것은 맞습니다. 하지만 모든 것을 해결하지 못합니다. 부자들도 질병으로 죽습니다. 돈은 반쪽짜리 능력밖에 없습니다. 돈을 신(神)처럼 숭배하며 돈에 속아 인생을 허비하며 사는 자들이 한둘이 아닙니다. 한국 최고의 부자였던 대기업(S) 회장처럼 몸이 병들어서 비참하게 살다가 죽어 빈손으로 세상을 떠나갔다는 사실을 잊고 삽니다. 자기가 소유한 엄청난 동산과 부동산을 다 사용도 하지 못하고 빈손으로 세상을 떠났습니다. 그것이 인생입니다. 돈에 대한 집착과 중독과 환상에 짜지면 일생 동안 돈의 노예, 포로가 되어 살다가 비참하게 생을 마감하게 될 것입니다. 돈은 당신에게 영원한 생명과 행복과 구원을 주지 못합니다. 사람은 누구나 공수거(空手去)입니다. 그다음에는 부활과 내세와 심판이 기다리고 있습니다. 부인해도, 믿지 않아도 부활과 내세와 심판은 반드시 있습니다. 이는 마치 누군가가 아무리 부인하고 믿지 않아도 낮과 밤, 사계절이 반드시 돌아오고 있는 것과 같습니다. 자신이 알고 있고 확신하는 것이 항상 옳고 전부라고 생각하는 사람처럼 어리석고 교만한 사람은 없습니다. 모든 사람은 일생 내내 부분적으로만 알고, 아는 것들 중에도 잘못 알고 사는 것들이 한둘이 아닙니다. 그래서 겸손하고 경청의 자세를 취해야 합니다.

또 하나는 권력에 대한 환상과 확신과 기대감입니다. 권력(權力, 남을 지배하여 복종시키는 힘)만 있으면 무엇이든지 할 수 있다고 생각합니다. 어느 정도는 실력행사를 할 수 있습니다. 하지만 권력은 영원하지 못합니다. 권불십년입니다. 특히 정치권력과 경제 권력과 언론권력이 그렇습니다. 어떤 사람은 권력이 없기 때문에 이것저것을 하지 못한다고 한탄합니다. 권력의 힘도 돈과 같습니다. 대통령이나 검찰총장처럼 권력이 주어지면 막강한 자가 됩니다. 무소불위(無所不爲, 못할 일이 없음)의 능력을 행사할 수 있습니다. 과거 왕들과 독재자들과 권력자들이 천하를 호령하며 그리 살았습니다. 하지만 어느 시점까지일 뿐입니다. 마지막에는 모두 비참하게 죽었습니다. 권력도 나이를 막지 못합니다. 다 사라집니다. 자기 손에서 떠납니다. 질병과 쿠데타와 죽음을 막지 못합니다. 권력은 유한합니다. 권력으로 잠시 누군가를 빼앗을 수는 있지만 사랑과 행복은 취하지 못합니다.

누구는 감옥에 넣고 누구는 감옥에서 나오게 할 수 있고, 누구는 유죄로 만들고 누구는 무죄로 만들 수 있고, 누구는 죽이고 누구는 살릴 수 있지만 자기 생명은 마음대로 하지 못합니다. 몸이 병들고 죽으면 권력도 아무런 소용이 없게 됩니다. 그래서 권력이 모든 것을 할 수 있다고 확신하고 권력을 절대로 의지하고 믿고 사는 것은 스스로 속음입니다. 어리석은 자입니다. 교만한 사람입니다. 세계 역사나 우리나라 역사를 조금이나마 알면 강력한 권력이 얼마나 무상(無常, 모든 것이 덧없음)한가를 압니다. 권력은 어느 순간에 나무에서 떨어지는 낙엽처럼 무력하게 됩니다. 권력도 죽게 되면 가지고 가지 못합니다. 사용하지 못합니다. 그러므로 권력에게 기대감을 갖고 사는 자는 스스로 속음입니다.

또 하나는 술(알코올)과 담배에 대한 환상과 확신과 기대감입니다. 술과 담배를 친구삼아 사는 자들이 너무나도 많습니다. 술과 담배를 하지 않으면 행복하지 않고 무슨 재미로 사느냐고 말합니다. 술과 담배를 하지 않으면 인간관계나 사회생활을 제대로 할 수 없다고 말합니다. 특히 술은 공기처럼 없어서는 안 될 것이 되었습니다. 집에서나 어디에서나 술이 온 천하를 지배하고 있습니다. 어떤 모임에서나 술 파티는 기본이 되었습니다. 남녀노소 할 것 없이 술을 찾고 즐깁니다. 술이 있어야 어떤 것이든지 진행이 되고 즐겁다고 생각하기 때문입니다. 그러나 이는 착각이자 셀프 속음입니다. 술과 담배를 하지 않고도 얼마든지 행복하고, 인생을 즐겁게 살고, 인간관계와 사회생활을 잘하는 자들도 수두룩합니다. 그렇다면 술이 없을 당시에는 사람들이 다 불행했습니까? 이슬람 국가 등 어떤 나라들은 술과 담배를 금합니다.

그렇다면 술과 담배를 하지 않는 사람이나 나라들은 불행하고 즐겁지 않아야 합니다. 그러나 그렇지 않습니다. 누구도 감히 그렇게 예단하지 못합니다. 반대로 술과 담배를 하는 사람들이 행복하다는 근거도 없습니다. 도리어 더 불행한 결과를 가져오는 사례는 수도 없이 많습니다. 각종 암과 질병을 발생시키고 교통사고와 온갖 갈등을 유발시킵니다. 생명을 단축시켜 일찍 죽습니다. 몸이 병들어 병원에서 살다시피 출입하고 삽니다. 각종 다툼과 시비와 사고와 가정 해체의 주범이 되기도 합니다. 술과 담배는 WHO(세계보건기구)에서 1급 발암물질로 규정했습니다. 행복하고 즐겁게 살고 사회생활을 위해서 마시는 술과 피는 담배가 도리어 사람을 불행하게 만들고 있습니다. 술 때문에 얼마나 많은 사람들이 불행한 사고를 당하고 갈등하는지 모릅니다. 상당수가 암(癌)과 각종 질병에 걸려 말년을 비참하게 보냅니다. 그런데도 술을 마시고 담배를 피워야 행복하고, 인생이 즐겁고, 사회생활을 원만하게 할 수 있다고 하는 것은 스스로 속음입니다. 이는 마치 마약쟁이들이 마약을 해야 행복하다고 여기는 것과 비슷합니다. 술과 담배에 한번 중독이 되면 그렇게 말하고 취해서 삽니다.

또 하나는 섹스(sex, 성교)에 대한 환상과 확신과 기대감입니다. 섹스는 좋은 것입니다. 건강에도 좋고 부부관계도 좋게 만듭니다. 섹스는 유익한 것입니다. 단, 자기 배우자와 하는 섹스만 좋은 것입니다. 그 외에는 범죄이며 도리어 부작용이 심각합니다. 그런데 결혼 전이나 후 배우자가 아닌 자들과 자유롭게 섹스를 즐깁니다. 그렇게 해야 인생이 즐겁다고 합니다. 자기결정권이라고 말합니다. 짧은 인생이니 쾌락을 누리며 살다가 죽으면 그만이라고 합니다. 이에 절제가 안 되면 성폭행까지 시도하여 성욕을 채웁니다. 배우자가 있어도 빈틈을 이용하여 다른 이성과 섹스를 즐기며 이중적으로 삽니다. 이 또한 엄청난 착각입니다. 우리 주변에는 섹스하지 않고 혼자 사는 자들도 많습니다. 섹스를 해야만 인생이 행복하고 즐거운 것은 아닙니다. 그것은 자기 합리화입니다. 이는 마치 축구를 하지 않으면 인생이 즐겁지 않다고 말하는 사람과 같습니다. 누군가는 축구를 해야만 행복하겠지만 축구를 하지 않고 살아도 행복하게 사는 자들이 많습니다. 섹스를 많이 하고 즐긴다고 인생이 즐겁고, 행복하고, 더 오래 살고, 건강하게 산다는 것은 스스로 속음입니다. 아무리 섹스를 많이 해도 섹스가 행복을 보장하지 못합니다. 불건전한 섹스, 과도한 섹스는 몸을 병들게 하고 탈진하게 만듭니다. 인간의 수명을 단축시킵니다. 나중에 비참하게 됩니다. 섹스도 막을 내릴 때가 있습니다. 섹스도 인간의 온갖 문제해결에 대한 만능열쇠가 아닙니다.

또 하나는 그릇된 신앙(信仰), 종교(宗敎)에 대한 환상과 확신과 기대감입니다. 신앙, 종교 자체는 좋습니다. 그러나 모든 신앙과 종교가 다 참은 아닙니다. 건전한 것도 아닙니다. 다시 말해서 시험을 볼 때 수험생들은 나름 답을 씁니다. 답을 반드시 써야 합니다. 그러나 어떤 숫자든지 정답이 아닙니다. 정답지에 나름 답을 쓴다고 다 좋은 것, 정답은 아닙니다. 정확한 정답을 써야 행복하고 보상을 받습니다. 신앙, 종교도 그렇습니다. 어떤 사람들은 지구상에 존재하는 모든 종교는 추구하는 것이 다 동일하다고 말합니다. 전혀 그렇지 않습니다. 어떤 종교들은 비슷하지만 어떤 종교는 전혀 다릅니다. 종교마다 자신들이 진짜 종교라고 말합니다. 신앙생활을 하는 자들은 각기 나름대로 자기가 믿는 종교에 구원이 있다고 생각합니다. 전혀 그렇지 않습니다. 이는 스스로 속음입니다. 왜냐하면 시험을 볼 때 수험생들은 모두가 자기가 쓴 것이 정답이라고 확신하고 씁니다. 그러나 정답은 하나로 정해져 있습니다. 정답은 하나이듯이 지구촌에 존재하는 참 종교와 신앙도 하나뿐입니다. 누군가는 속고 있는 것입니다. 헛된 것을 믿고 있는 것입니다. 대표적인 자들이 이단이나 사이비 종교나 단체에 속하여 신앙생활을 열심히 하는 자들입니다. 정통 신앙고백에서 벗어나서 신앙생활을 하는 자들입니다. 피조물인 인간을 신으로 신봉하는 종교들입니다. 이곳에는 구원이 없습니다. 나름 확실한 확신과 믿음을 갖고 기도하고 종교 활동을 하고 삽니다. 그러나 셀프 속음입니다. 참 부모나 진실은 단 하나뿐입니다. 여럿, 즉 열 곳이 참이라고 한다면 나머지 아홉 곳은 가짜입니다.

전 세계로 보나 우리나라를 보면 많은 종교들이 있습니다. 각자 자기가 마음이 끌리고 믿어지는 대로 믿고 찾아갑니다. 그러나 진짜는 단 한 곳뿐입니다. 나머지는 다 가짜로 속고 있는 것입니다. 가짜 종교와 신앙에는 행복도, 구원도, 미래도, 보상도, 응답도 없습니다. 그저 그릇된 확신 가운데 일방적으로 숭배하고 찾아가고 비는 것뿐입니다. 자기만족과 안심을 위해서 신앙중독에 빠져 살 뿐입니다. 그 결과 신앙의 시간과 인생을 허비한 것이 됩니다. 이런 것을 죽기 전과 죽은 이후에 내세에 가서 정확히 알게 됩니다. 누군가에게 사기를 당하여 오랫동안 돈을 부은 것을 생각하면 이해하기 쉬울 것입니다. 사기라는 것이 그런 것입니다. 허탈하고 허무하고 말이 나오지 않습니다. 그런즉 진리는 하나뿐이라는 것을 늘 명심하고 살아야 합니다. 그것이 상식입니다. 그러면 진짜 종교와 신앙을 찾는 데 유리합니다. 고민하게 됩니다. 그렇지 않고 그저 맹신과 맹종을 하고 살면 기대할 것이 아무것도 없는 사람입니다.

맹신과 맹종이란 정확히 알지도 못하면서 무조건 따르는 것을 말합니다. 종교인들 중에, 신앙인들 중에 스스로 속음을 당하며 사는 자들이 엄청나게 많습니다. 자기가 현재 속아 헛심을 쓰고 있는지조차 모르고 사는 자들이 비일비재합니다. 특히 가짜 기독교인 이단 교주나 단체에 속아 사는 자들이 우리나만 66만에서 200백만 명 전후라고 합니다. 교리적으로 볼 때 천주교(로마가톨릭교회)도 예외는 아닙니다. 성경에서 심각하게 벗어나 있습니다. 이는 다른 복음입니다. 여기에 오랜 역사를 가진 종교를 추종하는 자들까지 합하면 엄청난 숫자가 됩니다. 성경은 하나님 외에 다른 신은 없다고 말합니다. 다른 신들은 인간이 만든 죽은 형상이자 우상이라고 말합니다. 피조물인 사람을 섬기는 종교일 뿐입니다. 늘 기본과 상식에 기초해서 의문을 갖고 살면 정신이 들고 사기를 덜 당합니다. 상고하지 않고 맹신하고 맹종하면 죽을 때까지 모릅니다. 죽은 이후 사후세계에서나 알게 될 것입니다. 특히 스스로 속음은 누구도 해결해 주지 못합니다. 사후에 깨닫게 되면 이미 늦습니다. 아무런 소용이 없습니다.

또 하나는 건강(健康)에 대한 환상과 확신과 기대감입니다. 건강만 하면 항상 행복하고 무병장수한다고 생각합니다. 항상 건강할 거라고 생각합니다. 매일 운동하고, 좋은 음식 먹고, 보약을 먹고, 스트레스를 받지 않으면 평생 건강이 보장됩니까? 그렇지 않습니다. 건강은 언젠가는 무너집니다. 건강해도 죽고 언젠가는 어떤 병이든지 걸립니다. 아름다운 꽃이 시들고 땅에 떨어지는 것처럼, 아무리 튼튼하고 아름다운 얼굴과 몸매를 가꾸고, 관리하고, 가졌다고 하더라도 언젠가는 반드시 시들고, 쭈글쭈글하게 되고, 병들어 보기 흉하게 됩니다. 화장을 아무리 진하게 해도 숨기지 못합니다. 그렇게 살다가 화장터에서 화장(火葬)을 해 버리면 뼛가루밖에 남지 않습니다. 일생 동안 그렇게 몸매 가꾸기에 투자했는데 헛되고 헛됩니다. 누구에게나 그런 날이 곧 옵니다. 이 세상에서 눈에 보이는 모든 것은 영원하지 않습니다. 대부분 변질되고 부패하고 썩어 버립니다.

그런데도 자신의 불행이 건강하지 않기 때문이라고 착각합니다. 건강하기만 하면 행복할 것이라고 오판합니다. 그래서 열심히 운동합니다. 운동을 하면 한시적으로 건강하게 됩니다. 체력이 좋아집니다. 아니면 건강에 좋은 식품들을 많이 먹습니다. 건강기능식품을 먹으면 효과가 있는 사람도 있고 없는 사람도 있습니다. 그렇다고 행복해지거나 모든 일이 잘 풀리는 것은 아닙니다. 죽을 때까지 건강하게 사는 것이 아닙니다. 건강하다고 사후에 좋은 곳에 가는 것도 아닙니다. 건강해도 인간의 본질적인 여러 문제들은 별개로 해결되지 않습니다. 그럼에도 불구하고 건강만 하면 행복하고 걱정 없이 살 수 있다고 생각하는 자는 스스로 속고 사는 자입니다. 건강도 믿을 게 못됩니다. 자신의 생명을 어찌하지 못합니다. 그래서 건강은 자랑할 것이 못 되고, 전적으로 의지할 것이 못 됩니다.

베드로전서 1장 24절

"그러므로 모든 육체(몸)는 풀과 같고 그 모든 영광이 풀의 꽃과 같으니 풀은 마르고 꽃은 떨어지되"

또 하나는 일(work)에 대한 환상과 확신과 기대감입니다. 열심히 일하면 행복하고, 미래가 보장되고, 사후에 좋은 곳에 간다고 생각합니다. 미래나 노후가 보장된다고 착각합니다. 열심히 일하면 현재보다 미래에 좀 더 잘살 수는 있습니다. 일은 하고 살아야 합니다. 일하지 않고 사는 사람은 불성실한 사람입니다. 누군가에게 피해를 주는 사람입니다. 그러나 열심히 일한다고 반드시 부자가 되거나 행복하지 않습니다. 인생이 확 달라지지 않습니다. 미래가 보장되지 않습니다. 우리가 일을 하는 것은 하루하루 먹고살기 위함이지 부자가 되거나 무병이나 장수를 위한 것이 아닙니다. 일을 열심히 해도 병에 걸리고, 불행하고, 죽습니다. 열심히 일하는 것이 인생의 마스터키가 아닙니다. 만일 이런 것을 믿고 열심히 일을 하고 사는 자가 있다면 스스로 속음입니다. 아무리 일을 열심히 하고 살아도 인생의 근본적인 각종 문제는 해결받지 못합니다. 불행이 닥칩니다. 허무합니다.

또 하나는 좋은 일을 하고 사는 것에 대한 환상과 확신과 기대감입니다. 좋은 일을 하고 살면 사후에 좋은 곳에 가거나 천국에 간다고 생각합니다. 사람이라면 좋은 일을 하며 살아야 합니다. 이는 사람의 기본자세입니다. 좋은 일을 하기 때문에 나중에 죽은 이후에 좋은 곳에 가거나, 천국에 들어가거나, 구원을 받는다고 생각하는 것은 스스로 속음입니다.

그런 일은 절대로 없습니다. 좋은 일을 하는 것과 구원은 별개입니다. 좋은 일을 하며 사는 자는 칭찬받아 마땅합니다. 좋은 일을 하면 기쁩니다. 자신도 타인들도 잠시나마 행복합니다. 그러나 구원과는 상관이 없는 일입니다. 좋은 일, 구제와 봉사 등은 구원과 별개로 하면서 살아야 합니다. 아무리 좋은 일과 봉사와 구제를 많이 하고 살아도 진리를 만나지 못하면 다 헛것이 됩니다.

또 하나는 세상의 즐거움에 대한 기대와 설렘과 삶입니다. 사람들 중에는 휴일과 공휴일과 휴가만 기다리며 사는 자들이 많습니다. 평일과 공휴일과 주말에 시간을 내어 동호회 활동이나 아니면 개인이나 부부나 온 가족이 국내외 여행이나, 각종 레포츠나, 각종 오락을 추구하고 세상의 즐거움을 찾고 누리고 삽니다. 주말에 친구들을 만나 수다를 떨고 즐기는 것이 술술 합니다. 그것이 인생의 전부이고, 돈을 버는 목적이고, 돈을 쓰는 재미이고, 사는 맛이라고 생각합니다. 더 나이를 먹어 힘이 빠지고 병들면 움직이지 못하고 즐기지 못하기 전에 건강할 때 놀고 즐겨야 한다고 말합니다. 그러나 진리 밖에서 누리는 세상의 즐거움은 하루살이 놀이나 즐거움에 지나지 않습니다. 오래가지 못합니다. 안개처럼 이내 곧 사라집니다. 잠깐의 즐거움에 지나지 않습니다. 다른 갈증과 욕구만 생길 뿐입니다. 지나고 나면 허무합니다. 세상의 즐거움은 즐길 당시에는 즐겁고 짜릿하고 만족할지 모르지만 하루만 지나면 공허하고 연기처럼 사라집니다. 세상의 즐거움을 맛본 자들은 누구도 부인하지 못합니다. 그래서 세상의 즐거움에 인생을 걸고 사는 것처럼 어리석은 일은 없습니다. 세상의 오락은 인생반전을 가져오지 못합니다. 그럼에도 불구하고 세상의 즐거움에 포로가 되어 인생을 지출하고 허비하는 자들이 무수히 많습니다. 마치 밑 빠진 항아리에 물을 붓는 자와 다르지 않습니다. 어떤 사람은 항아리 밑이 뚫린 것을 알면서도 물을 붓고 어떤 사람은 모르고 물을 붓습니다. 나중에 후회하기 전에 일찍 깨닫고 더 가치 있고 영원한 즐거운 것에 자기 인생을 투자하는 자가 지혜자입니다.

디모데후서 3장 1절, 4절

"네가 이것을 알라 말세(末世)에 고통하는 때가 이르리니…쾌락(pleasure, 즐거움)을 사랑하기를 하나님 사랑하는 것보다 더하며"

디도서 3장 3절

"우리도 전에는 어리석은 자요 순종치 아니한 자요 속은 자요 각색(서로 다른 여러 가지) 정욕과 행락(쾌락)에 종노릇한 자요 악독과 투기(妬忌, 강샘)로 지낸 자요 가증(몹시 미워함)스러운 자요 피차 미워한 자이었으나"

전도서 1장 2~3절

"전도자(솔로몬 왕)가 가로되 헛되고 헛되며 헛되고 헛되니 모든 것이 헛되도다 사람이 해 아래서 수고하는 모든 수고가 자기에게 무엇이 유익한고"

전도서 1장 14절

"내가(솔로몬 왕) 해 아래서 행하는 모든 일을 본즉 다 헛되어 바람을 잡으려는 것이로다"

야고보서 4장 14절
"내일 일을 너희가 알지 못하는도다 너희 생명이 무엇이뇨 너희는(인간은) 잠깐 보이다가 없어지는 안개니라"

누구든지 지난 과거의 즐거운 때를 생각해 보기 바랍니다. 그것이 얼마나 지속되고 당신의 삶을 지배합니까? 지속적으로 만족하게 하고 행복을 보장해 줍니까? 아닙니다. 번개처럼, 바람처럼, 안개처럼, 꿈처럼 잠시 잠깐 기쁨을 주었다가 이내 곧 사라졌을 뿐입니다. 이런 패턴이 반복됩니다. 자기의 즐거움, 쾌락을 위하여 사는 모든 일이 그렇습니다. 그래서 이런 밑 빠진 독의 즐거움에 속아 인생을 허비합니다. 그럼에도 불구하고 이런 삶을 늘 반복하면서 시간과 인생을 보냅니다. 즐거운 인생을 위해서 오늘은 어디에 가서 즐겁게 놀까, 내일은 무엇을 하며 신나게 보낼까, 다음에는 어디에 가서 무엇을 맛있게 먹을까, 주말에는 어디에 가서 무슨 즐거움을 누릴까, 누구를 만나서 재미있게 보낼까를 고민합니다. 생명, 진리가 없는 사람의 마음과 인생이 그렇습니다. 채워지지 않는 마음이 갈증과 허하기 때문입니다. 세상의 즐거움으로 공허한 마음을 채우려고 합니다. 주로 술, 섹스, 춤, 여행, 놀이, 레포츠, 동호회 모임, 지인 만나기, 마약, 돈, 일, 썩어질 성공과 부자에 대한 목표 등입니다.

베드로전서 4장 3절
"너희가 음란과 정욕과 술 취함과 방탕과 연락(宴樂, 흥청망청 즐김)과

무법한 우상숭배를 하여 이방인의 뜻을 좇아 행한 것이 지나간 때가 족하도다"

아무리 즐거운 놀이와 모임과 국내외 여행과 운동 등을 하고 누려도 이 또한 잠시만 누리다 사라지는 부실한 즐거움들입니다. 그 어떤 세상의 즐거움도 영속적으로 진정한 행복과 만족과 평안과 구원을 가져다주지 못합니다. 이런 삶을 수년 혹은 수십 년을 경험했습니다. 그럼에도 불구하고 아직도 여전히 공허한 즐거움에 중독되어 매주 주말과 공휴일에 즐겁게 살 궁리와 계산만 합니다. 이는 자신에게 속고 있는 것입니다. 인생을 허비하는 것입니다. 그렇게 시간은 흐르고 흘러 나이가 육십, 칠십, 팔십, 구십이 되어 싱싱했던 아름다운 얼굴과 몸매는 사라지고 병들고 죽음에 이르게 됩니다. 외롭습니다. 과거 젊었을 때, 건강했을 때 희희낙락하며 즐기고 누렸던 모든 것들이 허무하게 여겨집니다. 진리가 없는 삶이 그렇습니다. 나이가 들거나 죽음 직전 인생을 정리할 때 후회만 남습니다.

또 하나는 공부(工夫)에 대한 환상이나 확신이나 기대감입니다. 공부를 열심히 하면 인생이 확 열리고 행복이 기다린다고 생각합니다. 부분적으로는 맞습니다. 그러나 전부는 아닙니다. 공부를 잘하면 칭찬을 받아 번개행복을 맛보기도 합니다. 성취감도 느낍니다. 비교적 가고 싶은 대학교에 들어갈 수 있습니다. 좋은 기업에 취직이 가능합니다. 성취감이 있습니다. 하지만 공부를 잘한다고 만사형통한 것은 아닙니다. 공부만 열심히 하면 장밋빛 인생이 펼쳐진다고 생각하는 자가 있다면 스스로 속음입니다. 그러나 공부는 성실하게 해야 합니다. 학생에게 일은 공부이기 때문입니다. 그러나 아무리 공부를 열심히 해도 반드시 부자가 되는 것도 아니고, 항상 행복한 것도 아니고, 무병한 것도 아니고, 언젠가는 병들고 죽게 됩니다. 그런즉 공부를 너무 의지하고 기대하지 말아야 합니다. 공부보다 더 중요한 것을 공부해야 합니다. 그것은 진리를 찾는 것입니다. 그것은 바른 신앙과 종교를 찾는 것입니다.

바른 신앙과 종교를 찾기 전에는 지구촌에 거하는 수십억 명의 사람들은 진정한 행복과 평안과 구원은 얻지 못합니다. 기독교 성경은 이에 대한 정답과 해답을 제시합니다. 물고기가 물을 떠나서는 행복하지 못하고 비참해지고, 나뭇가지가 본나무에 붙어 있지 않으면 이내 곧 말라 비틀어져 죽고, 갓난아이가 엄마에게서 떨어져 있으면 늘 불안하고, 불행하고, 두렵고, 마음에 평안과 안정이 없고, 위험한 것처럼, 사람을 흙으로 창조하신 하나님을 떠나 살면 사람은 누구든지 아무리 부자가 되고, 권력을 잡고, 술과 담배를 즐기고, 섹스를 하고, 열심히 일하고, 좋은 일을 하고, 공부를 잘하고, 건강하고, 이단이나 사이비 집단과 참이 아닌 종교와 신앙을 가지고 살더라도 결국 불행하고, 참된 평안이 없고, 비참하게 살아갑니다. 현재와 미래에 구원을 받지 못합니다. 영원히 멸망하게 됩니다. 이런 행위들과 죄 사함과 구원은 별개이기 때문입니다. 바라기는 모두가 진리와 참을 만나 헛된 것, 거짓 교훈, 달콤한 제안, 위선된 친절, 거짓 종교나 신앙, 모든 가짜 등에 대하여 타인에게나 스스로 속음을 당하지 않고 살기를 간절히 바랍니다. 어리석은 자는 반복해서 속고 지혜로운 자는 속지 않습니다.

제46장

만남과 이별, 사후 천상재회와 영원한 이별

사람은 자기가 원하든지 원치 않든지 현세와 내세에서 반드시 누군가를 만나고 이별하고 죽습니다. 일시적인 이별과 영원한 이별이 있습니다. 일시적인 만남과 영원한 만남이 있습니다. 영원히 불행한 만남과 행복한 만남이 있습니다. 부부와 가족과 지인과 사람들 중에서 이런 일들이 일어날 것입니다. 부모나 배우자 등이 죽으면 고맙고, 미안하고, 아쉽고, 그립고, 보고 싶습니다. 회자정리(會者定離)라는 말이 있습니다. 이는 불교 용어로 '사람은 누구나 만나면 헤어지기 마련'이라는 뜻입니다. 하지만 이는 불교 용어의 전유물이 아닙니다. 불교에서 사용하기 전에 이미 기독교 성경인 창세기에 나와 있습니다. 아무튼 이생을 사는 사람은 누구나 반드시 아픈 이별을 하게 됩니다. 이별은 피할 수 없는 것입니다. 남녀노소, 빈부귀천, 종교, 지위고하를 막론하고 정녕 이별합니다. 사랑하는 부부와 부모와 자식과 벗과 지인 등과 이런저런 방식으로 헤어지되 결정적으로 죽음이 이별하게 만듭니다. 아무리 이별을 거부하고 저항해도 이별은 누구도 막지 못합니다. 그것이 하나님께 범죄한 인간에게 형벌로 주어진 불행한 인생입니다. 태어날 때는 순서가 있었지만 이별과 사별은 예고나 순서가 없습니다. 누구에게든지 어느 날 갑자기 찾아옵니다. 이별이 무섭고 아픈 이유는 깊은 정이든 사랑하는 사람과의 헤어지기 때문입니다. 사랑하지 않으면 잠깐 슬프고 끝나는데 사랑하는 사이에서의 이별, 사별은 산 살을 베고 뼈를 꺾는 것과 같은 아픔이 있습니다.

사랑하는 사이에도 반드시 이별이 숨어 있습니다. 사랑하는 사이라고 해서 늘 좋은 시간만 있는 것이 아닙니다. 그런데 대부분의 사람들은 이런 분명한 사실을 잊고 삽니다. 평생 이별하지 않을 것처럼 살아갑니다. 그래서 사랑하는 사람이 갑자기 죽어 이별하게 되면 그 충격이 상상을 초월합니다. 평상시에 생각하지 않았고 마음의 준비를 하지 않고 살아왔기 때문입니다. 사별의 아픔을 겪어 보지 못한 사람은 그 충격, 아픔, 슬픔, 고통, 공허함이 얼마나 큰지 잘 모릅니다. 그래서 공감을 못합니다. 마치 관중석에서 스포츠를 관람하듯이 말하고 바라봅니다. 사람은 무엇이든지 자신이 직접 당해 봐야 공감하게 됩니다. 그것이 사람의 모습입니다. 성경은 신자나 불신자를 막론하고 이 땅에서와 사후에 이별과 재회, 또 영원한 이별과 영원한 재회를 하게 될 것이라고 말합니다. 그런 이유에 대해서도 분명하게 말합니다. 그것은 영원 전부터 스스로 자존하시는 전능하신 하나님에 의해 흙으로 창조함을 받은 최초의 사람 아담과 하와가 하나님께 불순종하는 죄를 범한 결과로 저주, 형벌로 주어지는 것이라고 말합니다. 이것이 기독교 이별, 사별 세계관입니다.

창세기 2장 17절

"선악을 알게 하는 나무의 실과는 먹지 말라 네가 먹는 날에는 정녕(반드시) 죽으리라 하시니라"(사망과 이별 경고)

로마서 6장 23절

"죄의 삯은 사망이요…"(사망과 사별 규정)

히브리서 9장 27절

"한 번 죽는 것은 사람에게 정하신 것이요 그 후에는 심판이 있으리니"(사별의 명확성과 사후 심판 경고)

인류의 대표자이자 머리인 아담과 하와가 에덴동산에서 하나님께서 금하신 선악과를 따 먹는 불순종으로 주어진 형벌과 저주에 따라 사람은 현세에서 누구나 죽음에 따른 이별의 아픔을 겪어야 하는 신세가 되었습니다. 그것이 죽음, 사별(死別)이라는 이별입니다. 문제는 이 땅에서의 이별이 전부가 아니라는데 있습니다. 사람이 태어나서 죽음이라는 이별을 하는 것으로 끝나면 다행인데, 고민할 것도 없는데, 두려워할 필요가 없는데 사후에 부활과 심판과 재회와 다시 영원한 이별과 영원한 나라, 세계가 기다리고 있다는 것입니다. 마치 축구에서 전반전이 끝나고 후반전이 기다리고 있거나, 낮으로 끝나지 않고 밤이 기다리고 있거나, 봄이 지나고 겨울이 기다리고 있는 것처럼 말입니다. 그래서 후반 준비, 밤 준비, 겨울 준비를 하지 않고 살면 낭패를 당합니다. 세상은 현세와 내세(사후세계)로 되어 있습니다. 이를 아는 사람, 믿는 사람, 모르는 사람, 믿지 않는 사람이 있지만 반드시 있습니다. 문제는 이 땅에서의 이별은 잠시지만 내세에서의 이별과 재회는 영원하다는 것입니다.

신자나 불신자를 막론하고 죽으면 세상 종말에 모두 부활하여 천상으로 올라가서 인류의 재판장이신 예수님으로부터 심판을 받고 누구는 영원한 이별, 누구는 영원한 재회, 누구는 고통스러운 재회, 누구는 행복한 재회를 하여 천국 아니면 지옥에서 영원히 살게 됩니다. 다시 말해서 사후에 죽음으로 끝이 아니라 부활하여 향후 천상에서 재회와 이별을 또 하게 됩니다. 그러니까 사후에 천상에서 회자정리(會者定離, 만남과 헤어짐)를 또 하게 됩니다. 이 땅에서 사는 동안 인류의 유일한 구세주인 예수 그리스도를 진실로 믿어 구원을 받은 부부, 부모와 자식, 형제, 친인척, 지인, 친구들은 천상에서 다시 재회(再會, 두 번째로 만남)하여 천국에서 영원히 행복하게 살게 됩니다. 그 이후에는 다시는 이별하지 않습니다. 이것을 영생이라고 말합니다. 그러나 이 땅에서 인류의 유일한 구세주인 예수님을 믿지 않고 살다가 죽은 자들은 부부든, 부모와 자식이든, 형제든, 지인이든, 친구든 심판을 받고 영원한 이별을 하게 됩니다. 혹 부부든, 부모와 자식이든, 형제든, 친인척이든, 지인이든, 친구든 예수님을 믿지 않게 되면 다시 재회하게 되는데 불행하고 고통스러운 지옥에서의 재회가 되어 영원히 고통을 겪으며 함께 살게 됩니다. 이것을 성경은 둘째 사망 혹은 영벌이라고 말합니다.

마태복음 25장 46절
"저희는(예수님을 믿지 않는 자들) 영벌에(지옥), 의인들은(예수님을

믿는 자들) 영생에(천국) 들어가리라 하시니라"

요한계시록 20장 14절
"사망과 음부도 불못(지옥)에 던지우니 이것은 둘째 사망(사후 지옥생활) 곧 불못(지옥)이라"

요한계시록 21장 8절
"그러나 두려워하는 자들과 믿지 아니하는 자들과 흉악한 자들과 살인자들과 행음자들과 술객들과 우상숭배자들과 모든 거짓말 하는 자들은 불과 유황으로 타는 못(지옥)에 참예하리니 이것이 둘째 사망(사후 지옥생활)이라"

사후에 천상에서 서로 다시 재회하는 부부가 있고 영원히 이별하는 부부가 있습니다. 부모나 형제나 지인들도 마찬가지입니다. 이 땅에서만 이별하는 것이 아닙니다. 이 땅에서는 누구나 다 이별을 하지만, 사후 부활한 천상에서는 현세에서 살 때 구세주인 예수님을 믿었느냐 믿지 않았느냐에 따라서 영원한 이별과 영원한 재회가 다시 이루어집니다. 지구촌에서 살 때 진실로 구세주인 예수님을 믿고 살다가 죽은 자들은 누구든지 사후에 천상에서 다시 재회하여 천국에서 영원히 함께 살게 됩니다. 반대로 예수님을 믿지 않고 살다가 죽은 자들은 예수님을 믿었던 가족과 영원히 이별하는 동시에 예수님을 불신했던 가족이나 지인들과 다시 재회하여 고통의 장소인 지옥에서 영원히 동거하게 됩니다. 이것이 이 땅과 내세에 있을 이별과 천상재회와 영원한 이별의 모습입니다. 그러므로 향후 천상에서도 다시 재회하여 천국에서 영원히 살고 싶은 사람들은 이 땅에 사는 날 동안에 인류의 유일한 구세주이신 예수님을 믿어야 합니다. 다른 구원의 길, 영생의 길, 행복한 재회의 길은 없습니다. 다른 길이 있다고 하면 그것은 가짜입니다. 이단입니다. 사기입니다.

그래서 내세의 영원한 삶에 비하면 현세의 삶은 하나의 점이나 순간에 불과한 아주 짧은 시간입니다. 100년의 삶은 순간과 잠깐이고 하루살이에 지나지 않습니다. 그래서 신중하고 깊게 생각하고 살아야 합니다. 이 세상이 전부라고 확신하고 살면 큰일 납니다. 내세를 부인하고 살면 어리석은 일입니다. 사람들이 이 땅에서 일어날 수도 있는 각종 사고와 질병에 대비하여 다양한 보장보험을 들고 사는 것처럼 내세, 사후세계에 대한 영원한 생명보험도 들어야 합니다. 물론 세상 보험가입과 전혀 다른 방식이긴 합니다. 그것은 예수님이 믿어지는 사건이 발생해야 합니다. 이 믿음은 하나님이 공짜로 주시는 은혜이자 선물입니다. 영원한 생명보험은 돈과 선행이 아닌 믿음으로만 가능합니다. 하나님으로부터 이 믿음의 선물을 받은 사람들만이 예수님이 믿어지고 그 외에는 결코 예수님을 믿지 못합니다. 오해와 착각하는 자들이 있어 한 가지를 언급하면, 천국은 구제, 봉사, 착한 일, 선행, 공로, 행위, 수행, 해탈 등으로 들어가지 못합니다. 누군가가 그리 말한다면 가짜입니다. 속는 것입니다. 진리가 아닙니다. 성경은 오직 믿음으로만 천국에 들어간다고 말합니다.

그런즉 현세와 내세에서 만남과 이별이 있음을 알고 이 땅에 사는 날 동안 진지하게 고민하면서 내세를 대비하고 살아가야 합니다. 군인들이 항상 전쟁을 대비하고 사는 것처럼 말입니다. 전쟁은 일어나지 않는다고 굳게 믿고 사는 군인처럼 어리석은 사람은 없습니다. 크나큰 착각이자 오판입니다. 내세에 대한 것도 마찬가지입니다. 내세를 부인하고 거부한다고 문제가 해결되는 것이 아닙니다. 이는 마치 몸이 아픈 사람이 자기 불편함과 병원을 불신하고 거부한다고 아픈 것이 사라지는 것이 아닌 것과 같습니다. 지혜로운 자는 유비무환(有備無患)이라는 말을 되새기며 삽니다. 더 나아가 사후, 내세에 누구나 영원한 천상재회와 영원한 이별이 기다리고 있다는 사실도 명심하고 살아야 합니다. 한번 태어난 인생은 그렇게 간단하게 끝나지 않습니다.

눈에 보이지 않는, 실존하는 비가시적인 영혼(靈魂) 하나만 생각해도 그렇습니다. 사람의 육체 속에 있는 보이지 않는 영혼은 물질이 아니므로 육체로 살아 있을 때나 죽은 이후에 죽지도, 불에 타지도, 썩지도 않고 영원히 삽니다. 사람이 죽으면 영혼은 신앙 여부에 따라 즉시 낙원 아니면 음부로 들어갑니다. 알 수 없는 곳으로 사라지는 것이 아닙니다. 이런 것이 골치 아프다고 생각하지 않겠다고 해도 영혼은 존재하고 영원히 삽니다. 이 세상에 한번 태어난 사람은 종교와 신앙을 떠나서 자기가 원하든 원치 않든지 천국에서 살든 지옥에서 살든 죽지 않고 영원히 살게 됩니다. 그것이 비물질인 영혼이 있는 인생, 영원히 썩지 아니할 몸으로 부활한 사람의 미래 모습과 실상과 삶입니다. 우리는 이 땅에서와 사후에 불가피한 이별과 사후 천상재회와 영원한 이별과 영원한 재회와 동거가 있음을 알고 살아야 합니다.

그래서 예수 그리스도를 믿는 믿음 안에서 이별하고 사별한 자들은 잠깐만 슬퍼하고 지속적으로 슬퍼하지 않는 것입니다. 몇 년씩 사별의 슬픔에 젖어 살지 않습니다. 반드시 천상재회, 천국에서의 영원한 동거가 기다리고 있기 때문입니다. 그러나 예수님을 믿지 않고 사는 자들이나 예수님을 거부하고 살다가 죽은 자들은 전혀 다릅니다. 오랫동안 고인을 잊지 못하고 슬퍼합니다. 안타깝지만 오랫동안 통곡하고 슬퍼해야 합니다. 왜냐하면 영원히 피눈물과 고통만을 당하는 영원한 삶인 지옥세계가 기다리고 있기 때문입니다. 교도소 생활을 영원히 한다고 생각해도 끔찍한 일인데, 고통만 당하는 지옥의 영원한 생활은 상상만 해도 잠이 오지 않을 것입니다. 이런 진리를 우습게 여기고, 조롱하고, 농담으로 여기고, 무시하고, 불신하는 자들은 그 날에 직접 자기 눈으로 목도하고 확인하게 될 것입니다. 세상에서 전쟁은 일어나지 않는다고 확신하고 주장하는 군인처럼 어리석은 사람처럼 말입니다.

제47장

출산 전후 일과 자녀 양육, 무엇이 우선입니까?

출산 전후에 있어서 아내와 엄마에게 있어서 가장 우선하고, 가치 있고, 소중하고, 중요한 것은 태아와 집안일과 남편을 돕는 일과 출산한 아기를 돌보고 양육하는 것입니다. 시대가 시대인 만큼 이런 성경적인 주장을 하면 비웃음과 조롱을 당할 것입니다. 그래도 이것이 참이기에 말할 수밖에 없습니다. 아내에게는 일(work)이나 맞벌이가 우선이 아닙니다. 하지만 현실은 결혼보다, 출산보다, 자녀 돌봄보다 일을 우선으로 생각하는 부부들이 적지 않습니다. 돈을 버는 것을 더 우선합니다. 이런 것이 작금의 추세이고 대세입니다. 그래서 결혼 후 임신과 출산을 했음에도 불구하고 너도나도 집을 나서서 돈을 벌고, 자기 전공을 살리고, 경력 단절을 막기 위해서 애쓰고 있습니다. 어린 자녀들을 어린이집이나 다른 사람에게 위탁하고 산업 현장, 돈벌이 일터로 나갑니다. 돈도 돈이지만 집 안에 있는 것이 답답하고 직접 자녀를 양육하는 것이 힘들고 일하는 것이 즐겁기 때문입니다. 일도 하고, 돈도 벌고, 사람들도 만나니 재미 있습니다. 이에 대하여 기독교 성경은 아내는 임신과 출산과 자녀 양육과 집안 일이 우선이라고 말합니다. 어찌 보면 현실과 동떨어진, 시대 흐름에 맞지 않는, 공감할 수 없는 다른 입장을 취합니다. 이유는 분명합니다. 그렇게 사는 것이 엄마나 자녀가 가장 잘되는 길이고, 가장 지혜롭고, 행복한 것이기 때문입니다. 세상적으로 말하면 장기적으로 그렇게 살아야 혹자인생이 됩니다.

본래 사람을 흙으로 창조하시고, 결혼제도를 만드시고, 남녀를 부부로 맺어 주신 근본적인 이유와 목적은 하나님의 영광을 위해서이고, 이 지구상에 생육하고 번성하기 위함입니다. 아내이자 엄마에게 있어서 지상에서 최우선 사명과 역할과 가치와 가장 소중한 일은 자녀 출산과 양육입니다. 아내와 엄마에게 있어서 이보다 더 중요하고 가치 있는 일은 지구상에 없습니다. 남편을 돕고 자녀를 친히 양육하면서 가정을 단단히 유지하고 건강하게 만드는 것입니다. 남편의 최우선 사명은 가정 경제와 살림을 위하여 돈을 버는 일이고, 아내는 가정 일과 남편 내조와 자녀 양육을 책임지는 일을 가장 우선하게 하셨습니다. 그것이 부부의 역할과 책임과 의무입니다. 이는 세상 끝날 때까지 불변의 질서입니다. 이것이 결혼한 부부가 일생 동안 최우선적으로 책임을 져야 하는 일입니다. 이런 질서는 법과 사람이 세운 것이 아니라 만물의 주인이신 하나님께서 세우신 질서입니다. 여기에 자녀들과 배우자를 정성과 좋은 식재료로 음식을 만들어 끼니때마다 섬기는 것도 포함됩니다. 이런 것이 하찮은 것이 절대로 아닙니다. 매우 중요한 일입니다. 가족 구성원들에게 각자 알아서, 돈으로 식사를 해결하라고 하거나, 밥을 챙겨주는 것을 귀찮아하거나, 고의적으로 밥을 해 주지 않는 것은 직무유기와 불성실에 해당합니다. '시대가 어떻고', '다른 집과 남편은 어떻고', '내가 밥하는 기계야', '그동안 할 만큼 했어', '나도 쉬고 싶어', '나도 이제 자유롭게 살 거야' 등등의 말을 하면서 집에서 나와 개인 삶을 즐기며 아내의 고유 직무를 소홀히 하는 것은 본래의 책무를 방기하는 것입니다. 하나님께서 남녀 부부에게 주어진 의무와 책무는 시대가 변해도 죽을 때까지 준수하는 것입니다.

아무튼 어린 자녀들을 다른 사람이나 기관에 위탁하는 것은 결코 안 되는 것입니다. 자녀 양육은 절대적으로 불가피한 상황이 아닌 이상 오직 부부가 잘 감당해야 하는 역할입니다. 자녀들은 친부모에게 맡긴 것이지 다른 사람이나 다른 어린이집에 맡긴 것이 아닙니다. 이것이 하나님께서 사람과 부부에게 부여하신 가장 중요한 사명과 역할입니다. 이런 것은 결코 가벼운 것이나 사소한 것이 아닙니다. 그런데 사람들이 이런 하나님의 창조의 뜻을 거역하고 자기들 하고 싶은 대로 살아가고 있습니다. 이로 인하여 가정과 부부와 자녀들에게서 상당한 부작용과 후유증이 나타나고 있습니다. 가장 대표적인 것이 이혼이고 친부모나 사람들을 함부로 대하는 자녀들입니다. 그런데도 아랑곳 하지 않고 자기들 방식대로 살아가는 것이 현실입니다. 너도나도 다 그렇게 살아가니 이젠 대세가 되었습니다. 어린 자녀들이 어떻게 자라든지 개의치 않고 엄마들은 자기들만 하고 싶은 것을 하고 살면 그만입니다. 당연하게 생각합니다. 이러한 경향과 문화와 대세는 인본주의 사상이지 기독교의 성경사상이 아닙니다.

창세기 1장 28절

"하나님이 그들에게(최초의 부부인 아담과 하와) 복을 주시며 그들에게 이르시되 생육(生育, 낳아서 기름)하고 번성하여 땅에 충만하라…"

창세기 3장 16절

"또 여자(하와, 결혼한 아내)에게 이르시되 내가(하나님) 네게 잉태(임신)하는 고통을 크게 더하리니 네가 수고하고 자식을 낳을 것이며(해산의 고통) 너는(아내) 남편을 사모(기댐)하고 남편은 너를(아내) 다스릴 것이니라 하시고"

창세기 3장 17절

"아담에게(인류 최초의 남편) 이르시되 네가 네 아내의 말을 듣고 내가 너더러 먹지 말라 한 나무 실과(선악과)를 먹었은즉 땅(earth)은 너로 인하여 저주를 받고 너는 종신토록 수고하여야(일을 해야) 그 소산을 먹으리라"

디모데전서 5장 14절

"그러므로 젊은이는 시집가서 아이를 낳고 집(homes)을 다스리고 대적에게 훼방할 기회를 조금도 주지 말기를 원하노라"

무엇이든지, 누구에게든지 각기 주어진 역할과 사명이 있듯이 부부도 마찬가지입니다. 남편은 가정과 부부의 머리이자 가장으로서 경제적 책임을 지는 것이고, 아내는 남편을 돕는 배필로 가정 일을 살피고, 자녀를 임신하고 출산하여 잘 양육하는 책임과 사명을 주셨습니다. 이는 죽을 때까지 변치 않는 부부의 질서와 의무와 책임과 역할입니다. 이런 각기 분리된 사명과 역할 분담에 대하여 가장 잘 이해할 수 있는 방식이자 배치사역이 축구입니다. 축구에서 11명 선수의 각 포지션은 우열(優劣)이나 차별로 배치한 것이 아닙니다. 축구에서 공격수는 항상 상대편 진영에 머물러 있으면서 상대방 골문에 골을 넣는 역할이고, 골키퍼는 다른 포지션으로 이동하지 않고 자기 진영 골문을 지키며 상대방 슛을 막는 역할과 사명이 주어진 것과 같습니다. 이것이 공격수와 골키퍼의 최우선 사명과 역할, 선수들의 고유한 역할과 사명입니다. 경기가 끝날 때까지 이 임무를 잘 지켜야 합니다. 변하지 않습니다. 시대가 변해도 각기 포지션 역할과 책임과 배치는 변치 않습니다. 이것을 제대로 수행하지 않으면 그 팀은 오합지졸이 되어 무너집니다. 승리할 수 없고 행복할 수 없습니다. 부부도 마찬가지입니다. 부부는 축구로 말하면 남편은 공격수의 위치와 역할이고, 아내는 골키퍼의 위치와 역할입니다. 골키퍼는 골문을 나서 상대방 골문에 슛을 하는 것이 우선이 아니라, 절대적인 급박한 상황이 아닌 이상 끝까지 골문을 잘 지키는 것이 최우선 사명이자 역할입니다. 반대로 공격수는 자기편이 절대적인 위기에 처해 있지 않는 이상 상대편 진영에 머물러 있으면서 골을 넣는 것에 집중해야 합니다.

어느 회사나 기관이든 모든 영역과 일들에 있어서 사람들의 역할이 분명하게 분담이 되어 있고 사명이 다릅니다. 이런 질서와 상식과 기본을 무시하면 어느 회사, 팀, 단체, 기관, 군대는 다 무너집니다. 콩가루가 됩니다. 그런데 가정에서는 부부들이 이런 기본과 상식을 무시하고 살아가고 있습니다. 그 결과 보이게 보이지 않게 부부와 가정과 자녀들이 병들고, 망가지고, 훼손되고, 불행의 길로 가고 있습니다. 기독교인들조차 이런 사명과 역할을 망각하고 세상 사람들이 하는 것처럼 살아가고 있습니다. 세상 방식과 하나님 방식을 합한 혼합주의 삶을 추구합니다. 맞벌이나 다른 일을 할 때도 절대적으로 예외적이고 제한적인 경우에만 해야 합니다. 자녀가 없을 때, 아내가 가정 일을 돌보지 않아도 큰 문제가 없을 때, 자녀가 적어도 초등학교를 졸업 했을 때까지(졸업 전에는 엄마가 돌봐야 할일이 많음), 가정 경제가 극도로 어려울 때, 남편이 여타 이유로 가정 경제를 책임지지 못했을 때뿐입니다. 그 외에는 돈을 벌기 위해서 본래 아내의 사명, 역할, 지위를 이탈하지 말아야 합니다. 아무리 대세가 그러해도 흔들리지 말고 자리 자리를 지켜야 합니다. 그래야 남편과 자녀와 가정이 건강하게 잘 돌아갑니다. 최후에 웃을 수 있습니다.

남편과 자녀와 가정이 견고한 성처럼 안전하게 됩니다. 자녀들이 반듯하고 건강하게 자랍니다. 자신도 행복하게 됩니다. 인생을 멀리 보고 계산해야 합니다. 무엇이 진정으로 자녀들과 가정과 자신을 위하는 것인지를 말입니다. 본래의 자리와 역할을 이탈하여 살면 당장은 자유롭고, 즐겁고, 행복할지는 몰라도 나중에 수년 혹은 수십 년을 결산해 보면 손해와 후회만 남을 것입니다. 이렇게 말하면 현실을 너무 모르는 답답한 주장이라고 할 수 있습니다. 맞습니다. 그래도 이것이 진리인 성경에서 말하는 원칙이자 기본과 상식이기에 당장은 답답하고 힘들어도 세상 경향과 인본주의를 따라가지 말고 성경 말씀을 따라 살아야 합니다. 왜냐하면 하나님의 말씀을 따라 살면 언제나 옳고 잘되지만, 인간의 말을 듣고 세상의 유행과 대세를 따라 살면 언제나 틀리고 실패합니다. 남는 것이 없습니다. 완전하신 하나님의 말씀을 따라 사는 부부, 사람이 잘되고 지혜로운 자입니다. 성경 말씀을 떠나 자기들이 하고 싶은 대로 살면 반드시 후회합니다. 실패합니다. 그래서 당장은 힘들어도 원칙과 기본과 상식, 진리를 따라 사는 자가 최후에 승자가 됩니다.

제48장

부부는 누구를 중심으로 살아가야 합니까?

부부는 시종일관 죽을 때까지 배우자 곁을 떠나지 않고 부부 제일 중심으로 살아가는 것이 성경 세계관이자 원칙입니다. 왜냐하면 오직 부부만이 한 몸이기 때문입니다. 한 몸은 다른 몸에 붙어 살 수 없습니다. 다른 몸을 우선할 수 없습니다. 한 몸인 부부는 떨어져 있을수록 고통, 그리움, 외로움, 불안을 느낍니다. 한 몸인 부부인데 떨어져 잇는 것이 좋고, 편하고, 자유롭다면 정상적인 부부가 아닙니다. 어디가 병든 부부입니다. 부부는 하나님이 세우신 원칙과 질서대로 살면 행복합니다. 건강합니다. 부부 사이가 좋습니다. 이혼하지 않습니다. 자녀들에게도 좋은 영향을 미칩니다. 죽을 때까지 친밀하게 살아갈 수 있습니다. 그러나 자기 고집과 자기 주관적인 원칙과 생각대로 살면 시간이 지날수록 불편한 부부가 됩니다. 후회합니다. 부부생활은 처음이든, 자녀를 낳은 중간이든, 자녀가 국내외에서 공부하는 나중이든 자녀 중심으로 사는 것이 아닙니다. 자녀가 출생하든 출생하지 않든지 부부는 항상 부부 제일 중심으로 살아가야 한 몸이고 행복하게 됩니다. 자녀는 자녀이고 부부는 부부입니다. 자녀들도 이런 부부의 모습을 보고 자라야 결혼하고 싶어지고 행복한 결혼생활을 하게 됩니다. 부부와 자식은 서로의 인생과 추구하는 것이 다릅니다. 서로 다른 인격체입니다. 서로를 돕고 사랑하는 것은 좋지만 경계선을 잘 지키며 살아야 합니다.

그런데 현실은 그렇지 않습니다. 결혼 후 어느 시점에 배우자 제일 중심에서 벗어나 자녀 중심으로 이동하여 사는 부부들이 적지 않습니다. 이런 것을 당연하게 생각합니다. 이는 탈선입니다. 부부의 위기입니다. 특히 자녀들의 유학과 공부를 위해서는 물불을 가리지 않는 아내들이 있습니다. 과감하게 부부 곁을 떠나 자녀에게로 가 버립니다. 이는 크게 잘못된 것입니다. 부부와 자녀는 전혀 다른 인격체입니다. 배우자와 자녀는 별개입니다. 부부는 피차 한 몸의 관계이고 자녀들은 한 몸이 아닌 잠시 양육하여 독립시켜야 할 대상입니다. 부모와 자녀는 한 몸이 아닌 한 지체에 불과합니다. 그러나 부부는 유일하게 한 몸입니다. 극히 제한적이고 잠시만 떨어져 있을 수 있고 그 외에는 항상 함께 있어야 합니다. 자녀는 언젠가는 부모의 곁을 떠나 새로운 이성을 만나 결혼하여 독립된 가정을 세워야 하는 자입니다. 그러나 부부는 죽을 때까지 배우자를 떠나지 않고 곁에서 함께 생사고락을 함께할 유일한 대상입니다. 자녀들은 어느 정도 성장하면 부모와 가정의 둥지를 떠나 홀로 독립해서 살아가는 존재입니다. 동일한 존재가 아닙니다.

성경은 남편에게 목숨을 다해서 아내를 사랑하고, 아내는 남편에게 범사에 복종하라고 합니다. 복종하라고 하니 마음이 불편할 수 있는데 나쁜 개념이 아닙니다. 이는 남존여비나 우열이나 차별의 문제가 아닙니다. 부부의 질서일 뿐입니다. 어느 쪽이 불이익을 당하는 구조가 아닙니다. 부부와 가정이 효율적으로 경영이 되어 모두가 행복하고 안전하게 되는 질서입니다. 가부장제도 이런 질서에 해당합니다. 사람들은 부부와 남녀 관계를 종속, 계급, 우열, 차별로 보는 경향이 있는데 세상은 그렇게 여겨도 성경에서 말하는 부부나 남녀 관계는 전혀 그렇지 않습니다. 그러니 어설프게 아는 지식으로 오해하지 말고 흥분하지 말아야 합니다. 부모들은 자녀들을 괴롭히지 말고 주의 훈계와 교양으로 가르치라고 합니다. 자녀들을 낳고 어느 시점까지 잘 양육하는 것은 부모의 책무입니다. 하지만 정도껏 해야 합니다. 어느 정도 학비를 지원해 주는 것까지도 이해하지만 한 몸인 배우자의 곁을 떠나 오랫동안 자녀를 따라 다니면서 뒷바라지를 해 주고 부부가 이산가족으로 사는 것은 전혀 성경적이지 않고 옳은 행동도 아닙니다. 배우자의 곁을 떠나 사는 것은 부부 불행의 시작입니다.

무엇이든지 과하면 탈이 납니다. 이것을 과유불급(過猶不及)이라고 합니다. 부부는 지구상에 존재하는 것 중에서 유일하게 한 몸입니다. 그러나 자식은 한 몸이 아닙니다. 부부는 사별할 때까지 한 몸으로 함께 동거하는 관계이지만, 자녀들은 때가 되면 부모의 둥지를 떠나 독립해야 하는 다른 독립 존재입니다. 언젠가 자녀와는 떨어지지만 부부는 죽을 때까지 떨어져서는, 멀리해서는 안 되는 존재입니다. 그래서 부부와 달리 자녀들은 한 몸이라고 하지 않습니다. 부부는 자녀 교육과 봉사 등등 때문에 배우자 곁을 떠나 그 무엇을 하는 것은 본분을 망각하고 오버하는 불행입니다. 자녀가 독립해서 혼자 살아갈 수 없는 시기에는 부모와 함께 살지만, 어느 정도 성장하여 국내외에서 혼자 살아갈 수 있는 나이가 되면 모든 것을 혼자 해결하도록 해야 합니다. 부부는 항상 우선순위를 잊지 말아야 합니다.

이런 부부와 자녀와의 관계를 오해하여 이상한 삶을 사는 아내들이 적지 않습니다. 그것이 자녀 사랑이라고 생각합니다. 배우자를 멀리하고 소홀히 하면서 자녀를 사랑하는 것은 자녀 사랑이 아닙니다. 배우자나 자녀 모두를 불행하게 만드는 시초가 됩니다. 자녀를 낳으면, 자녀가 좀 뛰어나거나 공부를 잘하면, 자녀가 무리하게 조르면 일부 아내들은 무리한 생각과 결단과 행동을 합니다. 결혼한 부부들, 자녀를 낳고 사는 부부들의 삶의 현장을 보면 천차만별입니다. 가장 대표적인 예가 자녀들의 공부를 위해서 배우자의 곁을 오랫동안 떠나 사는 것입니다. 배우자를 소홀히 하는 것입니다. 그것이 자녀 해외 유학입니다. 국내에서 온 종일 여기저기 학원에 데리고 다니는 엄마들입니다. 온통 자녀 공부와 뒷바라지에만 전심전력하는 아내들입니다. 성경은 기도할 틈을 얻기 위해서 잠시 며칠 동안은 떨어져 지낼 수 있지만 그 외에는 떨어져 살지 말라고 명령합니다.

아내들은 남편을 돕는 배필로 세우셨습니다. 자녀들의 성공과 출세와 유학과 공부를 위해서 아내와 엄마를 주신 것이 아닙니다. 자녀를 낳으면 관심과 사랑과 마음의 무게 중심이 배우자가 아닌 자녀들에게로 가 버립니다. 이는 정당하고 당연한 것처럼 보이지만 정상적인 모습이 아닙니다. 잘못된 것입니다. 자녀를 돌보고 사랑하는 것은 좋지만 본래의 부부 본분을 지키면서 해야 부부도 살고 자녀도 행복하게 됩니다. 그렇지 않으면 배우자도 실패하고 자녀도 실패하는 승패의 삶이 되어 버립니다. 자녀 때문에 배우자가 불행하게 됩니다. 이런 모습을 지켜보는 자녀도 행복하지 않습니다. 잘못된 인생과 부부의 모습을 보고 자란 자녀들도 결혼하면 그렇게 살 공산이 큽니다. 잘못된 부부의 삶을 세습시키게 됩니다. 결혼에 대하여 매우 부정적입니다. 결혼에 대한 두려움을 갖게 됩니다. 이는 성경이 지지하는 바가 아닙니다. 배우자나 자녀나 다 동등하게 소중하고 가치가 있습니다. 어느 한쪽을 희생시키면서 대하지 말아야 합니다. 그것은 성경이 말한 원칙대로 살면 됩니다.

에베소서 5장 25절

"남편들아 아내 사랑하기를 그리스도께서 교회를 사랑하시고 위하여 자신을 주심같이 하라"(십자가 죽음 사랑)

에베소서 5장 22절

"아내들이여 자기 남편에게 복종하기를 주께 하듯 하라"

창세기 2장 18절

"여호와 하나님이 가라사대 사람의 독처하는 것이 좋지 못하니 내가 그를 위하여 돕는 배필을 지으리라 하시니라"

창세기 2장 24절

"이러므로 남자가 부모를 떠나 그 아내와 연합하여 둘이 한 몸을 이룰

찌로다"

고린도전서 7장 5절
"서로 분방(分房)하지 말라 다만 기도할 틈을 얻기 위하여 합의상 얼마 동안은 하되 다시 합하라 이는 너희의 절제 못함을 인하여 사단으로 너희를 시험(유혹)하지 못하게 하려 함이라"

에베소서 6장 4절
"또 아비들아 너희 자녀를 노엽게 하지 말고 오직 주의 교양과 훈계로 양육하라"

부부는 자녀의 유학이나 공부 때문에 인위적으로 서로 분리, 분방, 기러기 부부가 될 수 없습니다. 그렇게 해서도 안 됩니다. 자녀를 유학 보내려거든 혼자 유학과 생활이 가능한 때에 결단해야 합니다. 그전에는 유보해야 합니다. 부부가 관심과 관계와 사랑과 복종과 돕는 한 몸이라는 것을 망각하면, 자녀의 유학과 공부를 위해서 과감하게 배우자를 떠나 기러기 부부가 되어 버립니다. 자녀의 성공과 앞길을 위해서는 배우자에 대한 의무와 책무를 벗어던져 버립니다. 부모는 그런 것이라고 당연하게 생각하면서 스스로 안위합니다. 자녀의 교육을 위해서 배우자와 가정을 훼손하고 위협하면서 무리하게 자녀 유학과 사교육비에 올인합니다. 이는 잘못된 것입니다. 매우 어리석은 배우자요 근시안적인 생각입니다. 부부는 부부의 한 몸 됨을 지키면서, 부부의 관계를 훼손하지 않는 범위 내에서 자녀에게 무엇이든 알맞게 해야 합니다. 그래야 모두가 삽니다. 부부는 자녀들과 결혼한 것이나 한 몸이 아닙니다. 오직 부부와 결혼했고 배우자하고만 한 몸입니다. 자녀는 어느 시점까지 양육을 위탁 받은 것뿐입니다. 그 이상 지나치게 투자하고 시간을 제공하는 것은 올바른 자세나 태도가 아닙니다.

부부, 부모는 세속적인 자녀 유학과 공부와 성공을 위해서 사는 자들, 올인하는 자들이 아닙니다. 오늘날 이런 부부나 배우자들이 적지 않습니다. 그래서 자녀의 공부와 성공을 위해서는 부부의 관계를 얼마든지 훼손할 수 있다고 생각합니다. 부부의 한 몸 됨을 포기하기도 합니다. 이는 대단히 잘못된 것입니다. 그런 자들은 애초에 결혼을 유보했어야 합니다. 부부가 뭔지, 결혼생활이 뭔지, 한 몸이 뭔지, 자녀가 뭔지도 모르고 결혼하여 자녀를 낳았기 때문입니다. 무엇이 더 중하고 우선인지 앞뒤가 뒤바뀐 처사입니다. 자녀 유학과 공부 다 좋습니다. 이는 어디까지나 부부와 가정의 본래 가치를 지키면서 알맞게 하는 것입니다. 자녀를 성공시키고 유학 보내고 공부를 잘하도록 하기 위해서 결혼하고 부부가 되고 자녀를 낳은 것이 전혀 아닙니다. 성경에 그리하라는 말씀이 없고, 유학을 가고 교육비(사교육비)에 무리하게 많이 지출하는 것이 인생의 행복이나 중요한 가치가 아닙니다. 경쟁 사회에서 세속적인 욕심과 성공 개념에서 나온 지배적이고, 탐욕적이고, 탈선적인 생각입니다.

온 가족은 다 소중합니다. 자녀들만 더 소중한 것이 아닙니다. 배우자와 자녀들은 동일하게 소중합니다. 그러면서도 부부의 우선성을 잊지 말아야 합니다. 아무리 자녀가 사랑스럽고 자기 목숨처럼 소중하더라도 부부의 본래 가치와 의무와 책임을 훼손하면서까지 자녀 유학에 따라가서 장기간 기러기 부부로 살고, 무리하게 사교육에 매달리는 것은 불행한 일입니다. 가족은 누구를 위해서 누구를 희생시키는 정치나 스포츠 게임이 아닙니다. 모두가 상생하고 공생하는 게임이어야 합니다. 그것은 성경 말씀에 따라 본래 원칙과 기본과 가치를 지키면서 무리하지 않게 사는 것입니다. 남녀노소, 부모나 자식이나 동일하게 천하보다 귀한 존재입니다. 누구만 더 소중한 존재가 아닙니다. 마음을 비우면 아무런 문제가 발생하지 않습니다. 자녀에 대한 욕심과 과도한 기대, 지나친 경쟁의식, 왜곡된 성공 세계관, 배우자에 대한 본래 가치를 우습게 여기기에 자녀 중심으로 사는 것입니다. 이는 배우자의 탈선이고 변질입니다. 유학 가고, 사교육비를 많이 투자하여 좋은 대학교를 졸업하고 취업이 되어 목에 힘을 주고 부유하게 산다고 칩시다. 그것이 인생에서 무슨 의미와 가치가 있습니까? 그것은 진정한 행복이나 성공적인 인생도 아닙니다. 자녀들을 세속적으로 성공시키고 경쟁 우위에 있도록 가르치고 보상을 받기 위해서 자녀를 낳고 결혼하는 것이 아닙니다. 단, 인류에 공헌하고 이웃을 살리기 위해서 그리한다면 지지할 수 있습니다. 그러나 순전히 이기적인 삶을 위해서 그리한다면 나중에 그렇지 못한 자와 동일하게 마무리가 될 것입니다. 이런저런 것을 떠나 모든 사람은 하나님을 위하고 하나님 영광을 위하여 지음을 받았습니다. 그렇게 살기 위해서는 성경 말씀대로 지키며 사는 것 외에는 없습니다. 자녀의 출세와 성공은 지극히 탐욕적이고 이기적인 태도입니다. 본래 인간을 창조한 목적과도 맞지 않습니다. 부자나 거지나 임종하면 다 동일하게 빈손으로 죽습니다. 짐승들처럼 어느 한 때에 잘 먹고 잘살기 위해서 그리한다면 짐승들의 삶과 다를 것이 하나도 없습니다.

　부부나 가족의 삶은 어떠한 희생을 치르더라도 반드시 이겨야 하는 상대편과의 전쟁게임이 아닙니다. 어떤 자녀들 중에 공부를 가장 잘하고 머리가 좋은 자녀를 위해서, 세속적이고 탐욕적인 성공을 위해서 부부나 다른 자녀들이 희생해도 되는 관계가 아닙니다. 가족이란 모두가 승자가 되고 행복하게 사는 상생의 게임입니다. 반드시 유학을 가고, 좋은 학벌을 취해야 행복하고 성공한 삶이 아닙니다. 기본과 상식이 있고, 정직하고 성실하고, 부지런하면 다 먹고살게 되어 있습니다. 행복은 외적 조건이나 물질적이거나 스펙이 아닙니다. 각자의 주관적인 마음과 생각입니다. 사회에서 기득권으로 살고, 좀 더 부유하게 살기 위한 욕심 때문에 무리하게 사는 것은 가치 있는 삶이 아닙니다. 따라서 이런 허무한 것들을 얻기 위해서 부부에 대한 성실과 의무를 소홀히 하면서 부부의 곁을 떠나 자녀를 뒷바라지하는 것은 지혜도, 자녀 사랑도, 아름다운 것도, 바른 신앙도, 행복한 삶도 아닙니다. 하나님 사랑도 아닙니다. 부부는 하나님의 말씀에 따라 본래 부부에 대한 모습대로 사는 것이 부부와 자녀를 위한 가장 아름다운 모습이고 모두가 행복한 삶입니다. 부부는 죽을 때까지 부부 제일 중심으로 사는 것이 성경적이고 기본과 상식입니다. 한 몸이기 때문입니다. 자녀들은 어느 시점까지만 케어해 주면 둥지를 떠나 자기들 나름대로 독립된 인격체로 살아갑니다. 과도하게 자녀의 인생에 대하여 관섭하고, 염려하고, 과잉보호와 지원을 하는 것은 도리어 자녀들을 불행하게 만들고 배우자도 비참하게 만듭니다.

여타 방송 프로그램을 보면 많은 부부들이 실패의 삶을 살고 있는 것을 봅니다. 각 부부나 집마다 자녀 교육 때문에 부부관계가 병들고 엉망입니다. 처방도 제각각입니다. 원칙이 없습니다. 오직 성경 말씀만 바른 처방입니다. 대부분 부부 서로가 이기적인 생각과 고집 때문에 스스로 자초한 것입니다. 배우자가 불행하면 아내들도 불행하게 됩니다. 자녀가 유학을 하고 공부를 잘한다고 부부가 행복하지 않습니다. 부부의 행복은 부부가 한 몸으로 가까이 있으면서 상호 간에 부부의 질서를 지키고 의무를 다할 때입니다. 근시안적인 시각과 욕심으로 살지 말아야 합니다. 부부는 부부이고 자녀는 자녀입니다. 부부 인생 다르고 자녀들 인생이 다릅니다. 이를 혼동하지 말아야 합니다. 사람들의 불행은 대부분 과한 욕심과 이기심과 원칙을 벗어난 결과입니다. 자기 자리와 위치를 벗어나면서부터 시작됩니다. 기차는 철로로 달릴 때 가장 행복하고 안전합니다. 부부는 죽을 때까지 부부 제일 중심으로 살면서 그 범위 안에서 자녀들을 돌보고 지원해 주어야 합니다. 그 이상은 어리석은 짓입니다. 그렇지 않으면 자녀 사랑도 배우자 사랑도 아닙니다. 자기만족과 기대와 욕심일 뿐입니다. 결혼과 행복과 성공과 출세에 대한 왜곡된 사고를 가진 자입니다. 이런 부분에 대하여 자신이 없으면 결혼을 유보해야 합니다. 사회적으로 명성이 있는 자의 주장이 아닌, 전지전능하신 하나님의 말씀에 귀를 기울이고 사는 자가 행복하게 되고, 지혜자이고 마지막 승자가 됩니다. 불완전하고, 허물투성이인 어떤 유명한 사람들의 말을 듣고 확신 가운데 사는 자처럼, 자기 확증편향대로 사는 것처럼 안타까운 자는 없습니다.

제49장

당신 부부는 섹스를 하십니까?

정상적인 신체와 정신을 소유하신 부부라면 특별한 변수가 없는 이상 규칙적이고 정규적으로 섹스를 하는 것이 기본과 상식과 정상입니다. 건강에도 좋습니다. 그러나 안타깝게도 서로 사랑하고 좋아해서 결혼했는데 섹스를 하지 않고 사는 부부들이 너무 많습니다. 이런 자들을 섹스리스 부부라고 합니다. 남녀의 결합은 마음과 신앙만의 결합이 아니라 섹스를 전제합니다. 성경에서의 결혼은 출산을 위한 섹스가 우선이고, 그다음이 부부의 쾌락입니다. 섹스를 하지 않고 사는 부부는 정상적인 모습, 건강한 모습이 아닙니다. 부부 쌍방이나 한쪽에 이상이 있는 것입니다. 부부 사이에 좋지 않은 어떤 기류가 흐르고 막힌 담이 있는 것입니다. 부부가 친밀하고 사랑하면 언제든지 마음뿐만 아니라 육체적으로 끌리고 결합을 합니다. 부부는 죽을 때까지 섹스든 유사 섹스든 하고 사는 관계입니다. 부부는 그런 의무가 있습니다.

의무는 자기의 기분과 감정과 조건과 형계와 형편에 따라 하는 것이 아닙니다. 싫든 좋든 반드시 준수하고 실천해야 하는 것이 의무입니다. 태생적으로 평생욕구이자 본능적인 섹스 욕구가 있는 남녀가 한집, 한 침대에서 생활하는데 섹스를 하지 않고 산다는 것은 상식을 초월한 심각한 일입니다. 결코 정상적인 부부나 현상이 아닙니다. 사람은 누구에게나 기본 욕구가 있습니다. 인간은 기본적인 3대 욕구가 있습니다. 그것은 식욕, 성욕, 수면욕입니다. 기본 욕구는 남녀노소를 불문하고 사망 할 때까지 꿈틀거리고 작동합니다. 젊은 사람들에게만 이런 욕구가 있고 유효한 것이 아닙니다. 남녀노소가 동일합니다. 혹 나이가 들거나, 힘이 없거나, 발기부전이나 조루 등으로 인하여 정상적인 섹스를 할 수 없을 경우에는 부부간에 애무나 유사성행위를 통해서 부부가 성적 만족을 누려야 합니다. 살아 있는 사람은 죽을 때까지 매일 때에 맞게 먹고, 자고, 숨쉬고, 싸고, 섹스하고, 일하는 순환이 이루어져야 정상입니다. 이런 기본 욕구가 채워지지 않으면, 정상적으로 작동하지 않으면 병든 것으로 고통을 당합니다. 배우자는 엄청난 스트레스를 받습니다. 전체적으로 부부관계가 틀어집니다. 정서적으로 안정이 되지 않습니다.

이처럼 결혼한 부부는 절대적인 형편과 처지와 상황이 아닌 이상 죽을 때까지 매주 적절한 섹스를 하며 사는 것이 성경적이고 정상입니다. 바쁘다고, 피곤하다고, 기분이 좋지 않다고, 나이가 들었다고, 배우자가 성적 매력이 없다고 밥을 먹지 않는 사람, 숨을 쉬지 않는 사람, 잠을 자지 않는 사람, 대소변을 보지 않는 사람은 없는 것처럼 부부 섹스도 그렇습니다. 부부 섹스는 신체의 심각한 결함과 질병과 입원과 물리적으로 떨어져 있는 불가피한 어떤 비상 상황이 아닌 이상 이런저런 핑계를 대거나 거부하지 말고 배우자에 대한 성적 의무를 다해야 합니다. 이것이 배우자에 대한 섹스에 대한 성실 의무입니다. 성경에 의하면 부부 섹스는 자기 기분과 형편에 따라 하는 것이 아닙니다. 기준이 자기가 아닙니다. 배우자의 요구 여부에 달려 있습니다. 기본적으로 부부는 배우자의 섹스 요구를 거부할 수 없습니다. 물론 세상 주장은 다릅니다. 부부라 할지라도 배우자가 원치 않으면 섹스를 할 수 없다고 말합니다.

그러나 성경은 이런 주장을 지지하지 않습니다. 왜냐하면 부부의 섹스는 결혼직후부터 배우자 쌍방의 성실한 필수 의무이기 때문입니다. 섹스 의무 효력은 부부로 선언한 이후에 발동됩니다. 부부의 섹스 효력이 종료되는 시점은 배우자와의 사별입니다. 이런 사실을 제대로 배우지 못하고 결혼하고 살아가기에 각기 자기들 생각대로 판단해 버리고 살아갑니다. 그 결과 불행한 일들이 발생합니다. 의무란 좋든 싫든 이행해야 하는 것입니다. 의무(義務)란 자기 기분과 형편에 따라 좌우되는 것이 아닙니다. 비가 오나 눈이 오나 바람이 부나 폭풍이 부나 자기감정과 상관없이 의무는 실천되어야 합니다. 그것이 의무의 무거움입니다. 그래서 의무는 법적 책임이 따릅니다. 어떤 의무이든지 의무는 죽을 때까지, 계약이 다 종료될 때까지 유효합니다. 어느 한쪽에서 일방적으로 좌지우지하지 못합니다. 만일 어느 한쪽에서 의무를 거부한다면 이는 계약, 서약 파기이자 위반입니다. 법적 책임을 져야 합니다.

세상이 너무 자유주의와 인본주의와 개인주의와 억지주의와 자기 소

견에 옳은 대로 흐르다 보니, 객관적이고 공적인 어떤 기준이 없다 보니
기본적인 책임과 의무를 방기하거나 무시하고 무책임한 개인 주권과 권
리만을 내세우는 왜곡된 시대가 되어 버렸습니다. 한마디로 궤변들이 너
무 많습니다. 질서가 없습니다. 자기 기분과 감정이 우선인 시대가 되었
습니다. 매우 이기적인 시대와 사람들입니다. 이런 사람들은 결혼과 부
부의 하나 됨 등이 무엇인지, 부부의 의무가 무엇인지 제대로 이해하지
못하고 결혼한 자들입니다. 혼자의 삶과 부부의 삶을 구분하지 못합니
다. 무엇이든지 일방적으로 판단하고 행동할 것 같으면 혼자 살든지 아
니면 결혼을 유보해야 합니다. 이기적이고, 자기중심적이고, 일방적인
삶은 나 홀로 살 때만 가능한 일입니다. 운동경기에서 배드민턴의 단식
과 복식 경기를 생각하면 이해가 쉬울 것입니다. 단식선수는 시종일관
자기 마음대로 판단하고 경기를 하면 됩니다. 그러나 복식경기는 전혀
다릅니다. 한 팀이 된 선수와 경기 내내 대화와 존중, 의견 나눔, 배려, 희
생, 양보 등을 나누면서 경기를 해야 승리할 수 있습니다.

부부는 복식조이자 복식경기를 하는 선수와 같습니다. 2023년 매주 월
요일 MBC에서 방영하고 있는 오은영 박사의 리포트 〈결혼지옥〉과 MBN
의 〈쉬는 부부〉 등에 따르면 섹스리스와 섹스 트러블 부부가 아주 심각
할 정도입니다. 2016년 6월 29일 한겨레 보도에 의하면, 라이나생명의 라
이프·헬스 매거진 〈헤이데이〉가 강동우 성의학연구소와 공동으로 1090
명의 성인남녀를 대상으로 성생활 관련 설문조사를 진행한 결과, 기혼자
743명 가운데 성관계가 월 1회이거나 없다고 응답한 '섹스리스'는 36.1%
에 이르는 것으로 나타났습니다. 보통 최근 1년간 성관계 횟수가 월 1회

이하이면 섹스리스로 구분합니다. 연령이 올라갈수록 섹스리스의 비율도 높아져 50대 이상 기혼자 중 43.9%가 섹스리스에 해당됐습니다. 결혼 기간별로 보면 11~20년 차 부부는 30.7%, 21~30년 차는 37.2%, 31년 차 이상은 53.9% 등으로 점차 섹스리스 비율이 높아지는 것으로 나타났습니다. 배우자에 대한 성적 의무 이행에 이상이 생긴 것입니다. 강동우 박사는 "해외 논문에 발표된 세계 섹스리스 부부 비율은 20% 수준으로, 이에 견주어 한국은 매우 높아 일본에 이어 세계 2위에 해당한다"고 말했습니다. 일본의 섹스리스 비율은 2014년 기준으로 44.6%였습니다. 섹스리스가 많아지는 가장 큰 원인으로는 부부간의 각방 생활이 꼽혔습니다. 각방을 사용하는 부부들의 섹스리스 비율은 64.9%로 같은 방을 쓰는 경우(23.3%)보다 2배 이상 높았습니다. 또 각방을 사용하는 부부들이 성생활에 불만족스러워하는 비율도 44.3%로 한방을 사용하는 부부들(13.5%)보다 3배가량 높았습니다.

대화 불통도 고통스럽지만 섹스 불통도 매우 고통스럽습니다. 이로 인하여 고통을 겪는 배우자들도 적지 않습니다. 밥을 제때에 먹지 못하면 배고파서 고통을 겪습니다. 매일 잠을 충분히 자지 못하면 고통을 겪습니다. 주기적으로 밥을 먹고 잠을 자는 것처럼 합법적으로 성적 욕구, 욕망을 해소해야 하는데 배우자의 성적 의무 불성실로 힘들어하는 배우자들이 의외로 많습니다. 섹스를 너무 요구하여 고통을 받는 배우자들도 있고, 정반대로 섹스를 너무 안 해서 고통을 받고 사는 배우자들도 많습니다. 이는 배우자에 대한 사랑도, 존중도, 배려도, 의무도 아닙니다. 건강한 부부가 아닙니다. 변질된 부부들입니다. 결혼서약을 준수하지 않는 부부들입니다. 매우 이기적인 행동입니다. 이는 영장을 받고 군대에 입대한 어느 청년이 싫든 좋든, 편하든 힘들든, 기분이 좋든 싫든지 국방의 의무를 다해야 하는데 개인 사정과 기분과 감정을 이야기하면서 국방의 의무를 불성실하게 하는 것과 유사합니다. 이런저런 개인 사정을 운운하면서 의무를 이행하지 않는다면 책임을 면하기 어려울 것입니다. 어떤 청년은 국방의 의무가 너무 힘들다고 탈영해 버립니다. 그러면 법적 책임을 져야 합니다. 부부 섹스 중 실소를 금할 수 없는 것이 '부부 강간', '부부 성폭력'이라는 말입니다.

　부부가 성적 의무를 회피할 때 이를 성실히 이행하고 강력히 요구하는 배우자를 부부 강간범, 부부 성폭행범으로 판단해 버립니다. 이는 마치 어느 군인이 국방의 의무를 회피하고 불성실하게 할 때 상관이 의무를 다하도록 지시하고, 기합을 주고, 강제로 훈련을 시키니 '군인 학대'라고 주장하는 것과 다르지 않습니다. 배우자의 섹스 요구를 거부하는 것이 배우자에 대한 정서학대입니다. 그런데 반대로 판단합니다. 배우자가 거부하면 포기해야 한다고 말합니다. 성경은 부부는 피차 배우자의 섹스 요구를 거부할 수 없다고 말합니다. 부부의 필수 의무이기 때문입니다. 그래서 서두에서 의무에 대하여 기술한 것입니다. 의무가 무엇인지에 대한 바른 지식과 개념이 있어야 합니다. 언제부터인가 현재 학교 현장이 너무 학생인권에 치우친 나머지 교권은 온데간데없고 학교와 교실이 붕괴되고 있습니다. 상당수 교사들이 교권 침해를 당해 고통을 당하고 있습니다. 이에 견디지 못한 교사들은 자살을 합니다. 수업시간에 불성실한 언행을 하여 주의와 훈계를 하면 정서적 학대로 조사를 받습니다. 이는 말이 되지 않습니다. 어린 자녀가 밥을 먹지 않자 부모가 강제로 밥을 먹이려고 할 때 '자녀 학대'라고 주장하는 사람과 다르지 않습니다. 성경은 이런 것을 어처구니없는 궤변으로 치부합니다. 기본 상식과 질서를 훼손하는 짓이라고 지적합니다. 상대방 기본 권리는 무시하고 자기 권리만 주장합니다. 사람을 흙으로 창조하시고 결혼제도를 만드신 하나님, 부부를 짝지어 주신 하나님, 진리이자 하나님의 말씀인 성경은 결혼한 부부의 책임과 의무를 명확하게 명령합니다. 부부는 서로에 대해 섹스의 의무를 다하라고 합니다.

고린도전서 7장 2~4절
"음행(淫行, 음란한 짓)의 연고로 남자마다 자기 아내를 두고 여자마다 자기 남편을 두라 남편은 그 아내에게 대한 의무(성적 의무)를 다하고 아내도 그 남편에게 그렇게(성적 의무) 할찌라 아내가 자기 몸을 주장하지 못하고 오직 그 남편이 하며 남편도 이와 같이 자기 몸을 주장하지 못하고 오직 그 아내가 하나니"(부부가 서로 주관적으로 성적 요구를 거부하지 못함)

고린도전서 7장 5절
"서로 분방(分房, 부부가 방을 따로 씀, 섹스 안함)하지 말라 다만 기도할 틈을 얻기 위하여 합의상(부부가) 얼마 동안은 하되 다시 합하라(한방 생활과 섹스) 이는 너희의 절제 못함을 인하여 사단으로 너희를 시험(성적 유혹)하지 못하게 하려 함이라"

창세기 2장 24절

"이러므로 남자가 부모를 떠나 그 아내와 연합하여 둘이 한 몸(마음과 육체)을 이룰찌로다"

창세기 21장 5절

"아브라함이 그 아들 이삭을 낳을 때에 백 세라"(아내 사라는 90세)

성경은 결혼한 이후부터 죽을 때까지 나이를 떠나 부부의 섹스를 지지합니다. 부부 안에서의 섹스 자체는 부끄러운 것이나 나쁜 것이 아닙니다. 부부는 평생 동안 섹스를 하며 살아야 합니다. 성경은 부부 서로가 성적 의무를 다하라고 명령합니다. 배우자가 성적인 요구를 했을 때 피차 거부하지 못한다고 말합니다. 가능한 상황에서는 섹스를 거부하지 못한다고 합니다. 물론 누가 보아도 피치 못할 사정이 있을 경우는 예외입니다. 부부는 특별한 경우를 제외하고 각방을 쓰지 말라고 합니다. 이는 배우자 중 어느 한쪽이 성적 욕망을 주체하지 못해 불륜의 유혹을 받아 죄를 범할 수 있기 때문입니다. 실제로 그런 탈선 배우자들이 있습니다. 배우자에게 성적 욕구를 채우지 못한 자가 채팅과 각종 동호회 모임 등에서 다른 이성에게 마음을 빼앗겨 불륜을 저지르는 경우도 종종 있습니다. 배우자에게서 성적 욕구와 만족을 채우지 못한 배우자는 절박한 섹스 갈증으로 탈선할 가능성이 농후합니다. 사람은 강한 것 같지만 매우 연약합니다. 어느 한순간에 무너집니다. 성적 갈증은 시한폭탄과 같은 것입니다. 마치 오랫동안 굶으면 이웃 집 담을 넘을 가능성이 큰 것과 같습니다. 부부는 사별할 때까지 마음과 육체가 한 몸입니다. 부부가 된 이상 각자의 생각, 주장대로만 살지 못합니다. 그것이 부부입니다.

한 몸이란 섹스를 함의하는 표현입니다. 성경에 보면 남편 아브라함은 100세, 아내 사라는 90세까지 부부 섹스를 하였습니다. 아브라함뿐만 아니라 성경에 나오는 대부분의 사람들은 노년에도 섹스를 하고 자녀를 낳고 살았습니다. 섹스는 건강이 허락하는 한 죽을 때까지 하며 사는 것이 정상이고 성경적입니다. 섹스는 젊은이들의 전유물이 아닙니다. 인간의 기본 욕구인 식욕, 수면욕, 섹스 욕구는 젊은 사람들만 누리는 것이 아닙니다. 그리고 섹스는 성기 삽입만이 섹스가 아닙니다. 부부가 서로 스킨십과 애무를 하고 발기가 되지 않으면 유사성행위 등도 섹스에 해당합니다. 나이가 들어 살이 쭈글쭈글하고 배가 나와도 부부는 서로 사랑하기에 다양한 섹스, 유사한 섹스를 할 수 있습니다. 이런 사실을 애써 부인하거나 추하게 보지 말아야 합니다. 그렇게 생각하는 사람이 이상한 것입니다. 부부 사이의 섹스는 변태나 가학 섹스가 아닌 이상 이상하지 않습니다. 결혼한 부부들은 다 공감하는 사실로 신혼 초에는 하루에도 여러 번 섹스를 합니다. 그러다가 차츰 섹스 횟수가 감소합니다. 그 주된 이유는 각종 스트레스, 과로, 피곤함, 체력 저하, 부부관계 불편함, 다른 즐거움, 배우자의 성적 매력 감소, 바쁜 생활, 욕구 감소, 각종 염려 등이 주요 원인입니다.

그럼에도 불구하고 인간의 기본 욕구는 사람에 따라 이런저런 정도의 차이만 있을 뿐 욕구는 그대로 살아 있음을 인정하고 존중하고 배우자를 배려해 주어야 합니다. 자기는 섹스를 하고 싶지 않아도 배우자가 섹스를 원하면 기꺼이 응해 주어야 합니다. 아내든 남편이든 매주 섹스를 하지 않으면 너무나도 힘들어하는 자들이 있습니다. 부부라면 배우자의 섹스 욕구를 확인하고 채워 주어야 합니다. 한 몸으로서 배우자에 대한 의무가 있음을 망각하지 말아야 합니다. 언제 어디서나 어떤 상황에서나 배우자가 갑자기 섹스를 요구해도 이상하게 보지 말고 안전한 장소에서 응해 주어야 합니다. 그것이 배우자에 대한 사랑이고, 존중이고, 배려이고, 의무입니다. 섹스할 기분이 아니어도, 분위기가 좋지 않아도, 몸이 좀 피곤해도 배우자가 섹스를 원하면 거부하거나 무시하지 말고 의무방어로라도 성실하게 임해 주어야 합니다. 당일 날은 힘들더라도 '내일 하자'라고 해야 합니다. 그런 배우자가 진정으로 상대방을 무조건적으로 사랑하는 자입니다. 섹스 요구를 거절당하면 배우자는 자존심이 몹시 상하고 삶의 의욕이 상실됩니다. 비참함을 느낍니다. 밥맛이 없다고 밥을 거부하면 곧바로 체력 저하로 나타나 다른 일에 나쁜 영향을 미칩니다.

그래서 우리가 밥맛이 없더라도 억지로라도 먹어야 하는 이유입니다. 기분 좋을 때만 밥을 먹는 것이 아닙니다. 부부 안에서의 섹스는 밥을 먹는 것과 같습니다. 배우자에게 섹스를 거부당하면 어디 가서 말도 못 하고, 다른 이성과 마음대로 해소할 수도 없습니다. 배우자가 섹스에 응해 주지 않아 성적 갈증과 욕구 때문에 어쩔 수 없이 바람을 피웠다고 해도 변명은 되지만 법적인 정당성은 없습니다. 섹스 욕구를 해소하지 못하면 엄청난 우울증과 스트레스를 받습니다. 다른 일에 집중을 못합니다. 혼자서 속을 끓이다가 속병이 발생합니다. 사람은 누구든지 기본적인 욕구가 해소되어야 다른 일에 집중하고 즐겁게 할 수 있습니다. 하루하루가 즐겁습니다. 부부 사이도 좋아집니다. 욕구 불만이 가득하면 위험해집니다. 오고가는 말투가 거칠어집니다. 부부 갈등의 원인이 됩니다. 유일하게 성적 욕구를 해소할 수 있는 길은 배우자와의 섹스와 스스로 성적 욕구를 해소하는 자위행위뿐입니다. 배우자가 있음에도 불구하고 섹스 욕구를 해소하지 못하고 자위행위를 통해서 성적 욕구를 해소하는 것은 비참한 일입니다. 부부 서로가 섹스 요구가 없으면 아무런 문제가 없습니다.

아무튼 섹스리스 부부는 정상이 아닙니다. 부부가 서로 마음이 병든 것입니다. 결혼제도의 취지에도 맞지 않습니다. 아무리 개인 권리이자 자기결정권이라고 해도 옳지 않습니다, 그것은 어디까지나 싱글일 때 하는 말입니다. 그래서 결혼은 그리 간단한 것이 아닙니다. 결혼은 결혼이 무엇인지, 어떤 의무와 책임이 따르는지를 바로 안 이후에 해야 합니다. 결혼을 해 놓고 집안일이든 부부 일이든 자녀 문제이든 무엇이든지 자기 마음대로 일방적으로 하는 배우자처럼 무책임하고 이기적인 사람은 없습니다. 사별할 때까지 정상적인 섹스를 하며 사는 건전한 부부가 되기를 바랍니다. 섹스는 나이를 초월하여 꿈틀거리는 기본 욕구입니다. 나쁜 것이나 주책이 아닙니다. 추한 것이나 부끄러운 것이 아닙니다. 젊은 부부나 나이든 부부나 사람의 기본 욕구는 동일합니다. 매우 정상적인 모습입니다. 섹스리스로 사는 것, 배우자의 섹스 요구를 거부하고 무시하는 사람이 비정상이고 무책임한 사람입니다.

부부들이나 사람들이 반드시 명심해야 할 것은 섹스는 오직 부부 안에서만 하는 것입니다. 그래야 정당하고, 합법적이고, 아름다운 섹스가 됩니다. 이것이 사람을 창조하신 하나님께서 철칙으로 정하신 법칙입니다. 이에서 벗어나서 하는 섹스는 모두 간음과 간통과 음란입니다. 성폭력입니다. 난잡한 섹스입니다. 반드시 심판을 받습니다. 세상 유행이나 기준대로 자유롭게 섹스를 하고 살면 언젠가는 반드시 보응을 받게 됩니다. 그런즉 어떠한 경우에도 부부 안에서만 섹스를 하시기 바랍니다. 부부 이외의 이성이나 동성과 섹스하는 것은 모두 불법이고 더러운 짓입니다. 짐승만도 못한 사람입니다. 하나 더 명심해야 할 것은 배우자가 적극적으로 섹스를 요구한다고 이상한 사람으로 취급하지 말아야 합니다. 혹 배우자가 힘이 넘치고 성적 욕구가 충만하여 자주 섹스를 요구할 수 있습니다. 기본적으로 응해 주면서 횟수에 대하여 타협을 보아야 합니다. 부부 상호간에 섹스 요구는 당연한 것입니다. 혹 데이트 상대자나 결혼할 사람 중에서 섹스에 대한 부정적인 인식이나 왜곡된 생각을 갖고 있으면 그것이 교정될 때까지 데이트와 결혼을 유보해야 합니다. 상대방이 바르고 건전한 섹스관을 가질 때까지 기다려야 합니다. 힘써 노력을 했는데도 변하지 않으면 만남과 결혼을 취소해야 합니다. 섹스는 부부생활과 행복에 지대한 영향을 미치기 때문입니다.

　바라기는 결혼한 부부라면 죽을 때까지 자발적이고, 기쁘고, 고급하게 성적 의무를 다하기 바랍니다. 부부가 허심탄회하게 더 나은 섹스를 위해서 이야기하고, 공부하고, 언제든지 강물이 흐르듯 성교할 준비가 되어 있어야 합니다. 피차 성감대가 예민한 부분에 대하여 대화를 하고 터치해 주어야 합니다. 그리하여 부부 서로가 충분하고 만족스러운 성교를 해야 합니다. 마치 미식가들이 맛집을 찾고 맛있는 음식을 기대하는 것처럼, 항상 섹스를 원하고, 적극적이고, 기대해야 합니다. 그러기 위해서는 섹스를 맛있게 해야 합니다. 여기에는 부부 서로가 노력과 투자를 해야 합니다. 섹스는 오직 부부만이 누릴 수 있고, 이 세상에 살아 있을 때만 유효한 것입니다. 시간과 마음과 건강이 허락하는 한 아낌없이 사랑하며 살기를 바랍니다. 언젠가는 섹스를 하지 못할 때가 속히 올 것입니다. 그러니 섹스를 할 수 있을 때 아끼지 말기 바랍니다. 주 안에서, 진리 안에서, 부부 안에서만 행복하고 만족스러운 섹스를 마음껏 누리기 바랍니다. 부부 안에서의 섹스는 아름다운 것입니다.

제50장

왜 술을 마시지 말라고 합니까?

우리 중에는 술(포도주) 마심과 술을 대하는 자세에 대하여 찬반 주장이 있습니다. 기독교인이면서, 목사이면서, 장로이면서, 집사이면서 술을 마시는 자들이 있습니다. 일반인들은 상당수가 술을 즐겨 마십니다. 술에 대해 우리를 기쁘게 하고 풍성한 삶을 위한 음료라고 하는 자들과 그렇지 않다고 하는 자들이 있습니다. 이에 술은 마셔도 된다는 자들과 마셔서는 안 된다는 자들이 있습니다. 각기 나름 논리가 있습니다. 잠언 31장 5~7절 말씀도 자기를 즐겁게 하고 만족하게 하는 술도 신자다움의 거룩한 삶과 사명과 책임을 잘 완수하기 위해서 절제하고, 자기보다는 죽게 된 자에게, 마음에 근심하는 자에게 술을 주라고 합니다.

술을 통해서 주는 이 교훈은 그리스도인들은 이웃을 만족하게 하는 자들이지 자기를 만족하게 하는 자들이 아니라는 것을 말하는 것입니다. "술을 마시다가 법을 잊어버리고 모든 간곤한 백성에게 공의를 굽게 할까 두려우니라 독주는 죽게 된 자에게, 포도주는 마음에 근심하는 자에게 줄찌어다 그는 마시고 그 빈궁한 것을 잊어버리겠고 다시 그 고통을 기억지 아니하리라." 술 자체는 죄도 아니고 구원과도 상관이 없습니다. 음식으로 바라보면 각자 알아서 마셔도 됩니다. 하지만 술을 마셔도 된다고 주장하는 자들에게는 네 가지 전제가 해결되어야 합니다. 술 속에는 술을 마시는 자들이 잘 모르는 함정이 있습니다. 단순히 '음식이다, 마실 수 있는 것이다, 기쁘고 즐거운 것이다'가 전부가 아닙니다. 성경은 술과 관련하여 긍정적인 것보다 부정적인 사례가 더 많습니다. 술 속에 인위적인 화학 물질이 들어가지 않아야 하는 것과, 병을 치료하는 용도로 사용하는 것과 오용하고 남용하지 않는 것과 성전(聖殿)인 우리 몸을 병들게 하거나 실수하게 하거나 해롭게 하지 않아야 합니다.

  기본적으로 본래 하나님이 주신 모든 음식, 음료는 좋은 것입니다. 성경에 나오는 포도주는 순수한 발효식품입니다. 그러나 술에 대하여 접근할 때 성경에 나오는 술(포도주)과 오늘날 술은 성분이 다르다는 것을 알아야 합니다. 세계암연구재단(WCRF)은 경고하기를 모든 술(알코올, 에탄올이 함유되어 있는 음료)에는 술의 종류에 관계없이 세계보건기구(WHO)가 규정한 1급 발암물질인 에탄올(ethanol)이 들어 있다고 하였습니다. 음주는 간경화, 심혈관병, 치매와 암, 감염병 등 200개 이상의 각종 병 및 부상과 관련이 있다고 합니다. 암 예방을 위해서는 술을 한 모금도 마시지 않는 게 좋다고 하였습니다. 오늘날 한국의 상황만 보면 온통 술판입니다. 드라마, 영화, 모임, 회식 자리, 만남 자리 등에서 술은 빠지지 않습니다. 마치 온 사회가 술독에 빠진 것처럼 다양한 술을 마셔대고 있습니다. 이젠 보통 식사 자리나 집에서도 음료수처럼 마시고 있습니다.

　2015년 기준 강력범죄자 중 주취자 비율이 30%에 달합니다. 특히 기독교인들 중에서 자유주의와 혼합주의 신학과 신앙에 물든 자들은 술에 대하여 관대하고 마십니다. 술을 하나의 단순한 음료로 생각합니다. 개인 권리로 생각합니다. 성경에서 포도주(술)를 마시는 것에 대해 좋고 긍정적으로 언급한 것은 거의 없습니다. 단지 가나 혼인 잔치에서만 예외로 말합니다. 그 이유는 그 본문에서 말하고자 하는 것이 술이 아니고 예수님의 메시야성을 드러낸 것이 본질이고, 이때의 포도주는 발효된 술(해로운 술)이 아닌 하나님의 초자연적인 역사로 물을 변화시켜 만든 포도주입니다. 오늘날의 포도주와는 맛과 성분이 전혀 다릅니다. 따라서 포도주나 술을 마시면서 가나 혼인 잔치에서의 포도주를 언급하면서 옹호하고 지지하는 것은 맞지 않습니다. 같은 포도주라도 성질이 전혀 달랐습니다. 술의 실상에 대하여 오해하거나 무지한 자들이 적지 않습니다. 오늘날 와인(wine, 포도주)을 즐겨 마시는 자들이 매우 많습니다. 그러나 와인 속에 들어 있는 요소가 우리 몸에 들어와서 어떤 나쁜 짓을 하는지는 잘 모르고 맛있다고 홀짝홀짝 마십니다. 이는 마치 우리 몸에 해로운 아이스크림이 맛있다고 종종 먹는 것과 같습니다.

　와인은 포도를 발효시킨 술입니다. 숙성 과정에서 티라민(tyramine)이라는 아미노산이 생성됩니다. 이 아미노산이 교감신경을 흥분시키는 노르아드레날린을 방출시켜 뇌를 휴식 모드가 아닌 활동 모드로 만들어 잠을 설치게 합니다. 티라민은 뇌혈관을 수축시켜 혈압을 높이고 혈관을 팽창시켜 두통을 유발시킵니다. 티라민은 레드와인에 많고 막걸리와 같은 발효주에도 많습니다. 숙면을 방해합니다. 그래서 자기 전에 마시면 더욱 해롭다고 합니다. 하루 한두 잔의 적포도주가 심장 건강에 좋다는 속설 등과 달리 아무리 소량일지라도 음주는 건강에 해롭다는 연구 결과가 나왔습니다. 2018년 8월 23일(현지 시간) 미국 CBS방송 보도에 따르면 미국 워싱턴대학 연구진은 세계 2천 800만 명의 음주 관련 자료를 분석한 결과, 음주로 인한 위험을 고려할 때 "안전한 수준의 술은 없다"고 밝혔습니다. 영국 의학학술지 '랜싯(Lancet)' 최신호에 실린 연구진의 논문에 따르면 전 세계에서 매년 280만여 명이 술과 관련한 질병 등으로 사망합니다. 이 중 연간 전체 여성 사망자의 2%, 남성 사망자의 7%가량이 각각 술로 인한 건강 문제로 사망하는 것으로 나타났습니다. 주기적으로 술을 마시는 것은 신체 내 장기와 조직 등에 부정적 영향을 줄 수 있는데, 더욱이 폭음은 부상이나 알코올 중독으로 이어질 수 있다고 연구진은 설명했습니다.

술을 소량 마시는 것은 건강에 이롭다는 통설이 있습니다. 그러나 소량의 술도 자주 마시면 가장 흔한 형태의 부정맥인 심방세동 위험이 커질 수 있다는 연구결과가 나왔습니다. 심방세동이란 심장의 윗부분인 심방이 이따금 매우 빠른 속도로 수축, 가늘게 떠는 상태가 되는 것으로 당장 생명에 위협을 주는 것은 아니지만, 시간이 갈수록 뇌졸중, 심부전 등 심혈관 질환 위험이 커집니다. 안정 시 정상 심박 수는 1분에 60~100회지만 심방세동이 발생하면 140회 이상으로 급상승합니다. 미국 샌프란시스코 캘리포니아 대학 의과대학 임상연구실장 그레고리 마커스 박사

연구팀이 '프래밍햄 심장연구(FHS: Framingham Heart Study)'에 참가하고 있는 5천 220명(평균 연령 56세)의 평균 6년간 조사 자료를 분석한 결과 이 같은 사실이 확인됐다고 헬스데이 뉴스와 메디컬 뉴스 투데이가 보도했습니다. 조사 기간에 시행한 총 1만 8천여 차례 심전도 검사에서 1천 88명이 심방세동으로 진단됐습니다. 이들의 평소 음주량과 심방세동 사이의 연관성을 분석한 결과 음주량이 많을수록 심방세동 발생률이 높았고, 술을 매일 1잔 정도 마시는 사람조차도 심방세동 위험이 커지는 것으로 나타났다고 마커스 박사는 밝혔습니다. 전체적으로 술 1잔에 해당하는 알코올 10g을 마실 때마다 심방세동 위험은 약 5%씩 커지는 것으로 분석됐습니다.

KBS 뉴스는 2019년 11월 10일 다음과 같은 내용을 보도했습니다. 반주 한두 잔 정도는 혈액 순환에 좋다고 알고 있는 분들이 있을 텐데, 국내에서도 잦은 음주가 부정맥의 일종인 '심방세동' 위험을 높이는 것으로 나타났습니다. 박광식 의학전문기자의 보도입니다. 이 50대 남성은 최근 가슴이 두근거려 병원을 찾았다가 심장이 불규칙하게 빠르게 뛰는 심방세동 판정을 받았습니다. 3년 전 발병해 수술 치료를 받았는데, 최근 잦아진 음주 탓에 재발했습니다. 매일 반주로 소주 1병 이상을 마셨습니다. [심동섭/심방세동 재발 환자: "시술을 받아서 호흡기능도 많이 돌아왔는데 그 뒤로 술을 마셨어요. 그랬는데 다시 재발한 거예요."] 고대안암병원 연구팀이 심방세동 환자 20만 명을 분석한 결과, 매일 술을 마시는 사람은 주 2회 음주자보다 심방세동 발생 위험이 40% 높은 것으로 나타났습니다. 알코올은 심장 독성이 있습니다. 직접 심장 근육을 공격해 계속 술을 마시면 심장 근육이 딱딱해집니다. 이 과정에서 심장 근육 안에 있는 전기회로가 끊기거나 이상이 생겨 심방세동이 생깁니다. 심방세동이 생기면 심장이 파르르 떨면서 제대로 수축하지 못합니다. 심장이 수축하지 않으면 혈액이 정체돼 혈전이 생기고, 이 혈전이 뇌로 올라가 뇌졸중을 일으킬 수 있습니다. [최종일/고대안암병원 순환기내과 교수: "(심방세동은) 심부전이나 아니면 뇌경색 같은 합병증 위험성이 굉장히 중요하다고 할 수 있겠다. 사망률도 올린다고 돼 있고 심근경색이나 인지기능에 장애도 초래할 수 있기 때문에…."] 음주 횟수뿐만 아니라 주량도 중요합니다. 하루 3잔을 넘기면 심장 독성이 급격히 증가합니다. 심장 건강을 위해선 과음은 물론 한두 잔의 반주라 할지라도 잦은 음주는 피해야 합니다.

연합뉴스는 2016년 9월 17일 하루 알코올 섭취량이 10g 추가될 때마다 심방의 크기가 0.16㎜씩 커진다는 내용의 기사를 실었습니다. 또 알코올 섭취와 심방세동 사이의 연관성은 평균 24%, 최대 75%가 좌심방 비대가 원인인 것으로 나타났습니다. 고혈압, 흡연, 당뇨병 등 다른 심장질환 위험요인들을 고려했지만 알코올과 심방세동의 연관성에는 변함이 없었습니다. 이는 심방세동이 심장의 리듬을 조절하는 심장 안의 전기적 신호 시스템 이상에서만 기인하는 것이 아니라 좌심방의 크기가 커져도 발생할 수 있음을 보여 주는 것이라고 마커스 박사는 설명했습니다. 이 결과는 심방세동의 이해와 치료에 새로운 길을 열어 줄 수도 있을 것이라고 그는 강조했습니다. 심장의 왼쪽 윗부분인 심방은 폐에서 산소를 공급받은 신선한 혈액을 받아 일정한 시간 간격으로 아래쪽의 좌심실로 보내고 좌심실은 받은 혈액을 대동맥을 통해 온몸으로 펌프질해 내보냅니다. 그러나 좌심방이 비대해지면 혈액을 좌심실로 내려보내는 기능이 손상됩니다. 좌심방이 혈액을 좌심실에 제대로 내보내지 못하면 혈액이 고여 있게 돼 혈전이 만들어질 수 있으며, 이 혈전 조각이 떨어져 나가 혈관을 돌다가 뇌동맥을 막으면 뇌졸중이 발생합니다. 전체적인 결과는 건강에 이로운 것으로 알려진 소량의 음주도 부정맥을 일으킬 수 있음을 보여주는 것입니다. 이 연구 결과에 대해 미국심장학회 대변인이자 펜실베이니아 대학병원 심장전문의 마리엘 제섭 박사는 고혈압이나 심장질환 가족력 등 다른 심장병 위험인자를 지닌 사람은 하루 1잔의 술도 조심할 필요가 있다고 논평했습니다. 그러나 식습관이 건전하고 규칙적으로 운동하는 사람이라면 소량의 음주는 걱정할 필요가 없을 것이라고 그는 덧붙였습니다. 이 연구결과는 미국심장학회 저널(Journal of American Heart Association) 최신호에 발표됐습니다.

잇단 송년 모임으로 매일 술을 마신 후 귀가하는 사람들이 많습니다. 취하면 양치질도 잊고 곧바로 잠에 떨어지기 십상입니다. 이런 습관이 반복되면 건강을 크게 해치고 암까지 불러올 수 있습니다. 식사 후는 물론 음주 뒤에도 꼭 양치질을 해야 하는 이유입니다. 술은 1급 발암물질입니다. 최근 세계보건기구(WHO)가 햄, 소시지 등을 1군 발암물질로 분류해 가공육 섭취가 줄어드는 소동이 일었지만 정작 발암물질을 들이켜는 음주에 대해서는 관대한 것 같습니다. 지금 이 시간에도 과음으로 비틀거리는 사람들이 있을 것입니다. 술의 주성분은 에탄올이라는 알코올입니다. 암 발생 위험은 술의 종류와 상관없이 이 에탄올을 얼마나 많이, 자주 섭취했는가에 따라 다릅니다. 에탄올이 몸속에서 흡수, 분해될 때 아세트알데히드라는 물질이 생깁니다. 이 성분은 두통 등 숙취의 주요 원인일 뿐 아니라 암을 일으킬 수 있는 독성물질이기도 합니다.

코메디닷컴은 2015년 12월 25일 자 기사에서 다음과 같이 기술했습니다. 술을 조금만 마셔도 얼굴이 붉어지고 취기를 느끼는 사람들은 알코올 분해효소 능력이 낮은 것입니다. 이런 사람들은 같은 양의 술을 마셔도 몸속에 더 많은 아세트알데히드를 만들어 내므로 암세포가 생기기도 그만큼 쉬워지는 것입니다. 술이 약한 이들에게 억지로 술을 권하면 위험에 빠뜨리는 것이나 다름없습니다. 술에 관련된 대표적인 암이 간암이지만 식도암과 구강암, 인후두암 등을 빼놓을 수 없습니다. 식도와 구강, 인후두는 술을 마실 때 술과 직접 접촉하는 부위입니다. 입으로 섭취한 음식물을 위로 보내는 통로인 식도는 음주와 흡연, 비만 등으로 인해 암이 생길 수 있습니다. 술이 식도를 지나면서 알코올에 포함된 발암 성분이 식도를 자극합니다. 자주 술을 마시는 이들이 식도암에 노출되기 쉬운 이유입니다. 입속과 목구멍 주위 역시 알코올에 의한 잦은 자극과 술 속의 발암물질로 인해 암세포가 발생될 수 있는 부위입니다. 소량의 음주만으로도 암 발병 위험률이 높아질 수 있습니다. 특히 매일 술에 취해 양치도 하지 않고 잠자리에 들 경우 발암물질을 입과 목 안에 고스란히 묻힌 채 곯아떨어지는 것입니다. 술에는 상당량의 당분이 포함돼 있기 때문에 치아 건강도 크게 해칠 수 있습니다. 술을 즐기는 주당들이 나이 들어 치아와 잇몸 건강 악화로 고통받는 이유입니다.

술자리에서 피우는 담배도 큰 문제를 일으킬 수 있습니다. 알코올은 니코틴과 잘 맞아 흡연 욕구를 자극합니다. 술을 즐기는 사람들이 담배를 끊지 못하는 이유입니다. 술을 마시면서 흡연을 하면 담배 속의 발암물질을 몸이 더 잘 흡수하게 됩니다. 술과 담배의 발암물질을 동시에 흡수하는 상황이 돼 암 발생 위험도 그만큼 높아지게 됩니다. 음주가 원인이 돼 생길 수 있는 암으로는 구강암, 식도암, 대장암 등 소화기계통 암뿐 아니라 유방암도 깊은 상관관계가 있습니다. 한국건강관리협회 서울동부지부 관계자는 "알코올 섭취는 여성 호르몬인 에스트로겐 농도를 증가시킬 수 있다. 특히 유방암은 대장암과 달리 소량의 음주에도 발병률이 높아지기 때문에 더욱 주의해야 한다"고 했습니다. 음주로 인한 암을 예방하기 위해서는 술을 절제하는 것이 원칙입니다. 술자리를 피하기 어렵다면 알코올 도수가 낮은 술을 선택하는 것이 최선입니다. 술의 주요 발암 성분인 아세트알데히드는 에탄올의 양에 비례해서 생깁니다. 같은 양의 술을 마시더라도 에탄올이 적게 함유된 술을 마시면 그만큼 아세트알데히드의 발생을 줄일 수 있습니다. 술자리를 앞두고 있다면 식사를 먼저 한 후 술을 마셔야 합니다. 빈속에 술을 마시면 장에서 알코올 흡수가 빨라지고 알코올 분해 능력은 낮아집니다. 음식으로 배를 채운 후 술을 마시면 장내 알코올 흡수율을 떨어뜨릴 수 있습니다. 술을 마실 때 물을 자주 마시는 것도 좋습니다. 위와 장 속의 알코올 농도를 낮추고 알코올의 흡수율을 떨어뜨리기 때문입니다.

한국일보는 2018년 2월 3일 자에 다음과 같은 기사를 실었습니다. 알코올은 국제암연구소(IARC)가 2016년 발표한 1급 발암물질입니다. 하지만 전 세계에서 우리나라만큼 술에 취해 있는 나라는 찾기 힘듭니다. 월 1회 이상 '코가 비뚤어질 정도로' 술을 마시는 폭음률이 19세 이상 성인의 36.8%에 달할 정도로 자주, 많이 먹습니다. 음주로 인한 사회·경제적 비용이 9조 4,000억 원(2015년 기준·건강보험정책연구원)에 달할 정도입니다. 실제 복지부가 발간한 '2016 국민건강통계'를 보면 만 19세 이상 성인이 월 1회 이상 한 번의 술자리에서 남자는 소주 7잔, 여자는 5잔 이상 마신 '월간 폭음률'은 36.8%로 2005년(36.2%)에 비해 오히려 높아졌습니다. 특히 연령별로 보면 19~29세(49.8%), 30~39세(43.6%), 40~49세(41.0%) 등 사회활동이 활발한 세대의 폭음률이 평균보다 높아 술을 권하는 음주 문화가 여전한 것으로 나타났습니다. 과도한 음주는 각종 질환 영향요인일 뿐 아니라 주취 폭력, 음주운전 등을 유발하고 막대한 사회적 비용을 낳습니다. 이를 해결하기 위해 협의체는 매월 1차례씩 회의를 열어 중·장기적 제도 개선 방안을 마련하기로 했습니다. 오유미 한국건강증진개발원 건강생활실장은 "지난해(2017년)는 대중매체의 음주 장면 모니터링에 초점을 맞췄는데 올해는 주류 마케팅 규제 등 보다 실효성 있는 중·장기적 제도 개선안을 찾겠다"고 말했습니다.

알코올 중독에 대한 한 권위자는 "알코올 중독은 치명적인 질병이며, 100% 치명적인 이 질병은 홍역만큼이나 분명한 실재이다"라고 하였습니다. 질병으로 정의되든지 혹은 행동상의 문제점으로 정의되든지 관계없이, 알코올 중독은 신체적으로, 감정적으로, 사회적으로, 그리고 영적으로 손해를 줄 정도로 알코올에 집착하는 특징을 가집니다. 더 나아가 이와 같은 자기 파멸적인 결과들까지도 부인하는 것이 특징입니다. 많은 연구에 의하면 알코올 중독자 부모의 자녀들은 다른 사람에 비하여 알코올 중독에 처할 위험성이 3~4배나 된다고 합니다. 알코올은 소화의 과정을 거치지 않고 직접 혈액 속으로 흡수되는 물질입니다. 배설 속도가 흡수 속도보다 늦기 때문에 과음할 경우에는 심각한 농축이 생길 수 있습니다. 알코올 또한 중독에 의한 만성뇌증후군의 가장 큰 원인이 됩니다. 최근 알코올 중독에 의한 만성뇌증후군의 근본 원인이 영양 부족, 특히 비타민 결핍증에 있음이 밝혀졌습니다. 알코올 중독자는 소화와 영양 흡수에 거의 대부분 장애가 있고, 비타민이 전혀 없는 알코올을 칼로리의 공급원으로 의존하므로 비타민의 결핍증은 더욱 심해질 수밖에 없습니다. 알코올이 뇌에 직접 미치는 영향은 알코올의 영향 중에 가장 심각한 것입니다. 혈액 내의 알코올 농도가 100밀리리터에 50밀리그램(0.05%)인 경우에는 사고, 판단, 억제력이 상실되고 분열됩니다. 간(肝)은 알코올의 분해 작용을 하는 주요 기관이므로 많은 영향을 받습니다. 간경변증이 일어나기도 합니다. 그리고 가족 연구와 역학연구에서도 알코올 중독과 우울증은 많은 경우에 공존한다고 보고했습니다.

음주는 양이 많지 않아도 태아에게 치명적인 해를 가할 수 있다는 美식품의약국(FDA)의 보고서가 나왔습니다. 많이 마시는 경우 신생아의 71%가 약간의 비정상, 53%가 발육에 문제 발생, 29%가 신경과민을 보였다고 합니다. 조금만 마셔도 태아에 유해하며, 상습음주를 한 경우 출산아 30%가 비정상적이라고 했습니다. 따라서 임신 全 기간 중 술(포도주 포함)은 일절 금해야 합니다. 그리고 독일 울름대 하인츠 마이어 교수팀은 술을 매일 20그램 마시면 암(구강암/식도암/흉부암/간암)에 걸릴 확률이 보통 사람의 2배가량 높은 것으로 조사됐다고 말했습니다. 특히 상습 음주자라도 남성보다 여성이 암에 걸릴 위험이 높다고 말했습니다. 또한 알코올 남용은 불안, 우울증, 정신분열증을 가져온다고 말하고 있습니다. 러시아 일간 코메르산트지가 보도한 바에 의하면, 러시아 남성 중 3분의 2가 알코올의 영향으로 사망하며, 이 중 절반이 술에 잔뜩 취한 상태에서 죽음을 맞는다고 하였습니다.

미국의 경우 알코올 남용으로 입는 손해는 연간 1천 8백 50억 달러에 달합니다. 6백만 명의 미국인들이 지속적으로 알코올을 오용하며, 추가로 8백만 명은 알코올에 중독돼 있습니다. 2001년은 술로 인해 10만 명의 미국인이 사망할 것으로 추정된다고 뉴스위크지는 보도했습니다. 병원마다 신장질환, 뇌졸중, 간 기능 부전 등 만성 폭음으로 인한 합병증 환자들로 붐빕니다. 그리고 음주로 인한 각종 교통사고로 귀한 생명이 죽어가고 있습니다. 그리고 최근에는 아리랑파가 술 취한 사람들을 상대로 절도와 폭행과 살인까지 자행하고 있다고 뉴스에 보도를 하고 있습니다. 술의 해악과 피해는 이루 헤아릴 수 없을 만큼 많으며 그 파괴력도 엄청납니다.

성경은 술 취하지 말고 포도주는 보지도 말라고 경고합니다.

잠언 23장 31~32절
"포도주는 붉고 잔에서 번쩍이며 순하게 내려가나니 너는 그것을(포도주) 보지도 말지어다 이것이 마침내 뱀같이 물 것이요 독사같이 쏠 것이며"

물론 이 말씀은 비유의 말씀입니다. 진리와 하나님의 말씀을 떠나 세상의 달콤하고 매력적인 어떤 것을 추구하면 당장은 포도주처럼 달콤할지는 몰라도 술의 후유증처럼 결국은 비참한 결과를 가져온다는 경고의 말씀입니다. 그러나 비유일지라도 술이 가져오는 해악은 분명한 사실입니다. 술(포도주) 마심에 대하여 죄악시하지는 않습니다. 때론 개인적으로나 잔칫집에서 마실 수 있습니다. 하지만 성경은 신·구약에서 매우 부정적으로 말합니다. 술은 뇌에 영향을 주어 이성과 판단력을 흐리게 할 뿐만 아니라, 흥분도 시키고, 폭력성을 발생시키고, 우리 몸을 망가뜨리기 때문입니다. 성경에서 술과 관련한 사건을 보면 하나같이 불행했고 악했습니다. 술이 나쁜 쪽으로 사용되었습니다. 심하면 개인과 타인의 일생과 가정을 파괴시킵니다. 그게 술의 위력이고 중독입니다.

그래서 성경은 술은 병 치료용으로 사용하는 것 외에는 쳐다보지도 말라고 합니다. 생사가 걸린 경우 마셔야 합니다. 그러나 평범한 일상에서 생각, 뇌, 마음, 몸을 부실하게 만드는 술을 가까이하는 것은 우리 몸이 성전인 것을 볼 때 지지할 수 없습니다. 술이 입술에 닿을 때는 매끄럽게 넘어가고 달콤하고 매콤하지만 위에 도착하여 자리를 잡으면 얼마 지나지 않아 독사와 불덩이와 폭력자로 돌변하여 자신도 공격하고 배우자와 자녀들과 이웃을 공격하여 고통과 상처와 돌이킬 수 없는 피해를 줍니다. 술 취해서 좋은 결과를 얻는 것은 별로 없다는 것은 삼척동자도 다 아는 사실입니다.

사실 술을 마시지 않아도 얼마든지 즐겁게 살고, 거래나 인간관계나 사회생활을 잘할 수 있습니다. 건강하게 살 수 있고 기분 좋게 살 수 있습니다. 부부관계도 좋을 수 있습니다. 반드시 포도주나 술을 마셔야만 분위기도 좋아지고, 잠도 잘 오고, 대화도 잘되고, 뭔가가 좋아지는 것이 아닙니다. 일부 사람들은 술을 마시지 않으면 사회생활을 제대로 할 수 없다고 합니다. 이는 근거가 없는 주장입니다. 술과 관련하여 객관성이 없는 주장과 엉터리 명제나 비논리에 미혹되지 말아야 합니다. 한 가지 더 언급하자면 제발 남에게 술만큼은 권하지 말아야 합니다. 결코 강요하거나 폭탄주 등을 돌리지 말아야 합니다. 그것은 폭력이고 인권 침해입니다. 역지사지로 접근해야 합니다. 싫다는 것을 왜 강요할까요? 자신의 주장만큼 타인의 주장과 권리도 존중해 주어야 합니다. 다시 강조컨대 모든 술은 기호식품이나 단순한 음료수가 아니라 독약과 같은 것입니다. 발암물질이고 우리 성전(몸)을 망가뜨리는 해로운 것입니다. 개인의 주권이나 권리를 벗어난 것입니다. 자신과 타인을 불행하게 만들기 때문입니다. 이는 기본 권리가 아니라 방종입니다. 그런즉 제한적으로 질병치료 목적 외에는 멀리하고 신자든 불신자든 마시지 말아야 합니다. 한두 잔은 건강에 좋다는 근거 없는 달콤한 말에도 넘어가지 말아야 합니다. 건강을 망치는 술을 굳이 마실 이유가 없는 것입니다. 건강을 생각한다면 다른 건강식품을 먹는 것이 훨씬 낫습니다.

술은 불덩이와 같고 마약과 같아서 멀리하지 않으면 자신은 물론 주변 사람들에게 큰 상처와 고통을 줄 뿐만 아니라 언젠가는 한두 번 반드시 실수하게 만들거나 가정과 개인 생명을 심각한 위기로 몰아넣을 가능성이 매우 높습니다. 어리석은 사람들은 술의 정체도 모르면서 술을 친구삼아 살아갑니다. 목사들이나 선교사들 중에도 술을 마시는 자들이 있습니다. 술을 좋게 말합니다. 개인의 선택이고 권리라고 말합니다. 이는 술의 해악상을 간과한 자기주장일 뿐입니다. 기독교인의 몸은 자기 것이 아닙니다. 주님의 것입니다. 거룩한 성전(聖殿)입니다. 성전을 깨끗하게는 하지 못할망정 해롭게는 하지 말아야 합니다.

고린도전서 3장 16~17절
"너희(신자)가 하나님의 성전인 것과 하나님의 성령이 너희 안에 거하시는 것을 알지 못하느뇨 누구든지 하나님의 성전을 더럽히면 하나님이 그 사람을 멸하시리라 하나님의 성전은 거룩하니 너희도 그러하니라"

그런즉 기독교인들은 주님의 성전을 잘 유지, 관리해야 할 책임이 있습니다. 먹을 음료와 음식이라고 하거나 권리나 즐거움 타령을 할 것이 아닙니다. 발암물질과 온갖 해악을 끼치는 술을 이런저런 이유로 마시는 것은 정상이 아닙니다. 신자나 불신자를 막론하고 매순간 마시는 물도 건강을 생각하여 생수를 사다 마시면서 이보다 더 해로운 술을 마시는 것은 모순됩니다. 음식에 조금만 더러운 것이 들어 있어도 화를 내고 먹지 않으면서 발암물질 성분이 들어 있는 포도주나 각종 술을 마시는 것은 납득이 되지 않습니다. 어느 나라 기독교인들이 마시든, 권리든 성경이 쳐다보지도 말라고 하니 금하는 것이 좋습니다. 자기 자신과 가족을 사랑하는 사람과 이웃을 사랑하는 사람과 하나님을 사랑하는 참성도라면 술을 멀리하는 것이 바른 자세입니다. 술을 마실 수 있는 제한적이고 예외적인 경우는 잠시 병을 치료할 때나 마실 것이 아무것도 없을 때 갈

중 해소와 생존을 위해서 마시는 것뿐이어야 합니다. 자유주의와 세속주의와 혼합주의 신앙에 물든 자들은 술을 음료처럼 마실 수 있습니다. 술은 우리 몸과 정신을 해롭게 하고, 종종 이웃과 가족을 불행하게 만드는 주범 중의 하나로 신앙 여부를 떠나 자신과 사랑하는 배우자와 가족과 이웃을 사랑하는 자라면 어떤 술이든지 멀리하는 것이 현명하고 안전하고 지혜라고 생각합니다.

술과 관련된 해악은 일일이 다 열거하지 않아도 무수히 많습니다. 날마다 목도하는 바입니다. 술을 마시지 않아도 얼마든지 행복하게 살 수 있습니다. 직장생활과 인간관계의 장애가 되지 않습니다. 부부관계도 좋아질 수 있습니다. 왜 술을 꼭 마셔야 하고, 왜 어느 자리와 모임이든지 술이 있어야만 한단 말인가요? 왜 술의 종으로 살고 있는가요? 언제까지 술의 지배를 받고 살 것인가요? 술을 마시지 않으면 행복하게 살 자신이 없는가요? 왜 소중한 몸과 인생을 술에 맡기고 사는가요? 현재 우리사회는 술 중독 사회가 되어 버렸습니다. 어떤 자리든지 술이 빠지지 않습니다. 안타까운 현실입니다. 이젠 누가 뭐라고 해도 술에서 자유하기란 어려운 것이 현실입니다. 상당수 사람들은 이미 술에 대한 의존성이 깊이 뿌리를 내렸기 때문입니다. 이성을 잃게 만들어 온갖 불행을 생산하고, 몸도 망가지게 만들고, 힘들게 번 돈도 날려 버리는 술은 우리의 행복과 안전을 해코지하는 무서운 적입니다. 마실 음료가 없을 때, 의학용으로 사용할 때, 아주 위급한 상황일 때를 제외하고는 모든 술은 많고 적음을 막론하고 멀리하는 것이 바른 자세입니다. 담배와 마약은 말할 것도 없습니다. 즉시 금해야 합니다. 그러므로 귀 있는 자들은 깊이 생각하기 바랍니다.

해명 불편한 진실

© 장재훈, 2023

개정판 1쇄 발행 2023년 11월 2일

지은이   장재훈
펴낸이   이기봉
편집   좋은땅 편집팀
펴낸곳   도서출판 좋은땅
주소   서울특별시 마포구 양화로12길 26 지월드빌딩 (서교동 395-7)
전화   02)374-8616~7
팩스   02)374-8614
이메일   gworldbook@naver.com
홈페이지 www.g-world.co.kr

ISBN   979-11-388-2433-0 (03230)